현대
테러리즘과
국제정치

내일을여는지식 사회 22

핵 테러리즘의 이론과 실제

현대 테러리즘과 국제정치

이 태 윤 지음

ksi 한국학술정보(주)

머리말

　우리 인간 삶의 종국은 '사랑'과 '미움(증오)'의 문제가 아닌가 생각해 본다. 세상의 회전이 멈춘 듯한 2001년 9월 11일 미국의 테러사고 현장, 푸른 하늘을 향해 치솟는 불기둥의 세계무역센터 건물이 검붉은 연기를 내뿜으며 붕괴되는 모습을 응시하며 충격을 받은 채 넋을 잃고 그냥 주저앉아 울부짖던 현장의 비참한 모습들이 지금도 생생하다.

　폭파 직전의 비행기 기내에서, 또 붕괴되는 거대 건물의 절체절명의 급박한 상황에서 죽음을 인지한 모든 승객, 희생자들의 전화를 통한 마지막 일성은 '당신을 사랑한다'는 것이었다.

　당시 극단의 '미움과 증오'로 무장한 자살테러리스들은 그들의 목표를 향해 돌진하였으며 오늘날도 그들은 자신들의 목적을 달성하기 위해 자원한 자살특공대들이 자랑스럽게(?) 줄을 서서 대기하고 있는 상황이다. 대항의 전사들을 양성하기 위하여 팔레스타인 어머니는 10명의 자녀를 낳으면서까지도 풀리지 않는 '미움'의 응어리를 안고 저항의 불길을 재촉하고 있다.

오늘날 지구촌의 우리는 테러리즘의 시대에 살고 있다. 이제 테러리즘은 현대생활의 일부분이 되어 신문의 헤드라인, 저녁식사의 테이블, 각종 학회의 토론 등 의식적·무의식적으로 현대를 살아가는 우리의 일상에 깊숙이 파고들고 있다. 9·11테러는 온 지구촌에 끔찍한 충격을 준 음울한 경고였다. 수천 명의 고귀한 목숨을 앗아간 9·11테러가 발생한 지 8년이 되었다. 세계를 경악게 한 이 사건은 아프가니스탄과 이라크에 대한 공격으로 대규모 전쟁을 촉발시켜 현재도 실질적인 전쟁이 여전히 계속되는 상황이다.

냉전의 종식과 더불어 지난 반세기 동안 강대국 간의 국제전쟁에 의한 폭력현상은 점차 줄어들고 있는 듯하다. 그러나 국제사회는 테러리즘과 '깡패국가'(rogue state)의 위협에 대해 우려하고 있으며 핵무기의 등장 이래 일반화 되다시피 한 '공포의 균형'(balance of terror) 의식은 이성적 국가들의 '분별지의 균형'(balance of prudence)을 발휘하도록 유도되고 있다. 따라서 핵무기에 대한 우려가 소강하는 반면 국제 테러리즘과 연계된 '대량살상무기'라는 새로운 걱정거리가 부상하고 있다. 테러리스트와 깡패국가가 대량살상무기를 갖게 된다면 이는 실로 심각한 위협이 될 수 있기 때문이다.

핵 전면전은 억제의 필요성과 합리적인 정책개발, 이른바 군비통제나 위기관리와 같은 국제적 통제, 자제에 의해 예방되고 있고, 재래식 전쟁들은 국가 간의 긴장완화 노력과 재래식 전력의 상호균형에 힘입어 그 발생빈도가 줄어들고 있는 듯하다. 그러나 국제적 통제의 영역 바깥에 있는 폭력현상이 새로운 문제점으로 등장하고 있는바, 이것이 곧 국제 테러리즘이다.

테러와 테러리즘은 인류역사와 함께 존속해 왔으며 이 시대의 새로운 현상은 아니다. 그러나 초근에 이르러 현대의 고도로 발달된 과학과 기술은 오늘날 국제사회를 '테러리즘의 잠재적 희생자'로 몰아가고 있으며 범세계적으로 발생되고 있는 지역분쟁, 분란, 내란, 민족해방운동, 테러리즘 등의 제 폭력현상은 인류가 폭력과 테러리즘의 시대에 살고 있음을 인식하게 한다.

오늘날 테러리즘은 국제분쟁의 한 형태로 취급되고 있으며, 테러리즘의 성격은 그 대상이 한 개인이나 사회가 아니라 국가적 대상까지 포함하여 다양한 형태로 나타나고 있다는 데 문제의 심각성을 가지고 있다. 이러한 현상은 테러리즘이 개인이나 사회의 범주를 넘어 국가 간의 분쟁과 대리전쟁의 형태로 나타나고 있다. 또한 테러의 수단과 동기가 다양하고 대부분의 테러행위가 정치적 목적을 지향하고 있다는 점에서 독특한 국제정치적 성격을 갖는다.

또한 핵 및 생화학 테러리즘에 관하여 많은 이견들이 있어 왔다. 고전적 세력균형외교는 국제 테러리즘을 다루는 차원에서 더 이상 유용하지 못하며, 향후 정치적 윤리적으로 타락한 집단이나 고도의 기술을 소유한 과학자 또는 국가적으로 테러리즘을 지원하는 국가가 핵발전소 및 핵무기 등에 대한 실제 핵 및 화생방 테러의 가능성뿐만 아니라 핵보유국이 직접 국제전쟁을 수행할 수 없는 패러독스에서 비롯되는 대리전쟁으로서의 핵 테러 문제, 2차 대전 이후 핵무기의 등장과 전략전쟁개념에서 핵의 등장으로 인한 세력균형과 테러균형의 문제, 핵발전소, 핵무기 등이 테러의 목적물로서 또는 테러리스트들의 무기로서 이용될 수 있다는 문제 등 테러리스트들의 핵 및 화생방 무기에 대한 매력적 측면 등이 관심의 대상이 되고 있다.

최근 국제사회의 급속한 핵 및 대량살상 무기의 확산은 테러리스트들이 핵 활동에 개입할 기회와 가능성을 더욱 증대시키고 있으며 전 세계적으로 산재되어 있는 핵무기를 획득하여 이를 정치적으로 이용할 수 있다는 사실은 아무도 부인하지 못할 것이다. 이 시대는 핵 및 화생방 테러리즘의 실험 기간인지도 모른다. 9·11 테러 이후 핵 테러의 문제는 이제 '만약'의 문제가 아니라 '언제'냐의 문제로, '저들'의 문제가 아니라 '우리'의 문제로 심각하게 다가오고 있다.

21세기는 군사적으로는 비록 국가기반(state-based)의 전면전쟁 가능성은 희박하게 되었다 할지라도 정체성에 근거한(identity-based) 분쟁과 전쟁의 가능성은 높아지고 있다. 더욱이 탈냉전 시기의 국제 테러리즘의 변화에 따른 21세기 전쟁양상은 핵 및 사이버전쟁(cyber warfer)으로 전개될 가능성을 가지고 있다. 즉 전장의 자동화와 소규모 전사집단에 의한 초국제 테러리즘(super international terrorism)이 국가 전체의 운명을 좌우하게 될 우려에 처해 있다.

본서는 정치목적 차원의 국제 테러리즘의 개념을 정의하고 그 원인과 목적 및 유형을 파악하였으며 국제 테러리즘의 사상적 배경과 발생 원인을 개인차원과 국가 간 차원에서 고찰하였다. 또한 탈냉전기의 국제 테러리즘의 현상파악을 위해 전쟁차원의 비정규전·저강도 분쟁·무차별 대량살상적 특성을 중심으로 파악하였다. 수단적 측면의 핵 및 사이버 테러는 탈냉전기의 국제적 분위기에 편승한 테러리스트들의 핵시설 접근 가능성과 원인 및 동기를 중심으로 고찰하였다. 나아가 개인, 집단, 국가를 벗어나 탈국가적 성격을 갖는 국제테러의 초국가적 특성을 재앙적 테러의 관점에서 파악하였다. 이어서 미 9·11테러사태의 발생원인과 대테러 전쟁을 분석·평가하고 대테러리즘의 정책을 어떻게 개발할 것인가 하는 점을 논의하였다.

　현대의 국제 테러리즘은 기존의 정치권력에 저항하려는 정치적 목적을 지닌 행동주의가 소멸되지 않는 한 기술의 발달과 함께 파괴와 살상의 규모는 더욱 커지고 잔인성은 증대될 것이다. 아울러 테러리즘이 기존의 정치적 현상을 붕괴시키고자 하는 수단이라면 국가지원 테러리즘은 더욱 증대될 가능성을 배제할 수 없을 것이다.

　미 9·11테러 참사는 전통적 전쟁의 개념과 성격을 재검토하고 전쟁의 도발형태와 대응방식에 대한 새로운 의미를 부여하는 계기가 되었을 뿐만 아니라 국제 테러리즘이 전쟁행위를 구성한다는 세계적 합의를 도출시키는 계기가 되었다. 나아가 테러사태와 대테러 전쟁을 통해 나타난 비대칭 전쟁의 개념은 전쟁양상의 측면에서 새로운 전쟁 패러다임의 변화를 예고하는 것이었다. 여기에는 국가가 아닌 독자적 역량을 갖춘 초국가적 국제 테러조직의 등장, 핵 및 사이버 테러에 대한 공포, 대량살상무기를 수단으로 사용하는 테러리스트들의 전술·전략, 다 테러 정책에는 전 세계적 역량이 집중되어야 한다는 점 등이 이를 뒷받침하고 있다.

　본 연구를 통하여 도출된 9·11테러사태와 대테러전쟁이 갖는 전쟁차원의 국제정치적 의미를 정리하면 다음과 같다.

　첫째, 역대 테러행위 중 인명피해가 가장 큰 무차별적 공격행위였을 뿐만 아니라 정치·경제·군사에 대한, 인간생활 방식에 대한 총체적 공격으로 전쟁수준의 인명과 재산피해를 냈다는 점이다. 따라서 전쟁의 패러다임을 변화시켜 전통적 안보관과 전략개념의 변화를 야기하는 동인으로 작용하였다. 향후 국제테러의 위협은 세계질서를 뒤흔드는 새로운 차원의 전쟁양상으로 자리 잡을 수 있다는 점을 시사하고 있다.

둘째, 현대 테러리즘의 대상·목표의 복잡성과 다양화 및 공격양상의 비대칭성을 들 수 있다. 9·11테러를 계기로 '비대칭 전쟁'이라는 국제안보상의 새로운 전쟁개념의 변수가 등장하였다. 즉 냉전 초기의 핵 및 미사일 등에 의한 우려보다는 테러리즘을 통한 비대칭위협이 국가 안보정책의 전면으로 부상하였다. 대테러 전쟁을 통해 경험한 전장에서의 적의 존재 및 전선형성 여부의 불확실성, 첨단의 무기를 가지고도 턱수염을 기른 위장과 아프간의 전통적 목도리로 변장하여 현지의 군인들과 가파른 벼랑에서 말을 타고 전투를 해야 하는 고전과 현대가 합해진 전장환경 등은 이를 잘 대변해 주고 있다. 미래의 전쟁이 비대칭의 혼합전의 양상으로 변해 갈 것임을 예고하고 있다.

셋째, 전략적 억지의 개념을 적용할 수 없는 테러리즘 고유의 성격에서 기인하는 국제 테러리즘 방지의 어려움이다. 냉전시대 때 일단의 공격을 받으면 대량보복을 할 것이라는 이른바 억지(抑止: deterrence)의 논리는 보호해야 할 국민이 없는 테러리스트들에겐 무의미한 것이다. 앞으로 예측 불가능한 테러행위가 언제, 어떻게 발생할지 알 수 없는 현실이 되었으며 더욱이 대량살상무기의 확산이 테러집단의 군사적 능력을 강화하는 데 일조하고 있어 위협은 더욱 확산되고 있다. 테러리즘을 포함한 비대칭 위협은 군사적 수단만으로는 해결이 어려우며 국제적 연대가 필수적이라는 점에서 향후의 국가안보전략은 군사적 수단을 포함한 정치외교·경제·정보 등 보다 포괄적 접근 전략으로 변화되지 않을 수 없게 되었다.

넷째, 테러리즘 효과의 전 세계적 영향력 파급이다. 9·11테러는 그 여파로 인하여 아프가니스탄과의 대테러 전쟁을 촉발시켰으며 향후 상황에 따라서는 전쟁확산의 위험성을 잠재하고 있다. 따라서 국제테러는 세계 도처에서 전쟁의 도화선이 될 수 있다. 테러피해의 심대성, 탈냉전기 테러리즘의 재앙적 성격으로의 목적 변화, 전쟁으로의 에스칼레이션화 등을 경험한 세계 각국은 전쟁차원의 테러행위에 대해 안보적 대응에 고심하지 않을 수 없게 되었으며 테러 대비를 위한 국가차원의 법적 정비 및 조직을 보완하는 등 준비를 서두르고 있다.

다섯째, 국제정치의 가장 중요한 행위자로서의 국가 및 안보에 대한 중요성의 재인식이다. 탈냉전 후 국제적 제도와 비국가 행위자를 국제정치의 분석의 단위로 중시해 온 경향이 있어 왔으나, 9·11테러사건을 계기로 주권국가가 국제체제에서 가장 중요한 행위자라는 인식을 갖게 되었고 이러한 상황인식은 대테러 전쟁을 통하여 더욱 설득력 있게 주장되었다. 국제정치의 중요 행위자는 개인·비국가 중심의 이념, 종교, 종족 중심의 행위가 아니라 탈냉전의 시기에도 여전히 주권국가임을 경험하게 되었다. 향후의 국제질서는 당분간 안보(security)가 다시 중요시되는 세계질서로 조정될 것이다. 이는 반테러 전쟁을 위한 세계적 연대를 형성한 단합된 세계 각국의 모습을 봄으로써도 알 수 있다.

대테러정책은 보수주의적 접근과 자유주의적 접근으로 대별된다. 보수주의자들은 일반적으로 억압적 대응을 선호해 온 반면에 자유주의자들은 테러의 근원적 원인을 치유하기 위한 사회구조의 개선정책을 강조하고 있다. 테러리즘에 대응하고자 하는 방자에게는 자연히 고유한 불리점이 내재하기 마련이지만 무엇보다도 현대의 테러리즘은 더욱 큰 문제점을 제기한다. 특히 국제테러리스트들의 신속성, 파괴성, 잔인성, 상호 연계성, 재정지원이 증대되었고 주민통제 및 자유제한을 포함한 물리적 손실에 의한 대테러전의 피해확대, 정보의 부족 등은 대테러정책 수립에 부정적 문제를 제기하는 요소들이다.

대테러정책에는 가능한 전문가의 활용을 고려해야 할 것이다. 국제적으로는 UN과 국제기구 등 동맹 및 우방국, 제3세계 등과 집단적 또는 각국 간의 협력관계가 발전되어야 할 것이다. 협조의 내용에는 국제테러의 불법화, 테러집단의 입국거부, 정부교류, 테러지원 금지 등 일련의 조약 및 협력의 체결과 협력기구의 설치가 포함되어야 할 것이다.

테러리즘을 하나의 '정치적 행위'인 동시에 하나의 '전쟁양상'으로 규정한다면 대테러리즘도 정치적으로 대처해야 할 것이며, 전쟁 수행의 차원에서 해결해야 할 것이다. 정치적으로 대처한다는 의미는 테러리즘에 대응하기 이전에 테러리즘이 발생하지 않도록 하는 근본적이고 장기적인 예방책과 적극적인 테러리스트 말살, 봉쇄정책을 병행해야 함을 뜻한다. 근본적인 장기예방책은 테러행위의 억제에 중점을 두고 환경적 여건이 조성되지 않도록 하는 방안, 즉 사회·경제적인 문제의 해결, 정치적 안정과 참여의 확대 및 자유민주주의 발전이 선행되어야 할 것이다.

향후 국제사회에서 영향력을 행사할 수 있는 테러리즘현상은 그 범위와 능력 면에서 점점 더 확대될 것이다. 더욱 힘을 갖추고 폭력적이 되는 테러리스트들은 국제사회의 생활과 제도에 위협을 가할 것이다. 그들이 사용하는 무기에는 재래무기, 정보전, 핵 및 화생방 무기도 포함될 것이며, 향후 국제사회의 테러리즘은 독립적 또는 국가적 지원을 받아 더욱 격렬한 폭력이 구사될 것이며 선전과 정치적 활용 면에서 더욱 정교해질 것이다.

또한 21세기에 개인적 해커는 물론 테러조직에 의한 새로운 유형의 사이버전의 양상은 더욱 증가할 것이고 그 수법 또한 더욱 교묘해질 것이다. 이에 따라 국가 사이의 사이버 공간에서의 테러리즘 및 핵 테러 위협도 증가할 것이다. 날로 심각해지는 국제 테러리즘과 네트전 및 사이버전에 대비하여야 하는 국가정보기관의 역할은 더욱 중요시될 것이다.

이제 대규모 무차별 대량살상을 구사하는 국제테러는 탈냉전시대의 새로운 전쟁으로 급부상하고 있으며 모든 국가들은 테러단체에 대한 예산, 인원, 기술, 정보 등의 지원을 금지시키고 테러단체에 대한 국제적 수준의 정보공유를 향상시키며, 테러발생 시의 책임규명과 보복대응을 위한 국제적 기준을 마련하고, 일련의 테러방지 국제협력 체제를 구축해야 할 것이다.

끝으로 본 졸저가 현대 국제 테러리즘을 이해하고 테러리즘을 연구하는 사람들에게 조금이라도 기여할 수 있기를 바라는 마음 간절하다. 미흡하고 부족한 부분은 하시라도 수정 보완하겠다는 마음으로 독자들의 날카로운 비평과 지적을 기대한다. 단 한 문장의 글도 흡족하게 쓰지 못하면서 책상 앞에 오랫동안 앉아 있음으로써 위안을 삼으려 했던 지난 시간들을 회상하면서 책을 내어놓는다. 책을 낸다는 핑계로 업무 후 다시 시작되는 많은 시간과의 대결에서 주변의 많은 사람들에게 인색했던 지난날에 진심으로 사과를 드린다.

2010년 1월 4일
한미연합군사령부 용산 집무실에서
이 태 윤

목 차

제1장

현대 국제사회와 테러리즘의 문제

국제사회에서 테러리즘이 점차 증대되고 있음은 주지하고 있는 바와 같다. 양적인 면에서나 질적인 면에서 다 같이 테러리즘은 현대 세계의 안정과 평화를 위협하고 있다. 핵무기의 시대에 살면서 인류는 공멸의 위협에 직면하고 있는 반면 어떠한 이유에서든 각기 특별한 목적을 가지고 자행되는 국제테러 행위가 인류사회의 안전을 위협하고 평화를 깨고 있다는 사실에 주목하지 않을 수 없다. 오히려 핵무기의 거대한 파괴력에 기초한 억제체제의 유지로 인해 전면전과 같은 전쟁이 발발하기 어려운 상황에서 오늘날 세계 도처에서 발생하는 테러 행위들에 의해 국제사회가 크게 위협받고 있는 것이다. 따라서 국제사회의 점증하는 테러리즘은 평화유지나 평화형성(peace-making)에 커다란 장애요소가 되고 있다.

냉전의 종식과 더불어 지난 반세기 동안 강대국 관계를 괴롭혀온 국제전쟁에 의한 폭력현상은 점차 줄어들고 있는 듯하다. 그러나 국제사회는 테러리즘과 '깡패국가'(Rogue State)의 위협에 대해 우려하고 있으며 핵무기의 등장 이래 일반화되다시피 한 '공포의 균형'(balance of terror) 의식은 이성적 국가들의 '분별지의 균형'(balance of prudence)을 발휘하도록 유도되고 있다.[1] 따라서 핵무기에 대한 우려가 소강하는 반면 '대량살상무기'라는 새로운 걱정거리가 부상하고 있다. 테러리스트와 깡패국가가 대량살상무기를 갖게 된다면 이는 실로 심각한 위협이 될 수 있다.

핵전면전은 억제의 필요성과 합리적인 정책개발, 이른바 군비통제나 위기관리와 같은 국제적 통제, 자제에 의해 예방되고 있고, 재래식 전쟁들은 국가 간의 긴장완화 노력이나 재래식 전력의 상

---

1) Y. Harkabi, *Nuclear War and Nuclear Peace*(Jerusalem: Israel Program for Scientific Transition, 1966), pp.253-258.

호균형에 힘입어 그 발생빈도가 줄어들고 있는 듯하다. 그러나 국제적 통제의 영역 바깥에 있는 폭력현상이 새로운 문제점으로 등장하고 있는바, 이것이 곧 국제 테러리즘이다. 이 국제테러 행위는 대중적 공포를 야기한다는 점과 테러 발생 후 대테러조치가 경우에 따라서 국민의 자유주의적 가치와 생활의 통제와 규제를 가져올 수 있다는 이중적 문제를 야기하고 있다.

테러와 테러리즘은 인류역사와 함께 존속해 왔으며 이 시대의 새로운 현상은 아니다.[2] 그러나 최근에 이르러 현대의 고도로 발달된 과학과 기술은 오늘날 국제사회를 '테러리즘의 잠재적 희생자'로 몰아가고 있으며 범세계적으로 발생되고 있는 지역분쟁, 분란, 내란, 민족해방운동, 테러리즘 등의 제 폭력현상은 인류가 폭력과 테러리즘의 시대에 살고 있음을 인식하게 한다.

오늘날 테러리즘은 국제분쟁의 한 형태로 취급되고 있으며 테러리즘의 성격은 그 대상이 한 개인이나 사회가 아니라 국가적 대상까지를 포함하여 다양한 형태로 나타나고 있다는 데 문제의 심각성을 가지고 있으며, 이러한 현상은 테러리즘이 개인이나 사회의 범주를 넘어 국가 간의 분쟁과 대리전쟁의 형태로 나타나고 있다. 또한 테러의 수단과 동기는 다양하고 대부분의 테러행위가 정치적 목적을 지향하고 있다는 점에서 독특한 국제정치적 성격을 갖는다.[3]

또한 핵 및 생화학 테러리즘에 관하여 많은 이견들이 있어 왔다. 고전적 세력균형외교는 국제 테러리즘을 다루는 차원에서 더 이상 유용하지 못하며, 향후 정치적 윤리적으로 타락한 집단이나 고도의

---

2) Grant Wardlaw, *Political Terrorism: Theory Tactics and Counter Measures*(Cambridge and New York: Cambridge University Press, 1982) p.43.

3) C. A. 케글리, E. R.위트코프(공저), 김철범(역), 『세계정치론』(서울: 법문사, 1989), p.502.

기술을 소유한 과학자 또는 국가적으로 테러리즘을 지원하는 국가가 핵발전소 및 핵무기 등에 대한 실제 핵 및 화생방 테러의 가능성뿐만 아니라 핵보유국이 직접 국제전쟁을 수행할 수 없는 패러독스에서 비롯되는 대리전쟁(代理戰爭)으로서의 핵 테러 문제, 2차대전 이후 핵무기의 등장과 전략전쟁개념에서 핵의 등장으로 인한 세력균형과 테러균형의 문제, 핵발전소, 핵무기 등이 테러의 목적물로서 또는 테러리스트들의 무기로서 이용될 수 있다는 문제 등 테러리스트들의 핵 및 화생방 무기에 대한 매력적 측면 등이 관심의 대상이 되고 있다.

최근 국제사회의 급속적인 핵 및 대량살상 무기의 확산은 테러리스트들이 핵 활동에 개입할 기회와 가능성을 더욱 증대시키고 있으며 전 세계적으로 산재되어 있는 핵무기를 획득하여 이를 정치적으로 이용할 수 있다는 사실은 아무도 부인하지 못할 것이다. 이 시대는 핵 및 화생방 테러리즘의 실험 기간인지도 모른다.

미국에서 발생한 9·11동시다발 테러참사를 계기로 정치적 혹은 군사적 차원에서의 테러리즘연구가 활발해지고 있으나 지금까지 국내에서의 테러리즘에 대한 연구는 극히 미약한 상태에 머물러 있다. 기존의 테러리즘 연구는 국제법적 측면에서 문제를 해결하고자 하는 노력들이 대부분이었다. 따라서 이러한 법적 차원의 노력은 원인규명, 예방적 차원보다는 테러발생 후의 사후대책의 연구결과로 나타나고 있다.

본 연구를 통하여 집중적으로 탐구하고자 하는 연구의 중점은 다음과 같이 요약될 수 있다. 첫째로, 테러리즘에 관한 연구는 역사가 짧지 않은 분야임에도 불구하고 기존 연구들은 대부분 국제법적 측면에서 국제 테러리즘의 법적 규제, 항공기 테러의 방지와 대책, 대테러 대책수립 등의 정책적·행정적 문제점에 중점을 두고 연구되어 왔다.[4] 이들 대부분의 연구들은 테러사건의 예방과 범죄차원에서의 사건처리 및 원인분석 등 연구가 대부분이었으며 국제정치학 분야로서의 전쟁차원의 국제 테러리즘에 관한 연구는 일천하여 그 수가 그리 많지 않았다.

테러리즘이 일반적 범죄현상과 다른 정치적 현상의 한 양상이며 또한 현실적으로 국제사회에서 분쟁·전쟁론적 차원에서 정치학적으로 다루어지고 있는 현실에서 이와 관련하여 정치군사적 차원에서의 연구는 또한 의미를 부여할 수 있을 것이다. 더구나 국제적으로 테러리즘의 정의조차 합의되지 못한 현실에서 정치적, 군사적 측면에서의 이에 대한 연구는 더욱 가치 있는 연구가 될 것이다.

둘째로, 오늘날 국제분쟁의 양상은 저강도 분쟁의 테러리즘으로부터 분란전, 지역전, 세계대전, 전략핵전으로의 에스컬레이션화될 개연성을 충분히 가지고 있다. 그러나 공포의 균형에 의한 세계정치는 이를 허용하지 못하는 상황이다. 이에 대한 반대급부로 '만인의 만인에 대한 투쟁'인 현금의 국제정치에서 분쟁상황하의 국가전략으로서의 국제 테러리즘은 전쟁의 스펙트럼에서 가장 많은 발생빈도를 차지하고 있다. 오늘날 강대국의 현실적·이성적·합리적 판단에 의한 정규전이 회피되는 국제정치적 상황하에서 탈냉전 이후 발생되는 국제 테러리즘을 포함한 지역분쟁의 현상들은 정치적·군사적 맥락에서 이해되며 특히 그 주류를 형성하는 국제 테

---

4) 테러리즘과 관련한 기존의 연구들로는 다음의 논문이 있다. 여영무, "테러리즘과 저항권", 고려대학교 법학박사논문, (1988); 정형근, "국제테러의 법적규제에 관한 연구", 서울대학교 법학박사논문, (1991); 최윤수, "국가지원 테러리즘에 관한 연구", 동국대학교 법학박사논문, (1991); 최진태, "Act of Violence against Civil Aviation: Historical Survey, Perspectives and Responses", University of St. Andrews 국제정치학박사논문(1994).

러리즘의 본질을 이론적·현실적으로 규명하고자 한다.

셋째로, 현대의 고도 과학기술의 발전과 함께 대두된 핵 및 사이버 테러리즘과 관련하여 국내의 연구는 일천한 편이다. 본 연구를 통하여 이미 도래한 21세기의 서로운 국제적 관심사로 부각되고 있는 핵 및 사이버 테러리즘의 분야에 연구의 동기를 부여하며 나아가 화생방 테러리즘과 관련하여 기존연구를 중심으로 현 실태와 대응책도 살피고자 한다.

이러한 전제하에서 본 연구의 목적은 국제 테러리즘의 일반적 개념과 특성을 고찰하고 정치·군사적 차원의 테러리즘 본질을 파악함은 물론 현대 국제 테러리즘의 특성에 비추어 현대 국제 테러리즘 위협의 전략·전술과 본질을 분석하고자 한다. 특히 미 9·11테러참사를 중심으로 21세기의 새로운 전쟁으로 부상하고 있는 국제 테러리즘의 실천적 개념파악과 국제정치적 조명을 통하여 향후의 효과적인 대비책을 마련하기 위한 기본적인 대테러리즘 정책을 연구는 데 중점을 두었다.

테러리즘에 관한 연구는 문제 영역에 따라 매우 다양하게 전개될 수 있으며 한때 게릴라전의 한 형태로 다루어지던 테러리즘의 연구가 많은 학자들에게 새로운 영역의 연구대상으로 부각된 지가 오래지 않아 그 연구의 어려움을 가중시키고 있다.

본 연구는 테러리즘을 서설적으로 다루면서 테러리즘에 관한 여러 학자들의 요소들에 관심을 두어 국제 테러리즘의 정의를 내리고자 한다. 현재 발생되고 있는 국제테러는 범죄적인 성격, 전술적인 성격, 국제정치 환경 속에서 죠치 이익집단 간의 이익을 위한 전략적 성격을 강하게 나타내고 있다. 또한 국가 간의 정책적 문제가 개입되어 외교적 차원으로까지 발전되고 있다.

테러는 그것이 발생하였을 때에는 사소한 사건에 불과하지만 이는 곧 정치적인 성격으로 발전해 나간다. 따라서 테러는 지역분쟁 내지 국제정치 상황이라는 환경적 영향을 크게 받고 있다. 따라서 국가적 환경요소가 테러의 중요한 요소가 된다.

테러에 대한 무관심의 문제는 테러행위의 반복과 국가 간의 이익충돌의 문제로까지 연결되기 때문에 매우 중요하다. 오늘날 테러는 그 목적을 달성하기 위해 무관심으로부터 정치여론화를 모색하게 되고, 그 결과 테러가 테러를 불러일으키는 현상이 나타나며, 또한 테러리스트의 석방문제, 보상문제 등으로 연속적인 테러가 발생할 수 있는 국제환경이다. 따라서 테러리즘의 미래적 성격은 국가 간의 이익충돌과 같은 결과를 야기하기 때문에 더욱 연구의 가치가 있다 하겠다.

본 연구에서는 테러리즘의 정치·군사적 측면을 강조하는 데 초점을 두고 테러가 새로운 전쟁양상으로 변화되는 시대적 상황과, 테러사건이 우발적으로 발생하는 '테러'와 상호 역사적, 조직적, 이념적 성향을 갖는 '테러리즘'의 개념적 구분시도와 국가행위, 국가폭력으로서의 무력폭력, 즉 군사적·전쟁적 측면을 강조하고자 한다. 따라서 이러한 결과는 테러보다는 테러리즘에 중점을 두게 되고 이는 사실상 정치·군사적 테러리즘에 관한 연구가 될 것이다.

핵무기와 테러리즘을 관련시켜 볼 때 흔히 핵의 사각지대, 억제의 사각, 공포의 균형 사각이라는 용어를 사용하여 제한전의 가능성이 논의되기도 하나, 핵이라는 거대한 절대무기에 대한 쌍방의 상호공포 개념 때문에 제3의 선택이 바로 국제 테러리즘이 된다는 논리는 의문의 여지가 있다 하겠다. 다만 비정규전, 저강도 분쟁의 전쟁이나 비정규 혹은 비재래식(irregular or unconventional) 전쟁이라고 말할 때에는 차선의 선택이 테러리즘이라고 하겠다.

따라서 본 연구는 이러한 시각에 맞추어 전쟁론적 관점에서 저강도 분쟁차원의 국제 테러리즘의 이론적 측면과 실제적 현상들을 고찰할 것이다. 특히 테러리즘의 정의문제와 관련하여 국제정치적 차원의 현실적 문제점들을 중심으로 보편적 정의를 파악하고자 하였다. 국제 테러리즘의 발생원인과 관련해서는 현대적 발생원인에 초점을 두고 목적과 동기 및 조직과 활동양태를 고찰할 것이다.

분석의 초점은 첫째, 현대 국제 테러리즘의 가장 적합한 실천적 개념은 무엇이며 그 원인과 목적 및 유형을 어떻게 이해하여야 하며, 둘째, 조직적 국제 테러리즘, 즉 주로 국가 테러리즘과 국제 테러리즘 및 초국가 테러리즘의 본질적인 특성은 무엇이며, 셋째, 국제 테러리즘의 발생원인과 관련하여 테러리즘의 이념적 배경, 목적 및 동기를 중심으로 개인차원의 원인과 국제정치적 차원에서의 원인을 찾고자 하였다. 또한 새로운 전쟁형태로 부각되고 있는 국제 테러리즘이 국가 간의 대리전의 양상으로 변모해 가는 현실에서 생존전략으로서의 국제 테러리즘의 본질을 파악하고자 하였다. 넷째, 국제 테러리즘의 전략·전술과 관련해서는 테러리즘의 목표의 특징과 전술·전략의 변화를 역사적으로 고찰하고 오늘날 더욱 국제 사회의 관심사항으로 부각되고 있는 핵 및 화생방·사이버 테러의 가능성을 진단하고자 하였다. 다섯째, 국제 테러리즘의 발생 현황과 시대적 추이변화를 분석하여 이를 바탕으로 대테러 정책수립을 위한 일반적 고려사항을 중심으로 연구를 진행하고자 하였다.

9·11테러 사태에 대한 국제정치적인 분석평가가 아직도 진행되고 있는 상황에서 시기상조일 수도 있지만 테러사태의 원인과 성격 및 향후의 국제관계에 미칠 영향과 문명사적 함의를 논의하는

데는 별문제가 되지 않을 것이다. 9·11테러 사태가 미치는 국제 정치사적, 전쟁론적 성격을 규명하기 위해서는 테러사태의 본질적 성격을 규명해야 하며 그러려면 테러사태의 원인을 천착하여 보아야 할 것이다. 테러사태의 국제정치적 성격을 규명하기 위해서는 국제질서 구조상의 힘의 배분형태가 미치는 영향과 여기에 작용하는 행위국가들의 성향과 대외정책의 향방을 따져 보아야 할 것이다. 또한 테러형태의 전쟁론적 성격을 규명하기 위해서는 지구상의 분쟁과 폭력 및 전쟁의 근원을 관찰해 볼 필요가 있다.

국제 테러리즘이 점차 증대되고 격렬해지는 추세에 따라 테러리즘에 관한 관심도 크게 증가하게 되었다. 따라서 학계에서는 이러한 연구산물들이 1970년대 들어 축적되기 시작하였다. 테러리즘에 대한 논의는 문제 영역에 따라 매우 다양하게 전개될 수 있다.

사회적 현상의 원인을 밝혀내려는 방법 중에는 최근 반세기 이상 통용되어 왔던 연역법 또는 연역법칙적 방법(deductive nomological method)의 하나인 형태주의적인 환원주의 방법이 있으나 이 경우에는 해당사건 직전(immediate)의 환경적 요인에서 원인을 찾고자 하기 때문에 항상 선행요소의 식별 가능성이 문제가 된다.[5]

현실적으로 사회적 현상의 대부분, 특히 정치적 사건의 대부분은 클라우제비츠가 그의 '전쟁론'에서 적용하고 있는 바와 같이 목적이 원인으로 작용한다. 즉 행위자의 직접적인 정치의 목적이 원인이 된다. 환원주의적 입장에서 보면 목적론적 오류가 되겠지만 행위주체의 의도가 곧 그 사건을 만드는 직접적 계기가 됨은 당연하

---

5) 9·11테러사태의 경우 행위자들의 급진적 종교기반, 이슬람 세계 내의 빈부격차 및 서방세계와의 빈부격차, 이슬람세계 내의 정치적 비민주화, 이스라엘과 팔레스타인 간의 대결 등 배경요인들이 복합적으로 작용하는 상황적 조건이기는 하지만 직접적인 촉발요인인지 식별해 내기는 용이하지 않다.

다.6) 9·11테러의 근본적인 원인과 성격은 테러집단과 서방세계, 특히 미국과의 작용·반작용의 순환적 결과에서보다는 테러집단의 직접적인 정치적 목적과 의도에서 찾아야 할 것이다. 이 점이 바로 테러와 국제질서 및 문명과의 관계를 규명할 수 있는 열쇠가 될 것이기 때문이다.

버클리(Buckly)는 국제 테러리즘의 학문적 접근과 관련하여 기본적으로 세 가지의 형태를 취하고 있다. 첫째, 역사적 접근방법 (historical approach)으로 본 접근법은 과거 테러행위의 가해자와 피해자의 정치·사회적 특성과 관련하여 자료를 수집, 연구하는 방법이다. 둘째는 규범적 및 수단적 방법(normative and instrumental approach)으로 오늘날의 국제정치질서와 과정에 중요한 위협으로 간주되는 테러리즘에 대한 통제 또는 이를 제거하기 위해 수단을 강구해야 한다는 입장이다. 셋째로 행위적 접근 방법(behavioral approach)은 테러리즘의 조직, 능력, 특성, 전술 등의 유사성과 상이성을 구분하여 정치적 발상의 형태와 행동을 보다 객관적으로 이해하려는 입장이다.7)

테러리즘에 대한 실제와 그 실효성을 고찰하기 위해서는 먼저 테러리즘의 개념을 파악하는 데서부터 출발하여야 할 것이다. 테러리즘은 혁명적, 현상적 측면에서의 다양한 시각과 개념을 내포하고 있어 그 정확한 개념파악을 위해서는 국제정치학, 군사학적 지식과 법적 측면에서의 사회심리학, 법사회학, 범죄학적 접근방식이 필요

---

6) Cal von Clausewitz, *On War*, ed., and trans. By Michael Howard and Peter Paret (Princeton, NJ.: Pronceton University Press, 1976), Book one Chapters 1, 2; Book eight Chapter 3, 6 참조.

7) *Journal of International Affairs*, Vol.32, No.1(New York: Columbia University, 1978) p.v.

하며 뿐만 아니라 외교적 관행, 각국의 대테러대응책 및 실제사례 등을 포함하여 광범위한 고찰이 필요할 것이다.[8]

테러리즘에 관한 연구는 단일 학문 분야가 아니고 종합적 학문 대상이기 때문에 아직도 연구가 완숙되어 있다고 할 수는 없다. 본 연구는 국제정치, 특히 국제분쟁·군사적 측면에서 국제 테러리즘의 실체를 규명하고 분석하고자 한다. 이를 위하여 다음과 같이 책을 구성하였다.

1장에서는 현대 국제사회에서 분쟁차원에서 크게 문제시되어 오는 테러리즘의 제반 문제점을 서론적 차원에서 제기하였고, 이어 제2장에서는 그간의 테러리즘에 대한 연구결과를 바탕으로 저강도 국제분쟁과 관련한 테러리즘의 본질파악과 정의를 도출하여 국제 테러리즘의 개념설정을 시도하였다. 국제 테러리즘의 개념정립을 위해서는 지금까지 시도되어 온 국제 테러리즘의 정의에 대한 기존의 검토도 아울러 병행하였다. 이와 관련하여 기존연구의 대부분이 국제 테러리즘을 정의함에 있어서 전쟁차원의 국가테러, 국가지원테러, 국가의 사주 등의 측면이 도외시되어 온 감이 없지 않았다. 따라서 국제테러의 개념에는 테러의 주체 면에서 개인, 집단 및 단체는 물론 국가까지도 포함되어야 함을 강조하였다.

특히 정치테러리즘과 여타 테러리즘의 애매모호한 정의 문제와 관련하여 현재 논의가 활발한 테러리즘, 게릴라전, 민족해방 등의 개념을 중심으로 명확한 구분을 시도하고자 하였다.

---

8) 국제 테러리즘을 어떤 시각에서 조명할 것인가의 이론적 문제제기에 대하여 Schmid는 4가지의 시각으로 분석하고 있다. 1) '공식적' 시각은 주로 정부통계자료에 의존하여 정부의 공식적 입장을 반영하며, 2) '저항적' 시각은 테러 행위자의 입장에서 문제를 본다. 3) '대중적' 시각은 상업적 매스미디어 등에서 테러리즘을 접근하며, 4) '대안적' 시각은 공식적 견해로부터 거리를 유지하면서 저항적 시각에 빠지지 않는 접근방법으로 제시되고 있다.

제3장에서는 국제 테러리즘의 발생원인의 본질을 파악하는 데 중점을 두었다. 이를 위해서 1절에서는 국제 테러리즘의 이념적 배경과 역사적 변천, 목적 및 동기를 고찰하고, 제2절에서는 테러리즘의 구체적 발생원인을 개인차원의 미시적 관점(micro perspective)과 국제정치 차원의 거시적 관점(macro perspective)에서 살피고자 한다. 제3절에서는 새로운 형태의 분쟁양상으로 발전하고 있는 국제테러와 관련하여 대리전의 형태로서의 국제 테러리즘을 논의하였다.

제4장은 국제 테러리즘의 공격목표의 특성과 전략·전술을 고찰하고자 하였다. 이를 위해 1절에서는 정치적 목적을 위해 테러를 자행하는 국제테러 조직들이 추구하는 테러리즘 목표의 특징과 공격양상 등을 중심으로 기술하였고 제2절에서는 이들의 전술, 전략을 중심으로 기술하였다. 3절에서는 가상이 아닌 현실의 국제세계에서 잔인하며 처절한 폭력을 수반하는 테러리스트들이 폭력과 위협을 통해 정치적으로 목적을 달성하기 위한 수단으로 사용되는 매스미디어와 테러리즘의 관계를 평가하였다. 아울러 테러리즘과 매스미디어와의 상호 관계성을 고찰함으로써 실체를 파악하고자 하였다.

제5장에서는 21세기의 새로운 위협으로 부각되고 있는 핵 및 화생방·사이버 테러리즘을 테러리스트들의 접근과 관련하여 그 실체를 규명코자 하였다. 특히 핵 확산과 대량살상무기를 획득하고자 하는 테러리스트를 중심으로 핵 테러의 위험성, 발생 가능성, 원자로 및 핵시설을 목표로 하는 테러리스트들의 관점에서 이론과 실제의 문제를 언급하였다.

제6장에서는 전 세계적으로 경종을 울린 미국의 9·11테러 사태의 전모를 연구하기 위하여, 제1절에서는 9·11테러를 국제정치적 함의의 관점에서 테러발생의 원인과 배경, 사회현상적 의미를 파악

하였다. 제2절에서는 비대칭전쟁과 테러리즘관계의 본질을 파악하여 국제 테러리즘의 전쟁론적 성격변화를 고찰하고 대테러전쟁의 특징을 파악하고자 하였다. 제3절에서는 미국을 중심으로 한 대테러 전쟁과 국제관계의 변화 및 전략적 인식의 변화에 초점을 두고 9·11테러 이후 국제질서의 변화를 전망하였다.

제7장에서는 국제 테러발생의 현황과 시대적 추이를 파악하기 위하여, 제1절에서는 국제 테러리즘의 발생현황을 발생 빈도별, 지역별, 사건별, 국가별, 연도별로 구분, 분석하여 탈냉전 이후의 국제 테러리즘 발생 추세를 파악하여 분석함에 중점을 두었다. 이어 2절은 북한테러와 관련한 북한 테러리즘의 이념과 정책, 그 특성을 중심으로 연구하였다. 다음으로 3절에서는 현실적 대테러 정책을 위한 정책상의 문제점과 미국을 중심으로 한 대테러정책과 기구를 파악하였다.

이와 같은 연구목적을 달성하기 위해 본 연구는 주로 문헌조사 및 통계자료에 의존하였으며 이들의 분석을 통한 서술적 접근법(descriptive approach)을 사용하였으며 모든 자료는 공개된 것을 중심으로 활용하였다. 본 연구의 대상인 국제 테러리즘의 개념 자체가 매우 광범위하고 또한 현실적 문제임을 고려할 때, 국제적 차원에서의 현상을 취급하여야 하기 때문에 보다 실증적이며 현시적인 신문 및 방송, 인터넷상의 최신화된 통계자료를 중심으로 자료를 활용하였다.

제2장

국제 테러리즘에 관한 일반론적 고찰

제1절 현대 분쟁과 국제 테러리즘

1. 저강도 분쟁과 테러리즘

　인류의 역사는 전쟁의 역사라고 일컬어지기도 한다. 그러나 전쟁의 모습은 전쟁이 발생했던 시대의 정치, 경제, 사회, 문화 등의 제 요소를 반영하여 매우 상이한 형태를 보이고 있다. 수많은 사람들이 떼죽음을 당했다는 공통적인 사실만을 예외로 한다면 각각의 시대는 전쟁의 원인, 전쟁의 수행방법, 전쟁의 목표, 전쟁의 수단, 전쟁 수행의 주체 면에서 아주 상이하였다.

　선사시대의 인류는 정치적인 조직이 존재하기 훨씬 이전부터 조직화된 전쟁이 존재했다는 뚜렷한 흔적을 남기고 있어 전쟁의 역사는 인류의 탄생과 더불어 시작되었음을 확인시켜 주고 있다.

　그러나 전쟁이 오늘날 상식처럼 되어 있는 민족국가에 의한 그리고 정규 국민군대에 의한 군사적 대결양상을 띠게 된 것은 아주 최근의 일이다. 인류역사 수십만 년 중 이런 형태의 전쟁이 일반화된 것은 인류역사 전체의 마지막 400년에도 미치지 못하는 기간일 뿐이다. 전쟁에서 패배할 경우 패배한 병사들이 승전국의 노예가되는 것이 당연하게 여겨진 시대도 존재했었으며 군인들의 식량은 민간인에 대한 약탈을 통해 현지조달 한다는 전쟁수행 방식도 어떠한 시기에는 당연한 것으로 수용되기도 하였다.

　오늘날 우리는 전쟁을 정의함에 있어 추호의 의혹도 없이 클라우제비츠의 명제를 원용하고 있다. 즉 "전쟁이란 다른 수단에 의한 정치의 연속"일 뿐이라는 것이다. 전쟁이란 정치적 목적을 달성하기 위한 수단의 일환이고 그것은 인간의 이성에 입각한 합리적인 행위라는 주장이다. 사실, 클라우제비츠의 '전쟁론'이 출간된 1930년대 이후의 전쟁을 보는 시각이나 전쟁에 관한 연구의 대부분은 클라우제비츠적 패러다임(Clausewitzian Paradigm)에 의해 주도되었다고 말할 수 있다.

클라우제비츠적 패러다임은 다음과 같은 3요소로 구성되어 있다.

첫째, 전쟁을 야기하는 당사자 또는 전쟁을 만드는 유일한 조직(War Making Organization)은 정부이며 이러한 관점에서 19세기 영국, 프랑스인의 입장에서 아프리카인들을 식민화시키기 위한 싸움은 엄밀한 의미의 전쟁은 아니었다. 식민전쟁은 정부와 정부의 싸움이 아니었기 때문이다.

둘째, 정부가 사용하는 전쟁의 수단은 군대이다. 정규군대가 아닌 다른 집단의 무력행동은 폭동, 난동, 살인의 행위로 취급될 뿐이었다.

셋째, 전쟁을 수행하는 데 있어서 사활적인 요인은 국민이다. 클라우제비츠가 살았던 시대는 군주의 주권이 국민의 주권으로 대치되는 혁명의 시대였으며 징집에 의한 100만 단위의 대규모 국민군대로 무장한 나폴레옹이 전 유럽을 파죽지세로 공략했던 시대였다. 바로 이러한 시대적 상황은 전쟁이란 정부에 의해서 주도되고 정규군에 의해 수행되며 국민 그 자체가 전쟁의 주요한 직접 당사자가 된다는 근대의 전쟁철학을 형성케 했으며 클라우제비츠의 전략 및 전쟁론은 19세기 및 20세기 전반기의 대규모 전쟁에서 그 학문적, 실용적 가치가 입증되는 듯하였다.

그러나 2차 대전 이후의 상황은 어떠한가? 전쟁의 본질은 유사 이래 변한 바가 없다고 주장되기도 하지만 밴 크리벨드(Martin van

Creveld) 교수는 현대의 전쟁의 모습에 일대 전환이 야기되고 있다고 단언하고 있다.[9] 그는 전쟁의 모습이 급격하게 변질된 이 시기에 있어서 클라우제비츠의 고전적 명제와 전략이 그대로 추종되어서는 안 될 것이라고 주장하고 있다. 즉 클라우제비츠식 사고가 더 이상 오늘날의 전쟁을 설명할 수 없는 이유를 다음과 같은 두 가지 사실에서 추론해 내고 있다.

첫째는 핵무기의 등장이다. 핵무기의 파괴력은 전쟁이란 정치의 연속이라는 이성적 전쟁론을 더 이상 타당할 수 없도록 만들어 버렸다. 핵전쟁이란 국가의 자살을 의미하므로 그 어떤 이유도 국가의 파멸이 확실한 핵전쟁을 개전할 합리적인 근거가 될 수 없다는 것이다. 사실 핵무기가 사용될 가능성이 있는 전쟁이 개시된다면 그 전쟁은 정치의 연속이라고 말해지기보다는 정치의 실패 또는 정치의 단절을 의미하는 것이라고 보아야 할 것이다.

두 번째 사실은 제2차 세계대전 이후의 실제 전쟁사에서 추론된 경험에 의한 주장으로, 제2차 세계대전 이후 수천 명의 목숨을 앗아간 대소 약 160여 회의 국제분쟁 중에서 고전적 의미의 재래식 전쟁(Conventional War)은 불과 몇 회 되지 않는다. 여기서 재래식 전쟁이라 함은 핵무기가 사용되지 않은 정규전을 의미하며 소위 클라우제비츠의 전쟁논리에 부합되는 전쟁을 말한다.

제2차 세계대전 이후의 재래식전쟁은 한국전쟁, 수차의 중동전쟁, 영국·아르헨티나 사이의 포클랜드 전쟁, 이란·이라크의 전쟁, 그리고 최근의 걸프전쟁 등으로 그 숫자가 별로 많지 않다. 또한 인명피해 측면이나 정치적인 중요성 측면에서도 이 전쟁들은 제2차 세계대전 이후의 전쟁에서 결코 소수파의 지위를 벗어날 수 없

---

9) Martin van Creveld, *The Transformation of War*(New York: The Free Press, 1991)

는 전쟁들이다. 정부에 의해 주도되고 전쟁당사국 각국의 정규군에 의해 수행된 이들 소수의 전쟁에만 클라우제비츠식 전쟁개념이 적용될 수 있을 뿐이었다.

월남전의 경우 미국과 상대한 주적은 국가라는 정치조직을 갖추지도 못하고 정규군이라고 볼 수 없는 베트콩이라는 비정규적 군사력이었다. 크리벨드 교수는 베트콩류의 비정규군과의 전쟁에서 정규군이 한 번도 승리한 사실이 없다는 사실을 상기시켜 고전적인 전략론이 적용될 수 있는 한계를 지적하고 있다. 동시에 오늘날 선진 각국의 군사력은 이러한 종류의 국제분쟁에 대처하기에 적절치 못하며 무기체계도 현실의 군사적 필요에 부응하지 못하는 것이라고 비판하고 있다.

크리벨드 교수는 1945년 이후 전쟁의 대표적인 모습은 클라우제비츠가 상정한 재래식 정규전이라기보다는 소위 저강도 분쟁(Low Intensity Conflict)이라고 주장한다. 그는 저강도 분쟁은 지난 50여년간 가장 중요한 전쟁 형태였을 뿐만 아니라 전쟁의 결과라는 측면에서도 가장 현저하였고, 주로 후진국 지역에서 발발하였으며, 근대 군사력의 첨단무기체계에 의존하지 않았으며, 정규적인 군사력도 동원되지 않는, 그러나 어떤 정규군도 격파한 특징을 가지고 있다고 설명하고 있다.

이러한 상황은 클라우제비츠가 상정한 전쟁의 모습을 점차 무용지물화시키고 있으며 그 결과 클라우제비츠적 패러다임은 더 이상 전쟁을 이해하기 위한 적당한 분석의 틀이 되지 못한다고 주장한다. 나아가 그는 저강도 분쟁이야말로 미래전쟁의 기본적 모습이며 이러한 주장의 근거로 오늘날 국제사회의 폭력을 독점해 왔던 국가의 지위가 점차 흔들리고 있다는 사실을 지적하고 있다. 또한 전쟁수행양식의 급격한 변화도 예측되고 있는데 전쟁이 점차 비정규화됨에 따라 기존의 정치·군사지도자들의 지위에 변화가 생길 것이며 전쟁을 지휘하는 지도자들은 점점 더 전쟁의 피해에 직접적으로 노출될 것이라고 예측하였다.[10]

미국이 걸프전 당시 가다피의 숙소를 폭격했던 사실, 걸프전 첫날 후세인의 죽음까지도 은근히 기대한 사상최대의 폭격과 전쟁 중 미국이 반후세인 세력을 부추김으로써 이라크를 붕괴시키려 한 사실, 9·11테러 이후 미국의 반테러 전쟁과정에서 오사마 빈 라덴을 찾기 위한 작전 등은 어떤 의미에서 전쟁의 당사자는 국가와 정규군이라는 기존의 클라우제비츠적 전쟁규칙이 허물어짐을 의미하는 것이기도 하다.

향후의 국제 분쟁시대에 지도자들은 점차 공격의 표적이 될 확률이 높아지게 될 것이며 전쟁의 수단도 저강도 분쟁에 타당한 것으로 되돌아가게 될 것이다. 걸프전에 흥분된 많은 전문가들은 다음 세대의 전쟁은 최첨단 과학과 무기가 대신할 것이라고 예측하였지만 군산복합체가 그다지도 중요하게 여겨졌던 소위 전산화된 최첨단무기에 의한 고강도 전쟁의 시대는 다가오지 않을 것이며 오늘날 정규 재래식 전쟁은 그 마지막 숨을 몰아쉬고 있는 시기로서 향후의 시대는 재래식 전쟁은 아니라고 예측하였다.

물론 앞으로 첨단과학 무기를 갖출 능력이 있는 나라들은 수단

---

10) 사실 과거의 역사를 보면 왕 또는 총사령관격인 장수들은 전선의 최선봉에서 군사를 지휘했으며 직접 전투에 참가했기 때문에 자신의 안위를 보장받을 수 없었다. 그러나 현대전쟁에서 적어도 자신의 목숨이 두려워 선전포고를 하지 못하는 국가원수는 없었다. 걸프전 당시 부시 대통령의 고민은 자신의 안위가 아니라 미군병사들이 얼마나 희생될 것인가의 여부였다. 이러한 전쟁방식은 교전당사자 모두가 스스로 지켰던 것으로 양차대전을 통틀어 야전지휘관의 목숨이 직접표적이 된 것은 롬멜과 아이젠하워 장군의 단 두 가지 사례였으며 히틀러나 스탈린이 적국의 공격표적이 되었다는 증거는 없었다.

방법을 가리지 않고 그러한 무기를 구입하고자 노력할 것이다. 그러나 첨단 과학무기로 무장한 민족 국가들 사이의 정규 재래식전쟁의 빈도는 훨씬 낮아질 것이다. 왜냐하면, 첨단과학무기를 갖출 능력이 없는 국가들은 강대국에 정규 군사력으로 대항하겠다는 우둔한 짓을 벌이지 않을 것이기 때문이다.

전쟁의 모습은 변화하고 있다. 그러나 변화될 미래의 전쟁의 모습은 강대국의 전면적 정규군이 동원된 재래식 정규전, 최첨단 무기가 동원되는 전쟁이기보다는 정치적 집단들의 교활한 계산에 의한 테러리즘과 소규모의 분쟁으로서, 그러나 더욱 치열한 저강도 분쟁의 시대가 도래할 것이다.

테러리즘, 분란, 대분란을 포함하는 저강도 분쟁의 개념은 1970년대 재래식 전쟁보다 강도가 약한 정치·군사적 활동의 다양한 범위를 포함한다. 일부 학자들은 1975년 마야구에(Mayaguez)사건이나 1986년 리비아(Libya)폭격과 같이 선전포고 없는 소규모의 재래전도 여기에 포함시킨다. 또 다른 학자들은 평화유지군이나 안보지원과 같은 간접적이거나 비폭력적 활동도 광의의 저강도 분쟁 개념에 포함시켜 사용한다.[11]

2. 새로운 전쟁양상으로서의 국제 테러리즘

인류의 역사를 통하여 볼 때 인간은 개인의 차원에서부터 정치집단의 차원에 이르기까지 협력의 극으로부터 분쟁의 극에 이르는

---

11) 국방대학교, 『저강도분쟁론』(국방대학원, 1992), p.12; Loren B. Thompson, *Low-Intensity Conflict: The Pattern of Warfare in the Modern Warfare*(Lexington Books, 1989).

전체적 행위 영역의 스펙트럼 속에서 생존하고 있다.[12] 이 행위 영역의 연속선 내에서 가장 보편적인 협력의 극단이 평화의 상태이며 가장 파괴적인 분쟁의 극단이 전쟁의 상태이다. 따라서 '평화와 전쟁'의 현상은 동전의 표리와 같아서 불가분의 관계에 있다고 말할 수 있다.

뿐만 아니라 이 두 극단의 현상은 동일한 스펙트럼 내의 다른 현상들, 예컨대 타협이나 경쟁 또는 갈등 및 일반적인 분쟁현상들과 함께 인간의 집단적 사회적 영향을 반영하며 조직생활의 총괄적 정치행위를 반영한다. 따라서 동서고금을 통하여 이 지구상에 지속되어 온 전쟁의 현상은 평화의 반대 또는 장애현상으로서 인간생활의 사회적, 정치적 조직과 끊을 수 없는 관계를 이루고 있다.

테러리즘은 사실상 서구나 중동 및 중남미에서 발생하고 있는 소규모의 정치적, 비정치적 집단어 의한 폭력행위가 그 주류였지만 최근 들어 국제사회에서 국제적 성격을 지닌 국가테러리즘의 형태로 등장하고 있다. 현대 테러리즘이 국제적 성격을 지니게 됨에 따라 이념적, 조직적 연계성을 지니게 되고 장기적이고 지속적인 정치투쟁의 중요한 활동형태로 발전하게 되었다.

후술하겠지만 테러리즘의 정의조차도 많은 이견들이 속출되고 있는 것과 병행하여 그 개념의 정립이 더욱 난해한 이유는 이와 유사한 '분란', '게릴라전', '민족해방전쟁' 등이 전쟁양상으로 존재하기 때문이다. 테러리즘은 그 투쟁목적과 공격대상 및 방법 등에서 게릴라전과 유사성을 가지나 통상적 게릴라와는 달리 적의 비무장 민간인에 목표를 두어 정통성에 대한 도전을 통하여 기존정권의 무능과 신뢰를 악화시켜 자신들의 주장을 관철시키는 데 목적이

---

12) 류재갑, "전쟁과 평화의 본질: 개념적 시각", 『**안전보장이론**』(국방대학원, 1989), p.5.

있으므로 테러리스트의 행위는 한정된 범죄행위라기보다는 정치적 활동의 영역에 속한다고 할 수 있다.

에반스(E. Evans)는 정치폭력에 의한 사회변동전략(strategies of violent social change)현상을 시간, 기존 정치세력과의 관계, 구정권과의 위계라는 세 가지 변수를 사용하여 1) 쿠테타(coup d'etat), 2) 반란(insurrection), 3) 게릴라전(guerrilla war), 4) 테러리즘(terrorism)의 네 가지 유형으로 분류하고 있다.[13] 그에 의하면 쿠데타란 자각적으로 훈련된 지배세력의 일부가 이미 장악하고 있는 권력을 보다 더 강화하기 위하여 또는 새로이 정권을 장악하기 위하여 동일한 지배권력 내의 타 부분을 비합법적 또는 무력적 수법으로 기습을 감행하는 것으로 쿠데타는 변동을 시도하는 집단이 기존정권을 전복한 후에는 그 세력을 흡수하며 비교적 단시간 내에 이루어지며 쿠데타가 성공할 경우, 구정권과 그 지지자들은 권력의 장으로부터 축출된다고 보았다.

두 번째 유형으로는 반란을 들 수 있다. 이 유형은 시간적 변수가 짧고 구정권의 권위가 권력으로부터 타도된다는 점에서 쿠데타와 유사하지만 반란세력이 기존정권을 호흡하지 못하고 붕괴된다는 점이 다르다.

폭력적 사회변동의 세 번째 유형은 게릴라전으로서 전략적으로 불리한 입장에 놓인 측이 전략적 우위를 확보하기 위하여 일정한 시간과 장소에 대해 비정규적 공격을 시도하는 것으로 시간의 변수가 길어지고 기존의 정권에 상대적 성격을 갖는 집단에 의해 이루어진다. 게릴라전은 초기에는 약세의 위치에서 출발하나 지속적인 투쟁을 통하여 적을 지치게 만드는 전략이다.

---

13) Ernest Evans, *Calling A Truce to Terror*(London: Green Wood Press, 1979), p.4.

테러리즘 전략은 네 번째의 유형으로 시간의 변수가 지연되며 다른 세 전략과는 달리 기존세력과의 전면적이고 직접적인 충돌을 회피하면서 테러리즘 전략을 사용함으로써 정치적 변화를 유도하는 전략이다.[14] 그러나 이러한 현상들의 폭력적 사회변동의 전략은 하나의 이상적 유형(ideal type)에 불과한 것이며 실제적으로는 제 현상이 상호 복합적으로 동시에 진행된다고 할 수 있다.

확실히 국제사회에서 발생하는 모든 국제 테러리즘현상은 인간의 자유주의적 제도 및 가치의 타도와 도덕의 붕괴를 기도하는 근본적인 철학적, 이념적 차원의 현상이므로 단순히 하나의 전쟁 외의 대안적인 방법의 행동양식이라기보다는 또 하나의 전쟁방식이며 국가 간 분쟁의 한 형태로서 정치의 군사화를 의미한다.[15] 그러므로 국제 테러리즘은 '선전포고 없는 전쟁'(undeclared war), 즉 '새로운 형태의 전쟁'(a new form of warfare)이므로 우리는 이에 대항하여 대처할 새로운 정책과 무기와 방법을 필요로 한다.[16]

국제 테러리즘은 1980년대에 접어들면서 국가안보문제의 차원에서 각별한 관심과 연구를 필요로 하는 '특수한 방식의 전쟁형태'(special mode of warfare)로 등장하였으며 전쟁의 다양한 스펙트럼 속에서 테러리즘이 가장 발생빈도가 높은 유형으로 분류되고 있다. 테러리즘의 증대로 현대사회는 군사화의 분위기에서 벗어나기 어렵게 되어 가고 있으며 인류는 항상 두려움에 사로잡힌 채 살

---

14) *Ibid.*, p.7.

15) Paul Wilkinson, *Terrorism and the Liberal State,* 2nd Rev. ed. (New York: New York University Press, 1986), p.194.

16) 2001년 9월 11일 발생한 미국의 테러 참사는 분쟁(conflicts)의 개념과 성격, 분쟁의 예방관리 측면에서 큰 변화의 계기로 작용할 전망이다. 일반적으로 분쟁은 국가 간 발생하는 국제분쟁과 국가와 반정부 세력 간에 발생하는 국내분쟁으로 분류된다. 또한 무력사용에 의한 분쟁을 전쟁으로 규정할 때, 국가 간의 무력분쟁은 전통적 의미의 전쟁(inter state war)으로 명명하며 국가 내의 전쟁을 내전(civil war)으로 구분해 왔다.

아가야만 되게 된 것 같다.

〈도표-1〉 전쟁양상의 분류

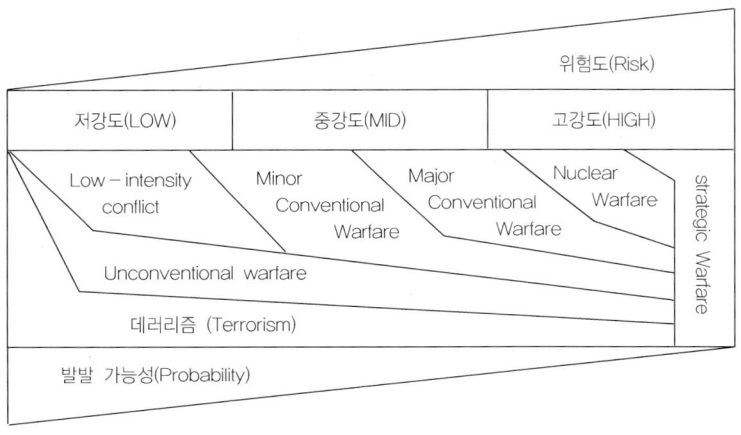

출처: U. S. National War College, *Terrorism*(Washington, D. C.: U. S. National War College, 1986), p.6.

테러리즘은 저강도 분쟁의 일부이며 폭동, 태업, 혁명의 활동을 포함하여 광범위한 영역의 또 다른 형태의 전투와 폭력행위를 망라한다.[17]

오늘날 국제 테러리즘을 국제분쟁의 전쟁양상과 관련지어 볼 때 <표-1>이 잘 설명해 주고 있다. 즉 전쟁의 다양한 스펙트럼 속에서 테러리즘이 가장 발생빈도가 높은 유형으로 분류되고 있다. 전쟁양상별 발생 가능성은 테러리즘으로부터 저강도 분쟁, 재래식 전쟁, 저·중강도전쟁, 핵전, 전략전으로 확전될 개연성을 나타내고 있으며, 한편 각 양상의 전쟁발생 시 해당 국가가 감수해야 할 위

---

17) Loren B. Thompson, *Low Intensity Conflict*(Lexington Books, 1989); 『저강도분쟁론』 (국방대학원, 1992), p.83.

험도는 발생 가능성과는 정반대의 확률로 나타난다. 그러므로 전쟁의 각 양상별 발생확률과 발생 시 해당 국가가 받아야 할 위험도 사이에는 완전한 역순의 반비례가 형성되고 있음을 알 수 있다.

국경을 넘는 침략적 공격 이외에 정치적 폭력 또한 국제사회의 이익을 위협할 수 있다. 여기에는 내전을 포함한 상이한 인종 집단 간의 내부공격, 무장반란, 내부혼란 등이 포함된다.[18] 베를린 장벽이 와해된 지 10여 년이 지난 현재, 각종 분쟁과 전쟁의 유형을 체계적으로 개념화하는 데에는 적지 않은 어려움이 따른다. 작금의 국제환경은 한마디로 혼합형 분쟁의 시대(hybrid conflict)를 예고하고 있다. 즉 전통적인 민족국가 간 발생했던 재래식 전쟁의 가능성이 여전히 상존하고 있으며 한편으로는 코스보와 보스니아 사태와 같은 극심한 인종청소(ethnic cleansing)형의 분쟁, 탄도미사일을 포함한 대량살상무기의 점진적 확산, 군사혁신(Revolution in Military Affairs: RMA)을 중심한 고밀도 힘의 투사능력 증대, 사이버전쟁과 네트전쟁으로 분류되는 전략정보의 대두, 테크노 테러리즘(techno-terrorism) 등 전쟁과 분쟁의 수평·수직적 변화가 가속화되고 있다. 뿐만 아니라 동티모르와 유사한 다국적군의 인도주의적 개입과 전쟁 이외의 군사작전(Military Operations Other Than War: MOOTW)은 전통적인 개념의 전쟁을 희석시키고 있음은 물론 국방기획과 전력현대화에 많은 혼선을 초래하고 있다. 또한 전면적인 핵전쟁의 가능성은 어느 때보다 감소되었으나, 러시아의 낙후된 핵무기 생산 및 관리 체제, 인도와 파키스탄 간의 새로운 핵무기 경쟁, 여전히 불투명한 북한 핵무기 개발계획 등 우발적인 핵전쟁의 가능성은 점차적으로 확산되고 있다.[19]

---

18) 미 2001**국방연례보고서**(FY 2001), (국방정보본부, 2000. 6), p.12.

장차 발생할 수 있는 제반 분쟁의 유형을 정확히 전망할 수는 없겠으나 21세기의 안보위협은 냉전시대와는 달리 전 방위적인 차원에서 인식되어야 하며 전통적인 민족국가와 동맹관계를 벗어난 탈국가적인 차원에서 고려되어야 한다. 향후 안보위협을 분석함에 있어서 가장 중요한 요소는 힘의 투사능력이 거의 실시간으로 이루어질 수 있다는 점이다. 거의 모든 국가들이 비슷한 수준의 RMA기술을 도입할 수는 없으나 전반적인 추세는 무기체계의 자동화, 전자전의 확산, 최첨단 센서 등의 다각적인 차원에서 RMA화가 진행되고 있다. 특히, 핵무기와 대량살상 무기, 고밀도 탄약(precision munitions), 전자무기, 재래식 대량살상무기, 정보전과 사이버전, 초미세한 기술, 테크노 테러리즘 등의 부분은 점진적으로 확대될 것으로 전망되고 있다.[20] 특히 정치적 불안정, 사회적 갈등, 경제상황의 악화 등의 부정적 요소들이 증폭될 경우 국제테러, 무기·마약 밀수 등의 각종 다국적 안보위협이 증대될 전망이며 고도의 정보통신기술(Information Technologies: IT)을 중심으로 한 비대칭적 무기체계의 도입도 국제질서에 적지 않은 영향을 미칠 수 있을 것이다.

스노우(Donald M. Snow)는 전통적 국내분쟁과 탈냉전시대에 들어서 나타나는 새로운 유형의 저강도 분쟁을 구분하고 탈냉전시대의 새로운 성격의 분쟁의 원인을 국제체제의 구조적 변화에서 찾는다. 탈냉전시대에 목격되는 분쟁은 대부분 국경을 사이에 둔 국제형 분쟁이기보다는 국내의 한 집단이 다른 집단에 대한 악의적이고 발작적인 광폭행위의 양상을 띠고 있다고 진단한다. 이러한

---

19) 이정민, "미래분쟁의 유형과 정보전: 동북아와 한반도에 미치는 영향", 한국국제정치학회 연례학술회의 발표논문(1999. 12), p.2.

20) 이정민, 상게논문, p.3.

분쟁은 냉전시대의 분쟁들에 비해 상대적으로 정치적으로 고결한 신조를 표방하거나 정치적 이상을 달성하려는 목적 지향적이지도 않다. 말하자면 이는 탈냉전시대의 모든 저강도 분쟁이 정치적 목적을 배제하고 있다는 의미가 아니라 정치적 목적 외에 인종적 차별의식이나 테러나 마약거래와 같은 과거에 볼 수 없었던 목적들을 추구하는 분쟁이 증가하고 있다는 것이다. 따라서 이러한 분쟁이야말로 개명되지 않은 비문명 사회에서나 볼 수 있는 분쟁으로 규정하고 이러한 분쟁을 통칭하기 어렵기 때문에 과거의 분쟁과 뚜렷한 차이가 있다는 점에 초점을 맞추어 '탈냉전적 전쟁'(Uncivil war)로 명명하고 있다.[21)

스노우가 이러한 탈냉전시대의 저강도 분쟁을 탈냉전적 전쟁이라고 명명한 것은 분쟁의 성격이 과거와 달리 구별되는 요소들을 담고 있다는 점에 주목한 결과이며 이는 높이 평가될 가치가 있다. 조직과 체계화된 전략 및 교리를 갖춘 정규군에 의한 전쟁이 아니라 게릴라형태의 무정형적 전투양상과 정치적 가치 및 목적 지향적이기보다는 단순히 인종적 반감이나 범죄, 테러와 같은 특정집단의 사적 이익을 추구하기 위해 학살 및 만행과 같은 비인간적인 살상 및 정부에 대한 공격행위 등 새로운 유형의 분쟁이 곧 탈냉전적 전쟁이다.

냉전시대의 전통적 분쟁과 그 성격이 다르다는 것을 강조하는 점에서는 맨워링(Max G.Manwaring)이 명명한 '불편한 전쟁'(Uncomfortable War)과 같이 저강도 분쟁의 연구에 새로운 패러다임을 제공하고 있다.[22) 맨워링은 탈냉전시대의 빈번한 분쟁들은 그 명분에 있어서

---

21) 최종철, "탈냉전적 전쟁: 국제안보와 새로운 국내분쟁", 『국방정책연구』 제47호(한국국 방연구원, 1999), pp.255-256.

냉전시대의 분쟁과 다르고 원인 및 전투수행 방법이 과거와 다르기 때문에 기존의 전략 및 전술과 수단으로는 관리와 해결이 어렵다고 주장한다. 따라서 이러한 분쟁을 다루는 전략가나 정책결정자의 입장에서 보면 적절한 대책을 수립함에 많은 어려움이 따른다. 스노우의 '탈냉전적 전쟁' 연구와 맨워링의 '불편한 전쟁' 연구는 공히 탈냉전시대의 새로운 성격의 분쟁들은 그 목적과 원인 등이 냉전시대와는 상이하므로 이를 처리하는 방법에 있어서도 달라야 한다는 주제를 다루고 있다.

저강도 분쟁에 대한 새로운 패러다임의 접근방법으로 스노우는 탈냉전적 전쟁의 국제체제적 환경 면에서 일차적으로 국제질서의 변화, 즉 패권적 강대국 사이의 힘의 분산, 경제력의 중시 및 국제체제의 개편을 꼽고 있다. 먼저 힘의 분산은 소련의 와해와 그에 따른 종속국들의 개체화, 이들 종속국의 몰락으로 대변된다. 냉전시대의 미국은 저강도 분쟁 국가나 지역에 대한 전략적 이익이 없거나 미약할 때도 단순히 소련이 세력을 팽창시키거나 분쟁의 배후에 있기만 해도 분쟁을 관리하고 해결하려고 개입했었다. 그러나 탈냉전시대의 미국의 저강도 분쟁전략은 분쟁이 전략적 이익에 직접적 이익이 되지 않을 경우, 즉 이익·위협 불일치(interest-threat mismatch)의 경우 개입하지 않거나 자제하는 정책을 추구하고 있다. 그러한 결과 분쟁의 불씨는 쉽게 전쟁으로 확대되고 일단 발생한 분쟁은 더욱 통제가 어렵게 되었다.[23]

탈냉전시대의 또 다른 체제적 특징으로서 정치·군사력에 비해

---

22) Max G. Manwaring, *Uncomfortable Wars: Toward a New Paradigm of Low Intensity Conflict*(Boulder: Westview Press, 1991).

23) 최종철, 전게서, p.256.

상대적으로 경제력을 중시하는 경향은 세계질서의 안정화와 분쟁관리 및 해결에 주도적 역할을 해야 할 미국 등 주요 선진 강대국들이 자국 또는 세계경제에 거의 영향을 미치지 못하는 세계화 경제(globalizing economy)권 밖의 소위 해체국가들의 분쟁에 대해서는 관심을 나타내지 않음으로써 분쟁은 더욱 빈발하고 해결이 어렵게 된다.

국가 간 힘의 분산과 경제력 중시 정책과 밀접히 관련된 중대한 변화로써 국제체제의 개편과 그에 따른 신국제질서의 등장이 저강도 분쟁 발생의 중요한 배경으로 작용하고 있다. 냉전시대 1, 2, 3세계로 구분되던 세계는 소련을 길두로 하는 제2세계가 몰락하면서 선진 강대국들로 구성된 협력과 화해의 제1제대(the first tier), 갈등과 대립의 제2제대(the second tier)로 양분되었다.[24]

스노우는 이러한 국제체제의 구조적 개편을 관찰하고 대부분의 국제분쟁은 제2제대의 하위제대 국가들에서 발생하고 있음을 주시하였다. 제2제대인 약 160개 국가 중 82개 국가가 개발도상 하위제대 국가로 경제적으로 아직 전근대적 단계에 머물러 있으며 향후의 발전 가능성도 희박하다. 또한 이들 국가들은 정치적으로도 민주화되어 있지 않다. 이러한 이유들로 인해서 해체국가(failed states) 또는 해체되고 있는 국가(failing states)로 불리는 이들은 제1제대 국가들의 관심 밖에 있다.[25] 따라서 다양한 분쟁의 불씨를 가지고 있을 뿐만 아니라 분쟁이 발생하면 장기화되는 경향을 보인다.

현대 국제사회에서 분쟁의 형태는 테러리즘과 저강도 분쟁이 주

---

24) 제2제대는 다시 3개의 하위제대로 구분되는데, 이는 1) 개발 하위제대(developed subtier), 2) 부분개발 하위제대(partially developed subtier), 3) 개발도상 하위제대(developable subtier) 이다.

25) 해체국가란 경제적으로 스스로를 지탱할 능력을 결여하고 정치적으로도 민주화되어 있지 못하는 국제공동체의 일원으로서 그 존재가 미약한 국가로 소말리아, 에스파냐, 보스니아, 아이티, 르완다 등이다.

종을 이루고 있으며 전 세계 국가 중 45개국 이상이 테러리즘의 도전을 받고 있다. 이는 제2차 세계대전 이후 강대국 간의 직접적 대결은 전면핵전으로의 확전 가능성의 위험부담이 높기 때문에 낮은 위기부담으로 높은 이익을 얻는다(Low risk, High gain)는 대안이 곧 테러리즘이라는 소재가 분명치 않은 '안개의 전쟁' 또는 '보이지 않는 전쟁'인 것이다.

제2절 테러리즘의 개념과 정의

1. 테러리즘의 일반적 개념

테러리즘에 대한 기본적인 정의 없이는 테러리즘현상을 다른 폭력현상과 구별하기가 어렵게 된다. 그래서 테러리즘에 대한 정의의 문제가 테러리즘현상의 이해와 종합적인 테러리즘정책을 발전시키는 근간이 된다. 동일한 테러행위라 할지라도 혁명적 맥락에서는 폭력행위일 수가 없으며 정치적 동기를 가진 개인이나 범법자 또는 정신이상자에 의한 폭력행위의 유사성이 테러리즘의 정의를 더욱 어렵게 만든다. 만일 범법자의 탈선폭력이나 정신이상자의 행위를 테러리즘으로 규정한다면 정치적 동기를 지닌 테러리즘행위의 특성과 구별할 수가 없게 될 것이다. 따라서 만인이 합의하는 일반적인 정의에 도달할 수 없다 할지라도 대테러리즘 정책과 전략을 발전시키기 위한 기본적인 요소를 판별하는 것이 필요할 것이다.

오늘날 자유주의 가치와 제도 및 도덕에 대한 테러리즘의 파괴적 도전은 날로 증대되고 심각해져 가고 있다. 그럼에도 불구하고 테러리즘은 그 표출된 현상을 서술하기는 용이하나 정의를 내리기는 쉽지 않은 현상 중의 하나이다. 테러리즘을 새로운 하나의 전쟁 양상으로 규정할 때 군사전략의 주제들 가운데 테러리즘만큼 파악하기 힘든 주제도 없을 것이다.[26]

테러리즘에 대한 개념적 정의에는 많은 이견과 입장이 고려되고 있다. 왜냐하면 테러리즘의 행위는 그 자체의 성격에 따라서 판단의 기준이 다르기 때문이다. 국가 전쟁에서 침략의 정의 합의가 어려운 것처럼 여기에도 국제법적인 적용기준이 없으며, 해방과 억압의 대립적 문제, 이념문제, 인권문제, 도덕성 문제, 사회·심리적 문제, 범죄와 정치목적의 폭력행위의 구분문제 등 이념과 입장의 편견적 인식과 시각이 작용하기 때문이다. 또한 어느 정도의 폭력과 위협까지를 테러리즘의 범주에 포함시킬 것인가 하는 기술적인 문제점도 내포하고 있다.

테러리즘의 정의문제가 난해해지는 이유 중의 하나는 세계적인 정치 소용돌이 속에서 당사자의 입장 차이의 여하에 따라 테러리즘이 경우에 따라서는 애국투사나 영웅의 숭고한 행위가 되는 경우도 상정할 수 있기 때문이다.[27] 특히 혁명지지세력과 현상유지 국가들 간에 테러리즘에 대한 태도가 상반되기 때문이다. 예를 들면 "한 사람의 테러리스트는 다른 사람에게는 '자유의 전사'"라는 슬로건이나 "한 집단에 의해 테러리즘이라고 정의된 것도 다른 집단에 의해서는 영웅, 외교정책, 정의 등으로 간주될 수 있다."[28]는

---

26) *Public Report of the Vice President's Task Force on Combatting Terrorism* (Washing, D. C.: Government Printing Office, 1986), p.1.

27) 최완식, "최근 국제항공 테러리즘의 동향과 그 대책" 『국제정치논총』 제28집 1호(한국 국제정치학회, 1988), p.231.

입장을 지지하는 국가들도 많기 때문이다.

일반적으로 테러리즘은 공포와 폭력을 내포하는 다양한 형태의 모든 행위를 일컫는 것으로 강제와 억압의 수단으로서 테러를 체계적으로 활용하는 포괄적 의미를 지닌다. 조직적인 정치폭력의 일환으로서의 테러리즘의 행위와 탈선적 행위를 구분하기 위해서 '테러'와 '테러리즘'을 구분할 필요가 있다.[29] 공포를 동반한 정치동기의 불법 폭력이라는 점에서 테러와 테러리즘의 용어가 구분 없이 사용되고 있는 실정이다. 그러나 테러는 '주관적 경험'이며 '마음의 상태' 또는 '심리적 효과' 등 가치중립적 뉘앙스가 강하다.[30] 즉 테러가 행위나 수단적 측면을 강조하는 극도의 불안한 심리적 상태의 자연적 현상임에 반해, 테러리즘은 다소 객관적이며 가치평가를 부정적으로 내린 범죄성의 결과를 강조하는 폭력의 조직적·의도적·체계적 활용을 함축하고 있다고 할 수 있다.[31] 따라서 테러리즘은 조직적인 정치·사회적 활동의 일환으로 고려되고 있으며 계획적이고 의도적으로 테러를 심리전의 한 형태로 사용하고자 하는 테러집단이나 테러정권의 조직적 대중폭력행위로 인식되고 있다.[32] 그러나

---

28) U. S. National War College, *op.cit.*, p.94.

29) 일반적 의미의 terror라는 용어는 '커다란 공포' 또는 '죽음의 심리적 상태'(psychic state of great fear or dead)라는 뜻으로 라틴어의 'terree'에 어원을 두고 있으며 테러가 인간의 '주관적 경험'이며 '마음의 상태'(a state of mind) 또는 '심리적 효과'를 의미하는 데 반하여 테러리즘은 조직적인 사회활동(organized social activity)의 일환으로 고려되고 있으며 어떤 정치적 목적을 위하여 사용되는 폭력, 계획적이고 의도적으로 테러를 체계적으로 활용하는 것으로 테러는 테러리즘 없이도 발생 가능하며 테러리즘의 중요한 한 요소가 된다.

30) 여영무, 『**테러리즘과 저항권**』(서울: 나남, 1989), pp.13-14.

31) 이장희, "국제테러리즘에 대한 국제법적 대응과 과제" 『**테러리즘에 대한 법적조명과 그 대응방안**』(서울: 아시아사회과학연구원, 2001), pp.2-5 참조.

32) Paul Wilkinson, *Terrorism and the Liberal Statet* 2nd Rev. ed. (New York: New York University Press, 1986) pp.50-51.

테러와 테러리즘의 구분에 대해서도 일반적인 합의가 없는 실정이며 경우에 따라서는 동의어로 또는 상호 교호적으로 사용되기도 한다.

본 연구에서는 테러행위 자체보다는 조직적 정치차원의 테러리즘에 초점을 두고 후자는 전자를 포함하는 개념으로 사용하고자 한다. 왜냐하면 국제 테러리즘을 다룰 경우 이는 단순한 폭력위협의 문제뿐만 아니라 여기에 포함된 다양한 측면들까지도 동시에 다룰 수 있기 때문이다.

공포는 느끼는 정도에 따라 다르며 경험에 따라서는 특정한 위협과 이미지에 대해 다른 것보다 더 큰 공포심을 느끼게 된다. 따라서 테러의 정도는 주관적 요소와 개인의 비합리성, 자극에 대한 의식, 무의식적인 반응의 결합의 산물이다. 따라서 테러의 많은 경험은 예측이나 통제의 영역에 속하지 않는 사건들의 무의식적 또는 부수적인 부산물인 경우가 많다. 그러나 테러의 자행 그 자체가 테러리즘을 의미하는 것은 아니다.[33] 이러한 부수적인 테러사건과 테러집단이나 테러정권에 의한 계획적인 심리전 형태의 테러와는 구별된다.

테러리즘이란 어떤 정치적 목적이나 목표를 달성하기 위하여 일정한 사회집단에게 작용한 폭력의 사용을 통한 하나의 전략을 의미한다. 여기서 문제가 되는 것은 폭력의 개념이며 폭력을 사용함으로써 어떤 사회집단에게 효과를 낳게 한다는 점이다. 그 효과란 많은 경우에 있어서 공포라는 심리적 매개체를 통하여 집단 전체에 작용되는 것이다.[34]

물론 테러리즘이 정치적 동기를 갖지 않을 수도 있다. 예를 들어 범법자나 범행집단이 개인적, 집단적 이익이나 몸값을 받아내기 위

---

33) Wardlaw, *op.cit.*, p.9.

34) 이기택, 『한반도의 정치와 군사』(서울: 일신사, 1988), p.532.

해 테러행위를 할 경우 정신이상자, '사디스트' 등이 사회에 불만을 품고 그들의 좌절감과 증오심을 표현하기 위해 행하여지는 테러행위는 정치적 동기나 목적을 가진 조직적 테러리즘과는 다르다.

2. 정치테러리즘의 정의

정치테러리즘을 가장 단순히 정의하면 '강압적인 위협'의 일종으로 정의할 수 있다. 정치테러리즘은 테러리스트들의 정치적 요구를 달성하기 위해 개인이나 집단, 공동체 또는 정부에 대해 테러를 자행하는 행위이며 살인과 파괴 및 그 위협을 조직적으로 사용하는 행위이다.35)

따라서 정치적 테러리즘은 오랜 역사를 지닌 하나의 심리전 기술로서 테러의 주요 목표와 표적 및 전달 메시지가 결정되고 위협의 실행을 통해 테러계획의 신뢰성이 결정되는 것이 통례이다. 테러폭력의 실제적인 희생자나 희생물 자체가 일차적인 표적일 수 있고 아닐 수도 있다. 그러나 테러리즘은 비교적 소규모적인 폭력으로 큰 효과를 거둔다. 클라우제비츠(Clausewitz)가 "전쟁은 그 자신의 언어는 가지고 있어도 그 자신의 논리는 갖고 있지 않다."라고 말한 바와 같이, 테러리즘도 일종의 비재래식 전쟁의 형태로 그 자신의 언어는 가지고 있어도 그 자신의 논리는 가지고 있지 않다.36) 그 논리는 정치적 목적에 내재하는 것이다.

정치테러리즘의 개념을 정의하려는 최초의 국제적 시도는 1937년

---

35) Wilkinson, *op.cit.*, p.31.

36) Wilkinson, *op.cit.*, p.52.

국제연맹에서 열린 테러리즘의 탕지와 처벌에 관한 회의에서였으나 용어정의에 관한 합의에는 도달하지 못하였다. 이 회의에서 제시된 정의는 "한 국가에 대해 직접적인 범죄행위를 하거나 일반적인 군중들의 마음속에 공포심을 유발시키는 것"[37]이라는 아주 포괄적인 정의였다. 테러리즘을 정의함에 있어서 수많은 개별적 정의를 분석 검토하기보다는 몇 가지의 대표적인 예를 제시하고, 공통적 요소를 추출한 후 본 연구의 분석을 위한 개념을 제시하고자 한다.

테러리즘이란 정치적 목적을 달성하기 위한 수단으로서 폭력적 공격 또는 납치, 살인과 같은 테러를 조직적으로 사용하는 것이며, 정부가 이를 사용할 때는 진압을 초월하는 효과를 얻을 수 있으며 테러리스트가 사용할 때에는 정치적 변화에 영향을 줄 수 있는 노력의 일부가 될 수 있다(브리테니카 사전).[38]

테러리즘이란 어떤 정치적 목적이나 효과를 달성하기 위해서 일정한 사회집단에 사용되는 폭력을 통한 하나의 전략이다(Ernest Evans).[39]

테러리즘이란 주로 인질억류나 총포사용의 위협을 통하여 정부를 그들의 요구에 굴복시키려는 강압적 위협의 수단이다(Paul Wilkinson).[40]
테러리즘은 개인이나 소규모집단에 의해서 행해지는 분란전의

---

37) Saleem Quesh, "Political Violence in the South Asian Subcommittee", Yonah Alexander(ed.), *International Terrorism*(New York: Praeger, 1976), pp.151-153.

38) *Encyclopaedia Britannica,* Vol. Ⅸ(London: Encyclopaedia Britannica Inc., 1986), p.904.

39) Ernest Evans, *Calling a Truce to Terror: The American Response to International Terrorism*(London: Greenwood, Pr., 1979), p.4.

40) Peter St. John, "Analysis and Response of Decade of Terrorism", *International Perspective*(Sept. 1981), p.2.

형태이며 장단기의 정치적 목표를 달성하기 위하여 체계적이고 독단적이며 부도덕한 폭력을 사용하는 것이다(Bard E. O'Neill).[41]

테러리즘이란 정치적 상징효과를 얻기 위한 폭력의 사용 또는 그 위협으로써 이는 직접적인 희생물보다 더욱 포괄적인 공격목표와 대상들에게 심리적 충격을 가할 목적으로 기존의 정부정권에 대항하는 행위이다(George Landner).[42]

테러리즘이란 공포를 조성하기 위하여 사용하는 폭력이다(David Fromkin).[43]

정치적 테러리즘은 강압적 협박으로 정의될 수 있으며 테러리스트들의 정치적 요구를 달성하기 위해 개인이나 집단, 공동체 또는 정부에 대해 테러를 자행하는 행위이며 살인과 파괴 그 위협을 조직적으로 사용하는 행위이다(Paul Wilkinson).[44]

테러리즘이란 폭력사용이나 폭력의 위협을 포함한 극히 비정상적인 수단에 의해 정치행위에 영향을 미치려는 계획적인 상징적 행위로서 테러의 사용을 말한다(T. P. Thornton).[45]

---

41) Bard E. O'Neil, et al. (eds.), *Insurgency in the Modern Word*(Boulder, Colorado: Westview Pr., 1980), p.4.

42) George Landner, Jr., "Amid Echoes of Past", Hearing Begin on New Threat of Terrorism, *The Washington Post*, April 25, 1981, p.A7.

43) David Fromkin, "The Strategy of Terrorism", *Foreign Affairs*, 53(July 1975), p.693.

44) Wilkinson, *Terrorism and the Liberal State*, p.56.

45) T. P. Thornton, "Terror as a Weapons of Political Agitation", in H. Eckstein(ed.), *Internal War*(London: Collier Macmillan, 1964), p.73.

정치테러리즘이란 기존의 권위를 지지하거나 반대하는 개인이나 집단에 의한 폭력의 사용 또는 사용위협이며, 그러한 테러행동은 표적 집단을 범행자의 정치적 요구에 순응하도록 강요할 목적으로 즉각적인 희생자를 내기보다는 그 표적 집단에 대해 극단적 두려움과 공포를 유발시킬 효과를 창출하기 위해 계획적으로 수행하는 행위이다(Grant Wardlaw).[46]

테러리즘이란 용어는 통상적으로 사람들에게 공포심을 불러일으키기 위한 살인과 같은 일종의 폭력적 행동을 말한다(E. Walter).[47]

이상의 여러 학자들이 내린 테러리즘에 대한 정의가 수식어의 한정을 받는 한에서는 타당할 것일 수 있을지라도 수식어의 종류에 따라 다양한 정의를 단순히 산술적으로 종합한다고 해서 일반적 정의가 구해진다고 보기는 어렵다. 한편 미국의 국가기관에 의한 테러리즘의 정의는 다음과 같은 다양한 표현방식을 보여주고 있다.[48]

테러리즘이란 혁명적 조직과 든지된 이데올로기적 목적을 위해서 정부나 사회를 억압하거나 협박할 의도로 인명이나 재산에 대해 물리적 힘이나 폭력을 불법적으로 사용하려 하거나 위협하려는 것이다(미국무성, 1983).

---

46) Wardlaw, *op.cit.*, p.16.

47) Evans, V. Walter, "Violence and the Process of Terror", *American Sociological Review* 29/2(Spring 1964), pp.248-250.

48) U. S. National College, *op.cit.*, p.11 참조.

테러리즘이란 준국가집단이나 기밀국가기구에 의해 비전투원을 표적으로 삼고 사전에 치밀하게 계획하여 자행되는 정치적 동기를 지닌 폭력행위이다(미국무성, 1983).

테러리즘이란 정치적 또는 사회적 목적을 달성하기 위해 정부, 시민 또는 사회의 특정구성원을 위협하거나 강압할 목적으로 인명이나 재산에 대해 물리적 힘이나 폭력을 불법적으로 사용하는 것이다(FBI, 1983).

테러리즘이란 본질적으로 정치적, 종교적 또는 이데올로기적인 목표를 달성하기 위한 폭력의 계산된 사용이나 위협이며 협박, 강압 또는 공포심의 유발을 통해 자행된다. 테러리즘은 종종 본질적으로 추상적인 행위를 포함하며 직접적인 희생보다 대중에게 영향력을 행사하려는 것이다(미육군 교범 190 - 52).

테러리즘이란 직접적인 희생물보다는 포괄적인 테러집단에 대해 보다 광범위한 심리적 충격과 협박을 가할 목적으로 기존의 정부정권에 반대하거나 대항하여 행동하려는 개인이나 집단이 정치적 목적을 달성하기 위해 폭력을 사용하거나 위협하는 것이다(CIA, 1980).

테러리즘이란 정치적 사회적 목표를 추구하기 위해 인명과 재산에 대한 불법적 폭력의 사용이나 위협이며, 일반적으로 정부나 개인 또는 집단이 그들의 행위나 정책을 수정하도록 의도적으로 협박하고 강압하는 행위이다(정부 특별위원회, 1984).[49]

---

49) *Public Report of the Vice President's Task Force on Combating Terrorism,*

테러리즘이란 개인 또는 소규모집단들이 정치적 목적을 달성하기 위해 조직적이고 자의적인 폭력을 수단으로 수행되는 일종의 전쟁형태이다(미국방대학원, 1987).

지금까지 제시한 대표적인 테러리즘 정의의 내용분석(content analysis)을 통하여 보면, 대체로 공통적인 요소와 그들 요소 중 가장 많이 사용되는 요소의 사용빈도수를 통하여 상당한 중복요소를 포함하고 있으며 다만 각 시각과 표현에 따라 차이를 나타내고 있음을 알 수 있다. 따라서 본 연구의 목적상 상기 제기한 정의들이 지니는 공통적 요소를 표출하여 테러리즘 정의의 기준을 삼고자 한다.[50]

미국방대학원은 테러리즘 정의와 관련하여 세 가지 공통요소를 추출하고 있다. 테러리즘은 1) 폭력의 사용 또는 위협, 2) 정치적 목적을 위한 계획적 행위, 3) 직접적 희생보다는 심리적, 상징적 영향력 행사의 세 가지 공통요소를 포함시키고 있다.[51]

따라서 이상의 정의들에서 테러리즘의 정의에는 핵심적 요소로

---

op.cit., p.1.

50) Alex Schmid는 테러리즘의 정의에 대한 내용분석(content analysis)을 실시하여 다음과 같은 요소를 테러리즘의 공통요소로 추출하였다. 1) 폭력 또는 물리적인 힘(violence, force)의 사용, 2) 정치적 목적, 3) 공포 또는 테러(fear, terror), 4) 위협(threat), 5) 심리적 효과와 예상되는 반응(psychological effects and anticipated reaction), 6) 희생자와 표적의 구분(victim target differentiation), 7) 목적적, 계획적, 체계적, 조직적 행위(purposive, planned, systematic, organized action), 8) 전투, 전략, 전술적 방식(method of combat, strategy, tactics), 9) 극도의 비정상(extrano-mality), 인도주의적 제한의 무시, 10) 강압, 강탈, 맹종의 요구(coercion, extortion, induction of compliance), 11) 공중에의 공개(public aspect), 12) 자의성, 무차별성(arbitrariness, impersonal, random character, indiscriminateness), 13) 비전투요원의 희생(civilian, noncombatants, nonresisting, neutrals, outsiders as victims), 14) 협박(intimidation), 15) 희생자의 무죄, 16) 범법집단, 운동, 조직, 17) 상징적, 시위적 측면, 18) 폭력발생의 계산불가, 예측불가, 기대 불가능성, 19) 기밀지하 활동, 20) 폭력의 반복, 연계성, 21) 범죄(criminal), 22) 제3자에 대한 요구; Schmid, *op. cit.*, pp.76-77 참조.

51) U. S. National War College, *op.cit.*, p.12.

서, 첫째, 폭력의 직접적인 사용이나 위협을 테러위협의 본질적 요소로 인식한다는 점. 둘째, 테러리즘의 목적으로서 정치테러리즘의 경우에는 정치적 목적을 위해 권력의 장악 또는 기존권력의 붕괴 또는 저항을 지향한다는 점. 셋째, 테러리즘의 표적으로서 직접적인 특정 표적보다는 공중에 대한 심리적 상징적 효과를 노린다는 점. 넷째, 테러리스트 주체의 조직성과 활동의 계획성으로서 테러의 주체들은 철학적 근거와 이데올로기성, 조직적 연계성을 지닌다는 점을 들 수 있다.

본 연구에서는 이러한 네 가지의 기본요소를 테러리즘 성격규명의 기준으로 삼아 다음과 같이 테러리즘을 정의하고자 한다. 테러리즘이란 정치적 또는 사회적 목적을 달성하기 위해 특정표적에 대해 직접적 폭력을 행사하거나 위협함으로써 공중에 대한 심리적 상징적 효과를 달성하고자 하는 조직적이고 계획적인 폭력활동이다.

더욱 중요한 것은 현대 테러리즘이 국제적 성격을 지님에 따라 이념적, 조직적 연계성을 지니게 되고 장기적이고 지속적인 정치투쟁의 중요한 활동형태로 발전하게 되었으며 날이 갈수록 폭력적이고 무차별적이며 광범위한 표적을 지향한다는 점이다. 따라서 현대 사회는 테러리즘의 주요 표적으로 노출될 것이며 누구도 테러의 표적에서 제외될 수 없는 상황이다. 그러므로 테러리즘은 가장 값싼 일종의 전쟁형태가 될 것이며, 만일 테러리즘이 하나의 전쟁양상으로 인정된다면 인류는 항상 평화로운 상태에서 안주할 수 없게 될 것이다.[52]

---

52) *Ibid.*.

3. 정치테러리즘과 여타 테러리즘의 유사개념

앞서 언급한 것처럼 테러리즘에 관한 정의조차도 적지 않은 이견이 속출하고 있는 것과 병행하여 그 개념정립이 더욱 어려운 이유는 이와 유사한 용어로 분란전(insurgency)과 게릴라전(guerrilla war), 정치적 혁명(political revolution), 인민해방 전쟁(war of national liberation)이 같은 맥락에서 전쟁양상으로 혼재·상존하고 있기 때문이다.

클라우제비츠에 의하면, "전쟁은 정치의 연장이다. 정치적으로 해결되지 못할 경우 군사력이라는 폭력적 수단에 의해 적을 무자비하게 굴복시키기 위해 의도적으로 사용하는 폭력행위"[53]라고 정의하였다. 이는 국가지원 테러리즘도 역시 이와 유사한 정책을 추구하는 데 있을 것이다. 이러한 정책은 다른 수단에 의한 전쟁의 연속이라 할 수 있으며 오늘날 세계 도처에서 빈번히 발생되고 있는 국가지원 테러리즘의 형태는 저강도 분쟁(Low Intensity Conflict)의 형태를 취하고 있다.

"한 사람의 테러리스트는 다른 사람의 자유의 투사"라는 표현은 이제 진부한 표현이 되었을 뿐만 아니라 테러리즘의 대처에 가장 어려운 장애물의 하나이다. 테러리즘을 연구하는 학자들이 연구의 한계점을 정확히 정립하기 위한 과정들은 아주 이론적이면서도 개념적인 문제로서, 연구의 변수들을 정확히 설정해야 하는 메커니즘의 문제이기도 하다. 그러나 테러리즘과 게릴라전을 다룰 때에는 용어상의 정의문제는 이론적 논의의 영역을 초월하는 함축적 논의가 포함되어야 한다. 왜냐하면 테러리즘의 대책수립을 위해서는 현

---

53) Cal Von Clausewitz, *On War*, J. J.Graham(London and Boston: Routledge & Kegan, 1969), pp.2-23.

행 재래식 전쟁의 규정에 근거한 국제적 협력의 테러리즘 정의는 아주 중요한 요소가 되기 때문이다.[54]

학자, 정치가, 안보전문가, 언론인 모두가 다양한 테러리즘의 정의를 사용하고 있다. 일부 학자들은 테러리스트 조직의 운영방식에 초점을 두기도 하며, 혹자는 테러리즘의 동기와 특성, 테러리스트들의 개별적 생활양식(modus operandi) 등을 강조하기도 한다.

슈미트(Schmidt)와 영맨(Youngman)은 '정치적 테러리즘'과 관련한 설문을 통하여 109가지의 서로 상이한 정의를 제시하면서 가장 학문적 의미를 포함하고 또한 통계적으로 반복적 빈도요소를 포함하는 설문내용을 다음과 같이 분류하고 있다.[55] 이 조사에 의하면 테러리즘이 갖는 의미는 폭력·무력적(83.5%), 정치적(65%), 두려움을 강조하는 공포(51%), 위협(47%), 심리적 효과 및 예상 반응(41%), 목표물과 희생자 간의 불일치(37.5%), 의도적·계획적·체계적·조직적 행동(32%), 전투, 전략, 전술의 방법(30%)적 의미로 인식하고 있음을 밝히고 있다.[56]

테러리즘의 정의상의 문제는 개념적으로 많은 어려움과 문제점이 따른다. 테러리스트들의 조직을 설명함에 있어 게릴라운동(guerrilla

---

54) Boaz Ganor, "Defining Terrorism: Is One Man's Terrorist Another Man's Freedom Fighter? http://www.ict.org.il/articles/define.htm(검색일: 2001. 7. 10)

55) Alex P. Schmidt and AlbertI Jongman et al., *Political Terrorism,* (SWIDC, Amsterdam and Transaction Books, 1988), p.5.

56) Boaz Ganor, "Defining Terrorism: Is One Man's Terrorist Another Man's Freedom Fighter? http://www.ict.org.il/articles/define.htm(검색일: 2001. 7. 10); 이 설문조사에서는 테러리즘의 정의에서 미해결의 이슈는 무엇인가라는 질문 외에 1) 테러리즘과 정치폭력의 제 형태 간의 범주, 2) 국가 테러리즘(government terrorism)과 저항 테러리즘(resistance terrorism)의 동일 현상 분야인지 여부, 3) 단순한 범죄행위, 집단 간의 분쟁, 정신병으로 야기되는 행위의 구분, 4) 테러리즘의 강압(coercion), 폭력(violence), 권력(power), 세력(influence)의 하위범주 여부, 5) 테러리즘의 합법성·정당성 여부, 6) 게릴라전과 테러리즘과의 관계, 7) 테러리즘과 범죄와의 관계 등의 설문이 제시되었음.

movement), 지하운동(underground movement), 민족해방운동(national liberation movement) 등의 용어가 빈번히 사용되는 것은 그리 놀라운 일이 아니다. 일반적으로 이러한 개념들은 특별한 의미를 부여하지 않고 사용되고 있지만, 경우에 따라서는 이러한 개념들이 특정 정치적 관점에 입각하여 편향적으로 사용되기도 한다. 테러리스트들은 편향된 정의를 사용함으로써 조직과 지지자들의 현실을 위장하며 자신들의 활동을 정당화시키며 그들의 위치를 긍정적인 기반 위에 올려놓으려 한다.[57) 왜냐하면 자유민주주의에 반하는 용어인 '혁명적 폭력', '민족해방' 등의 표현은 테러리즘이란 용어보다는 부정적 의미가 훨씬 덜 내포되어 있기 때문이다.

테러리즘에 관한 정의를 더욱 의미 없는 것으로 만드는 또 다른 현상은 테러리스트의 활동과 민족해방을 위한 투쟁을 포괄적으로 취급하려는 입장이다. 예를 들면, 시리아의 경우 테러리스트 조직은 돕지 않지만 오히려 민족해방운동을 지원한다는 입장이다. Hafez el Assad 대통령은 1986년 11월 21일 노동자협회총회에서 다음과 같이 언급하였다. "우리는 항상 테러리즘은 반대해 왔지만 점령에 대한 민족투쟁은 다르다. 우리는 민족해방운동의 점령에 대한 투쟁은 지지한다."는 것이다.

테러리즘의 개념과 민족해방의 개념을 상호 혼란시키려는 시도는 아랍연맹(Arab League)회의에서의 여러 성명서에도 나타난다. 1998년 4월 카이로회담에서 그들은 '해방과 자기결단'(liberation and

---

57) 이러한 행동들을 합리화시키기 위해 그들은 '테러리즘'과 '정치적 폭력'을 혼돈시키는 전략을 사용한다. 1972년 뮌헨 올림픽에서 이스라엘 선수들을 무참히 살해한 Black September지도자 중의 한 명인 Abu Iyad는 "이데올로기를 기반으로 하는 정치적 살인과 일반적 테러리즘은 반대하지만, 테러리즘을 수반한 혁명적 폭력과 정치적 행위를 구성하는 행동은 명확히 구분된다."라고 하여 테러리즘과 정치적 폭력을 서로 관련이 없는 것처럼 보이려 하였다.

self-determination)을 목적으로 하는 호전적 활동들은 테러리즘의 영역이 아니며, 또한 정권이나 통치자에 대한 적대활동은 정치적 공격이 아니라 범죄적 공격임을 강조하였다. 여기에서 우리는 수단(테러리즘)을 목적(민족해방)으로 정당화시키려는 시도를 볼 수 있다. 즉 '외국점령의 멍에로부터의 해방'(liberation from the yoke of a foreign occupation)을 논할 때, 그것은 테러리즘이 아니라 합법적이고 정당한 활동이라는 것이다. 바로 이 점이 테러리즘을 정의하는 당사자의 관점(perspective)과 세계관(worldview)을 달리하여 강조되고 있는 "한 사람의 테러리스트는 다른 사람의 자유의 투사"라는 진부한 표현이다.

놀랍게도 서구의 많은 사회가 테러리즘과 민족해방의 합법적 폭력의 사용범주에 있어 극단적으로 잘못된 사실을 수용하고 있다는 것이며 '민족해방'을 위한 투쟁은 긍정적이고 정당하며, 테러리즘은 부정적이고 나쁜 것으로 인식하고 있다는 것이다. 이러한 두 가지 개념의 차이를 명확히 이해하지 못하므로 인해 많은 사람들은 테러리스트 조직이 파놓은 의미론적 함정(semantic trap)에 빠지게 되었으며 어떠한 조직이 테러리즘을 수단으로 사용할 때 자신들의 투쟁의 목적이 정당화될 수 없다고 말하는 대신에 특이한 논쟁을 시도하여 민족해방이라는 표현 논쟁을 시도하고 있는 것이다.

가노르(Ganor)는 모든 사람들에게 수용, 인정되고 동시에 포괄적이며 객관적인 테러리즘 정의도출의 문제점을 제기하면서 '테러리즘은 정치적 목적을 달성하기 위해 민간인 또는 민간표적에 의도적으로 폭력을 사용하거나 위협하는 행위'로 정의하였다. 그는 테러리즘을 1) 활동의 중심은 폭력의 사용 또는 사용위협이며, 2) 테러리즘은 정치적 목적을 달성하기 위한 것으로 정치적 목적이 없는 폭력적 활동은 범죄행위일 뿐이며, 3) 테러리즘은 민간인을 목표로 한다. 즉 테러리즘은 게릴라전, 민중폭동 등의 정치적 폭력과는 구분되며 테러리즘은 민간인의 취약점을 이용한다. 또한 민간 표적을 공격함으로써 엄청난 긴장과 대중매체의 반응을 야기하며 민간인에 가해진 정치폭력이 실수에 의한 가해가 아니라 의도적으로 행하여진 행위임을 강조한다.

〈도표-2〉 폭력분쟁의 분류

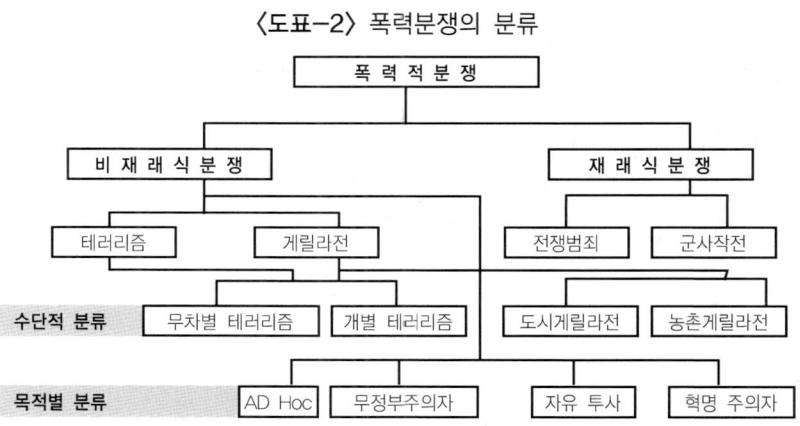

출처: Boaz Ganor, Defining Terrorism: Is One Man's Terrorist Another Man's Freedom Fighter?
http://www.ict.org.il/articles/define.htm(검색일: 2001. 7. 10)

<표-2>에서 보는 바와 같이 테러리즘의 정의와 관련하여 폭력적 분쟁을 분류해 보면 국가 간의 재래식 전쟁(conventional warfare)과 정부 및 조직 간의 폭력적 투쟁인 비재래식 전쟁(non-conventional warfare)으로 대별할 수 있다. 재래식 분쟁은 군의 일원으로 의도적으로 상대군을 표적으로 하는 '군사작전'과 민간인을 표적으로 하는 '전쟁범죄'로 구분할 수 있다. 전통적인 전쟁의 분류 방식인 이 방법을 비재래식 전쟁에 적용하여 테러리즘과 게릴라전으로 구분할 수 있다. 다시 테러리즘은 1) 개별 테러리즘, 2) 무차별 테러리즘으로,

게릴라전은 1) 농촌 게릴라전, 2) 도시 게릴라전으로 구분할 수 있다.

결론적으로 테러리즘은 '정치적 목적을 달성하기 위해 민간인에게 의도적 폭력을 사용하거나 위협하는 행위'인 반면에 게릴라전은 '정치적 목적 달성을 위해 군사목표물, 보안군(security force), 정치지도자를 상대로 폭력을 사용하는 폭력적 투쟁'이다. 따라서 테러리즘을 게릴라전과 비교하면, 가해자에 의해 선택되는 목표와 운영방식에서 상이하다. 즉 가해자들이 자신들의 목표를 달성하기 위하여 민간인을 표적으로 하느냐 아니면 군을 표적으로 하느냐가 관건이라 하겠다.

동일한 사건현상에 대하여 가끔 테러리즘과 게릴라전이라는 용어는 다르게 사용되기도 한다. '테러리즘'이란 용어는 훨씬 부정적 함축성을 가지는 반면 '게릴라전'이란 용어는 중립적 의미를 갖는 것으로 파악되며 보다 적극적인 의미를 함축하고 있다.

"guerrilla warfare"의 개념 사용의 문제점 중의 하나는 용어상의 불분명함에서 연유한다. 이러한 용어의 불명확성은 하가비(Harkabi)에 의해 "guerrilla warfare"와 "guerrilla war"가 구분되어 인용되고 있다.[58] 그는 "guerrilla warfare"를 점진적인 폭력의 심화, 불명확한 한계상황, 유동적인 접촉점, 그리고 인적 요인을 강조하는 지연된 소모전(prolonged war of attrition)으로 설명하고 있다. 전쟁의 과정에서 게릴라 전투요원은 승리가 확보될 때까지 정규군이 되며 이때 다른 한 집단은 패배를 당하게 된다.[59] 이와 유사하게, 헌팅턴(Huntington)은 "guerrilla warfare"란 "전략적으로 약한 쪽에서 시간과 장소 및 작전의 형태를 선택하여 사용하는 전술적 공격에 의한

---

58) Yehoshafat Harkabi, *On Guerrilla Warfare*, (Tel Aviv: Ma'arakhot, 1983), p.27.

59) *Ibid.*, p.16.

전쟁의 한 형태"라고 주장한다. 따라서 게릴라전은 약자의 무기이다.[60] 또한 하가비는 테러리즘이 빈번한 게릴라전에서 나타나는 현상임을 지적하고 있다. 즉 "게릴라 활동은 군부를 목표로 하지 않는 산발적인 테러리스트 공격으로부터 게릴라전의 유지 및 군부대와의 대결 상황까지를 포함하는 범위의 연속선상에서 파악되는 것이 중요하다."는 점을 지적하고 있다.[61] 혹자는 테러리즘과 게릴라전을 폭력사용을 다루는 연속선상의 분리된 두 점으로 보기도 한다. 즉 게릴라전과 테러리즘은 두 가지 관점에서 분류되지만 폭력사용에 의한 결과에 있어서는 한 가지로 집약된다 하겠다.

테러리즘과 게릴라전의 관계를 더욱 명확히 구분한 학자로는 라퀴에러(Walter Laqueur)가 있다. 그는 "도시테러리즘은 게릴라전의 새로운 단계가 아니며 근본적으로 게릴라전과는 관점이 다르며 상이한 전통양식을 갖는다."고 주장한다.[62] 그는 게릴라전은 정부군과 전투를 치르기 위해 농촌에서의 거점(foco), 해방지역(liberated area)을 확보하고 점차적으로 세력, 인력, 장비를 확장하여 소규모 군대를 조직한다. 해방지역에서 게릴라들은 자체적 제도를 창설하여 선전활동과 정치적 활동에 개입한다. 반면에 테러리스트는 이러한 활동을 결코 하지 않으며 이들의 활동기반은 도시에 위치하며 은밀히 소규모 단위로 행동한다.[63]

---

60) Walter Laquer, *Guerrilla Warfare: Historical and Critical Study*, (London: Weidenfeld and Nicholson, 1977), p.392.

61) Harkabi,, p.28.

62) Walter Laqueur, *The Age of Terrorism*(Boston, Toronto: Little Brown, 1987), p.1.

63) Laqueur, p.147.

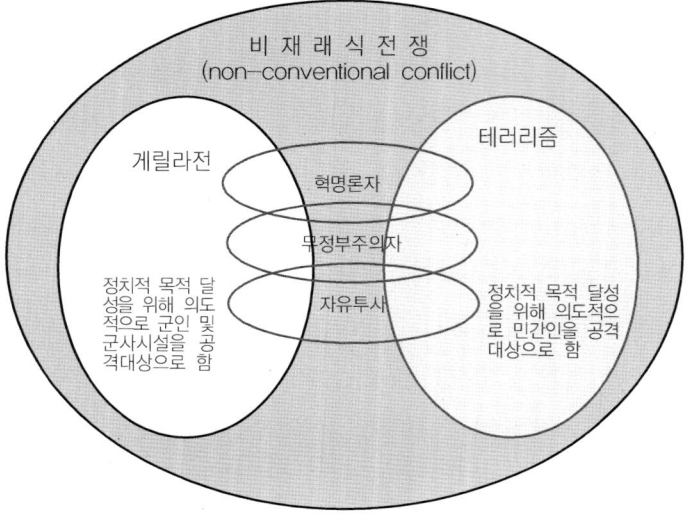

〈도표-3〉 비재래식 전쟁의 목적과 수단

비 재 래 식 전 쟁
(non-conventional conflict)

게릴라전

테러리즘

혁명론자

무정부주의자

자유투사

정치적 목적 달성을 위해 의도적으로 군인 및 군사시설을 공격대상으로 함

정치적 목적 달성을 위해 의도적으로 민간인을 공격대상으로 함

출처: Boaz Ganor, Defining Terrorism: Is One Man's Terrorist Another Man's Freedom Fighter? http://www.ict.org.il/articles/define.htm(검색일: 2001. 7. 10)

이와는 달리 윌킨슨(Paul Wilkinson)은 민간인의 해악관점에서 테러리즘과 게릴라전을 구분한다. 즉 게릴라전은 적은 수와 불충분한 무기로 싸울지 모르지만 이들은 상호 포로를 교환하며 비전투원의 권리를 존중하는 등 전쟁의 규칙(convention of war)을 준수한다. 반면, 테러리스트들은 폭력사용의 수단에 제한을 두지 않으며 광범위한 암살에 호소하여 지역의 주민들에게 일반적 공포(general terror)를 조성한다.64)

<표-3>에서처럼 공격의 목표에 따라 테러리즘과 게릴라전을 정의한다면, 고의적으로 민간인을 표적으로 한다면 테러리즘으로 간

---

64) Boaz Ganor, p.8.

주될 것이며 공격의 대상이 군이라면 게릴라 공격이 될 것이다. 그러나 정치적 목적을 달성하기 위한 폭력을 사용하는 대부분의 조직들은 군사적 요원뿐 아니라 민간인도 동시에 해치므로 이러한 조직은 테러리스트 조직인 동시에 게릴라 운동이라 할 수 있다.

테러리즘과 게릴라 활동에 동시에 참여하는 상황은 테러리즘과 게릴라전에 대한 보편적인 국제정치적 정의가 없다는 사실의 직접적인 결과이기도 하다. 세계의 대부분의 국가들이 수용, 인정받을 수 있는 정의는 이들 조직들이 자신들의 목적을 달성하기 위한 방법을 선택할 때 '비용 대 효과'(cost-benefit)를 고려할 것이다. 만약 어떠한 조직이 게릴라 활동에 참여했을 때보다 테러리즘에 참여했을 때 손해가 더 크다면 그 조직은 테러리즘보다는 게릴라 활동에 더 초점을 둘 것이다. 또한 테러리즘과 게릴라 활동이 동일 개념의 연속선상에 있다는 주장은 어느 한 조직이 테러리즘의 단계에서 게릴라전의 단계로 옮겨 갈 수 있으며, 그 반대의 현상도 가능하여 게릴라전에만 주로 참여하던 조직이 테러리즘에 참여하는 변화의 과정도 충분히 가능하다.[65]

상기 표는 비재래식 분쟁상황에서, 상호 상이한 배경하에서도 테러리즘과 게릴라전이 동시에 혼재할 수 있음을 보여주고 있다. 예를 들면, 테러리스트들이 민족해방이라는 '위장'된 배경에 숨는다고 해서 테러리스트들의 책임이 회피되는 것은 아니다. 따라서 "한 사람의 테러리스트는 다른 사람의 자유의 투사"라는 논리는 "목적이 수단을 정당화한다."는 말처럼 틀린 말이다. 민족해방을 목적으로 하는 경우에는 어떤 조직이 특정의 문제해결을 위해 폭력을 정

---

65) Boaz Ganor, "Defining Terrorism: Is One Man's Terrorist Another Man's Freedom Fighter? http://www.ict.org.il/articles/define.htm(검색일: 2001. 7. 10)

당화할 수도 있다. 그러나 그 조직은 전쟁의 룰에 따라야 하며 활동방향 역시 군대의 정복으로 설정되어야 할 것이다. 이러한 룰을 깨트리고 의도적으로 민간인을 겨냥한다면 그러한 조직은 객관적 입장의 테러조직이 될 것이다.

나아가 테러리즘과 게릴라전이 동일한 목표를 지향할 수 있지만 목표달성을 위한 수단은 달리한다. 이들이 정치적으로 달성하고자 하는 목표로는 1) 점령세력으로부터의 민족해방, 2) 정부를 전복하는 혁명, 3) 혼란조성에 의한 무정부주의(anarchism), 4) 범사회·경제시스템의 변화 등을 들 수 있다.

테러리즘을 정의하는 일은 단순한 이론적 차원의 문제가 아니라 우선적으로 시행되어야 할 중요한 관심사이다. 테러리즘은 이제 몇몇 특정국가의 지역문제가 아니며 다양한 국제적 관심을 수반한 문제이다. 테러리즘은 국제적 현상이기 때문에 테러리즘에 대한 대처도 국제적 차원에서 이루어져야 한다. 효과적인 전략을 발전시키기 위해서 테러리즘에 대한 상호 간의 동의가 필요하다. 즉 명확한 테러리즘의 정의가 필요한 것이다. 1990년대 중반에 시작된 G-7국가들의 국제회의, Sharem el-Sheik회의에서 부각된 테러리즘에 대항한 국제적 동원(international mobilization)에 대하여 참가자들은 테러리즘에 대한 정의를 합의하지 않는 한 작전을 수행할 수 없다는 상황에 직면하였다. 따라서 테러리즘에 대한 명쾌한 정의가 없는 한 테러리스트들과 그들 동맹국들과 싸울 준비를 할 수 없는 것이다.

또한 테러리즘에 대한 정의 없이 테러리즘에 대처하기 위한 국제적 합의를 도출할 수 없다. 테러리즘 정의의 필요성을 잘 보여주는 예가 테러리스트들의 인도문제이다. 비록 많은 국가들이 테러범죄에 대한 쌍무적, 다변적 합의를 체결하였다 할지라도 정치적 범죄에 대한 인도문제는 제외되어 왔다. 테러리즘의 배경은 항상 정치적이다. 이러한 상황은 많은 국가들이 테러리스트의 활동으로 수배된 인물들에 대한 인도책임에 대한 회피의 빌미를 제공한다.

현재의 대부분의 분란조직들은 테러리즘과 게릴라전에 동시에 참여하고 있다. 국제적 협약은 이들 양자를 구분하지 않고 있으며 재래식 전쟁에서 허용, 금지에 대한 룰이 없으며 테러리스트와 게릴라 요원에게 동일한 형벌이 부여된다. 이러한 상황하에서 위험부담이 적은 테러공격을 선호할 것은 자명한 일이다.

국제사회는 테러리스트 조직들을 상대로 싸울 수 있는 국제적으로 합의된 테러리즘에 대한 정의를 규명해야 하는 필요성에 직면해 있다. 테러리즘에 대한 정확한 정의는 테러리즘에 대항하여 싸울 수 있는 국제사회의 능력을 확장시키는 기초이며 운용적 도구가 될 것이다. 현재의 테러리즘에 대한 전통적 관점은 '정치적으로 정당한'(politically correct) 것으로 여겨져 왔지만 객관적이고 국제적으로 인정받는 테러리즘의 정의를 확립하는 것은 테러리즘 자체와 싸우는 것만큼이나 어렵다 하겠다.

정치·사회·경제·심리적 목적을 달성하기 위해 재래식 전쟁이 아닌 국가 간의 정치적, 군사적 투정을 말하는 저강도 분쟁은 지속적인 테러리즘을 통하여 외교적, 사회심리적 압력에서부터 분쟁까지를 포함한다. 저강도 분쟁의 군사적 양상은 폭력, 무기, 전술의 수준에서 제한된 특성을 가진다. 여기에는 군사적 시위, 평화유지, 구출작전, 대테러작전, 특수작전 및 정규군의 제한적이고 직접적인 군사력의 사용과 같은 활동을 포함한다.

분란전이란 대외적으로 인정된 정부에 대한 무력폭동을 의미하나 혁명정부를 조직하거나 군사적 교전국으로 인정될 정도는 아니며 폭력의 대상은 주로 군대나 재산이며 무력분쟁에 관한 국제규정을 준수한다. 분란가담자들은 목표에 대한 대중의 지지기반을 확보하려 하며 이후에는 게릴라전으로 발전하여 혁명정부를 수립하려 한다. 분란의 상황에서는 테러를 사용하기가 쉽지만 용납이 불가능하다. 왜냐하면 테러를 사용하는 집단 또는 테러지원 국가는 비인도적이라는 국제사회의 비난을 받기 때문이다. 테러리즘을 사용하지 않은 분란은 합법적 혁명의 첫 단계가 되며 군사적 무력사용은 테러와 같은 공포심을 조성하는 것이 아닌 특정의 정치적 목적을 위한 것이다.

게릴라전은 가장 오래된 분쟁의 한 형태이며 레닌주의와 모택동주의의 공산주의 체제 등장과 함께 제2차 세계대전을 통하여 직·간접적인 게릴라부대를 지원한 게릴라전은 점차적으로 테러의 의미를 가지게 되었다. 과거의 게릴라전은 무기와 장비가 열등한 국가가 강력한 침략국에 대하여 사용하는 전술이었다. 그러나 핵시대인 현대에는 게릴라전은 핵의 이용이 용이한 상황을 이용하여 다른 형태의 침략형태로 변화될 가능성이 많다. 대부분 '도시 게릴라'로 알려진 이들은 대도시에서 활동하며 테러리스트로서 정치적, 심리적 효과를 극대화하기 위해 상징적 군사시설과 지도자를 목표로 하여 테러리즘적 전술을 구사한다.[66)

테러리즘과 게릴라전의 명확한 구분을 하지 않은 입장의 학자인 Werner Hablweg는 게릴라 활동과 테러리즘은 실제로 매우 유사하며 양자 간의 차이를 발견할 수 없으며[67) 오늘날 분란(insurgency),

---

66) 최윤수, "국가지원 테러리즘에 관한 연구", 동국대학교 박사학위논문(1991) 참조.

67) 이태윤, "국제테러리즘과 도시게릴러에 관한 비교연구", 『호국』(국방부, 1989. 2), pp.112-115.

분란전쟁(insurgent war), 비정규전(irregular warfare), 특수전(special force operation), 빨치산(partisan warfare), 준군사작전(paramilitary operation), 저강도 분쟁(low intensity conflict) 등 다양한 명칭으로 통용되고 있는 이러한 용어들은 궁극적으로는 같은 형태의 전쟁을 지칭하며 서로 다른 정치적, 사회적, 경제적, 심리적 수단과 연관 작용되는 상이한 수준에서 행하여지는 다국면 분쟁(multi-faced conflict)으로서 주로 혁명적 변화를 지향하고 있다.[68]

종전에는 게릴라전과 분란전의 지역이 주로 농촌이었으며, 농민을 동원하는 데 주력했으나 근래에 와서는 산업화와 도시화가 대중을 도시로 이전시키는 결과를 가져왔다. 특히 이러한 산업화 현상은 비교적 단기간 동안에 이루어진 일대변혁으로 실업자와 많은 도시 빈민을 양산함으로써 다수의 불평불만 대중에게 폭력의 씨앗이 되는 토양을 제공하게 되었다.

특히 도시지역에는 공공기관, 산업시설 및 매스컴이 집중되어 있기 때문에 공격목표선정이 자유로우며 소규모 테러활동으로도 충격효과를 극대화할 수 있을 뿐만 아니라 매스미디어의 각광을 받을 수 있어 선전활동이 매우 용이하다. 또한 도심지에서는 쉽게 은신처를 찾을 수 있으며 인적, 물적 지지를 획득하기가 용이하다. 따라서 이러한 환경의 이점에 따라 도시분란활동이 전 세계로 확산되고 있는 것이다.

---

68) 이선호, "혁명전쟁의 제이론 분석", 『**국방연구**』 제30권 2호(국방대학원, 1987), p.137.

제3절 국제 테러리즘의 유형분류

테러리즘을 분류하는 방법은 매우 다양하다. 각자의 서술목적에 따라서 그 분류기준이 다르기 때문이다. 통상적으로 국가개입별 분류, 목적·이념적 주체별 분류, 동기 또는 원인별 분류, 전략 전술적 분류 등으로 구분할 수 있다.[69]

1. 국가개입 여부별 분류

테러리즘은 역사적, 사회적, 정치적 배경과 테러조직의 형태 및 그 구성원의 특성, 그리고 테러활동의 다양한 양상 등으로 인하여 이를 분류하는 방식은 매우 다양하다. 특히, 정치테러리즘은 정치적 기술과 폭력의 효율성을 극대화시키기 위하여 다양한 전략을 구사하므로 이의 분류를 위해서는 다양한 시각과 관점을 포함하는 복합적 기준이 선행되어야 할 것이다. 각자의 서술목적에 따라 그 분류기준이 다르나, 본 연구에서는 대체적으로 1) 국가개입 여부별 분류, 2) 목적별·이념적 주체별 분류, 3) 테러리즘 주체의 동기 및 행태별 분류로 구분하여 고찰하고자 한다.

테러활동을 활동조직의 주체와 국가개입과의 관계에 기준하여 분

---

69) 미 9·11테러 사태를 계기로 전쟁의 개념과 성격을 새롭게 규정하는 이유는 1) 통상적 인 테러리즘의 개념을 넘는 대량학살 테러가 '전쟁행위'(act of war)로 취급되는 계기가 되었으며, 2) 비국가 행위자(non-state actor)인 테러조직이 국제분쟁의 당사자로 등장하 여 국제테러 조직이 국가를 상대로 전쟁을 도발할 수 있는 능력을 갖추게 되었고, 3) 미국은 테러리즘과 같은 초국가적 위협(transnational threat)에 대하여 '전쟁 이외의 작 전'(OOTW: Operations Other Than War)으로 대응하여 왔으나 테러참사를 계기로 21 세기의 새로운 전쟁작전으로 시각을 달리한 점이다.

류방식을 제시한 학자는 미콜러스(E. Micholus)이다. 그는 테러리즘을 특정 정부의 통제나 지휘 여부 및 2개국 이상의 국민 또는 영토의 직접적인 관련 여부를 기준하여 <표-4>와 같이 분류하였다.

미콜러스에 의한 테러리즘의 유형분류는 현재 미국의 CIA가 공식적으로 채택하고 있는 것으로 이 기준에 따라 테러리즘의 조직구성, 공격수단, 공격목표, 요구사항 등의 항목별 자료를 제시하고 있다.[70]

첫째, 국가 간 테러리즘(interstate terrorism)은 테러행위가 어느 주권국가의 정부당국에 의해 통제받는 개인이나 집단에 의해 자행되며, 그 표적이 타국의 국민이나 영토와 관련되어 있고 테러활동무대도 타국을 포함하는 경우이다. 유럽과 중동 내의 팔레스타인그룹들에 대한 이스라엘 테러리스트들의 공격행위와 북한의 해외 테러행위는 이 유형에 속한다.

〈도표-4〉 테러리즘의 유형별 분류

국민/영토의 관련 여부 / 통제/지휘 여부	유	무
유	국 가 간 (international, interstate)	국 가 (state)
무	초 국 가 (transnational)	국 내 (domestic)

출처: Edward F. Micholus, "An Evants Data Base for Analysis of Transnational Terrorism", in Richard J. Heuer, Jr., *Quantitative Approach to Political Intelligence: The CIA Experience*(Boulder, Colorado: Westview Press, 1978), p.129.

둘째, 국내 테러리즘(domestic terrorism)은 한 국가의 국민과 영토에만 국한되는 테러리즘으로서 기존정부나 국민에 대해 자행되는 테러리즘이다. 북아일랜드의 '울스터방위연맹'(UDA) 및 미국의 '웨

---

70) Micholus, p.127.

더지하단'(Weather Underground) 등에 의한 테러리즘이 여기에 속한다.

셋째, 국가 테러리즘(state terrorism)은 자국 내에서 정부에 의해 반정부세력이나 국가에 대해 자행되는 테러로서 소위 '관제테러'가 여기에 속한다. 1930년대 소련의 스탈린시대에 비밀경찰에 의해 자행된 고문, 학살, 숙청행위나 히틀러시대의 나치당의 테러행위가 그 예이다. 북한의 국내억압테러행위도 여기에 속할 것이다.

넷째, 초국가 테러리즘(transnational terrorism)은 우호적인 정부로부터 정신적, 물질적 지원 정도에 관계없이 독립적인 비국가적 단체들에 의한 테러를 의미한다. 실제로 이 테러리즘은 테러를 국가의 도구로 사용하는 국가로서, 예를 들면 소련, 리비아, 쿠바, 니카라과, 시리아, 이란, 예맨, 북한 등의 지원을 받아서 활용하는 경우가 대부분이다. 활동양상도 외교관 납치, 대사관 점거 또는 방화, 인질사건 등 다양하다.

2. 목적 · 이념적 주체별 분류

테러리즘을 목적별로 분류하면 1) 혁명적 테러리즘, 2) 준혁명적 테러리즘, 3) 억압적 테러리즘, 4) 부수적 테러의 네 가지로 대별할 수 있다. 여기서 사전에 계획적인 목적을 설정하지 않고 테러, 즉 큰 전쟁이나 혁명, 내란 등 사태의 진행과정이나 종결과정에서 나타나는 부수적인 테러를 제외하면 정치테러리즘은 세 가지로 대별될 수 있을 것이다.

윌킨슨(Wilkinson)의 분류에 따르면 정치혁명을 목적으로 하는 혁명적 테러리즘은 네 가지의 특징을 가진다. 1) 혁명적 테러리즘은 개인의 행위가 아니라 소규모일지라도 집단적이며, 2) 혁명과 테러 활동은 항상 특정 혁명이념과 계획에 의해 정당화되며, 3) 테러리즘 활동을 전개하기 위해 인민을 동원할 수 있는 지도자가 존재하며, 4) 혁명운동은 기존의 정치체제 내에서 사건을 일으키고 테러리스트집단 자체의 목적과 정치적 구도 및 행동규범을 발전시켜야 하기 때문에 기존정치체제에 대립되는 제3의 정치제도를 만들어 낸다.[71]

혁명적 테러리즘에 대한 허치슨(Hutchinson)의 특징 열거는 더욱 구체적이다. 이 테러리즘은 1) 혁명전략의 일환이고, 2) 사회적으로나 정치적으로 용납될 수 없는 폭력으로 나타나며, 3) 테러리즘행위의 목표나 희생목적의 상징적 또는 표본적 선택의 행태를 취하며, 4) 특정집단에 대해 심리적 효과를 창출할 뿐만 아니라 그 결과로 그들 집단의 정치적 행위와 태도를 변질시키는 심사숙고한 계획적 행위를 기도한다.[72]

혁명적 테러리즘과 관련하여 윌킨슨은 이를 일곱 가지로 세분하고 있다. 1) 순수테러리즘의 조직, 2) 테러를 보조적 무기로 사용하는 혁명집단 또는 인민해방정당들의 운동, 3) 농촌 및 도시게릴라 테러리즘, 4) 혁명폭동의 과정에서 정상적으로 사용되는 단기적 테러인 전복테러리즘, 5) 종종 소수계급, 소수인종, 소수종교집단을 지향하는 혁명적 테러공포, 6) 행동을 통한 선전활동테러가 장기적 혁명목표에 의해 기도되었을 때, 7) 혁명적 목적에 의해 기도되는 국제 테러리즘으로 정치적 분쟁을 수행하고 있는 집단의 바깥에서

---

71) Wilkinson, *Political Terrorism*, 1976, pp.17-18.

72) M. C. Hutchinson, "The Concept of Revolutionary Terrorism", *Journal of conflict Resolution*, 6(1973), p.384.

자행되는 테러행위이다.[73]

또한 혁명적 테러리즘을 정권의 유형에 따라 구분하면 1) 국내 독재에 반대하는 테러리즘, 2) 외세지배에 반대하는 테러리즘, 3) 전체주의에 반대하는 테러리즘, 4) 자유민주주의의에 저항하는 테러리즘으로 세분화하고 있다.[74] 현재 자유민주주의 체제는 초국적 테러리즘(transnational terrorism)의 주된 표적이 되고 있다.

준혁명적 테러리즘은 "혁명적 목적이나 정부의 억압목적과는 다른 정치적 동기에 의해서" 활용되는 테러리즘이다.[75] 혁명적 테러리즘이 총체적 변화를 추구하는 데 반하여, 준혁명적 테러리즘은 보다 제한적인 목표, 예를 들면 기존 정부에 대해 특정문제의 정책을 변경시키게끔 하거나 특정 공직자를 경고하거나 처형하며 테러리스트에게 못마땅한 정부행위에 대한 보복을 기도하는 테러리즘이다.

억압적 테러리즘은 "억압당국이 바람직하지 않다고 생각하는 행위를 하고 있는 개인이나 집단을 억압 또는 제한하려는 목적으로 테러적 폭력을 조직적으로 사용하는 것"[76]으로서 억압적 테러리즘은 비밀보안기구와 같은 전문적인 조직장치에 크게 의존하며, 고문, 살인, 기만 등의 방법을 사용한다. 월트(Walter)는 아프리카지역에서 '왕의 칼'이라 불리는 진압테러조직의 예를 들면서 이 조직은 항상 기존의 법 위에서 활동한다고 지적하고 있다.[77]

---

73) Wilkinson, *Political Terrorism,* 1976, p.38.

74) Charlmers Johnson, "Perspective on Terrorism." in Walter Raqueur(ed.), *The Terrorism Reader: A History Anthology*(New York: New American Library, 1978), p.276.

75) Wilkinson, p.38.

76) *Ibid,*, p.40.

77) E. V. Walter, *Terror and Resistance: A Study of Political Violence with Case Study of Some Primitive African Communities*(New York: Oxford Univ., Pr., 1969), p.341.

    한편 테러리즘을 "폭력의 사용이나 위협을 포함하는 초비정상적인
수단을 이용하여 정치적 행위에 영향을 미치려고 계획하는 상징적
행위"[78]로 정의하는 터론톤(Thornton)은 테러행위를 두 가지의 광
범위한 범주로 구분하는데, 강압테러(enforcement terror)와 소요테러
(agitational terror)가 그것이다.[79] 먼저, 강압테러는 기존의 권위에 도
전하는 세력을 억압하는 세력에 의해 활용되고, 소요테러는 기존의
정치질서를 붕괴시키고 정치권력을 획득하려고 하는 집단의 테러
활동으로 구분된다. 따라서 그의 분류는 기존의 정치체제를 방위하
는 세력과 전복하려는 세력 간의 테러리즘을 대별하고 있다.

    트론톤의 분류와 유사한 분류기준이 메이(May)에 의해서도 적용
되고 있다. 메이는 정권테러(regime terror)와 공격테러(siege of terror)
로 구분하고 정권테러를 기존의 질서유지를 목적으로 하는 테러로,
공격테러를 혁명운동을 위한 테러로 개념화하고 있다.[80]

    일반적 목적과 정치목적을 포함하여 테러리즘을 다음의 네 가지로
분류할 수 있다. 1) 종족적 테러리즘(ethnic terrorism), 2) 국가주의적
테러리즘(national terrorism), 3) 이념적 테러리즘(ideological terrorism),
4) 병태적 테러리즘(pathological terrorism)이다.[81] 종족적 테러리즘은
종교, 언어, 지역, 기타 특정집단의 특수목적을 띤 테러활동을 포함
하며, 국가적 테러리즘은 분리독립주의자 또는 반식민주의자들의
테러활동이다. 이념적 테러리즘은 무정부주의자, 급진주의적 좌경
단체, 정통공산주의, 극우단체 및 기타 이념실천단체의 테러활동을
포함하며, 병태적 테러리즘은 개인의 생체적 이유로 대중을 표적으

---

78) Thornton, p.73.

79) *Ibid.*, p.72.

80) May, pp.227-298.

81) Johnson, "Perspective on Terrorism", 1978 p.274.

로 삼는 테러활동을 말한다. 이 분류의 주요 기준은 첫째, 테러집단의 목적성과 '법통 가능성'(legitimacy potential)으로서 테러집단은 현 단계로서는 대중지지를 얻지 못하는 소수조직이지만 향후 대중지지획득을 목적으로 활동하며, 둘째, 테러목적별 표적대상의 구분을 적용한 것이다.

이상에서 논의한 목적별 테러유형의 분류기준에서 본다면 과거의 북한의 테러리즘활동과 테러지원활동은 억압적 테러리즘과 혁명적 테러리즘 또는 준혁명적 관점에서 분류될 수 있다. 억압적 테러리즘은 북한 내부에서 주민들에 대한 통제와 정치적 활동목적을 달성하기 위한 심리적 공포조성을 위해 사용되는 유형이며, 혁명적 테러리즘은 해외 테러수출 또는 지원과 대남 테러활동에서 기도하는 정책적 테러리즘의 유형이라고 볼 수 있다.[82] 따라서 이 세 가지 정치테러리즘이 직접적인 북한의 국가정책적 개입 및 직·간접적인 지원대상이 되는 테러리즘 유형에 속한다. 단일정당체제에 입각하고 있는 공산주의체제하에서는 파시스트적인 스탈린 방식의 테러리즘은 합법화되어 있는 범죄이며, 전체주의적 당과 지도자 및 당원을 위해 법률적으로 면허되어 있는 정치행위로 인정된다.

테러리즘의 분류방식은 분석자의 수만큼이나 많다. 이러한 현상은 테러리즘 유형분류의 원칙 또는 기준에 대한 합의가 이루어지지 않고 있다는 사실을 단적으로 반영한 것이라 하겠다. 따라서 그중에서도 비교적 널리 인정되고 있는 분류방식이 모든 혁명이나 저항운동의 연구에서 활용되는 주체별 분류이다. 테러리스트의 행동주체는 그 이념의 상이성에 따라 구분되며 이 기준에 따르면 테러

---

82) 김창순, "북한의 대남테러 공작기술과 대비책", 『대테러 연구』(치안본부, 외사집무자료 84-8), p.7.

스트집단을 여섯 가지로 대별할 수 있다.[83]

1) 소수민족집단: 자신들을 '자유의 전사'로 표현하는 민족 및 단체들로 사회공동체 또는 정치적 세력과의 분쟁에서 소수민족, 종교에 대한 동정심에 의존하여 지원들 얻는다. 예를 들면 IRA의 좌우익 단체, 스페인의 툰리주의자, 프랑스의 Basque ETA, 푸에르토리코인들로 구성된 민족해방무장군(FALN), Palestinian Al Fatah, Quebec FLFQ 등.

2) Marxist 혁명집단: 이 단체는 트로츠키, 모택동주의 또는 수정마르크스주의와 사상적 분쟁에 휩싸여 있으면서도 강력한 내적, 사상적 중심을 이루고 있다. 미국어서 활동하고 있는 Weather Underground와 이탈리아의 Red Brigade, 프랑스의 Direct Action, 벨기에의 Communist Combat Cell, 중남미 Trotskyist와 Masist, 우루과이의 Venceremos나 Tupamaros와 같은 Guevarist집단으로 이들은 사회주의 혁명을 이루기 위한 장기전략을 가지고 있는 경향의 부류이다.[84]

3) 무정부주의자: 무정부주의자들은 기존질서에 대한 반감을 가지고 있는 집단으로 주로 유럽에서 발생하고 있으며 서독의 Baader Meinhof의 경우 원래 무정부주의자들이었으나 이탈리아에서 '붉은 여단'이 출현함에 따라 마르크스주의 단체로 변환되었으며 스페인의 MIL단도 여기에 속한다.

4) 미성숙단계의 신디칼리즘(Syndicalism of Immaturity): 단체보다 개인의 조직력이 강한 그룹으로 Weatherman, Baader-Meinhof

---

83) Johnson, "Perspective on Terrorism, 1978, p.276.

84) 국가정보원(역), 『대테러 실무절차』; *The Counter-terrorism Handbook : Tactics, Procedures and Techniques*, (USA, CRC Press, 1996), p.90.

Group, Symbionese Liberation Army, Charles Manson이 이끌던 Family 등을 들 수 있다.

5) 신파시스트와 극우단체: 지난 40여 년 동안 지속되어 온 이 단체는 나치의 사회정치적 철학의 수용보다는 나치의 상징주의에 자신들을 연계시키는 백인우월주의 단체들이다. 알려진 단체로는 Aryan Nation, Posse Comitatus Committee, Ku Klux Klan, Jewish Defense Organization, 이탈리아의 Avanguardia Nazionale 과 Ordine Nuovo 등이 있다.

6) 이념적 용병(Ideological Mercenaries): 세계적으로 발생하고 있는 혁명에 대하여 보편적 믿음을 가진 개인 및 단체들로 자신들의 대의명분을 추구하기 위해 국경을 초월한 교류를 하고 있으며 일본의 적군파(Japanese Red Army)와 검은 9월단이 이러한 범주에 속한다.

국가지원 테러리즘은 필요시에는 위의 어떠한 집단과도 제휴할 수 있을 것이며 실제로 해외에서 제3국을 상대로 테러활동을 하게 되거나 지원하는 경우에는 제3의 집단을 활용하지 않을 수 없으며, 근래에는 초국적 테러리즘이 날로 증대되고 있는 점으로 볼 때에 위의 여섯 가지 테러집단들이 주로 초국적 테러리즘의 주체들을 구성하고 있는 실정이다.

테러리즘의 주체를 지역성과 동기를 결합하여 분류하는 방법도 있다. 존(Peter St. John)의 구분은 다음과 같다.[85] 첫째, 중남미형 테러리즘 (Latin Amacrican Terrorism)은 그 특징이 시테러리즘으로

---

85) 이 분류는 현재 세계63개국에서 활동하는 370여개의 테러조직을 3종류로 구분한 Laqueur와 4종류로 분류한 Bramgart의 유형을 결합하여 7가지 유형으로 통합하였다 ; Peter St. John, "Analysis and Response of a Decade of Terrorism", *International Perspectives,* (Sept.-Oct. 1981), pp.2-3.

서 1957년 알제리 전쟁 시 드러난 일련의 사태에 착안한 것으로
체게바라 사망 후 농촌거점(rural foco)으로부터 도시거점(urban foco)
확보로 전환된 것이다. 가장 대표적인 단체로는 아르헨티나의 '몬
토네로스'(Montoneros)와 우루과이의 '투파마로스'(Tupa maros)이다.
더욱이 쿠바의 카스트로 혁명은 소수의 테러단체가 거대한 정규군
에 대항하여 승리할 수 있다는 신화를 남겼으며, 하이재킹이라는
새로운 테러행위를 부각시켜 더욱 복잡한 양상을 띠게 만들었다.[86]

둘째, 민족분리주의 테러리즘(Nationalist-separatist Terrorism)은
현재의 국제적 상황에서 탈피하여 그들의 영토가 분리됨과 동시에
독립되어야 한다는 주장을 지닌 테러리즘 집단으로 IRA, PLO, ETA
바스크, FLO 등이 이에 속한다. 이들의 주장은 국제적 연계의 종교
적 색채가 강하기 때문에 확대일르에 있는 가장 안정된 테러리즘
의 형태이다.

셋째, 신좌익 테러리즘(New left Terrorism)은 북미형 테러리즘유
형으로서 마르쿠제, 마리겔라, 파농, 사르트르 등의 이상주의적 실
천사상의 영향을 받아 산업주의에서의 부의 불균등한 분배에 반대하
는 급진주의적 이상주의 및 반동주의적 성격을 갖는 유형이다. 이 유
형은 대체로 월남전 종전 이래 점차 사라져 가고 있다. '검은 표범
단'(Black Panther), 미국의 '웨더지하단'(Weather Underground), '공
산해방군'(SLA: Symbionese Liberation Army) 등이 대표적 단체이다.

넷째, 서구형 신좌익 테러리즘(Western Europe New Left)은 서구
의 무산자 국제주의사상에서 유래한 테러리즘으로 "먼저 파괴 후,
결과를 본다."(Destroy first! and what happen a later)는 기치 아래,
모든 기존의 제도와 질서의 파괴를 주장하는 허무주의와 맥을 같

---

86) 권문술 · 민만식, 『전환기의 라틴아메리카』(서울: 탐구당, 1985), p.141.

이한다. '바더 마인호프'(Baader Meinhof Group), '붉은여단'(The Red Brigade), 일본의 적위대 등이 그 대표적인 예이다.

다섯째, '카를로스 조직'(Carlos Complex)의 테러리즘조직으로 처음에는 '부디아 특공대'(Beudia Commando)로, 다음에는 '카를로스 조직'으로 불리다가 그 후에는 '카를로스 조직망'(Carlos Network)이라 불리는 집단의 테러리즘이다. 이 유형은 고용된 테러리스트로서 PLO, 리비아의 카다피, IRA 및 소련이 연계되어 있는 것으로 알려져 있다. 이들은 주로 도시에서 활동하면서 자금 확보를 위한 기습적 공격활동을 자주 자행한다.

여섯째, 소련의 해외 공보기관인 KGB에 의한 테러리즘이 있다. 이 집단은 테러리즘을 대외정책의 수단으로 사용하는 국가테러수출군의 하나이다.[87] 대표적인 국가로는 소련, 쿠바, 시리아, 체코, 리비아, 북한 등으로 알려져 있다.

일곱째의 테러집단으로는 범죄 광인형 집단이 있다. 이 집단은 타인의 주의와 관심을 끌려는 의도를 지닌 정신적으로 불안정한 극단주의자들이다. 이들은 정상적인 도덕심을 버리고 있기 때문에 은행약탈, 인질납치, 공중납치 등을 당연한 행위로 미화시키고 있다. 테러의 재정관(paymaster of terror)이라고 불리는 카다피는 1972년 뮌헨올림픽 때 이스라엘 선수의 대량학살 대가로 '검은 구월단'(Black September)에 4,000만 달러를 지원한 바 있다.[88]

---

87) Richard F. Staar, "Terrorism by Soviet Design", *Byliner*(Sept. 1982), pp.1-3.

88) Christopher Dobson and Ronald Payne, *The Terrorists: Their Weapons, Leaders and Tactics*(New York: Facts on File, 1982), p.889.

3. 테러리즘 주체의 동기 및 형태별 분류

정치테러리즘뿐만 아니라 일반적인 테러리즘 전체를 망라하여 그 주체동기에 따라 그 유형을 분류한 방식이 해커(F. Hacker)에 의해 제시되고 있다. 이 분류기준은 테러리스트집단 그 자체보다는 이들의 동기에 근거하고 있다. 그는 테러리즘을 '피지배자 계층에 의한 테러리즘'과 '권력에 의한 테러리즘'으로 구분하고 이를 다시 그 동기에 따라 1) 광인형, 2) 범죄형, 3) 순교형으로 3분하고 있다.[89]

범죄형 테러리즘은 정서적 이상이 있는 사람들의 조직이 테러를 자행하는 경우의 유형이다. 정서적으로 이상이 있는 경우의 사람들의 행동은 다른 사람들이 이해할 수 없는 자기 특유의 이유에 의해서 행해진다는 것이다. 범죄형은 사적인 이익을 취할 목적으로 불법적인 수단을 사용하는 테러리스트들이며, 이들은 보통 사람들이 원하는 것과 동일한 것을 요구하지만 그들의 목표를 사회가 인정하지 않는 방법으로 추구하지 않는 점이 다르다. 그래서 이들의 동기는 이기적이며 자기중심적이며, 사고과정이 실무적이고 합리적이며 기존평가에 비추어 인습적이다. 또한 현실적 동기와 구체적인 목표를 가지기 때문에 요구사실이 개인적이고 물질적이다.

순교형 테러리스트들은 비교적 이상주의적인 동기를 갖는다. 이들은 개인적 이득보다는 비이기적이고 희생적이기 때문에 집단적인 목표를 위해 대의에 헌신한다고 믿고 있다. 사고과정이 실무적, 기능적, 합리적이며 기존가치에 비추어 비인습적이다. 현실적 동기가 주류를 이루지만 때로는 비현실적인 목적을 갖기도 하고 구체

---

89) Fredericker, J. Hacker, *Crusader, Criminal Crazies*(Toronto: W. W. Norton, 1976), 임희섭(역) 『우리시대의 테러리즘』(서울: 중앙신서, 1981), pp.16-27.

적 또는 추상적인 목표를 추구하기도 한다. 그들의 요구사항은 집단적이고 상징적이며 선전효과 또는 물질적 대가를 기대한다.

광인형 테러리스트들은 거의 단독적이며 자기중심적이고 희생적이다. 이들의 사고과정은 극히 개인적이며 비합법적이다. 이들은 망상적인 동기와 추상적인 목적을 지니기 때문에 그 요구사항이 심리적이고 개인 특유의 것이다.[90]

이러한 분류는 사실상 테러리스트들의 행동의 결과를 보고 그 특성을 동기 차원으로 환원하여 구분한 것이기 때문에 이 세 가지를 경험적으로 엄격히 구분하기는 힘들다. 따라서 테러리스트들의 동기적 특성을 알 수 있다고 하더라도 대테러리즘 정책과 전략수립을 위한 자료로서의 적합성은 희박하다 하겠다.

테러리즘의 동기 대신 행동방법 또는 사건행태별로 분류함으로써 테러리즘을 설명하려고 한 시도는 테러리즘 진압을 위한 유럽회의에서 제시되었다. 이들은 테러리즘의 위협범주 내에 포함되는 행동방법으로서 불법적인 항공기 공중납치, 외교관에 대한 공격, 납치, 인질, 폭파 등을 열거한다.[91] 미 국무성은 국제테러리스트사건을 그 빈도순에 따라, 1) 폭파, 2) 방화, 3) 무장공격, 3) 납치, 4) 인질, 5) 공중납치, 6) 기타로 분류하고 있다.[92]

---

90) 1995년 4월 19일 미 오클라호마시티 연방청사를 폭파하여 168명을 숨지게 한 멕베이는 사형(2001. 6. 11)에 앞서 폭파로 목숨을 잃은 사람들에겐 미안하지만, 연방청사를 폭파한 것은 연방정부와 전쟁을 벌이는 상황에서 보면 정당한 전술이었다고 주장하고 있다. 멕베이는 93년 텍사스 와코에서 FBI가 종교집단인 다윗파를 진압하는 과정에서 신자와 가족 등 90명이 숨진 것에 대한 보복으로 테러를 저질렀다고 주장해 왔다. 그는 전과가 없고 걸프전에 나가 훈장을 타기도 했으며 세례받은 가톨릭신자였다.

91) Council of Europe, *Explanatory Report on the European Convention on the Suppression of Terrorism*(Strassbourg, 27 January, 1977), pp.20-21.

92) Noel C. Koch, "Terrorism: The Undeclared War", *Defense85*(March 1985), U. S. Army War College, op.cit., pp.18-19.

이상과 같은 형태의 행동양태가 반드시 테러리즘의 고유한 전유물은 아니지만 현대테러리즘의 두드러진 현상이다. 이 외에도 테러리즘을 분란전의 맥락에서 분류한 오닐(B. E. O'Neill)은 1) 분리주의자(sessionest), 2) 혁명주의(revolutionary), 3) 반동주의(reactionary), 4) 보수주의(conservative), 5) 개혁주의(reformist), 6) 복고주의(restorational)의 여섯 가지 형태로 분류하고 있다.[93]

제4절 비교 분석의 틀: 테러리즘 연구의 분석변수

1. 테러리즘 연구의 분석요인

모든 테러리즘은 나름대로 특수한 환경하에서 독특한 원인에 의하여 발발하기 때문에 모든 원인을 하나의 이론적 틀로서 설명하

---

93) 그의 분류를 요약하면 다음과 같다. 1) 분리주의자(sessionest): 공적으로 속해 있는 기존의 정치공동체를 거부하고 이로부터 이탈하여 새로운 자치적 공동체를 구성하려는 유형으로 조직적 테러의 다수를 점해 반식민지, 반제국주의, 저항세력으로 종교적, 이데올로기적 연결이 특히 강하다. 2) 혁명주의(revolutionary): 기존 정치체제를 붕괴시키고 민중동원을 위한 중앙통제구조를 바탕으로 새로운 이데올로기체제를 수립할 것을 목표로 하며, 대표적 예로 2차 세계대전 후 세계 각처에서 발생한 마르크스주의 이념에 의한 테러활동을 들 수 있다. 3) 반동주의(reactionary): 과거의 정치질서 재현을 통해 체제의 변화를 추구하는 것으로 종교적 가치와 권위주의 체제가 지배했던 17세기 이슬람사회의 재현을 위해 이란의 호메이니가 주도했던 일련의 활동이 여기에 포함된다. 4) 보수주의(conservative): 보수주의 운동에 따른 테러리즘은 분란세력에 대항하여 현 체제를 유지시키려는 테러활동으로서 아일랜드의 신교도테러 집단과 유럽에서의 아랍 테러리스트들에게 가해진 이스라엘의 테러공격 등이 여기에 해당된다. 5) 개혁주의(reformist): 현 체제를 거부하지 않고 보다 많은 정치적, 사회적, 경제적 이익을 추구하는 테러집단의 활동으로서 이라크의 '쿠르드'와 남부 수단의 '아나야냐'(Anayanya)게릴라 등이 그 예이다. 6) 복고주의(restorational): 체제의 변화를 추구하면서 귀족주의적, 귀속주의적, 엘리트주의적인 것이 특징이다. 아프가니스탄의 '구국민족전선'(National Rescue Front), 에티오피아의 '이파르' 해방전선 등이 이에 해당한다.

기란 결코 용이한 일이 아니다. 많은 학자들은 각기 다양한 이론을 내세워 나름대로의 설명과 분석을 하고 있다. 전쟁의 원인을 연구하는 데 선구적 업적을 남긴 투키디데스(Thucydides)는 전쟁의 원인을 크게 근원적 원인(underlying causes)과 촉발적 원인(immediate causes)으로 구분하고 근원적 원인의 중요성을 강조하였다.[94] 반면에, 리보우(Richard Ned Lebow)는 촉발적 원인을 보다 중요시한다.[95]

오늘날 세계 도처에서 빈번히 발생하고 있는 다양한 분쟁에도 불구하고 이에 대한 학문적 연구는 아직도 미흡한 수준에 머물고 있다. 이러한 배경에는 자유민주주의 진영에 속해 있는 대다수의 학자들이 전쟁이 인간 삶에 엄청난 영향을 미치고 있다는 사실을 인정하면서도 전쟁 자체를 혐오하고 터부 시 하는 경향과 군사력을 사용하여 전쟁을 수행하는 문제를 일종의 기술(art)의 문제 또는 군인들의 관심 영역으로 간주하고 과학(science)적 연구의 대상, 학문적 연구의 대상으로 소홀히 간주하는 경향에 기인한다.[96]

전쟁수행 방법에 대한 학문적 연구 난제의 또 다른 이유는 전쟁에 대한 일반 이론의 구축의 어려움을 들 수 있다. 모든 전쟁이 각기 독특한 환경에서 복잡한 과정을 거쳐 이루어지기 때문에 상황과 시간, 장소 등에 공통적으로 수용되는 일반적 이론을 수립한다는 것은 거의 불가능하다. 따라서 전쟁의 특성상 아무리 노력을 기울여도 특정 조건하에서만 타당성을 가지는 제한된 한계성을 갖기 마련이다.[97]

---

94) Richard Ned Lebow, *Between Peace and War: The Nature of International Crisis*(Baltimore: Johns Hopkins University Press, 1981), p.1.

95) *Ibid.*, p.334.

96) Peter Paret, ed., *Maker of Modern Strategy*(New York: Oxford University Press, 1986), p.8.

다음으로 제2차 세계대전을 계기로 핵무기가 등장하면서 학자들은 더 이상 군사력을 사용하여 전쟁을 수행하는 연구방법에 대한 필요성을 느끼지 못하게 되었다. 핵무기의 가공할 파괴력으로 말미암아 핵전쟁의 상호공멸로 피해를 입기 때문에 핵시대에 전쟁을 통해서 정치적 목적을 달성한다는 것 자체가 무의미하게 인식되었기 때문이다. 핵시대에 있어서 전쟁연구 학자들의 관심은 전쟁의 승리가 아니라 전쟁을 회피하고 예방하는 것이었다.

그러나 핵무기의 출현 이후에도 전쟁은 끊임없이 발생하여 왔으며 냉전이 종식되고 탈냉전의 시대가 도래한 오늘날에도 전쟁은 여전히 발생하고 인종, 민족, 종고, 영토를 둘러싼 분쟁과 갈등은 오히려 증가되는 추세가 이를 잘 반영하고 있다.[98]

국제 테러리즘 현상은 분란전(insurgency)과 관련하여 혁명(revolution), 혁명전(unconventional warfare), 비정규전(guerrilla warfare), 테러리즘(terrorism) 등의 개념이 혼용되어 구별 없이 때로는 상호 호환적으로 사용되고 있는 실정이다.[99] 따라서 이를 연구하기 위해서는 이와 관련된 분석변수들에 대한 종합적인 이해가 따라야 할 것이다.

분란·분쟁은 비통치집단과 통치집단 간의 투쟁으로 정의될 수 있다. 비통치집단은 비정통적이라고 생각하는 정치체제에 대항하여 여러 방면에서 자신들의 정통성을 수립하기 위하여 조직기술, 프로파간다, 시위의 정치수단과 폭력이라는 도구를 의식적으로 사용한다.

97) J. C. Wylie, "The Limitation of Existing Theories", Arthur F. Lykke, Jr. ed., *Military Strategy: Theory and Applications*(Bcarlisle Barracks, PA: United States Army War College, 1982), pp.1-30. Richard Ned Lebow, *Between Peace and War: The Nature of International Crisis*(Baltimore: Johns Hopkins University Press, 1981), p.1.

98) John J. Mearsheimer, "Back to the Future: Instability in Europe after the Cold War", *International Security* Vol. 15, No.1(Summer, 1990), p.1.

99) 윤형호, 『**전략론**』(서울: 한원, 1994), p.229.

정통성과 비정통성에 관한 문제는 기존의 정치가 주민 혹은 선택된 주민들에게 도덕적이냐 비도덕적이냐에 관한 것이다. 따라서 이와 관련된 모든 행위는 '정치체제'를 구성하고 또 의미한다고 할 수 있다. 일반적인 수준에서 볼 때 체제의 구성요소는 정치공동체·정권·정부당국 그리고 정책 등과 일치된다. 이들 요소 중 하나 혹은 그 이상의 요소가 분란자들에게는 비도덕적인 것이라 생각될지 모르고 이는 위기의 상황에 처하게 되면 많은 상이한 문제점들을 만들어 낸다.

정치공동체는 모두를 위해 좋은 정책이 결정될 것이라는 상황하에서 함께 상호 작용을 수용하는 사람들로 이루어진다. 현대 국제체제 내에서 이는 대체로 민족국가(nation state)에 상응한다. 이러한 기본적인 관점에서 폭력적 분란은 정통성에 대한 도전의 사고에서 볼 수 있다.

분란은 본질적으로 일종의 정치적 정통성(legitimacy)의 위기라는 점이다. 그렇기 때문에 분석가들이 해야 할 임무는 논쟁점이 무엇인가 하는 것을 정확하게 확인하는 일이다. 통상전 및 게릴라전과 함께 전쟁의 세 가지 형태 중 하나로 간주되는 테러리즘[100]을 현대의 분쟁분란과 관련하여 이를 체계적으로 연구하고 테러리즘의 특성을 파악하기 위한 필수적인 6가지의 변수가 제시되고 있다.[101]

1) 행위자(actor)

특정의 테러행위를 유발시키는 행위의 주체자가 누구인가 하는

---

100) **『현대분란전』**(국방대학원, 1985), p.9.
101) 최윤수, 전게논문, pp.28-30.

것이다. 테러의 유형이 구분되는 테러리스트, 즉 개인, 집단, 준국가 단체 및 국가가 여기에 해당한다. 행위자는 성격상 의도적으로 범죄적, 불법적, 정치적 분쟁, 무정부적 행위를 하는 폭력 또는 폭력적 위협을 수반하는 여객기 공중납치, 요인 암살, 해적행위 등으로 나타난다.

2) 원인(cause)

테러리즘을 일으키는 테러리스트의 테러동기가 무엇인가? 즉 테러행위를 야기하는 근본적인 원인규명을 말한다. 이것은 테러의 유형과 행위에 따라 다를 수 있다.

3) 목적(objective)

테러리즘을 수단으로 하여 집단 혹은 국가가 달성하고자 하는 전략적, 전술적 목적으로 국가체제를 혼란시킴으로써 정치적 통제를 가하는 동시에 세력 확장을 시도하려는 것이다.

4) 대상(target)

통상적으로 인명과 재산이 테러의 대상이 되지만 목적에 따라 다를 수 있다. 정치테러의 경우, 주로 국가의 원수, 외교관, 정치 주요 인사들이 대상이 되며 사회적 혼란과 경제질서를 혼란시키려는 의도에서 시설파괴도 대상이 된다.

5) 방법(method)

테러리스트들이 테러행위의 목적을 달성하기 위하여 사용되는 수단을 선택하는 방법을 말한다. 목적달성의 강도에 따라 다르며 다양하다. 폭력위협, 암살, 요인납치, 인질, 폭파, 무기 등의 사용으로 다양한 방법을 사용한다. 테러방법은 테러리스트들의 요구를 충족시키기 위해 극도의 공포심을 조성하는 것에 목적이 있다.

6) 결과(intended outcome)

단순히 인명을 희생시키거나 격렬한 정치적 혼란보다는 보다 광범위한 공포를 조성하려는 것이 테러리스트들의 의도적으로 계산된 결과이다. 단순한 행위의 결과인 파괴의 정도뿐만 아니라 이러한 결과로 인해 의도한 목적달성의 정도를 의미하는 효과성을 포함한다. 왜냐하면 테러행위의 결과인 공포심의 목적달성과 관계를 가지기 때문이다.

2. 주요 분석변수

테러리즘을 포함한 분란자들은 정치적 기술과 폭력의 효율성을 극대화하기 위하여 자세한 전략을 구상한다. 정부가 도전을 받는 정치폭력의 형태인 테러리즘, 게릴라전, 통상전의 내전 등의 분쟁과 관련하여, 오닐(Bard E. O'Neill)은 이들을 분석하기 위한 하나의 비교분석의 틀을 여섯 개의 상호 관련 있는 변수로서 제시하고 있다.[102] 즉 1) 주민의 지지, 2) 조직, 3) 응집력, 4) 외부의 지원, 5)

환경 6) 통치의 효율성 등이다. 이러한 변수들은 분란의 성과에 주요한 영향을 미치기 때문에 사례연구에 있어서 분란집단의 전략은 물론 정치적 및 군사적 성취를 평가하는 기준을 구성할 것이다.

1) 주민의 지지(popular support)

주민의 지지는 무엇보다도 중요한 전략적 고려사항이다. 모택동에 의하면, "전쟁을 수행하는 가장 큰 힘의 근원은 인민대중에 있다."고 강조하였다.[103] 주민의 지지가 얼마나 중요한가는 국가의 행정기구와 군과 경찰에 의해서 정부가 갖는 이득을 상쇄시키는 수단으로서의 주민의 지지는 매우 중요한 것이다. 분란자들은 정부와의 통상전의 직접적인 교전에서는 자신들의 위험을 알기 때문에 테러리즘을 사용하여 상대방의 으지를 소멸시키는 방법을 선택한다. 또한 테러리즘은 정부에 대해 인적, 물적 자원의 대가를 높일 뿐 아니라 국가 내에서 효과적인 통제와 보호를 제공하는 데 실패하고 있다는 점을 보여줄 수 있도록 계획된다.

주민의 지지는 적극적 지지(active support)와 소극적 지지(passive support)로 구분되며 전자는 목표와 행위에 개인의 희생을 기꺼이 모험하는 것이며 후자는 단순히 동정을 보내는 경우이다. 적극적 지지의 범주에 속하는 주민은 행위자들에게 병참, 정보, 은신처, 은닉, 연락 등을 제공하고 정부의 ㅅ한 처벌 등이 포함되며, 주민의 지지를 논하는 경우 대부분의 경우는 적극적 지지를 강조하려는

---

102) Bard E. O'Neill, William R. Heaton, Donald J. Alberts, *Insurgency in the Modern World*(Colorado: Westview Press, Ins., 1980).

103) Mao Tse-tung, *Selected Military Writing of Mao Tse Tung*(Peking: Foreign Language Press, 1963), p.260.

경향이 있지만 수동적 지지자들도 최소한 배신을 하지 않거나 방해를 하지 않는다는 의미에서 중요하다.

　분란자들은 대중으로부터의 적극적 및 수동적 지지를 받을 필요성을 인식함에 있어서 인텔리겐치아의 중요성을 소홀히 하지 않는다. 왜냐하면 이들은 분란조직의 지휘자와 정치적 간부 간의 상위 및 중간수준의 지도적 위치에서 매우 중요한 역할을 하기 때문이다. 지식인의 중요성은 정부로부터 지식인의 이탈이 제3, 제4의 혁명적 역할을 해 왔다는 것이다.[104] 공동체의 지지는 토착주민이 자발적으로 분란운동의 운명과 행동을 같이할 때 가장 잘 보호된다고 주장되고 있다. 일반적으로 분란자들이 필요로 하는 지지와 충원을 위해서는 1) 카리스마적 인력(引力), 2) 비밀·선택적 호소(esoteric), 3) 대중·공개적 호소(exoteric), 4) 테러리즘, 5) 정부의 테러리즘에 대한 자극, 6) 시위 등을 사용하게 된다.

　이러한 모든 것은 분란자들의 목표가 정당하고 성취 가능한 것이기에 국민으로 하여금 지지를 하게 하고 확신을 갖게 하는 데 목표를 두고 있다. 이러한 현상은 카리스마적인 인력을 가진 모택동, 피델 카스트로, 레닌 등을 통해 확인되었으며 이들이 이끌었던 분란은 이들의 능력이 중요하였음을 반영하고 있다.

　카리스마적 리더십과 관련된 두 번째의 주민의 지지를 얻는 수단인 비밀·선택적 호소는 주로 지식인 계층을 대상으로 해서 정치적 복잡성을 정리하고 해설하는 이데올로기나 혹은 이론의 맥락 속에 그 자체를 둠으로써 상황을 명백히 하고자 한다. 예를 들면, 마르크스 혁명주의자들은 제국주의에 대한 레닌의 해석이 제3세계에서 강력한 지적인 매력을 가지고 있음을 발견한다. 왜냐하면 그

---

104) Ted Robert Gurr, *Why Men Rebel*(Princeton: Princeton University Press, 1970), p.337.

것은 정치적 환경을 특징짓는 빈곤, 무식, 억압에 대하여 이치에 맞고 논리적인 모든 것을 포괄하는 설명을 제공해 주기 때문이다.

비밀·선택적 호소가 주로 지식인을 겨냥한 것이지만 한편으로는 대중의 지지와도 관련되어 있다. 왜냐하면 지식인은 때로는 행동에 활기를 불어넣어 준다면 현실적인 악역에 초점을 맞추는 대중의 불만을 필요로 하기 때문이다. 이데올로기의 기능 중의 하나인 동지와 적의 자각의식은 이러한 필요에 맞추어진다.

대중·공개적 호소는 지식인과 대중 양쪽 모두가 가지고 있는 구체적인 불만에 초점을 맞춘다. 정부의 효과적인 행동과 환경적 불리한 점 때문에 비밀·선택적 및 대중·공개적 호소가 성공적이지 못할 경우 테러리즘으로 전환된다. 이러한 맥락 속에서 테러리스트의 행동목적은 분란자의 강력한 힘에 비해서 정부의 취약함을 보여줌으로써 주민의 지지를 얻고자 한다. 분란자들이 이러한 일에 성공할 것이냐 아니냐의 두 가지 요인은 테러리즘의 목표물과 테러활동의 지속성에 달려 있다.

테러리즘의 목표 면에서 본다면, 테러가 국민이 싫어하는 개인이나 집단을 겨냥한다면 이는 분란자와 억압받고 착취당하는 자와의 동일성을 촉진시킬 수 있다. 다른 한편, 최초에 잠재적 지지가 낮은 경우에는 테러행위는 분란자들에 대해서 적대감을 만들 수 있다. 어떻든 테러리즘은 그것이 무차별적이 되고 과도하게 길어지면 잠재적인 국내 및 국제 지지자들과 소외되는 것으로 종결될 수 있다.

분란자들이 국민의 지지를 얻는 데 사용하는 마지막 방법은 지방주민으로부터 적을 가일층 소외시키는 대테러를 촉진하고 강화시키는 것이다. 환언하면, 분란자들의 원한을 증가시키고 폭동의 힘보다 많은 지지를 얻을 정부의 대즈민 무차별 및 자의적인 보복

촉발을 모색한다. 정부의 무자비적 보복은 단기적인 법과 질서의 회복을 주기는 하지만, 반면에 장기적으로는 분란의 씨앗을 잉태하는 효과를 내기 때문이다.[105]

요약건대, 주민의 지지가 분란이 성공하기 위해서는 아주 중요한 요소이다. 주민의 지지를 위해 카리스마적 인력, 비밀선택적 및 대중공개적 호소, 테러리즘, 테러리즘 자극, 세력의 시위 등의 방법과 결합되어 복합적으로 운용된다.

2) 조직(organization)

조직은 적의 물적 우세를 극복할 수 있는 중요한 요인이다. 조직의 범위(scope)는 분란운동의 핵심적 역할을 하는 테러리스트, 게릴라, 정치적 간부 또는 적극적 지지를 제공하는 사람들의 수에 관한 것이다. 얼마의 사람이 통제될 것인가의 문제는 부분적으로 복합성과 응집력의 기능이다. 조직이 그 구성원을 늘릴 필요를 인식한다면 정치적 간부의 노력을 통하여 분화 또는 복합성의 수준을 높일 것이다. 분란자들은 조직의 복합성을 증대시킴으로써 지지자들을 끌어들이는 수단이 되고 의미 있는 기능을 보다 더 낮게 수행할 수 있을 것이다.

개인적 수준에서 본다면 만일 조직이 자원을 가지고 있다면 개인의 참여는 물질적 이익을 산출할 수 있고 또한 숭고한 공동의 노력에 종사한다는 인식을 함으로써 발생되는 일체감과 자아가치에 대한 심리적 만족을 느낄 수 있다. 한편으로 의견을 달리하는 조직(dissident)은 경제적 요구를 충족시킬 능력이 결핍되어 있고 이를 보

---

105) Richard Cluterbuck, *The Long, Long War*(New York: Praeger, 1966), pp.178-179.

상하기 위하여 지위, 자치성, 이념의 결합 및 적대감의 표현에 대한 심리적 요구에 큰 강조점을 두게 된다.

이들은 평행적 계급조직(parallel hierarchy)이라 불리는 정부제도와 경쟁되는 조직을 수립한다. 평행적 계급조직은 전복 행위자에 의해 관료행정기구의 침투 혹은 군사, 정치적 상황이 호기를 맞을 때 전반적인 행정임무를 인계받을 수 있게 계획된 자치기구의 창설을 의미한다. 더욱이 지지기반을 넓히기 위하여 기능적 보조기구를 창설하고 정부에 반대하는 다른 독립 집단들과 전술적 동맹을 맺는 등 전선을 조직하여 조직을 분화, 강화시킨다.

9·11 테러 사건의 오사마 빈 라덴의 정치적 리더십은 조직과 경력에 기초한다. 그는 '알 카에다'라고 불리는 조직을 운영하여 아프가니스탄에서 전투 시 파키스탄 지역에서 징병제도를 수립하고 군사캠프를 세웠으며 분리되어 있던 무자헤딘을 조직하여 저항하였다. 현재는 이집트의 지하드, 므장회교단체, 이슬람 과격파들로 구성된 이완된 형태의 조직을 운영하였다.106) 아프가니스탄 내의 훈련캠프는 전 세계 회교국들로부터 15,000-20,000여 명의 과격파들을 충원해 가고 있으며 알 카에다에서 훈련을 받은 이슬람의 모든 테러조직과 연합의 형태를 취하게 된다. 즉 훈련된 이들을 대상으로 테러의 프랜차이즈 역할을 한다는 것이다. 이슬람 과격파에 의해 조직의 일원이 된 그들은 추후 결정적인 재정과 물자를 제공하는 방식을 취하고 있다.107)

---

106) 알 카에다는 1989년 빈 라덴이 테러훈련 캠프들의 연계망을 조직한 것으로 '기지'(base)의 의미를 가지고 있음. 이 조직은 1996년 빈 라덴이 수단에서 아프가니스탄으로 이동 시 함께 입국하였으며 1981년 사다트 대통령의 암살에 가담한 이집트의 이슬람 지하드와 아프가니스탄에서 합류하여 연합결성에 참여하게 됨.

107) *New York Times* 2001. 10. 14.

3) 응집력(cohesion)

분란의 셋째 변수는 응집력으로 이는 조직 내에서의 통일, 조화의 중요성을 강조하는 것이다. 많은 전문가들은 분란운동에 있어서 통일조화의 중요성을 강조한다. 예를 들면 모택동이 지적했듯이 "중앙 집중된 전략적 지휘 없이 빨치산들은 적에게 큰 피해를 입힐 수 없고, 또 이것이 없기 때문에 그들은 무장된 무리로서 방황하며 파괴되고 이에 따라 주민으로부터 더 이상의 지지를 받지 못하게 된다."고 하였다.108)

목표달성을 위한 분란운동은 공동의 태도, 제재 및 조직적 도식을 강조한다. 이데올로기는 분란운동의 구성원들에게 정치세계에 대한 공유된 가치와 성향을 제공해 주기 때문에 응집력의 기반이 된다. 반면에, 분란운동이 서로 다른 이데올로기를 가진 경쟁적인 파벌이 될 경우 이데올로기는 양날을 가진 칼이 될 수 있다.

노력을 통일하는 것은 효과적인 전략, 계획, 전술 및 조직 뒤에 숨어 있는 기본원칙이다. 또한 작전의 지휘와 권위가 위임되더라도 통합된 전략에 관한 공통의 정치적 의미를 제공하기 위하여 필요하다.

4) 외부의 지원(external support)

분란자들이 정부의 이 점을 약화시키기 위해 가장 강조하는 것이 외부의 지원이다. 일반적으로 외부의 지원은 네 가지 범주로 분류된다. 1) 도덕적, 2) 정치적, 3) 물질적, 4) 성역 지지가 그것이다.

---

108) *Ibid.*, pp.404-407.

첫째, 도덕적 지지로 분란행위의 정당성을 공적으로 인정하는 것으로 지지를 보내는 입장에서 보면 대가와 위험이 가장 적다. 왜냐하면 도덕적 지지는 분란운동이 정당하고 좋은 점을 공적으로 인정하는 것이기 때문이다. 무형적인 지지로 국제적 압력과 비난이라는 추가적인 부담을 견디어야만 하는 흔들리는 정부에 대해서 효과적이 될 수 있다.

둘째, 정치적 지지는 도덕적 지지와 정치적 지지의 두 가지 측면에서 본다면, 정치적 지지는 가장 바람직하다. 왜냐하면 그러한 지지는 매우 구체적이기 때문이다. 정치적 지지는 국제무대에서 분란운동의 전략적 목표를 적극적으로 지지하고 옹호하는 것으로 진일보한 것이다.

셋째, 물질적 지원은 자금, 무기, 탄약, 의료지원, 식량, 훈련, 화력지원과 나아가 전투부대까지도 고려하여 폭력의 규모와 강도를 증대시키는 것으로 지원의 입장에서 보면 구체적이고 모험을 수반하는 것이다.

자금력에 있어서 오사마 빈 라덴은 8,000만 달러로 추산되는 유산과 현재 약 3억 달러로 추정되는 건설회사와 현금을 확보하고 있는 것으로 알려져 있다. 또한 중동과 아프리카 등지에서 농업, 금융, 무역 등 각종 사업에 관여하였으며 아프간 내 헤로인교역과 일부 국가들의 지원금을 받았다. 또한 소련과의 전쟁 때에는 사우디, 파키스탄, 미CIA의 자원지금을 받았다.[109] 분란자들이 외부의 병참투입이 중요하다고 결론을 내릴 때, 동정적인 주요 강대 세력들의 역할이 매우 중요하다.

---

109) 최운도, "9 · 11테러 사건의 원인분석과 미국의 세계전략 변화와 전망", 한국국제정치학회 2001년 연례학술회의, p.12.

넷째, 성역은 물자공급의 촉진이나 적극적인 무기사용을 가능케 하는 것 외에도 훈련을 받고, 무기를 저장하고 작전을 계획하며, 리더들을 안전하게 하여 나아가 임시정부를 수립할 수 있는 것으로 중요한 범주이다.

국제세계의 지지를 얻고자 하는 테러리스트들을 포함한 분란자들은 외부의 국가나 집단의 주의관심을 먼저 끌어야만 하며 이를 위하여 납치나 하이재킹과 같은 극적행위를 하게 된다.

5) 환경(environment)

다섯 번째의 주요 변수는 환경이다. 환경은 지형, 기후, 도로 및 통신망, 인종, 종교 및 문화, 국가의 크기, 인구의 수와 분포 등에 관한 것이다. 지형은 게릴라 및 테러작전과 밀접한 관계를 가지고 있다. 이는 작전의 성공과 관련되어 있으며 험준한 지형은 주 기지에 접근할 수 없는 은신처를 제공한다.

수송・통신망 또한 중요한 요소이다. 만일 도로통신체계가 매우 발달되어 있으면 정부 정규군은 그들의 기동부대를 신속히 이동시킬 수 있고 정부군의 기술적인 우세를 보다 잘 사용할 수 있기 때문에 유리하다. 다른 한편으로 빈약한 도로와 통신은 상대적으로 게릴라 측에 유리하다.

9・11테러의 오사마 빈 라덴은 아프간 남부 칸다하르의 산악요새에 사병들과 함께 은신하고 있다고 하나 실제로는 오두막과 텐트촌, 동굴을 오가면서 거처를 옮겨 다니는 것으로 알려지고 있다. 미국은 지속적인 체포, 암살시도에도 불구하고 실패하였으며 그의 아프리카와 중동에서의 사업체 운영경력은 조직의 이동성에 좋은

경험을 제공할 것이다.

인구요인 또한 분란에 영향을 기친다. 주민이 적고 집중되어 있는 곳에서는 정부가 주민을 통제하고 분란자와의 연계를 차단하기가 보다 용이하다. 반면에 도시에 집중되어 있는 주민은 지방에 집중되어 있는 상황만큼 유리하게 보이지는 않는다. 또한 인종·언어 및 종교와 같은 사회적 분열은 반대분자들에게는 희망적 요인으로 작용한다. 인구의 다수가 분란자들과 같은 인종, 종교 및 언어일 경우 더욱 그러하다.

6) 정부의 역할(the government role)

정부의 역할은 가장 중요한 변수로서 정부의 대응이 분쟁의 결과를 결정하는 핵심적 변수이다. 왜냐하면 정부의 대응이 빈약하면 주민과 외부의 지원, 조직, 결속력, 환경의 결점을 극복할 수 있기 때문이다. 또한 역으로 정부가 힘을 과시하는 곳에서는 패배를 당할 가능성이 높기 때문이다. 분란도전에 대한 정부의 작전성공은 주로 분란자들의 세력에 의존하는 것이 아니라 현 정권의 정치적·군사적 힘, 결단력 및 기술의 정도에 달려 있다.[110]

폭동에 직면한 정부는 정치적 도전이나 폭력의 형태인 1) 선전·조직적 행위, 2) 테러리즘, 3) 게릴라전, 4) 통상전에 당면한다.[111] 위협의 각 형태는 타 정부에 대하여 독특한 문제를 야기하기 때문에 효과적이고 적절한 대응조치는 주로 자발성과 능력에 의존한다.

---

110) Walter Sonderland, "An Analysis of Guerrilla Insurgency and Coup D'Etat as Techniques of Indirect Aggression", *International Studies Quarterly*(December 1970), p.345.

111) John J. McCuen, *The Art of Counter Revolutionary War*(Harrisfurg. Pa: Stackpole Books, n. d.), pp.30-40.

이는 각각의 정부들이 분란위협의 특수한 면을 강조하기 때문이다.

선전·조직적인 도전에 성공적으로 대응하기 위해서는 정부는 민간행동, 행정 및 낮은 수준의 경찰행동이 강조되어야 한다. 이에 반하여 테러리스트의 위협에는 강화된 경찰행동이 불가피하게 될 것이다. 게릴라전은 낮은 수준의 대응을 필요로 하고, 통상전은 군부에 의한 통상전의 작전이 요구된다.[112]

따라서 정부는 이러한 형태의 위협 종류에 따라 정치적, 군사적 측면에서의 융통성을 가지고 강력한 대응을 함과 동시에 효과적인 행정력, 주민의 대정부 신뢰성 조성과 정통성의 확립에 주력해야 한다.

지금까지 기술한 이러한 변수들과 분석의 틀은 과거의 경험에서 도출된 것으로 다양한 분쟁전략을 비교·분석하여 사례연구와 문제해결에 유용하게 사용될 수 있다.

본 연구에서는 국제 테러리즘의 원인을 본격적으로 규명하고자 하는 데 중점을 두고 있지만 테러리즘의 전반적 흐름을 이해하기 위한 목적에서 분석의 틀로 제시하였으며 이러한 시각은 전반적으로 본 연구에 원용되고 있다.

---

112) *Ibid.*, pp.43-44.

제3장

국제 테러리즘의 배경과 현대적 발생원인

제1절 국제 테러리즘의 이념적 배경·목적 및 동기

1. 국제 테러리즘의 이념적 배경과 역사적 변천

국제 테러리스트들은 그들이 터러리스트가 되는 이유는 어떻든 간에 테러활동 그 자체를 합리화하고 미화하며 또한 정당성을 부여하려 한다. 본 장에서는 국제 테러리즘이 어떠한 이념적 배경을 가지고 있으며 또한 테러를 조장시키고 촉진하는 정치사상 및 폭력이론에 대하여 초점을 맞추고자 한다.

일반적으로 테러는 주로 두 가지의 목적하에 이루어지고 있다. 첫째는 독재자가 정권을 지속하기 위한 수단으로 강제, 체포, 살해, 투옥, 감시 등의 제 방법으로 국민의 사고와 행동을 완전히 조정하는 방법이며, 둘째는 특수단체가 기존정권을 전복하기 위해 폭력을 행사함으로써 그 정권의 무능함과 정통성의 결여를 노출시켜 자신들이 원하는 목적으로 이끌고 가려는 데 그 주안점이 있다.[113] 따라서 테러는 상대적 의미를 가지고 있다고 볼 수 있다. 즉 기존정권의 입장에서 볼 때는 필요한 질서를 파괴하는 단순한 폭력으로 간주하는가 하면, 반면에 개인의 이익을 위하여 착취와 피착취자의 구별 없이 행하여지는 범법행위와는 달리 뚜렷한 정치적 목적의식하에 이를 달성하기 위한 수단이 될 수도 있기 때문이다. 이러한 테러행위가 정치적 차원의 게릴라전으로 불릴 때 테러는 게릴라전의 한 형태이며 정권의 전복을 추구하는 목적을 갖는다.[114]

---

113) 권문술·민만식, 『전환기의 라틴아메리카』(서울: 탐구당, 1985), p.140.
114) 상게서, p.141.

테러리즘을 합리화시키는 정치사상으로는 마르크스·레닌주의를 비롯하여 무정부주의(Anarchism), 허무주의(Nihilism), 스탈린주의, 트로츠키주의, 나치즘(Nazism), 파시즘(Fascism) 등 많은 정치사상과 이론들이 포함되며 테러를 주창하는 이데올로기들과 테러집단들이 구체적으로 내세우는 정치이념들은 매우 다양하다. 특히 제2차 세계대전 이후 테러리즘에 관하여 새로운 이론을 연구하는 정치학자들이 다수 등장하였으며 이 가운데 가장 영향력을 끼친 대표적 학자로는 프란츠 파농(Frantz Fanon)과 마리겔라(Carlos Marigella), 마르쿠제(Herbert Marcuse) 등을 들 수 있다. 이하에서는 이들의 사상적 배경과 주장을 살펴보고자 한다.

1) 프란츠 파농(Frantz Fanon)의 폭력이론

테러리즘과 폭력주의를 이론 및 사상적으로 체계화하여 현제의 국제 테러리즘에 큰 영향력을 행사한 사람이 프란츠 파농이다. 1952년 알제리 전쟁 당시 한 종합병원의 의사로 근무한 그는 1961년 그의 대표작인 "대지의 저주 받은 자들"(The Wretched of the Earth)을 통하여 식민지 폭력에 의한 불평등과 이의 해결방안으로 폭력의 사용을 제창하는 동시 폭력이론의 정립에 정열을 쏟았다. UN총회 의장을 역임한 새키(Alex Quison Sackey)는 이 저서를 평하면서 "자유, 평화 그리고 인간존엄을 위해서 싸운다는 것이 무엇을 의미하는지 알고자 하는 모든 사람들은 이 책을 필독해야 한다."고 높이 평가하였다.[115]

파농은 신식민지주의와 인간편견에 대응하는 비법은 폭력의 사

---

115) 하경근, 『제3세계 정치론』(서울: 한길사, 1983), p.197.

용이며, 폭력은 식민통치로부터 해방되는 방법일 뿐만 아니라 민중의 열등의식과 절망, 나태를 해소시킬 수 있으며 두려움을 제거하고 자존심을 되찾을 수 있는 정화의 수단도 된다고 주장하였다.[116]

당시 그가 직면한 세계는 두 개의 상대적 극점을 이루고 있는 식민자와 피식민자 사이의 폭력과 긴장이 존재하는 상황이었다. 그는 "탈식민화는 항상 폭력적 현상이다. 탈식민화는 새로운 인간을 창조하는 작업이며 식민화 되었던 '사물'이 자신을 해방시켜가는 과정에서 진정한 인간이 되는 것이다."[117]라고 역설하였으며 식민자들의 특수한 이익을 상대로 보편적 이익을 위해 사용되는 테러는 필연적이요 또한 의무적인 것이 될 수도 있다고 주장하였다. 또한 그는 다음과 같은 이론을 전개하고 있다.

> "억압받고 짓밟힌 피식민자들에게 합법적인 방법이 현실적으로 불가능하였다고 판명되었을 때, 나는 그들은 저항할 수도 있고 비합법적인 수단을 사용할 수 있는 '당연한 권리'를 가진다고 생각한다. 그들이 폭력을 사용한다고 할지라도 그것은 새로운 일련의 끔찍한 죄악을 저지르는 것이라기보다는 다만 식민지 권력을 파괴하는 것일 뿐이다."[118]

파농은 폭력주의는 살인함으로써 거듭나며 폭력은 억압된 자들이 사회적, 도덕적 새 생명을 얻는 방편이며 오직 조직되고 교육된 폭력만이 대중에게 사회의 진실을 이해하게 해 주며 개인의 차원에서 억압받은 자들을 열등의식, 절망감, 무력감에서 해방시켜 준

---

116) Dobson Christopher and Payne Ronald, *The Terrorist*(New York: Facts on File, Inc., 1982), pp.18-23.

117) Frantrz Fanon, *The Wretched of the Earth*(New York: Grove Press, 1965), p.6.

118) Herbert Marcuse, *Critique de la tolerance pure Forum*(Paris: Francfort sur le Main, 1969), p.127; 『프란츠 파농연구』 최정섭 역, (서울: 한마당, 1982), p.101. 재인용.

다는 것이다. 그는 자본주의건 공산주의건 간에 선진국들은 제3세계를 착취하고 노예를 만듦으로써 부유해졌으므로 이제는 선진국이 제3세계에 대하여 부의 재분배를 그 대가로 지불해야 하며 이를 실행하지 않을 경우 폭력투쟁의 권리를 가진다는 이론을 체계화 하였다.

국제 테러리즘의 근원적 문제인 폭력을 보는 시각은 미국을 비롯한 자유세계는 테러리즘을 국제범죄로 간주하는 반면 파농, 소렐, 본 훼퍼 등은 폭력의 정당성을 주장하면서 반대의 입장에 선다. 이와 같이 어떤 특정한 목적달성을 위해서 폭력사용을 긍정적으로 받아들인 사상가로는 프랑스의 상디칼리스트인 조지 소렐로서 그는 "폭력에 대한 성찰"(Reflection on Violence)[119]을 통하여 폭력이 사회의 아픈 곳을 치유해 준다고 주장하였다.

또한 칼 바즈는 "목적이 수단을 정당화하는 단순한 논리를 주장하는 것은 아닐지라도 한계상황에서의 보호적 긴급행위로서의 폭력사용은 부득이한 것이 아닌가?"[120] 하고 긍정적인 반응을 보였다. 즉 주어진 한계상황의 조건부여에 따라 폭력을 때로는 긍정적으로 수용해야 하는 '필요 악'이라는 것이다.

파농의 인과응보의 법칙 원용은 식민화 과정에서 식민지 본국은 폭력을 사용함으로써 토착사회를 붕괴시켰고 사회체제나 관습 등을 파괴하였기 때문에 탈식민화 과정에서의 폭력사용은 정당화되어야 한다는 이론이다.[121] 그러나 적자생존의 원칙에 의한 약육강

119) Emile Benoit Smullyan, *An Outline of the History of Political Theory*(Boston: Student Outine Company, 1957), p.101.

120) Gerald Runkle, "Is violence always wrong?" *The Journal of Politics*, Vol.38, 1976, p.367.

121) Frantrz Fanon, pp.40-41.

식의 투쟁사로 점철된 국제정치사의 상황에서는 항상 강자의 발언이 정의이며 그것이 치자의 원리로 작용하여 온 것이 다반사였다.

이상에서 살펴본 바와 같이 강자의 논리주장만이 항상 정의라는 상황여건 속에서 오랫동안 버림받아 온 '대지의 저주받은 자들'은 폭력에 항거함으로써만이 자신들의 정신상태를 치유할 수 있으며 그들의 아이덴티티(identity)의 추구라는 시각에서 볼 때, 기존 국제사회에 대한 저항의 논리는 비록 그것이 폭력을 수반할지라도 제3세계의 현실 속에서 보면 역사의 순리라는 것이다. 그러므로 식민지 지배체제의 부정을 전제하면서 이에 대한 목적수단으로서 폭력사용의 불가피성을 긍정하는 파농의 이론은 모든 테러리스트와 테러리즘에 있어서 폭력만이 보다 나은 세계를 만들 수 있다는 정치사상에 기인하고 있다.122) 오늘날 국제사회의 유명한 테러조직들은 목적은 매우 다양하게 보이나 거의가 기존체계의 폭력적 변화를 추구하고 있으며 폭력을 합리화시키고 있다.123)

파농의 폭력교사에 관한 이론은 자유주의 세계의 좌경 지식층과 민권 지도자들에게 깊은 영향을 미쳤으며 그의 저서를 탐독한 일부 학생들과 노동자들은 제3세계가 폭력을 사용하는 동기와 필요성에 대해 긍정적으로 바라보게 되었으며 국제 테러리즘에 대한 동정과 지원 또는 실제로 가담하는 사례로 발전하였다.124)

미국 및 서방 국가들은 테러리즘을 인도적 견지에서 비난하였으

---

122) Dobson and Payne, p.18.

123) James Berry Motley, "International Terrorism: New Mode of Warfare" *International Security Review*, No.19, 1981, p.1.

124) 이들이 폭력을 합리화시키는 개념은 1) 사회 자체가 병들어 있어 어설픈 개혁으로는 치료가 불가능하며, 2) 국가자체가 폭력화되었으므로 폭력만이 이를 극복할 수 있으며, 3) 폭력주의자들이 목적하는바 진리는 어떠한 행동도 정당화된다는 것이다. James Berry Motley, "International Terrorism: New Mode of Warfare", *International Security Review*, No.19, 1981, p.1.

나 제3세계 국가들은 테러리스트들을 식민주의자들에 대한 '민족해방 투사'로 보았다. 여기에서 직면하는 가장 중요한 문제는 폭력 내지 테러리즘에 대한 가치관적 인식의 문제로서 가령, 기존의 국제질서를 일단 정당한 것으로 전제하고 테러리즘을 부정적인 것으로 평가하려는 입장과는 달리 테러리즘도 나름대로의 논리를 가진다는 갈등론적 관점이 그것이다. 그러나 국제정치에 있어서 테러리즘이 어느 쪽에 의해서든지 용이하게 해결될 성격의 것은 결코 아니다. 왜냐하면 그것에는 반드시 희생의·대가가 지불되어야 하며, 또한 국제사회에서 테러리즘은 줄곧 사회를 괴롭히며 수많은 생명을 파멸시키고 있다는 사실을 부인하지 않을 수 없기 때문이다.

2) 마리겔라(Carlos Marigella)와 도시테러리즘 이론

현대적 테러리즘의 영감이 알제리혁명의 경험을 토대로 한 프란츠 파농에서 비롯되었다면 국제 테러리즘의 현대적 전술은 마리겔라로부터 완성되었다고 말할 수 있다. 마리겔라는 브라질에서 한 혁명집단을 직접 지휘하였고 그 자신이 개발한 테러전술을 실천하였다.[125] 테러리스트들이 일단 그들의 그룹에 소속되면 그들은 마르크스, 레닌, 모택동, 체게바라, 마리겔라 등의 저서를 통하여 '사회파괴'(social demolition)의 학문과 광범위한 접촉을 하게 되며, 특히 마리겔라의 교범은 테러수법과 관련하여 모택동, 호지명, 체게바라의 전술을 많이 활용하고 있다. 마리겔라는 도시게릴라에 대하여 다음과 같이 서술하고 있다.

---

125) 그는 테러전술을 종합하여 '도시게릴라전 소교범'(Mini Manual of the Urban Guerrilla)이라는 교범을 출판하였으며, 그 후 여러 나라 언어로 번역되었으며 쿠바심리전 기관에 의해 세계 각국으로 배포되어 테러리즘의 교범으로 활용되고 있다.

"혁명전은 도시게릴라전 또는 심리전, 농촌게릴라전의 형태로 나타난다. 도시게릴라전이나 도시에서의 심리전은 도시게릴라에 의존한다. 도시게릴라전이라 함은 비정규전 방법을 통하 무력으로 군부독재정권과 투쟁하는 것을 말한다. 빈번한 폭력행위가 도시 게릴라들에 의해 발생하며 도시게릴라들은 정치적 목적에 따라 오로지 정부, 자본가, 외국 제국주의자만을 공격한다."126)

또한 도시게릴라는 정부의 집요한 적인바, 국가지배 권력을 행사하는 인물과 기관에 대해 조직적으로 가해하며 이들은 근본적 특징은 무력으로 투쟁하는 것임을 주장한다. 흔히 게릴라전을 언급할 때 우리는 '농촌 거점'게릴라를 연상하며 모택동, 호지명, 체게바라 등은 농촌으로부터 도시로 포위하여 들어가는 전법(The encirclement of the city by the countryside)을 사용하였으나 마리겔라는 현대사회의 특징으로 보아 현대적인 테러리즘과 게릴라는 처음부터 대도시에서 작전이 되어야 성공확률이 높다는 이론을 전개하였다.127) 왜냐하면 1960년대에 들어오면서 국제 테러리즘은 첨단기술과 고도의 과학기술로 인하여 테러의 성격이 '도시성'을 갖게 되었고 또한 도시화의 영향으로 정부를 반대하거나 이를 지지하는 반정부 분자들이 압도적으로 도시에 밀집하여 거주하기 때문이다.

헌팅톤(S. Huntington) 교수도 진정한 혁명은 도시근로자, 부르주아 농민의 합세로만 이룰 수 있으며 도시에 있어서 급진주의 운동가들은 테러리즘의 전술을 사용하여 기존의 질서를 유린한다는 것이다. 오늘날 마리겔라의 영향을 받은 전 세계의 테러리스트들은 인질범의 석방금을 요구하며, 외교관과 정부 관리들을 납치하여 정

---

126) 少山內宏, 『現代 戰略論』(東京: 株式會社産報, 1972), p.148.
127) Dobson and Payne, p.23.

치범의 석방을 요구하는 등의 행위를 일삼고 있다.

3) 뉴레프트(New Left)와 국제 테러리즘

국제 테러리즘의 현대적 활용을 주장한 학자는 마르쿠제(Herbert
Marcuse)이며 선진국의 젊은 테러리스트들과 테러집단들은 마르쿠제
의 영향을 받은 뉴레프트 운동으로부터 발아되어 가속화되었다.[128]
프랑크푸르트학파(The Frankfurt School of Philosophy)의 일원인 그
는 1941년 그의 첫 저서인 "이성과 혁명"을 출판하였으며, 1965년
이후부터 뉴레프트의 선봉학자로서 세계적인 주목의 대상이 되었
다. 마르쿠제는 20세기 중엽의 선진국, 특히 미국사회에 비대한 억
압적 특성을 철학적, 심리학적으로 분석하여 선진국의 사회구조는
물론, 인간의 목표와 태도에 혁명적 변화가 필요하다고 역설하였다.

마르쿠제는 서방세계의 엘리트들이 고의적으로 낭비와 소비를
촉진시켜 과다 수요를 창출시킴으로써 결과적으로 국가 간은 물론
개인 간의 빈부격차를 심화시켜 놓았다고 주장한다. 이러한 그의
주장은 급진적인 그룹들과 학생들에게 큰 호응을 받았으며 중상류
층에 속한 일부 젊은이들은 자신들이 옳지 못한 방법으로 혜택을
받았다는 사실에 죄의식을 느끼게 되었다.

또한 그는 "일차원적 인간"(One Dimensional Man)에서 대학생과
지식인을 혁명의 잠재력을 가진 집단으로 주시되어야 할 부정세력
이며 고도산업사회에서 '위대한 거부'(great refusal)가 여러 가지 형
식으로 도처에서 나타나고 있다고 피력하였다.[129] 또한 젊은이들의

---

128) 뉴레프트(new left)란 용어는 1952년 창간 월간지인 '뉴레프트 리뷰'(New Left Review)
   를 중심으로 한 자유 성향의 마르크스주의 그룹에 의해 창출되었으며, 이후 이 용어
   는 1960년대 서방선진국의 학생운동과 언론에 의해 애용, 확산되었다.

사명은 힘없이 버려진 사회하층으로 하여금 혁명에 가담하도록 유도하는 동시에 기존세력에 저항하여 합법적 투쟁을 하여야 하며, 이것이 실패하면 불법적 방법을 동원하여 혁명을 달성해야 한다고 주장하였다.[130] 이때 진정한 혁명가에는 정치적, 사회적, 출신적 이유로 박해당하는 '아웃사이더'(outsider)들이 포함되어야 한다고 주장하였다.[131]

뉴레프트들은 현대사회를 개선시키기 위하여 폭력이 필요하다고 믿으며 뉴레프트 초기단계에서는 평화적이고 비폭력적이며 점진적 혁명을 내세우나 점차적으로 더욱 폭력적인 테러와 게릴라 활동을 구축해야 하며 폭력이 모든 것을 정당화시키며 개혁의 필수수단으로서 뉴레프트사상의 핵심을 이루고 있다. 뉴레프트에 참여 또는 동조하고 있는 개인 및 집단에서는 1) 행동 지향, 2) 확고한 자아추구, 3) 정치·경제·사회·법률적 균등, 4) 그룹 및 사회지향, 5) 억압과 압제로부터의 자유, 6) 참여 확대적 민주주의의 구현, 7) 폭력혁명의 추진 등과 같은 가치관의 목표를 추구하였다.[132]

이러한 마르쿠제의 정치사상은 1960년대 말 뉴레프트들의 정치적 행동과 동기 및 목적에서 이탈하여 직접적인 폭력주의로 나타났으며 월남전 반대, 빈부격차, 두기의 제한 등에 대한 학생들의 도전에 크게 활용되었다. 즉 뉴레프트의 영향을 받은 테러 행동대원들은 대부분 제3세계의 지식층들이었으며[133] 많은 테러리스트들

129) 신일철, 『프랑크푸르트학파』(서울: 청람문화사, 1981), p.132.

130) Barry Katz, "Herbert Marcuse and Art of Liberation", *The Economist*, July 3.1982, p.83.

131) Dobson and Payne, p.28.

132) Layman Tower Sargent, *Contemporary Political Ideologies*(Homeland, Illinois Dorsey Press, 1972), pp.143-150.

133) Neil C. Livingstone, *The War against Terrorism*(Toronto: Lextington Books, 1982), p.39.

은 그들이 폭력의 사회에 접근하기 전에는 사회로부터 소외된 자들이었다.

이상에서 살펴본 바와 같이 선진국의 젊은 테러리스트들과 집단들은 마르쿠제의 영향을 받은 뉴레프트로부터 기인하며, 반정부 인사들과 집단은 뉴레프트에 물든 테러결과를 활용하여 그들을 정치적 목적과 연결시켰으며 제3세계의 일부 집권세력은 뉴레프트에 의한 테러를 반대세력에 대한 억압에 응용하기도 하였다.

4) 아나키즘(Anarchism)운동

무정부주의는 20세기 초에 활성화된 모든 형태의 정치적 권위에 반대하는 원리이다. 무정부주의자들은 각 개인은 국가와 정부와 관련하여 모든 억압적 도구들, 예컨대, 사유재산제도와 종교는 물론 관료제도, 법정, 군대, 경찰 등과 대치하고 있다고 보고 있다. 무정부주의자들은 모든 형태의 인간자유에 대한 외적 제약으로부터의 해방을 추구한다. 크로포트킨(Kropotkin)을 추종하는 선량한 무정부주의자들은 인간의 근본적인 선과 합리성을 굳게 믿음으로써 사회의 기본적인 법칙은 갈등이 아니라 상호 협조와 협동이라고 믿고 있다. 한편, 이와는 반대로 호로비츠(Irving Louis Horowitz)에 의하면 무정부주의자는 반정치적일 뿐만 아니라 반기술적이고 반경제적이다. 따라서 무정부주의자는 본질적으로 자본주의와 사회주의를 적으로 삼는다.[134]

이들 무정부주의자들은 폭력사용을 이론적으로나 전술적 필요성

---

134) James E. Dougherty and Robert L. Pfaltzgraff, Jr., *Contending Theories of International Relations*(New York: J. B. Lippincot t Company, 1971); 최창윤(역), 『국제정치론』(서울: 박영사, 1982), pp.229-230.

이라는 점에서 공공연히 주장하였다. 러시아의 혁명선동가인 바쿠닌(Mihail Bakunin)과 네차에프(Sergei Nechaev)는 '행동에 의한 선전'과 '전면 파괴'의 신념을 가지고 있었으며 심리적 공포의 효과를 위한 허무주의적 암살전술과 기존제도의 파괴를 주창하였다.[135] 테러리스트들은 아나키즘을 주창하는 서적들을 열심히 읽는 것으로 알려져 있으며 이들은 무정부즈의자여서가 아니라 그들의 동기와 행위를 폭력적 아나키즘으로 합리화시키기 위한 것이다.

오늘날 서방의 무정부주의사상은 호전주의자들에게 나타나고 있으며[136] 테러리스트 및 무정부주의자들은 그들의 목적을 추구하기 위한 유일한 방법은 현 사회를 물리적으로 파괴시키는 것이라고 주창하며 테러와 암살의 확산을 충동질하고 있다. 1930년부터 1960년대까지는 아나키즘은 망각된 용어였으나 1960년대 중반부터 소련과 스페인을 제외한 세계각지에서 무정부주의에 대한 동경이 다시 살아나게 되었다. 특히 1960년대 후반부터 무정부주의는 반항적 학생들과 개방사회의 좌경세력으로부터 큰 호응을 받았다. 왜냐하면 무정부주의는 대조직화, 집권화, 관료화, 도시화 등에 따른 물질화 및 비인간화 등의 거대한 권력과 문화를 배척하기 때문이었다.

현대에 와서 아나키즘은 이념으로서보다는 현대사회의 반항적 분위기를 설명할 수 있는 이론으로 활용되는 경향이 증가하는 듯하다. 개방사회에서의 테러리스트들은 자신들이 무정부주의자로 자처하는 경우가 많으나 그들의 테러음모, 테러활동을 통한 극도의 응집된 능률과 조직, 위계질서에 기초한 조직 등으로 미루어 볼 때

---

135) 모든 무정부주의자가 폭력을 옹호했던 것은 아니다. 소로우(Henry David Thorrau, 1817-1862)나 터커(Banjamin. R. Tucker, 1854-1939) 같은 무정부주의자는 폭력을 기피하였으며 비폭력을 강조하였다.

136) 상게서, pp.213-231.

무정부주의자로 보이지는 않는다.

결론적으로 파농, 마르쿠제, 마리겔라 등의 폭력옹호 이론가들과 아나키스트들이 신봉하였던 교리들은 단순한 지적 이론을 넘어선 것들로 어떠한 형태로든 폭력과 테러리즘의 사용이 필수적인 역할을 한다는 사회적 갈등의 이론들이라 하겠다.

현대의 테러리즘이 사회질서에 대한 독특한 특수위협인가 아니면 일반적인 현상인가 하는 문제에 대한 해답을 구하기 위해서는 정치테러리즘 행태의 계속성의 정도를 평가할 필요가 있을 것이다. 테러리즘 현상은 기원 1세기 당시에 이미 기록에 나타나지만[137] 조직적인 테러리즘이 등장하게 된 것은 프랑스혁명 이후의 일로 알려져 있다. '테러리즘'과 '테러리스트'란 용어가 프랑스혁명에 근거를 두고 있듯이 이때부터 테러리즘은 국가테러 또는 정권테러(regime terror)의 형태로 등장하였다. 테러리즘은 그 후 1878-1881년 기간 동안에는 러시아혁명 세력에 의해 광범위하게 활용되었고 20세기 초에는 아일랜드, 마케도니아, 세르비아, 스페인 등지에서 무정부주의자들의 주요 무기로 수용되었다.

역사적으로 볼 때 가장 중요한 테러리스트운동은 1878-1888년 동안에 러시아에서 크게 활용된 Narodnaya Volya조직으로 알려져 있다. 이 조직은 차르정권에 대항하여 테러리즘운동을 정책적으로 발전시켰다. 이 조직의 대표적인 이론가였던 모로조프(Morozov)에 의하면 테러리즘은 차르제정을 붕괴시킬 수 있는 새로운 형태의 전투로 채택되었으며 상당한 호응을 얻었다. 당시의 테러리즘은 구라파의 개인 무정부주의 테러활동과는 달리 조직적 활동이었으며 사회주의 혁명당의 형성과정의 일환이었고 러시아 사회의 일반적

---

137) 예를 들면, A.D. 66-73년 팔레스타인에서의 zealot의 종교투쟁 등을 볼 수 있음.

위기의 징후였다.

러시아에서의 19세기 테러리즘의 특징은 사회주의 운동의 일환으로서 반자율성을 지니고 있었으며 20세기 초의 테러리즘도 사회주의 혁명 내에서 자율성을 유지하고 있었다는 점이다. 20세기 초 테러리즘은 대중의 혁명적 잠재성을 개발하고 지원하기 위한 도구였다. 그 결과 대중여론에 상당한 효과를 거두었던 것이다.[138]

19세기와 20세기 초의 러시아 테러리스트정책 수립에 중대한 영향을 미친 이론은 무정부주의와 허무주의였다. 그중에서도 바쿠닌(Bakunin)과 네차예브(Nechayev) 및 크로포트킨(Kropotkin) 영향이 대표적이었다. 바쿠닌과 네차예브의 저서 "혁명문답"(Revolutionary Catechism)은 테러리스트들의 조직, 전술의 지침서였으며 이상적인 테러리스트의 모형을 제시하고 있다. 이 지침서에는 기존의 사회질서와 윤리를 극단적인 사악으로 증오하고 멸시하였기 때문에 기존 질서의 총체적인 파괴를 주장하는 내용이 주류였다. 그러나 이들은 그들 자신들의 대안으로서의 신질서를 제시하지는 아니하였다. 이 점에 있어서 무정부주의 사상은 마르크스(Marx)의 사상과는 대조적이었다. 그에게 있어서 불의한 것은 국가질서 그 자체가 아니라 '악한 질서', 즉 자본주의였다.

마르크스의 사상에 대립되는 바쿠닌의 또 하나의 주요 사상은 무산자의 혁명잠재력에 관한 문제였다. 마르크스가 무산자에게 자본주의 타도의 일차적인 사명을 투여한 반면, 바쿠닌은 농민과 도적을 혁명잠재력으로 믿었었다. 이 바쿠닌의 무장도적단사상은 오늘날 마르쿠제(Herbert Marcuse)의 저술에 반영되어 있고 서독의 바더 마인호프(Baader Meinhof)단의 철학과 행동에 반영되어 있다.[139]

---

138) W. Laqueur, *Terrorism*(Boston: Little Brown, 107), p.38.

바쿠닌 사후, 그의 제자들은 이 무장도적단 아이디어 대신 '행동을 통한 선전'의 개념을 발전시키기도 하였다.

1870년대에 크로포트킨(Kropotkin)이 무정부운동의 선두이론가로 등장했을 때 그는 모든 수단을 동원한 지속적인 혼란과 폭동을 무정부주의자의 행동으로 규정하고 대중의 의식계발을 기도하였다. 그는 대중의 반항정신을 고무시키기 위해 개인테러행동을 주창하였다.[140] 이후 '행동을 통한 선전'이론은 테러리스트전술을 정당화시키는 행동강령이 되었다.

"테러활동을 통한 의식고무" 이론의 실행은 테러리즘의 명분적, 이론적 도덕성을 등한시하게 만들었다. 혁명적 행동과 폭력적 범행 간의 구분이 애매하게 되고, 테러리즘계획은 무차별적인 자의적 갱단의 난폭한 범행으로 전락하고 말았다. 그리하여 2차 세계대전 이래의 테러리즘 대부분은 19세기와 20세기 초의 러시아 철학과 이념에 뿌리를 두고 있다. 그러나 현대의 사회적 정치적 환경의 변화에 따라 테러리즘의 전략과 전술에 상당한 차이가 나타나고 있는 것으로 보인다.

20세기에 들어와서는 레닌, 스탈린, 히틀러, 무솔리니 등에 의하여 강압과 억압을 목적으로 하는 '관제테러'(state terrorism)가 활발하였다. 당시의 이러한 형태의 테러리즘은 새로이 탄생한 신정권이 그 기반의 견고화와 보호를 시도할 때에 사용하는 하나의 정치적 무기였다.

제2차 세계대전 이후에는 국제정치무대에 많은 신생국들이 식민제국주의로부터 민족해방운동의 일환으로 테러리즘이 부상하였으

---

139) *Ibid.*, p.50.

140) *Ibid.*,.

며, 특히 일부 지식층과 급진주의자들에 의하여 자유해방을 위한 테러리즘이 합리화되고 영웅 시 되어 논리화되었다.

정치적으로 볼 때 프랑스혁명과 더불어 태동된 테러리즘이 많은 시간과 과정을 거치는 동안 오늘날에는 첨단무기와 화생방무기를 통한 대량파괴와 혼란에까지 가능성이 고조되고 있으며 세계대전 후 등장한 핵 테러(nuclear terrorism)에 대한 가능성은 국제사회에서 보다 문제시되어 인류는 테러리스트에 의한 '핵 공갈'의 위협에 직면하게 되었다. 뿐만 아니라 테러리즘은 국제정치에서 국가지원의 테러리즘에 의한 하나의 생존전략(viable strategy)으로 발전하고 있다.

2. 국제 테러리즘의 목적

테러리즘의 일반적 목적은 정치목적의 성격에 따라 결정되지만 정치목적이 다원적이기 때문에 테러리즘의 목적 또한 다양하다. 테러리즘이 어떤 '무의식적 폭력'(ser.seless violence)이나 '무의미한 폭력'(mindless violence)이 아니라면 그것이 목적을 지녀야 한다는 것은 너무도 자명한 사실이다. 사실상 테러는 테러를 자행할 기본목적에서 파생되는 여러 가지 파생효과를 갖는다. 앞서 제시한 바와 같이 테러리즘은 테러리스트에게는 아주 강력하고(all powerful) 전방위적인 목적(all purpose)을 갖는 궁극적 목적임을 알 수 있다.[141]

일반적으로 공포심을 조성하고 조작하기 위한 테러리즘은 여러

---

141) Jan Schreiber, *The Ultimate Weapon: Terrorists and World Order*(New York: Morrow, 1978).

가지 목적을 가질 수 있다.[142] 다만 전술적 차원의 목적은 그 상황과 사건에 따라 다양하게 나타날 것이다. 예를 들면 기본적 목적중의 하나가 기존의 정치질서로부터 대중의 분리라 한다면, 트론톤(Thornton)이 지적하고 있는 바와 같이 테러가 가장 효과적일 수있을 것이다.[143] 따라서 테러리즘이 어떠한 특정 목적을 추구하든간에 달성하고자 하는 효과는 공포를 조성하고자 하는 전략적 시도이며 이러한 전략적 목적은 상황에 의존하게 된다.

테러의 효과성은 상황에 의존한다. 트론톤이 경고하듯이 "테러란전복을 도모하는 기존정권 또는 집단이 현재로는 낮은 수준의 정치적 지지를 얻고 있지만 향후에는 높은 수준의 지지를 획득할 가능성이 있을 때에만 적절한 것이며 만일 테러리스트들이 지지를받을 가능성이 낮으면 테러리즘은 오히려 반생산적일 것이다.[144]

---

142) Schmid는 테러리즘에 관한 109개의 정의에서 20개의 테러 목적과 기능을 추출하였다. 1) 테러분위기 조성, 공중의 공포심 유발, 2) 기존세력에 의한 무분별한 대응조치 유발, 압제, 보복 및 대테러리즘의 계획적인 유발, 3) 물리적 힘의 동원, 4) 적극적 또는 소극적 방법으로 대중여론에 영향, 대중여론의 양극 대립화와 급진주의화 유발, 5) 정치권력의 장악, 기존정권의 붕괴, 6) 저항의 붕괴 및 침식, 7) 무기구입과 작전비용 충당을 위한 자금획득, 8) 권력의 유지, 표적 집단의 훈련, 통제 및 설득, 9) 사회적 연계로부터 개인의 심리적 분리 및 이탈, 사회도덕 파괴와 무질서 야기, 경고유발, 근심과 불안의 창조, 당혹과 붕괴의 분위기 조성, 10) 인명 및 재산의 절멸, 손상 및 제거, 반대 및 경쟁세력의 효율성의 물리적 제거 또는 무력화, 11) 정부의 정책수행 과정의 혼란 야기 및 대민신뢰성 파괴, 민주주의제도의 침식, 정부에 대한 국민신뢰심의 파괴, 사회의 정상적인 기능 파괴, 정부의 취약성 노출 및 정부의 힘의 이미지 분산유발, 12) 테러집단의 힘의 이미지와 결의의 시위와 투사, 13) 테러운동의 전시 및 명분의 과시, 대중지지 획득, 주의와 무관심 유도, 여론환기, 사회적 불행과 그 처방에 대한 대중적 관심의 고무, 테러운동에 대한 용인 유도, 14) 테러표적을 보호하려는 안전기관을 노출시켜 이들 안전기구의 해체 유도 및 안전단체의 해산 기도, 15) 테러리스트요원의 충원, 16) 테러운동 그 자체와 협조자들의 사기 고무, 17) 테러리스트 조직 내의 규율유지, 배신자와 과오를 범한 자의 처단, 18) 강압적 협상을 통한 특정 양보의 획득 강탈, 공갈기도, 19) 적과의 협력 또는 유해한 활동에의 종사, 범죄활동 처단, 잔인한 행위, 복수 또는 보복행위 자행, 관련자의 처단, 20) 지배력의 확립, 협박, 공갈, 마비, 약탈 기도: Schmid, 앞의 책, pp.97-99.

143) T. p. Thornton, "Terror as Weapon of Political Agitation", H. Eskstein(ed), *Internal War*(London: Collier Macmllan, 1964), p.74.

환언하면 테러리즘의 표적으로 선택될 사회의 본질과 주민분리의 효과는 상관적으로 파악되고 이해되어야 할 문제이다.[145] 때에 따라서는 단 하나의 목적을 달성하기 위해 다수의 테러사건으로 동시에 만족될 수도 있는 것이다. 그러므로 테러리즘이 이러한 목적을 달성하는 데 얼마나 효과적일 수 있는가 하는 문제는 결정적으로 테러행위의 적시성, 정도, 종류에 관한 테러리스트들의 계산의 정확성에 의존하게 된다.

한편 테러리즘 목적은 그 유형에 따라 설정될 수도 있다. 트론톤처럼 테러를 두 가지의 범주, '강제 테러'(enforcement terror)와 '선동 테러'(agitational terror)로 구분하는 경우에 강제성 테러의 목적은 기존의 정권에 대한 도전을 억누르기 위한 것이며, 선동성 테러는 기존의 질서를 파괴하고 궁극적으로 정치권력을 장악하려는 목적을 갖게 마련이다.[146]

윌킨슨은 테러리즘 목적과 관련하여 네 가지 유형의 테러리즘, 즉 1) 범죄적(criminal), 2) 심리적(psychic), 3) 정치적, 4) 전쟁 테러리즘으로 구분한다. 범죄적 테러리즘은 물질적 이득을 목적으로 하고 심리적 테러리즘은 신비적, 종교적, 마술적 목적을 가지며, 전쟁테러리즘은 적을 마비시키고 적의 저항을 소멸시키며, 적의 전투능력을 소멸시킬 뿐만 아니라 그 적의 궁극적인 파괴를 목적으로 하며, 정치적 테러리즘은 정치목적을 추구하기 위한 것이라고 정의한다.[147]

---

144) *Ibid.*, p.74.

145) Wardlaw, p.34.

146) 테러에 대한 Thornton의 이분적 방법은 W. May의 '정권테러'(regime of terror)와 '공격테러'(siege of terror)와 유사하다. 전자는 기존질서의 유지가 목적이며 후자는 혁명목적의 테러리즘이다.

147) Wilkinson, *Political Terrorism,* 1976, pp.16-17. Wilkinson의 분류방식을 발전시킨 R. Shultz, "Conceptualizing Political Terrorism: A Typology", *Journal of International*

또한 그는 정치테러리즘을 네 가지 범주로 구분하고 각각의 특징과 목적을 세분하고 있다. 그중 세 가지는 정치적 동기를 지닌 조직적 테러리즘의 주요 유형으로서 1) 억압적 테러리즘(repressive terrorism), 2) 준혁명적 테러리즘(subrevolutionary terrorism), 3) 혁명적 테러리즘(revolutionary terrorism)으로 구분하고 다른 하나는 국제적 규모의 전쟁이나 내전 또는 대규모 전복활동과 같은 특정한 폭력현상의 진행과정에서 발생되는 우발적인 대규모 테러행위인 4) 부수성 테러(epiphenomenal terror)이다.[148]

이 분류에 따르면 억압적 테러리즘은 특정개인이나 집단을 억누르거나 통제, 억제할 목적으로 국가에 의해 사용되는 테러이며, 준혁명적 테러리즘은 혁명적 권력추구에 못 미치는 제반목적, 즉 강압, 협박, 복수, 처단 등과 같은 목적을 달성하기 위한 것이며, 혁명적 테러리즘은 정기적인 정치목적을 가지고 권력의 기본적 변화, 사회, 경제질서의 근본적인 변혁을 추구하는 테러리즘을 의미한다.

한편으로 테러리즘의 실행목표를 장기적, 중기적, 단기적 목표로 나눌 수도 있다.[149] 장기적 목표는 기존정권으로부터의 분리독립, 정권의 타도 및 변경, 권위주의의 대체, 정책의 변경 등이며, 중기적 목표는 기존정권에 대한 국내적, 국제적 지지자들 간에 공포심을 불어넣음으로써 기존정권에 대한 심리적 지지를 잠식시키는 일이다.

Affairs, 32. (1978), pp.7-15.

148) Wilkinson, *Terrorism and the Liberal State,* 1986, p.57.

149) U. S. National War College의 분류방식임.

〈도표-5〉 정치테러리즘의 유형별 목적과 특징

유 형	목 적	특 징
준혁명적 테러리즘	근본적인 혁명변화에 못 미치는 정치적 변동으로 정부의 정책과 법률변경의 압력, 관료의 처벌과 제거, 경쟁집단과의 정치전	전형적으로 소규모집단에 의해 자행, 고도로 예측곤란, 종종 심리적, 범죄적 폭력과 구분이 애매함
혁명적 테러리즘	혁명 또는 전술적 혁명적 달성	소규모이긴 하나 항상 집단적 현상, 리더십, 이데올로기 및 계획수립, 대안적인 제도적 구조제시, 폭력과 테러의 조직화는 전형적으로 혁명운동집단 내에 전문적인 음모기구와 군사기구에 의하여 수행됨
억압적 테러리즘	바람직하지 않다고 생각되는 행위자, 개인이나 집단에 대한 억압과 제한 또는 제거	종종 극히 잔인한 대규모 테러로 발전, 지배당과 군대기관을 포함하지만 전형적으로 특수테러기구나 기밀경찰이 수행함. 전형적인 테러 기술은 고문이며 전체주의 이념정권의 테러, 공포, 상호불신 및 지도자의 병적 편집병의 결과적 행태
부수적 테러	특정목적 없음. 대규모의 특정폭력 상태가 진행되는 과정에서 부산물로 발생	신중하게 계획되고 조직되기보다는 우발적으로 발생되며 고도의 살육적 파괴현상으로 나타남

출처: Wilkinson, *Terrorism and the Liberal State*(New York University Press, 1986), p.8.

단기목표로서는 테러집단 내에 수용하고 있는 인질교환의 조건으로 지불받는 금전획득, 공중의 여론조성, 주민에 대한 심리적 불안조성, 기존정권의 억압이나 파당의 정책붕괴 등이 될 수 있다. 통상 정치테러리즘의 장기적 목표는 테러리스트집단의 이데올로기에 의존한다.[150] 이들 이데올로기로는 전래의 Marx-Leninism과 함께 Neo-Fascism과 인종분리주의, Neo-Marxism과 허무주의 및 무정부주의 등에 근거하고 있다. 한편 단기적인 목표 또는 정치테러리즘의 전술적 활용은 훨씬 더 광범하고 실질적이다. 전술적 목표의 대표적인 예로는 대중의 주의를 환기시키는 것이며 때에 따라서는 지지를 획득하고자 하는 것이다.

---

150) Wilkinson, *Terrorism and the Liberal State*, 1986, pp.59-60.

요약하면, 테러리즘의 목적과 목표는 테러의 유형에 따라 설정되고 장단기적으로 구분되며, 특정목적의 선정은 상황에 의존함을 볼 수 있다. 아울러 테러는 목적적인 행위인 동시에 특정동기가 촉진적 요소로 작용한다는 점을 고려할 필요가 있다. 물론 계획적 테러리즘인 경우에는 목적이 동기를 스스로 창출하기 때문에 목적과 동기가 동일하게 되지만 목적과는 다르거나 목적 보완적 동기를 가질 수도 있는 것이다.

3. 국제 테러리즘의 동기

테러리즘의 목적이 개념 정의상 하나의 중요하고 정당한 요소이지만 테러리즘의 동기도 한 요소가 된다. 동기란 테러리즘의 이론에서 테러현상의 원인에 관계되는 것이기는 하지만 개념정의 그 자체가 이론은 아니기 때문에 동기적 요소가 개념정의의 한 요소가 아닐 수도 있다. 그래서 가치 포괄적인 동기를 논의하지 않고도 테러리즘을 정의할 수 있다고 주장하는 학자도 있다.[151]

그러나 일반적인 사회적 현상의 원인이 그 사회적 상황이나 환경조건에서 연유한다고 믿는 환원주의 이론은 어느 정도 수용한다 하더라도 정치적 목적을 지닌 대부분의 정치적 사건들은 목적이 곧 동기로 작용한다는 사실을 간과할 수 없다. 우발적인 테러 또는 범죄형, 병리심리적 테러인 경우에는 목적과 분리된 동기를 가질 수 있으나 사전에 심사숙고하여 계획한 조직적인 테러리즘인 경우

---

151) Raymodmond D. Duvall and Michael Stoll(eds.), *The Politics of Terrorism*(New York: Marcel Pecker, 1983), pp.12-13.

에는 목적과 의도가 동기와 동일한 경우가 많다. 따라서 특별히 목적과 유관하지 아니한 동기를 발견할 수 없을 경우에는 테러리즘의 목적과 동기 및 의도를 같은 가념범주로 다루어도 무관할 것이다.

한 국가에 대해 가해지는 테러에 대하여 당사국은 반드시 다른 테러로써 보복한다. 이때 쌍방은 모두 자신들이 수행한 일련의 테러행위를 정당한 행위라고 주장하며 동시에 상대를 불법적 야만적으로 간주한다. 이러한 측면에서 쾌러는 보복을 낳는 확대 재생산의 논리를 가지고 있다. 이것은 곤질적으로 테러리즘이 야누스의 양면처럼 합법성과 비합법성의 내재적 특징을 갖기 때문이다.

테러리즘에 작용하는 상징, 신념, 의식구조는 고도의 추상성, 경직성, 폐쇄성, 극단성을 보인다. 유동성과 다양성, 점진적 개혁에의 전망이 거부되고 선과 악, 적과 동지가 이분법적으로 나누어진다.[152)]

개별적인 테러의 상당수는 정치적 · 사회적 원인과 함께 심리적 · 병리적 현상인 경우도 많다. 혹자는 테러리즘의 직접적 동기를 전후시대의 주요 사회운동으로 보는가 하면 세계경제의 주기적 변화와 테러리즘의 직접적 원인 간의 상관적 파동현상을 제시하기도 한다. 즉 관료화에 의한 전체주의적 성향이 테러리즘의 동기이며 대다수의 국민들이 현상의 유지를 지향하는 사회에서 소수의 혁명집단들이 다른 대안을 찾을 수 없기 때문에 테러수법에 호소하지 않을 수 없게 된다고 지적하기도 한다.

테러리즘이 역사적, 정치적, 문화적 맥락에서 작용한다 하더라도 테러리스트의 수는 극히 소수이기 때문에 어떠한 유형의 사람이 왜, 어떻게 테러행위를 하게 되는가 하는 것은 중요한 과제가 된다. 우선 테러리스트들은 그들 특유의 신념체계를 가지고 있다. 일반적

---

152) 한상진, "현대사회 테러리즘의 사회학적 해석", 『학술세미나 논문집』(경찰대학, 1988), p.17.

으로 신념체계란 "일련의 렌즈와 같은 것으로 물리적 사회적 환경에 관한 정보를 수용하면서 개인을 환경으로 인도해 가며 또한 그 의미를 규정해 주며 그 특성을 확인해 주는 기능을 한다."는 것이다.[153]

테러리즘에서 발견되는 신념체계는 매우 높은 추상성을 가지며 비개인화되고 통합된 '적'의 개념을 발전시킨다. 예를 들면, 이탈리아의 '붉은 여단'의 경우 적은 '다국적 제국주의'(SIM)로 파악되고 국가는 국민을 대표하는 자율성을 갖는 조직이라기보다는 외부세력의 대행자로 간주한다. 즉 세계를 설명하는 매우 추상화되고 다양한 범주들이 상호 얽혀 인과적인 설명을 만들어 내는 것이다. 예컨대, 독일의 적군파(RAF)는 매스미디어를 자본주의 경제의 도구로 보면서 독일 사회민주주의체제를 미국자본주의와 군사적 패권의 하수인으로 간주한다.

물론 적의 개념은 테러리즘의 이념에 따라 현저히 달라진다. 그러나 대체로 테러리즘에서 발견되는 신념체계는 국제세계를 선과 악의 대립으로 보는 흑백논리를 기저에 깔고 있으며 추상화되고 비개인화된 적의 통합적 실체를 가정하고 있다.

또한 폭력은 악의 추방과 적의 붕괴를 위해 불가변하다는 논리를 발전시킨다. 테러리즘은 군사적 전쟁 멘탈리티(mentality)의 특성을 지닌다. 즉 테러리스트들은 군인으로, 테러조직은 군대로 묘사된다. '붉은 여단', '적군파'와 같은 조직의 명칭은 이미 이러한 경향을 보여주고 있으며 적과 국민과 테러리즘의 관계에서 테러행위는 국민을 위한 투쟁으로 설명되고 국민의 지지가 없는 경우에는 '제3세계의 해방'이라는 더욱 거시적인 목적론이 내세워지는 것이다.

다음으로 이러한 특징의 신념체계는 매우 폐쇄적이다. 따라서 변

---

153) 한상진, 상게논문, p.12.

화에의 저항이 매우 강하다. 신념체계의 일관성을 강조한 나머지 진실하다고 받아들인 것과 모순되는 정보는 아예 거부한다. 그러므로 테러리스트들은 그들이 신뢰하는 출처의 정보만을 믿으며 그들이 믿는 정보의 출처는 오로지 같은 신념을 공유하는 사람들뿐이다.

제2절 국제 테러리즘의 현대적 발생원인

어떤 정치적 목적달성을 위해 전략으로서의 테러리즘은 정치적·사상적 측면과 지역적·조직적 등 다양한 양상을 취하고 있기 때문에 전면적이고 포괄적인 발생원인의 파악은 결코 용이한 일이 아니다. 본 절에서는 그 발생원인을 개인에 초점을 둔 미시적 관점 (micro perspective)과 거시적 관점(macro perspective)의 국제정치 체제적 관점에서 고찰하고자 한다.

1. 개인 심리적 차원의 원인

전쟁의 원인을 설명하기 위한 접근방법에서도 많은 차이가 있으며 상이한 접근방법은 같은 전쟁에 대해서도 상이한 해석을 하게 되는 것이다. 국제정치학자들은 전쟁의 원인을 설명하기 위해 몇 가지의 다른 수준에서의 설명을 시도하고 있다.[154] 그중 하나는 전쟁

---

154) J. David Singer, "The Level of Analysis Problem in International Relations", in Klauss Knorr and Sidney Verba, eds., *The International System: Theoretical Essays* (Princeton: Princeton University Press, 1991)가 대표적이다.

이란 결국 인간이 일으키는 행위이기 때문에 인간 그 자체에 초점을 맞추어야 한다는 것이었고(individual level) 이러한 접근에 의하면 나폴레옹, 히틀러, 후세인과 같은 특정 정치지도자의 존재야말로 전쟁의 주요 원인이 되는 것이다.

다음으로 국제정치학자들은 사회의 속성(national attribute)으로부터 전쟁의 원인을 찾아내고자 한다. 자본주의 국가들이야말로 전쟁의 원인이 된다는 주장, 즉 민족주의는 전쟁의 원인이라는 주장, 독재정부는 민주국가보다 더욱 호전적이라는 주장 등은 모두가 사회의 속성으로부터 전쟁의 원인을 설명하고자 하는 시도들이다. 물론 이러한 주장들이 체계적으로 연구되어 그 타당성이 입증되지는 않았다.

다음의 분석차원은 국제정치적 차원에서의 분석이다. 국제체제의 차원을 따르는 경우 중요한 것은 국가 간 힘의 분포 양상이지 각 국가 사회의 내적인 속성은 아니다. 여기에서는 세력균형, 동맹관계의 형성 등의 문제가 전쟁연구의 주제가 된다.

심리학자들은 폭력의 원인을 논함에 있어 인간의 내적 요소가 행위를 유발하게 하고 지시, 조절하는 역할을 한다는 점에 동의하고 있다. 이러한 동기의 본질은 두 가지로 대별될 수 있는데 그 하나가 폭력에 대한 자극요소이며 다른 하나는 목적달성을 위한 합리성의 정도이다. 이 두 요소는 폭력과 관련하여 개인의 성향을 결정하는 기준이 된다.[155] 이들 자극요소는 외적 요소와 내적 요소로 구분되며 외적 요소는 행위를 유발시킬 수 있는 상황적인 것으로 핵문제, 빈민문제, 식량문제, 실업, 전쟁 등과 같은 환경적 동기를

---

155) R. W. Mengel, "Terrorism and New Technologies of Destruction: An Overview of Potential Risk", *Stud in Nuclear Terrorism*, R. Norton and Martin H. Greenberg (eds.,)(Boston, Massachusetts G. K. Hall and C0., 1979), pp.206-207.

수반하는 것이며 이들은 이미 존자해 온 내적 동기에 반응하게 된다.

한편, 내적 자극요소는 개인 또는 집단의 심리상태에 기인하며 여기에는 이성적, 감정적 요소로 구분되어 요구되는 목표에 부합되는 합리성에 기초를 두어 결정된다. 또한 <표-6>에서 보는 바와 같이 폭력행위의 성격이 공적 성향일 경우 사회적 반응으로 나타나며 사적 성향일 경우 폭력은 가인범죄로 나타난다.[156]

<도표-6> 폭력적 행동의 제 유형

성향 ＼ 자극요소	이성, 내면적	감정, 외부적	감정, 내부적	이성, 외부적
개 인	범죄 (criminal)	복수 (revenge)	병리현상 (pathological)	자경주의 (vigilant)
대 중	테러리즘 (terroristic)	항거 (protest)	반사회적 이상 (sociopathic)	준군사 (paramilitary)

출처: Augustus R. Norton and Martin H. Greenberg(eds.) *Studies in Nuclear Terrorism*(Boston, Massachusetts G. K. Hall and Co. 1979), p.207.

점증하는 국제 테러리즘을 설명하기 위해서 자주 등장하는 이론이 거(Ted Robert Gurr)의 "상대적 박탈감이론"(Relative Deprivation Theory)이다. 그는 '기대와 실제 간의 괴리'(gulf between expectation and actual condition) 내지 '기대가치와 가치능력 간의 갭'(gap between the value expectation and the value capabilities)에서 정치적 폭력이 발생한다고 주장한다. 2차 세계대전 이후 탄생한 신생국들이 정치적 독립과 더불어 근대화 과정에서 발생하는 문제점, 즉 정치현실의 당위와 현실 사이의 불일치에서 상대적 박탈감이 야기된다는 것이다. 여기서 당위란 그들이 당연히 차지해야 한다고 생각하는

---

156) *Ibid.*, p.207.

생활의 조건이나 가치를 말하는 것으로서, 상대적 박탈감이란 인간으로서 누구나 마땅히 누려야 할 삶의 제 조건과 실제로 향유하는 조건의 격차에서 오는 괴리를 뜻한다.[157)

그는 구체적으로 상대적 박탈감과 관련하여 폭력을 야기하는 사회과정의 전형적인 유형을 1) 열망적 가치박탈(aspirational deprivation), 2) 점감적 가치박탈(decremental deprivation), 3) 점진적 가치박탈(progressive deprivation)로 구분하였다. 먼저, 열망적 가치박탈이란 개인의 희망과 기대감이 시간이 흐름에 .따라 증대해야 하지만 그 열망을 채워 줄 충족감이 변화가 없을 때 발생하는 현상의 한 예로, 1960년대의 흑인들의 불만노출은 큰 폭동을 초래하였다. 이러한 현상은 흔히 개발도상국에서 빈번하여 혁명의 증대현상 속에서 급속한 발전에의 욕망이 체제를 크게 앞서는 데서 비롯되는 극심한 박탈감을 가진 폭력을 창출하여 이로 인하여 열망적 박탈감이 팽배한 국가는 만성적 불안에 싸이게 된다. 로제나워(James Rosenau) 교수도 사회변동의 속도가 빨라지면 빨라질수록 사회 내부의 폭력 발생 가능성이 더욱 커진다고 주장하면서[158) 더 극단적인 경우에 정치적 불안정은 폭동, 태업, 암살, 테러리즘, 게릴라전, 쿠데타 등의 유발을 가져온다는 것이다.

두 번째 유형인 점감적 박탈감이란 개인의 기대감이 시간적으로 일정 상태를 유지하고 있음에 비해 그 열망을 채워 주는 가치충족 능력이 오히려 점점 하락하는 경우를 말한다. 이 경우는 한 국가가 사회정치적 혼란으로 들어갈 때 가치능력이 급격히 떨어지면서 그

157) Ted Robert Gurr, *Why Men Rebel*(Princeton, New York, New Jersey: Princeton Uni. Press, 1970), p.37.

158) James Rosenau, *International Aspects of Civil Strife*(Princeton, New York, New Jersey: Princeton Uni. Press, 1964), p.5.

집단의 가치기대를 충족시켜 줄 수 없을 때에 폭력이 발생하는 것으로 예를 들면, 1917년 러시아의 볼셰비키(Bolsheviks)혁명은 이러한 유형으로서 권력을 획득할 수 있었다.[159] 당시 러시아 국민은 제1차 세계대전에 대하여 불만으로 차 있었으며 케렌스키(Kerensky)정부가 전쟁을 종결할 수 없었을 때에 레닌(Lenin)의 즉각 평화(immediate peace)가 주효하였던 것이다.

셋째, 점진적 가치박탈은 일정 기간 동안 국민의 열망을 채워 줄 가치충족감이 가치능력과 비례적 상승을 보여줌으로써 대부분의 사람들이 그러한 상태가 지속될 것으로 기대했으나 일정시점에서 그 충족도가 하락함으로써 발생한다. 이러한 현상의 예로서는 식민지사회에서 해방과 독립이 지연되는 경우에 발생하는 정치폭력을 들 수 있다.

한편으로 테러리스트들은 정신적으로 정상적이지 못한 자들이며 일반 시민들은 테러사건에 대한 보도를 접하면서 테러리스트들의 정치적 목적에 대해서는 거의 의식하지 않는 경향이 있다. 매스미디어 역시 구체적인 테러활동의 현장만을 보도하고 있어 테러리즘이 정신병적 소행이라는 인식의 계기를 제공하고 있다. 해리스(F. Gontry Harris)는 테러리즘의 동기를 1) 남자다움의 과시, 2) 비인간화의 욕구, 즉 자기로부터 도피하려는 욕구, 3) 우호를 얻기 위한 욕망, 4) 폭력과 유혈의 마술적 신념에서 찾고 있다.[160]

물론 테러리즘에서 개인의 정신 병리학적 요소의 존재를 무시할 수는 없다. 그러나 이러한 입장을 취할 경우 국제테러리스트의 정

---

159) Ted Robert Gurr, p.47.

160) F. Gentry Harris, *Letter transmitted to House Committee on International Security*, Terrorism Hearing, Part 4, 93rd Ccn., 2nd Sess., (Washington, D. C.: U. S. Government Printing Office, 1974), p.4429.

치적 목적이나 성향에 관해서는 인식을 간과할 우려가 따르며 테러리즘을 정치구조적 차원에서 단순히 개인의 범죄적 문제로 인식함으로써 테러 발생 시 정책 결정자들이 테러리스트들을 단순한 병적 광신자로 간주함으로써 합리적인 협상이 불가하다고 생각하는 등 제반문제가 야기될 것이므로 이러한 동기분석이 어떠한 보편성을 가지고 있다고 보기에는 어려움이 있다 하겠다.

이상과 같은 이론은 사회변혁에서 기인하는 개인 및 사회의 박탈이라는 과정에서 가치 간의 균형을 상실할 때 결과적으로 좌절감이 조성되고 이것은 곧 폭력적인 해결방식으로 직결된다는 것이다. 이러한 현상은 제2차 세계대전 후 많은 국가들이 사회변동을 경험하고 근대화의 과정에서 일정한 사회집단의 불만과 소외현상을 폭력에서 돌파구를 찾으려 했음을 볼 수 있다.

2. 국제 정치적 차원의 원인

2차 세계대전 이후의 대부분의 테러리즘은 19세기와 20세기 초 러시아의 철학과 이념에 뿌리를 두고 있다. 그러나 현대의 사회적 정치적 국제환경의 변화에 따라 테러리즘이 전략 및 전술상 많은 차이가 나타나고 있는 것으로 보인다.

테러리즘의 현대적 특징은 현대적 상황변화를 반영하는 것인데 현대적 상황이 변화됨에 따라 테러리즘의 철학적 근원보다는 전략·전술이 변화되었다고 볼 수 있다. 테러리즘의 특징변화는 우선 테러리즘의 원인 측면에서 파악될 수 있다.

테러리즘의 원인은 두 가지의 일반적 범주로 나누어질 수 있다.

먼저 직접적인 원인(direct causes)과 촉진적 원인(permissive causes)으로 전자는 식민지주의, 인종적 예속, 속박 등의 사회경제 및 정치적 불행(grievance)과 좌절감(frustration)에 관계되며 후자는 테러리즘을 보다 용이하고 가능하게 만드는 요인으로서 전술로 활용될 수 있는 요소들로 구성된다. 이 두 가지 범주의 원인은 개별적인 테러사건과 조직적인 테러리즘 간에 상이하게 나타나지만 대체로 직접적인 원인은 비교적 최근까지 일정한 경향을 보여주는 반면에 근래의 초국가적인 테러리즘의 성행은 거의 전적으로 촉진적 요소의 변화에 기인하는 것으로 평가되고 있다.[161]

그러나 최근의 연구결과는 직접적인 원인에 대한 일반적인 합의에 도달하지 못하고 있다. 개별적인 테러의 상당수는 정치적 또는 사회경제적, 직접적 조건이 요건으로 되기보다는 심리적, 병리적인 현상인 경우도 많다는 점이 인식되고 있다. 혹자는 직접적인 원인을 전후세대의 사회운동인 탈식민운동으로 보는가 하면 세계경제의 주기적 변화와 테러리즘의 직접적 원인 간의 상관적 파동현상을 지적하기도 한다.

또한 세계의 관료주의화 증대를 직접적 원인으로 보기도 한다. 즉 관료화에 의한 전체주의적 성향이 테러리즘의 원인이 된다는 뜻이다. 그런가 하면 대다수의 국민들이 현상의 유지를 지향하는 사회에서는 소수의 혁명집단이 다른 대안을 찾을 수 없기 때문에 테러수법에 호소하지 않을 수 없게 된다고 지적하는 사람들도 있다.

최근 테러리스트들의 특징적 변화로는 테러동기의 변화, 대량파괴기술의 확산, 정보와 기술에 대한 용이한 접근, 중요 국가 하부구조에 대한 집중 공격 등을 들 수 있다.[162] 현대의 테러리즘 전문

---

161) *Ibid.*, p.278.

가들은 대부분 직접적인 원인보다는 촉진적 원인에 더 큰 관심을 갖는다. 이 촉진적 원인요소로는 원한(resentment), 공중성(publicity), 낮은 실패율(low-risk) 또는 실현 가능성(feasibility), 효율성(efficacy), 대중의 지지(popularity), 표적(target), 기술(technology), 묵인(toleration) 등이 제시되고 있다.[163] 이 중 최근 초국가적 테러리즘의 원인을 새로운 표적의 수적 증대와 표적의 취약성 증대, 테러무기 및 장비의 새로운 기술의 활용 가능성 증대, 테러보복의 공포에 의한 테러에 대한 대중의 무관심한 사회적 태도에서 찾고 있다.

첫째, 현대에 올수록 표적의 상대적 취약성이 증대되고 그러한 표적들의 선택범위가 수평적으로 확산되어 있으며 그로 인하여 테러리즘의 정치표적과 범죄행위의 표적의 구분이 애매하게 되어 가고 있다. 특히 선진 개방국에 있어서 거의 모든 것이 테러리스트의 표적이 되어 버렸으며 대부분의 표적이 테러에 노출되게 되었다. 그 결과 테러는 보다 잔인하게 되었으며 무차별적 파괴행위로 변화하게 되었다. 현대의 대표적 표적에는 대형민항기, 대형유조선, 에너지저장소 및 송유관, 수송망, 상업 및 통신센터, 석유저장소, 천연가스시설, 핵발전소, 전산정보관리체계 등이 포함된다.

현대세계의 더욱 복합적이고 상호 의존적인 시스템 자체가 테러리스트들에게는 취약한 표적이 된다. 오늘날은 통신, 생산 및 분배의 집중으로 인하여 표적의 취약성은 급속히 증대되고 있으며 이러한 표적을 테러리스트공격으로부터 방호하기란 쉽지 않다.

둘째, 테러 표적의 수평적 확산과 취약성의 증대는 직·간접적으

---

162) 미 국방연례보고서(FY 2001), p.33.

163) C. John son은 이들 요소 중 '3T'(target, technology, toleration)를 가장 중요한 요인으로 평가함.

로 기술변화의 결과에 기인한다. 현대의 기술변화가 신·구테러리즘 현상의 차이를 만드는 결정적 요인으로 작용하였다. 새로운 기술의 두 가지 요소는 신무기의 이용과 새로운 수단의 활용을 포함한다. 즉 시한폭탄, 기관단총, 소경폭탄 등 외에 현대기술은 소형편지폭탄, 수동운반유도탄, 화생방무기, 소형핵무기의 사용 가능성을 현실화시켰다.[164] 이러한 휴대용 고성능 휴대용무기인, 이른바 고도의 정확성을 지닌 순항유도무기 또는 원격조정장치의 활용은 국제 테러리스트의 활동을 더욱 용이하게 하고 그 위협의 심각성을 더욱 고조시키는 중대한 요인이 되고 있다.

또한 화생방무기를 포함하여 테러리스트들이 사용하는 첨단무기와 기술의 개발과 확산은 국제사회의 지속적 노력에도 불구하고 계속되고 있다. 이러한 무기와 기술의 확산은 국제사회를 위협할 수 있고 테러리스트들은 이러한 두기와 기술을 사용하려고 시도할 수 있기 때문에 군사능력의 대체수단으로서의 잠재력을 고조시키고 있다.[165]

테러리즘의 확산을 자극하는 또 하나의 중요한 기술발전의 요소는 테러리스트들의 활용수단의 발전이다. 즉 대중통신망의 범세계적 확산이 그것이다. 인공위성에 의한 통신수단의 발전과 텔레비전의 대중화 등은 테러리스트집단에게는 가장 매력적인 수단이 되고 있다. 왜냐하면 테러리즘에 대한 대중적 관심의 환기가 테러리스트들의 주요한 목표 중의 하나이기 때문이다. 대중성 고무에 결정적 기여를 하는 이러한 대중전달매체의 발전 때문에 테러리스트들의 활동은 전염병과 같은 확산효과를 나타내게 되고 대중의 공포심은

164) Johnson, "Perspectives on Terrorism", p.280.
165) 미 국방연례보고서(FY 2001), p.12.

더욱 고조되게 된다.[166] 새로운 대중매체의 조직과 지향방향 및 기술적 발전은 테러활동의 규모와 형태의 결정에 중대한 영향요소로 작용한다.

현대의 대규모 도시산업 사회체제에 있어서는 인구와 산업의 집중 때문에 기술발전은 소수의 테러주의자들의 영향력과 행동반경을 크게 확대시키게 되었다. 테러리스트들의 행동반경 확대는 결국 사회에 대한 그들의 무법적 공감의 효과가 현실화됨을 의미한다. 왜냐하면 테러리스트 목적 중에는 직접적 소수의 살상보다는 구경하는 다수 대중들을 놀라게 하는 것도 포함되어 있기 때문이다.

물론 기술발전은 대테러수단 강화에도 기여한다. 감시, 검열 등의 분야에서 테러수법발전을 상쇄시킬 수 있는 기술이 활용될 수 있다. 그러나 이 상쇄기술의 적용은 기술적으로 가능하다 할지라도 완전하지 못하고 고도의 비용이 소요되며 사회적 통제를 강화해야 하기 때문에 인권의 제한이라는 새로운 문제를 초래하게 되어 테러리스트의 반정부활동 구실을 강화시켜 줄 수도 있게 된다.

셋째, 현대테러리즘의 본질을 변화시키는 제3의 중요 요소는 테러집단과 기존정부에 대한 사회적 태도에서 발견될 수 있다. 새로운 묵인(new toleration)은 테러리스트조직에 있는 국가 등의 직·간접적 지원, 반테러법을 가진 국가들에 있어서 보복의 공포, 대테러 대책강구를 위한 국제협력의 실패에서 생기는 좌절감, 혁명활동의 정통성 향상으로 인해 나타나는 테러리스트에 대한 소극적 태도 등이 포함된다. 그중에서 테러리스트의 훈련과 지원을 위한 소위 전복센터를 유지하는 나라의 정책이 관심의 대상이 되고 있다.[167]

---

166) 상게서, pp.280-281.
167) 이들 국가들은 테러리스트들에게 훈련 및 작전지원을 포함하여 자금, 무기, 정보를

기존 정부정권에 대한 대중의 쾌도변화는 정통성에 대한 요구에서 나타난다. 절대다수 대중의 실질적인 정치참여의 요구가 거부될 때 기존의 권위는 도전받게 된다. 참여가 거부될 때 이들은 그들의 목소리를 표현할 길을 잃게 되어 폭력행사를 그 대안으로 선택하지 않을 수 없게 된다는 것이다. 워드로(Wardlaw)는 '폭력도구의 민주화'가 혁명적 테러활동의 증대를 초래하는 요인으로 작용한다고 지적한다.[168] 거룸(Groom)에 의하면 국가의 정치제도가 환경적 변화를 따르지 못하면 제도적 목적과 그 제도의 통제 속에 사는 구성원의 가치관 사이에 갭이 생기고 그 결과 일반적으로 환경과 구성원 간에 부조화가 나타나게 된다. 이 부조화가 기존권위에 도전하는 '구조적 폭력'(structural violence)의 가능성을 증대시키고 그 결과 상대적 박탈감과 지위의 불평등의식이 고조되어 궁극적으로는 테러리즘을 수단으로 활용하여 정치제도와 구조를 변경시키려는 혁명활동에 호소하게 된다. 따라서 현대의 많은 사람들은 기존정권에 대한 도전을 당연시하고 불만해곀의 유일한 방법으로 테러리즘을 선택한 것을 수긍하는 태도를 가질 수 있게 된다는 것이다.[169]

이상과 같은 기술변화, 표적의 취약성과 증대와 선택의 용이성, 테러에 대한 대중의 태도지원 등은 테러행위의 기준과 방법의 변화를 촉진시키는 데 기여하였다. 19세기와 20세기 초의 테러리스트들은 무차별적인 납치나 살상을 저지르지 아니하였다. 고전적 테러리스트들의 행동기준과 방식은 오늘날과는 매우 달랐던 것이다.[170]

제공한다. 소련을 비롯하여 리비아, 이집트, 시리아, 이란, 쿠바, 북한, 알제리아, 예맨, 탄자니아, 콩고, 자이레, 레바논, 칠러 등이다.

168) A. J. R. Groom "Coming to Terms with Terrorism", *British Journal of International Studies*(1978), p.65.

169) Groom, p.132.

현대의 국제 테러리즘 현상을 근대사회의 소산물로 파악하는 점에 대해서는 여러 학자들 간에 이견이 없는 듯하다. 헌팅턴은 근대사회의 대부분 폭력은 근대화 과정의 결과에 따른 기대와 현실 간의 괴리 때문에 발생하며 제3세계 국가들이 탈식민화(decolonization)과정에서 폭력과 테러의 사용으로 오늘날의 국제 테러리즘이 기인한다는 것이다.[171]

에반스(Ernest Evans)는 정치적 목적의 정당성을 주장하고 국경을 초월하는 국제성을 갖는 국제 테러리즘의 발생원인을 다음과 같이 밝히고 있다.

첫째, 근대화 개념의 맥락 속에 포함될 수 있는 사회의 급격한 변화와 이에 대한 상대적 박탈감이다.

둘째, 강력한 민족주의 출현과 종족폭발(ethnicity explosion)에서 국제 테러리즘이 기인하며 이는 주로 종교적이며 종족·민족 간의 갈등에서 폭력을 야기하고 있다.

셋째, 일부 지식인의 폭력을 옹호하는 철학자의 영향을 받은 것으로 파농, 사르트르 등의 폭력철학은 "유럽인을 죽이는 일은 압제자를 죽이는 일이며 나아가 자기가 미워하는 자를 죽이는 일석이조의 행동"이라는[172] 사르트르의 주장이나 "미덕은 피를 흘리는 데 있다.", "살인은 수단이 아니고 살인 자체를 위한 도덕적 정당성을 갖는다."라는 히틀러(Hitler)의 말은 모두 폭력정의를 역설하는 말이다.

넷째, 탈식민화의 영향으로 탈식민화는 반드시 폭력을 수반하며 테러리스트들은 제국주의와 식민주의에 대한 정치적 이데올로기적

---

170) W. Laqueur, *Terrorism,* p.65.

171) Ernst Evans, *Calling a Truce to Terror*(Connecticut: Greenwood Press, 1979), p.18.

172) Paul Jonson, "폭력주의 7대죄악", *Dialogue*(Autumn, 1980)

투쟁을 선언하고 있다.

다섯째, 이른바 '게릴라전의 신화'(The Myth of Guerrilla)로서 모택동의 '농촌 게릴라' 팔레스타인의 시온이즘, 호지명 등이 모두 성공을 거두었다는 신화에 힘입은 바 크다. 이와 관련하여 도시테러리즘의 특성을 보면 농촌인구의 감소와 도시인구의 증대, 대도시에서는 부패하고 무능하다고 생각되는 정부를 축출시키기 위해 효과적 수단인 학생 및 지식인의 간부 획득이 가능하며, 성공적 테러활동을 위한 필수 요건인 자금, 정보, 의료품, 식량 등을 농촌보다 쉽게 획득할 수 있다는 것이다.[173]

소수의 인원으로 기습공격을 감행하는 게릴라전법의 비법과 성공사례는 현대의 테러리스트들에게 성공에 대한 확신을 심어 주어 오늘날 국제 테러리즘에 고무적인 영향을 끼쳤다고 하겠다.

여섯째, 새로운 과학기술의 발달 영향으로 테러가 보다 쉽게 가능해졌다.[174] 즉 현대는 교통, 커뮤니케이션, 텔레비전, 컴퓨터, 항공기 등의 첨단 기술의 활용으로 지구촌의 전 시청자에게 공포감과 기존정부의 문제점과 취약점에 관한 선전은 국제 테러리스트들이 노리는 중요한 부분일 것이다.

이상에서 살펴본 것처럼 국제사회에서 테러가 더욱 만연되고 확대되는 요인들을 분류하여 요약하면, 1) 현대사회의 도시집중화 현상, 관료화, 기술개발의 가속화, 국제사회의 불확실성 및 부도덕성, 인간 소외, 2) 대형화되고 집권화된 국제사회의 인종, 종교, 언어, 지역, 집단들 간의 동류의식 및 단결의식에서 오는 기대와 불균형 해

---

173) Bowman H. Miller and Charles A. Russel, "Evolution of Revolutionary Warfare: From Mao to Marigehlla and Meinhof", in Eobert Kupperman and Darrel Trant, eds., *Terrorism*(Stanford, Cal.: Hoover Institution Press, 1979), pp.185-186.

174) Ernest Evans, p.20.

결을 위한 가장 손쉬운 방법이 테러라는 인식, 3) 테러리스트 집단들 간의 정치적, 사상적 친화력의 증대, 4) 국제 테러리즘에 대한 각국의 상이한 가치판단, 즉 테러리즘을 국가의 전략적 도구로 사용, 5) 남북이슈의 심화에 따른 제3세계 국가들의 정당한 수단으로서의 테러리즘 인식, 6) 국제법적 규제의 미흡, 7) 테러리스트들 간의 전술, 정보, 무기, 훈련 등을 통한 유대강화, 8) 다양한 국제사회 속에서의 빈번한 인구이동의 증가로 초국적 테러리스트들의 공격목표 확대 등을 지적할 수 있다.[175]

만하임(Kal Mannhim) 교수는 인간사회의 불균등한 발전이 사회를 해체시킨다고 주장하면서 무정부 상태의 사회는 국가위기를 초래하는바, 현대사회의 기술발전, 도덕성의 몰락, 불균형적 사회발전, 현대시민의 엄청난 기대감 등이 테러행위의 새로운 요인이 되고 있음을 지적하고 있다.

특히 근대화 과정에서 고립되었던 지역이 통합되고 현실세계의 불평등을 직시하면서 현실적 불만이 노출되고 또한 정치지도자들의 전통적 통솔력이 상실되면서 현대사회는 사회적 구심점을 상실하게 되었다.

이 같은 구조적 모순과 국민의 기대감 상승, 개인의 욕망은 테러리즘을 더욱 부채질하고 있으며 최근 동남아에서는 신인민군(NPA), 버마 공산당(CPB), 타이공산당(CPT), 말레이시아 공산당(CPM), 말레이시아 민족해방군(MRLA) 등이 테러행위를 자행함으로써 국가안보를 위협하고 있다. 이들 테러리스트의 행위는 정부를 전복하지는 못하였지만 정치적, 심리적, 사회적 엄청난 손실을 초래하고 있다. 필리핀의 버나베 부루캐노(Bernabe Buscayno)에 의해서 조직된

---

175) 홍양표, 『전쟁원인론』(서울: 형설출판사, 1984), p.197.

신민중군(New People's Army)은 투쵸, 민단오, 네그레온 등지에서 테러를 자행하여 정부를 위기로 몰아가고 있다.

최근 탈냉전 이후 공산주의 이념을 가진 테러집단은 많이 사라졌으나 최근에는 종교집단이나 종족집단에 의한 테러행위가 극성을 부리고 있다. 이들의 예를 들면, 인도네시아의 프레테린(Fretelin), 파푸아 메르데타(Organisasi Papua Merdeka) 등이 있고 필리핀의 모론민족해방전선, 타일랜드의 PULO조직, 버마의 KAREN집단 등이 있다.

특히 문제가 되는 것은 많은 테러집단이 해외 집단들과 깊은 연계를 맺고 있으며 더군다나 동남아의 테러집단은 해외의 이슬람교 집단과 연계를 가지고 자금과 무기를 공급받고 있다. 이러한 테러리스트들은 이념과 명분을 내세우며 폭력행위를 정당화하려 하지만 이들은 납치, 협박, 대량살상 등을 통하여 기존의 정권에 도전하며 때로는 테러행위가 내란을 초래하여 정부를 전복하는 경우도 있다.[176]

국제 테러리즘이 전쟁과 평화의 논쟁에 심각한 영향을 주는 것은 명백하다. 팔레스타인 해방기구(PLO)나 리비아 등에 의한 테러행위는 이스라엘, 미국 또는 다른 선진국과의 반항구적 전쟁상태를 상정하고 있다. 팔레스타인을 회복하기 위해 혹은 중동의 제국주의 세력을 몰아내기 위해 아랍 국가들이 전투상황에 임한다면 테러행위는 전쟁의 수단인 것이다. 따라서 전쟁의 목표가 달성되기까지 테러리즘은 지속될 것이다. 1986년 4월 미국이 리비아를 폭격했을 때 레이건 대통령은 "이번 폭격은 테러리즘에 대한 오랜 싸움의 시작에 불과하며 이러한 투쟁은 지구상에서 테러리즘이 없어질 때까지 계속될 것이다."라고 언급함으로써 새로운 형태의 전쟁이 발생하였음을 명백하게 인식하였다.[177] 한편 소련은 미국의 무력행사를

---

176) http: //hanmir. Com/htm.(검색일: 2001. 6. 8)

"지역분쟁을 촉발시키고 대립관계를 영속화시켜 전쟁위기를 만드는 것"이라고 비난하여 국지 전쟁론이 여전히 소련의 사고를 지지하고 있음을 보여주고 있다.

세계는 지금 미·소 간의 핵전쟁, 이란·이라크 전쟁과 같은 국가 간의 국지전쟁과 더불어 돌출적, 비집합적 폭력행사와 이에 대한 보복의 새로운 전쟁의 가능성을 고려하지 않으면 안 되는 상황에 있다. 제1·2차 세계대전에 비해 제3차 세계대전은 종래의 전쟁개념으로 파악하기 어렵고 이에 대한 .대응 역시 사상적 혼미가 계속되리라 생각된다. 요컨대 1970년대부터 오늘날에 이르기까지 국가이기주의, 병력 지상주의가 다시 세력을 확장하고 있는 상황에서 국제 테러리즘이라는 새로운 형태의 폭력현상은 평화이념사상을 더욱 어렵게 하고 있다.

스노(Donald M. Snow)의 분석에 따르면 탈냉전시대의 새로운 분쟁들은 대부분 해체국가에서 발생하고 있는 특성을 보이고 있다. 해체국가는 공유된 가치가 없기 때문에 사회적으로 허약하고, 국가의 강제력이 약하기 때문에 테러, 범죄조직 등 불만세력의 공격에 취약하다. 또한 해체국가는 경제적으로도 자생력이 거의 없는 국가들이다.

탈냉전시대에 들어 해체 국가들에서 분쟁이 발생하는 중요한 원인은 먼저 정치적으로 표현의 자유가 제한되고 민주화의 부정적 효과와 분리주의 성향의 폐쇄적 종족 민족주의 때문이다. 국제체제의 변동과 관련해서는 미국과 소련 등 선진 강대국들이 이들 해체국가들에 대한 영향력을 포기하고 정치·경제·전략적으로 철수했기 때문이다. 특히 미국의 경우 소련이 철수한 구제3세계나 일부

---

177) 이종국·조진구(역), 『20세기의 전쟁과 평화』(서울: 을유문화사, 1999), pp.217-218.

해체 국가들에 계속 남아 있을 이유가 없게 되었다.

탈냉전시대의 테러리즘을 포함한 저강도 분쟁의 중요 원인들은 냉전시대의 주요 원인이었던 탈식민지화 과정상의 문제점이었던 자의적인 국경선의 획정 등의 결과였던 자치능력의 결여와 군의 정치개입, 그리고 그에 따른 정치적 불안정과는 매우 대조적이다. 다른 측면에서 보면 이러한 분쟁 국가들의 공통점은 집권세력의 정통성과 권위의 위기를 극복할 능력을 결여하고 있다는 것이다.

경제적으로는 극도의 빈곤이 분쟁의 가장 결정적인 원인으로 작용하고 있다. 냉전시대의 분쟁은 경제적으로 개발도상 과정에서 기대상승의 혁명이 발생하고 그에 따라 상대적 박탈감을 느끼는 집단의 구성원들이 정부에 대해 불만을 가짐으로써 분쟁이 발생하는 경향을 보였다. 이에 비해 탈냉전시대에는 경제적 실패에 따른 극도의 빈곤상황에서 국경을 초월하는 미디어의 영향으로 상대적 박탈감을 행동으로 옮기게 될 때 분쟁이 일어나게 된다. 게다가 이러한 극빈상태의 해체국가들은 민주화와 시장경제체제의 구축 가능성이 거의 없는 절망의 상황에서 자신들의 경제적 이익만을 추구하는 범죄집단의 범죄분란(criminal insurgencies)이나 종족집단의 종족분란(ethnic insurgencies)에 대처할 수 없게 되었다.

스노는 탈냉전 이후의 새로운 분쟁들이 쉽게 통제 및 관리되지 못하는 어려움을 다음의 네 가지도 요약하고 있다. 1) 다양한 원인에 의한 신분쟁들에 대처할 적절한 군대가 없다는 점이다. 분쟁 당사국은 물론 제3자가 개입할 경우 개입하게 될 강대국들이나 여타 국가들 대부분이 유럽식 전통적 군대를 보유하고 있을 뿐 해체 국가들의 새로운 분쟁에 적절히 대응할 훈련된 군대를 가지고 있지 못하다는 것이다. 2) 개입하는 군대는 분쟁을 효과적으로 처리할 교리도 없으며, 3) 설령 개입하는 군대가 분란자들을 해체하더라도 분쟁은 해결되지 않는 어려움이 있다. 4) 분쟁국가 구성원들의 불만은 정치·사회적으로 구조적인 것이어서 단순히 군사적으로 대응하는 것만으로 이들의 불만을 해소할 수 없다는 것이다.

제3절 국가 간 대리전으로서의 국제 테러리즘

1. 국제 테러리즘과 대리전쟁

전쟁이란 주로 강대국들의 대외정책 행위이다. 전쟁을 체계적으로 연구한 대부분의 학자들은 전쟁이란 주로 강대국들에 의해 야기되는 국제정치적 사건이라는 데 의견의 일치를 보고 있다.[178] 사실 국제정치학 이론의 대부분은 강대국의 행위를 설명하기 위한 것이었으며[179] 이제까지의 전쟁연구에 관한 업적들은 거의 대부분이 강대국들의 전쟁에 관한 경험적 연구에 기반을 둔 것이었다. 2차 세계대전 이후 1945년 이전과는 판이한 전쟁양상이 나타났다. 이후의 국제정치에서 가장 뚜렷한 현상은 강대국들보다는 오히려 약소국들이 더 많은 전쟁을 치르고 있다는 점이다. 주로 제3세계라고 분류되는 지역에 속한 국가들은 많은 횟수의 전쟁에 빠져들었고 전쟁의 희생물이 되었다.

---

178) Quincy Wright, *A Study of War*, 2nd. ed., (Chicago: The University of Chicago Press, 1965), pp.220-221.

179) Kenneth N. Waltz, *Theory of International Politics*(Reading, Mass.: Addison Wesley Publishing Co., 1979), pp.72-73.

어떤 학자는 2차 대전 이후 안보연구에서 가장 무시되었던 부분이 바로 제3세계에서 야기된 재래식 전쟁이었다는 점을 지적하고 있다.[180] 비교정치의 경우 제3세계 국가들이 압도적으로 연구의 대상이 되었던 것과는 달리 제3세계의 전쟁은 국제정치학자들로부터 그다지 큰 관심을 불러일으키지 못하였다. 그 이유는 대부분의 전쟁들이 제3세계 국가들의 독자적, 주체적 행동이기보다는 오히려 미국·소련 양 초강대국으로 나누어진 양극적 냉전체제하에서 파생된 부수적 행위라는 인식 때문이었다.

제3세계 전쟁의 대부분은 미국·소련의 대리전 성격을 띤 것으로 전쟁의 원인을 밝히려는 순수한 학문적 입장보다는 전쟁에서 보이는 전술 및 전략의 특이성 때문에 관심의 대상이 되었다. 당시의 대부분의 전쟁은 총력전, 정규전의 형태보다는 테러리즘, 게릴라전의 형태를 보임으로써 전쟁수행 양식상의 특이성을 나타내 보였다. 또한 무기체계의 발달로 인하여 과거의 전쟁양식과는 다른 다양한 정책대안이 가능하게 되었다. 국가들은 꼭 전쟁이 아니더라도 전쟁에 해당하는 효과를 얻을 수 있는 테러리즘을 그 대안으로 가질 수 있었다. 지난 세기의 전쟁은 외교와 뚜렷이 구별되는 정책수단으로 무력이 호소될 때 외교는 끝나고 전쟁이 시작되는 것이었으나, 오늘날은 무력사용의 방법이 너무 많고 다양하다. 그 결과 전쟁을 어떻게 정의하고 어떠한 사건을 전쟁으로 규정하는가의 난관에 봉착하게 되었다.[181]

---

180) Catherine M. Kellrher, "Conventional War in the Postwar International System", in David Carlton and Carld Schaerf, eds., *Perspective on the Arms Race*(London: Macmillan, 1989), p.100.

181) 이춘근, "제3세계의 전쟁", 이상우·하영선(공편), 『**현대국제정치학**』(서울: 나남, 1992), pp.120-121.

많은 테러리즘 연구가들은 테러리즘을 전쟁의 한 형태로 보고 있다. 프랑스의 가우츠(Gaucher)는 강대국 간의 직접적인 전쟁을 어렵게 하는 현재의 핵 균형이 국제테러를 더욱 유발시킨다고 주장한다. 핵시대에 있어 정책의 도구인 혁명전쟁과 테러리즘의 장점은 직접적인 초강대국들의 대결을 피하는 데 있으며[182] 최근의 급증하는 국제테러는 정치적이고 전략적이어서 향후 국제사회에서 테러리즘의 형태를 띤 분쟁은 더욱 가속화될 전망이다. 핵무기의 거대한 파괴력에 기초한 억지체제의 유지로 ·인해 전면전의 유발이 어려운 상황에서 테러리즘은 매력을 더하고 있다.

국제 테러리즘의 증대로 현대사회는 군사화의 분위기에서 벗어나기 어렵게 되어 가고 있으며 공포 속에서 살아가고 있다. 그래서 테러리즘은 1980년대에 접어들면서 국가안보문제의 차원에서 각별한 관심과 연구를 필요로 하는 '특수한 방식의 전쟁형태'(special mode of warfare)로 등장하였다.[183] 나아가 핵무기의 거대한 파괴력에 기초한 억제체제의 유지로 공포의 균형에 의한 전면전의 상황이 어려운 국제정치에서 국제테러행위는 세계 도처에서 발생빈도를 더하고 있다.

국제 테러리즘의 무차별성과 무분별성의 확산은 테러리스트들의 자기합리화 못지않게 대외적인 합리화를 필요로 하게 되었고 그 결과 테러리즘 철학의 표면적인 대외적 정당화 명분을 수립하게 되었다. 다시 말하면 테러리즘 전쟁에 있어서 사회적, 정치적 변화가 제3자의 개입을 촉진시켰음을 의미한다.

---

182) Schmid, p.206.

183) U. S. Army War College, p.ix: Jeffery W. Wright, "Terrorism: A Mode of Warfare", *Military Review*(Oct. 1984), p.35.

19세기와 20세기 초의 테러리즘은 비록 타국에 영향을 주기는 하였으나 본질적으로 국내의 테러였다. 그러나 현대의 테러리즘은 하나의 수출산업이 되었다.[184] 하나의 테러집단은 국내의 다른 테러집단과 활동과시의 차원에서 협력과 경쟁을 확대해 나갈 뿐만 아니라 국제적으로도 무관하지 않게 되었다. 즉 다른 테러집단의 활동과 이념에 고무되어 새로운 테러활동의 동기를 갖게 되기도 한다. 그래서 테러리스트 집단들 간에는 훈련, 물자지원, 작전지원 등의 복합적인 관계를 발전시키게 된다. 이러한 경향은 초국가적 테러리즘의 활동에 더욱 현저하게 나타나고 있다. 그 결과 이제 테러사건은 개인이나 개별단체의 정치투쟁이라기보다 국민 간 또는 국가 간의 대리전쟁(surrogated warfare)의 형태로 변한 감마저 있다.[185]

21세기 첫 전쟁인 아프가니스탄 전쟁은 미국이 아프간전쟁에서 큰 효과를 본 '대리전쟁'을 전 세계의 테러조직을 상대로 확대해 나가고 있다. 필리핀, 예멘, 소말리아 등지에서 치러지고 있는 대리전쟁은 아프간에서처럼 대담하고 공공연하게 진행되고 있지 않다는 점에서 '보이지 않는 전쟁'의 성격도 아울러 가지고 있다. 미국이 대리전을 새로운 모델로 삼는 데에는 아프간에서 북부동맹을 내세워 탈레반체제를 전복시킨 경험이 상당히 작용했다. 테러세력에 심정적 동정심을 가지고 있는 이슬람을 자극하지 않고 미국의 인명손실을 최소화했다는 것이 대리전쟁에 대한 미국의 평가다.

미국이 필리핀, 예멘, 소말리아에서 치르고 있는 대리전쟁은 정보의 제공, 훈련의 확대, 무기제공 등이다. 소말리아에서는 에티오피아의 지원을 받으면서 과도정부와 대립하고 있는 부족들을 집중

---

184) Wardlaw, p.13.
185) *Ibid.*, p.31.

지원하고 있다. 필리핀에서는 이슬람 과격파 아부 사야프를 퇴치할 수 있도록 필리핀 정부군에 사격훈련과 무기를 제공하고 있다. 회교국인 인도네시아는 동티모르에서 잔인한 학살로 국제사회의 비난을 받은 역사적 문제를 가지고 있지만 알 카에다의 또 다른 은신처로 발전하지 않도록 미국은 반테러훈련 프로그램을 제공하고 있다. 예멘은 9·11테러 사태 이후 미국과 비공식 정상회담을 가질 정도로 적극적으로 변했으며 알 카에다 은신처로 보이는 곳을 급습하여 수색하는 등 적극적 대리전쟁에 나서고 있다.

국제 테러리즘을 폭력적 시각에서 관찰한 여섯 가지의 기본적 모형이 제시되고 있다. 1) 혁명·국가독립형 모형, 2) 시민무질서형 모형, 3) 법집행형 모형, 4) 국제분쟁·대리전쟁형 모형, 5) 인권탄압·억압적 폭력 모형, 6) 자경모형이 그것이다.[186] 일반적으로 이러한 모형들은 대테러정책 결정자의 의견이 반영된 것으로 첫째, 혁명적 테러모형은 1940년대와 1950년대의 국가독립전쟁의 경험에서 도출된 것으로 폭력이 저지되지 않는 상황에서 정치적 폭력뿐 아니라 군사적 목표의 단계적인 확대의 기회를 반영하는 것이다. 이 혁명적 모형은 정권에 대항하여 강도 높은 군사행동으로 나타날 수 있다. 혁명적 테러리스트들은 정권 전체는 아닐지라도 현직 권력자의 제거라는 목표를 가지고 있다.

둘째, 시민무질서 모형은 1960년대의 산업민주사회의 정치적 혼란기를 배경으로 발전된 것이며 1970년대 초기의 실존주의적 신좌익 정치(Politics of the New Left)의 영향을 받았을 뿐 아니라 그 시대의 국내 정치적 분쟁에 대한 산물이었다. 이 모형은 테러리즘의 단순한 극단적 면의 관념을 반영시킨 시각으로 소외된 계층이나

---

186) 이황우·한상암, 『대테러 정책론』(서울: 명진문화사, 1996), pp.66-67.

억압받는 계층에 뿌리 깊게 존재한 좌절의 산물로 인식되었다. 심리학적 측면에서 이 모형은 수단으로서의 폭력행위보다는 '성난 폭력'(angry violence)에 의한 폭력행위와 관련되어 있다. 1960년대의 혼란스러웠던 인종충돌과 반전운동 및 조직들은 테러분자라기보다는 폭력의 대리인으로 특징된다. 1970년대의 유럽의 테러에 개입하였던 허무주의적 조직도 이러한 우형에 속한다.

셋째, 법집행 모형은 테러행위의 정치적인 면을 배제하고 다른 여타 범죄행위들과 동일한 시각의 입장에서 테러를 취급하며, 정부의 권위에 도전하는 세력에 대하여 경찰의 시각에 근거하여 폭력의 원인을 단순히 법의 위반 여부에 둔다.

넷째, 국제분쟁·대리전쟁 모형은 정책결정의 주류를 이루는 견해를 반영하여 대부분의 테러행위를 미·소 간의 갈등과 연결시키는 특징을 갖는다. 이 냉전적 사고의 모형에 의하면 모든 테러리즘 행위는 초강대국들의 국가이익과 관련되어 해석된다. 많은 학자들이 테러리즘을 국제분쟁의 전통적 형태의 연장선에서 생각한다.[187] 오늘날의 테러리즘은 군사적 분쟁을 회피하고자 하는 군사적 전술로서의 테러리즘으로 인력과 자원 및 정치적 손실의 위험을 최소화하여 적대국에게 국력의 과시를 가능하도록 한다.

국제분쟁 모형은 테러리즘의 위협이 거의 전적으로 국가이익 측면에서 해석되며, 국제정치에서 대리전쟁(surrogated warfare)과 위임전쟁(proxy warfare)의 개념은 국제분쟁모형에 기초한 것이다. 이 모형에 의하면 테러활동은 현존하는 국가 간의 적개심을 과시하는 활동이며 테러조직은 국가에 의해 강력하게 통제되며 초강대국 진영 밖에 있는 조직은 인정되지 않는다.

---

187) 전게서, p.71.

대부분의 테러행위를 미·소 간의 갈등과 연결시킨 이 모델은 모든 테러행위가 초강대국의 손해, 이익과 관련하여 해석되고 있다. 테러리즘을 연구하는 많은 학자들은 테러리즘을 국제분쟁의 전통적인 연장으로 해석한다. 오늘날의 테러리즘은 정치적 군사적 분쟁을 회피하고자 하는 국가들 또는 전통적 형태의 군사적 분쟁을 지속하기 위해 자원이 고갈되어 있는 국가들에게는 불가피한 전술로 사용되며 군사적 전술로서의 테러리즘은 인력과 자원의 손실을 최소화하면서 정치적 손실의 위험도 최소화하는 불가피한 전술일 수도 있다.

다섯째, 인권탄압·억압적 폭력 모형은 일반적으로 정부관료 및 그 대리인으로 구성된 권력집단이 자국 국민들에게 행하는 폭력에 적용되어 왔다. 테러리즘을 자신들의 정치적 특권유지를 위한 전술로 사용하여 경찰력과 군사력을 사용하여 반대세력을 억압한다. 일반적으로 억압적 테러리즘의 개념은 폭력의 공적인 표현을 명백히 나타내 보이며 단계적으로 확대되어 격렬해질 개연성을 가진다.

여섯째, 자경모형은 최근 미국과 서유럽에서 우익폭력의 양적 증가에 따라 중요성이 더욱 인식되고 있다. 자경적 테러리즘은 억압적 테러리즘의 한 변형으로 정권에 의해 강조되고 있는 핵심적 가치들을 보호하기 위해 테러를 사용함에도 불구하고 정권의 지지를 받지 못한다.

2. 생존전략으로서의 국제 테러리즘

워더로(Wardlaw)에 의하면 여러 테러리스트집단의 조직, 이념, 전술의 상호관계의 가장 중요한 차이는 정보의 초국가적 교류이다.[188] 통신수단과 수송수단 및 교육수준의 향상에 의해 나타난 정보교류의 범세계적인 복합적 구조는 다른 세계의 사람들과 다른 세계의 문제들을 보는 인식과 태도, 두려움과 기대, 시각의 발전에 중대한 영향을 미치게 되었다. 더욱이 폭력정보의 국제적 교류확대는 폭력의 수준을 높이고 그 규모를 확대시키며, 그 잔혹성을 확대시키는 복합적 작용을 하게 된다. 정보의 범세계적 교류는 불만에 쌓인 자들이 그들의 문제해결을 위해 테러에 호소하도록 자극하고 충동하게 만든다. 또한 외부세계에서 얻은 테러정보는 테러리스트들에게 전술적, 전략적, 이념적 지식을 제공하고 폭파, 인질, 납치 등의 기술을 제공하기에 이르렀다.[189]

이처럼 현대의 테러리즘은 사회적, 기술적 변화의 영향 때문에 고전적 테러와는 대조적으로 그 규고와 대응에 있어 중대한 위협을 제기하게 되었다. 특히 현대테러리즘위협의 심각성은 테러리즘이 개별테러집단의 개별적 활동범위를 넘어 범세계적인 차원에서 상호 연결적으로 확산되고 있으며 테러리즘 지원국가들에 의해 국가정책의 도구로서 해외에 대리전의 형터로 수출되고 있다는 사실이다.

제2차 세계대전 이후 국제체제가 미·소 양국을 중심으로 하는 냉전체제라는 사실은 전쟁 중 대부분이 대리전쟁의 성격을 가지게 했으며 특히 소규모 분쟁, 식민지 해방전쟁, 내란 등이 주류를 이루고 있다. 특히 제3세계 정치지도자들의 무모성, 호전성과 정치조직의 정통성 결여라는 국내정치적 요인과 핵무기의 존재로 인한 직

---

188) *Ibid.*, p.31.

189) A. S. Redlick, "The Transnational Flow cf Information as Cause as Terrorism", in Y. Alexander, D. Carlton, and p. Wilkinson(eds.), *Terrorism: Theory and Practice* (Boulder, Colorado: Westview Pr., 1979), pp.73-95 참조.

접적 전쟁이 어려운 이른바 대리전쟁이라는 수단을 통해 문제의 해결을 추구하고자 했던 것이다.

1980년대 후반 이후 국제정치에서 이념의 퇴조현상은 1990년대 이후 제3세계라는 개념도 점차 퇴색시키고 있으며 분쟁의 간접적 지원국 중의 하나인 소련이 더 이상 미국과의 투쟁을 포기했다는 사실은 기존에 흔히 발생했던 제국주의 명분을 가진 제3세계에서의 전쟁수행을 불가능하게 했다. 월남이나 아프가니스탄이 미국, 소련의 강대국과 대항하여 결국 승리할 수 있었던 이유는 각국의 배후에 다른 초강대국이 버티고 있었기 때문이었다.

이러한 국제정치의 구조변화에도 불구하고 국제사회에서 전쟁의 발발 가능성은 줄어들지 않고 있다. 각국에서 전파된 단거리 미사일 및 핵무기 제조능력 등 최신 무기개발은 차후 독자적으로 전쟁을 수행할 수 있으리라는 사실과 피해의 심각성을 말해 주는 지표가 되고 있다. 미·소 양국에 의한 냉전체제의 와해는 강력한 통제하에 놓였던, 갈등의 분출을 억제했던 많은 국가들에게 갈등을 현재화시키는 계기가 될 수 있었다. 당분간 강대국 간의 전쟁은 없을지 모르나 지역적 국제분쟁의 가능성은 오히려 늘어나고 있다고 볼 수 있을 것이다.[190]

국제 테러리즘의 뿌리를 더듬어 올라가면 결국은 강대국 간의 정치적, 경제적, 종교적 대결의 메커니즘에 연결된다는 점에서 그 해결은 더욱 어렵게 된다. 향후의 국제사회는 테러리스트들에 의한 핵테러의 가능성을 배제하지 못하며 이 경우 세계를 미니전쟁으로 말려들게 할지도 모를 일이다.

핵시대에 정책의 도구로 자리 잡은 국제 테러리즘은 강대국의 열

---

190) 이춘근, 전게논문, p.230.

전을 피하고 대리전의 형태로 새로운 전쟁의 맥락에서 국제전의 대체물로 취급되고 있다. 현대의 테러리즘은 분리된 폭력사건이 아니라 연속성을 지닌 대리전쟁으로 국제조직에서 전형적인 전쟁의 한 부분으로 대체되어 이는 실로 미래의 3차 대전이며 이러한 국제 테러리즘의 성격은 분명한 전선도 없고 목표와 적 개념의 구분조차도 불분명하여 지도상에 구획을 긋기도 힘들게 되었다.

국제 테러현상은 국가 간의 정책적인 문제가 개입되어 외교적 차원까지 발전되고 있다. 테러리즘현상은 그것이 발생되었을 때는 아주 작은 사건에 불과하지만 그 성격은 곧 정치적 성격으로 발전해 간다. 따라서 테러리즘은 지역분쟁 내지 국제정치 상황의 환경적 영향을 크게 받는다. 이념적 특수성을 지닌 테러리스트들은 정치적으로 소수민족의 분리주의운동과 결합하여 새로운 국지전의 양상과 지역분쟁의 성격으로 발전하고 있으며 국제정치적으로 국가의 이익이 우선시되는 외교정책 수립 시 이러한 현상들을 이론적으로 어떻게 정립해 나아가야 할 것인가는 매우 중요한 문제이다.

지금까지의 전쟁은 주로 국민과 영토를 배타적으로 지배하고 폭력수단을 독점하는 가시적인 근대국가 사이의 전쟁이었다. 적이 누구인지 무엇을 빼앗아야 하는지 명확하게 정리되고 드러난 전쟁이었다. 하지만 이제는 아니다. 적이 누구인지 무엇을 쟁취해야 하는지가 모호해졌다. 국제화와 상호의존의 심화로 느슨해진 국가 간 경계를 뚫고 국가 외에 개인이나 사회, 종교, 인종 및 범죄단체도 다른 국가를 위협할 수 있게 된 것이다. 이로서 대다수의 분쟁은 국가 간 벌어지는 '보이는 적'에 의한 전쟁보다는 인종단체나 종교단체에 의한 '보이지 않는 적'과의 전정이라는 형태를 띠게 되었다. 항공기 자살 테러사건은 이 보이는 적과 보이지 않는 적과의 전쟁을 가르는 분수령 역할을 하게 되었다.

부시 행정부 출범 이후 미국은 개별국가 단위를 뛰어넘어 초국가적인 수준에서 자국에 대한 위협을 방어하기 위해 MD를 구축하는데 몰두했다. 하지만 그사이 미국은 근대국가의 하위수준에 숨어 있는 보이지 않는 적이 가하는 위협에 대해서는 상대적으로 방심했다. 그 결과 허를 찔린 부시 행정부는 마치 초국가적 수준에서 MD를 구축하려고 했던 것처럼 이제는 국제적인 대테러 방위협조체제를 구축하여 테러단체를 대상으로 초고강도 전쟁을 수행하려고 계획하고 있다.

그러나 인종단체나 종교단체에 의한 보이지 않는 적이 일으키는 전쟁은 행위주체가 워낙 소규모일뿐더러 하루아침에 생겨났다가 없어지고 이합집산을 반복하기 때문에 인지하기가 대단히 어렵다는 것이 특징이다. 또한 애초에 국지적인 맥락에서 발생하지만 분쟁의 여파가 전 세계적으로 확대될 수 있기 때문에 분쟁의 발생에 대한 예측은 물론 분쟁의 통제와 해결도 대단히 어렵다. 이 때문에 탈냉전 이후에 적어도 선진국들은 보이는 적에 의한 국가 사이의 분쟁을 북대서양조약기구(NATO)나 유럽안보협력회의(CSCE)와 같은 집단안보체제의 틀 내에서 제도적으로 통제함으로써 그 위협으로부터 벗어나는 데 어느 정도 성공하고 있지만 보이지 않는 적에 의한 위협으로부터는 아직 자유롭지 못한 실정이다.

미국이 국제적인 대테러 방위협조체제를 구축하고 최첨단 무기를 동원하여 오사마 빈 라덴과 아프가니스탄을 공격하더라도 민족단체와 종교단체를 모두 섬멸한다는 것은 불가능한 일이다. 만약 미국이 이러한 시도를 한다면 이에 저항하는 민족단체와 종교단체들을 전 이슬람권에 걸쳐 또다시 미국의 적을 양산해 낼 것이다.

따라서 미국은 아프가니스탄을 공격하기 전에 테러단체로 지목된 민족단체나 종교단체가 야만의 산물이 아니라 바로 미국을 비롯한 서구 강대국들이 수행했던 식민지정책과 외교정책의 산물이라는 사실을 먼저 인식해야 한다.

미국을 비롯한 서구 강대국들은 제2차 세계대전 이후 식민지를 독립시키면서 자의적으로 국경선을 획정하고 자신에게 유리한 정권을 세웠다. 이 때문에 한 민족이 분할되어 여러 나라에 흩어져 살게 되거나 여러 민족이 강제로 합쳐져서 한 나라에 편입한 예가 허다했다. 그 과정에서 국가를 형성하지 못하거나 삶의 터전을 빼앗긴 소수민족은 오로지 종교적 신념에 의지한 채 자의적으로 만들어진 국가에 대하여 극단적인 방법으로 저항할 수밖에 없었다. 이들의 저항으로 정당성이 취약한 신생 국가가 흔들릴 때마다 미국을 비롯한 서구 강대국들이 또다시 개입함으로써 미국과 서구 강대국을 적대시하는 민족단체 및 종교단체가 양산되곤 하였다.

이제 미국은 자신들이 수행했던 외교정책을 뒤돌아보고 '보이지 않는 적'을 최첨단무기로 공격하는 것이 정말 최선의 선택인지 다시 한 번 진지하게 검토해야 할 것이다. 9·11테러 참사는 그 피해 규모나 국제적 파장이 엄청났다. 대규모 테러행위가 정규 군사력과 같은 정도의 가해 수단의 위상이 높아져 테러와의 전쟁 상황에 이른 것이다. 이 사건은 역사상 테러조직의 잔인성을 찾아보기 힘든 사건이었다. 핵무기가 동원되지 않은 어떠한 참혹한 전쟁도 불과 몇 시간 만에 5천 명이 넘는 사망자를 발생시킨 적은 없었기 때문이다.

오사마 빈 라덴의 테러조직은 증오의 신앙심을 길러 순교라는 이름의 자살공격으로 비대칭 전략전술과 세계적인 테러 네트워크를 결합함으로써 첨단무기로도 거둘 수 없는 극적인 효과를 창출해 낸 것이다.

일련의 테러공격과 관련하여 이스라엘이 개발한 흥미 있는 이론이 있다. 이른바 '침봉 전술'(needle stitch tactics)이라는 것인데 이는 '바늘로 한 번 찌르면 따끔할 뿐이지만 계속해서 찌르면 코끼리라도 죽일 수 있다'는 전제에서 개개인의 테러행위는 일침에 불과하지만 이것이 모이면 무력공격과 같은 효과를 낸다는 이론이다.[191]

미국은 1984년 리비아폭격에 소위 침공전술을 적용해 리비아 테러행위를 무력공격으로 정당화하기도 했다. 이 전술은 1960년대 이래 개발된 이론으로 테러행위는 그 내재적 특성으로 인하여 은밀성 및 야행성을 지니지 않을 수 없으며 테러리스트들이 위협적 효과를 드높이기 위해 이 전술을 되풀이한다는 것이다. 단발적인 테러 개개 행위는 무력공격이 아닐지라도 일련의 테러공격(pattern of attacks)은 무력공격이 된다는 것이다.[192] 당시 레이건 대통령도 자국의 행위를 UN헌장 51조에 따른 자위권의 행사로 언명하였다.[193]

---

191) 김찬규, "미국의 리비아 폭격과 자위권", 『평화연구』(경희대학교, 국제평화연구소, 1988), p.18.

192) Marian L. Nash, "Contemporary Practices of the United States relating to International Law", 73, *AJIL*(1979), p.492.; 이장희, 전게논문, p.19. 재인용.

193) 1986년 4월 15일 소집된 안보리에서 미국 대표 Vernon A. Walters 대사는 자국의 행동을 UN헌장 제51조에서 인정된 자위권에 대한 고유권리의 행사(exercise of the inherent right of self defense recognized in Article 51 of the Charter of the UN)라고 주장했다.

제4장

국제 테러리즘의 전략 및 전술

제1절 국제 테러리즘의 목표와 특징

1. 테러리즘과 상징적 목표

　모든 동물 가운데 가장 포악한 동물은 인간이라고 서슴지 않고 말할 수 있는 것은 같은 종족을 살해하기 위해 가능한 모든 지식과 수단을 동원하고 있기 때문이다. 이러한 지식과 수단은 단순한 납치로부터 핵무기의 가공할 공포에 이르기까지 다양한 방법의 테러행위를 동원하는 시대에 접어들었다. 오늘날 국제사회에서는 누구든지 테러행위의 제물이 될 가능성을 가지고 있으며 테러리스트들은 먼저 테러를 통하여 자신들의 존재와 인간제물의 희생을 대가로 그들의 목적과 능력을 표출적으로 과시한다.

　분쟁의 폭력적인 면을 본다면, 전쟁의 형태에서 여러 가지의 다른 형태를 분류할 수 있다. 전쟁의 형태는 특정군대, 무기, 전술 및 목표를 강조하는 조직된 폭력의 변형으로 간주된다. 해상봉쇄, 지상전투, 공중전 및 게릴라전은 전정의 제 형태이다. 전쟁의 세 가지 형태, 즉 테러리즘, 게릴라전, 통상전은 분란분쟁과 관련되어 있다.

　테러리즘은 개인이나 소규모집단에 의해 행해지는 분란전의 한 형태이며 장단기의 정치적 목표를 달성하기 위하여 체계적이고 독단적이며 그리고 무도덕한 폭력을 사용한다. 통상적인 군인 및 게릴라와는 달리 테러리스트들은 적의 군부대나 경제적 재산보다는 오히려 비무장 민간인에 대해 작전을 개시한다. 이러한 테러리즘은 일반적으로 공동체·정부·정부당국 혹은 정책이 분란폭력의 목표가 되는 정치체제의 영역 내에 일어날지라도 과거 수년간을 보면 그러한 경계를 넘어서 목표를 공격하는 추세가 증가되고 있다.[194] 왜냐하면 이러한 행동은 자치적이고 비국가적 행위자들에 의해서 수행되기 때문에 이러한 행위자들은 주권국가에 의해서 조종되는 개인이나 집단과 유사한 행위를 자신들과 구별하기 위하여 국가초월적 (transnationl) 테러리즘, 즉 국제 테러리즘이라 불린다.

테러리즘의 장기적 목표는 정부의 물리적 수단을 고갈시키려는 욕구는 있으나 보다 중요한 것은 관리와 국내 및 국외 지지자들 사이에 공포를 퍼뜨림으로써 심리적 지지를 소멸하는 데에 있다. 테러리즘의 일반적인 목적이 특정집단의 행위와 태도를 변화시키는 데 있지만, 특정한 양보의 강요, 선전의 효과, 무질서를 광범하게 창출해내어 주민의 혼란유발, 정부에 의한 억압의 자극, 내부와 외부의 운동에서 협동과 복종의 강화, 운동으로 인하여 입은 피해의 복수 필요충족, 분란운동 내에서 특정한 파당의 정치적 능력의 신장 및 경쟁적인 분란집단의 정책의 파괴 등과 같은 보다 가까운 목적을 동시에 추구하는 것도 배제하지 않는다. 따라서 추구되고 있는 특정한 목표는 사건에서 사건으로 매 사건마다 변화될 것이므로 테러리스트들의 행동을 일반화함에 있어서 큰 주의를 기울여야만 한다.

혹자는 게릴라전을 반대자를 전투에서 쳐부수기보다는 오히려 괴롭히는 목표를 가진 소규모 경무장된 집단이 사용하는 가변성이 많은 전술에 바탕을 둔 전쟁의 한 형태로 설명하고 있다.[195] 테러리즘과 비교하여 게릴라전은 보통 일차적인 목표물을 비무장 민간인보다는 오히려 정부의 군대, 경찰 혹은 이들의 지원부대 및 어떤 경

---

194) 윤형호, 전게서, p.303.

195) Julian Paget, *Counter Insurgency Campaigning*(New York: Walker and Company, 1967), p.15.

우에는 주요 경제물을 목표로 하고 있다는 점에서 테러리즘과 다르다. 통상 게릴라부대는 테러분자의 세포보다는 규모가 크고 기지는 보다 정교한 병참구조를 가지려 한다. 그러나 테러리즘과 같이 게릴라전은 약자의 한 무기이다. 특히 정부가 적절한 수단을 강구하지 못한 곳에서는 결정적이다. 많은 경우에 있어서 게릴라전은 다른 형태의 폭력을 수반하거나 혹은 기동성 있는 직접적 대결을 필요로 한다.

테러리스트들의 궁극적인 목표는 대상으로 삼은 국가의 국민들이 현재의 여건에 만족하고 있다고 하더라도 정치적, 사회적 상황을 극적으로 변화시키는 것이며 테러리스트의 목표는 현 정부의 전복과 같은 매우 구체적인 것일 수도 있고 현 사회구조의 이상적 변화와 같이 추상적인 것일 수도 있다. 이들의 목표는 장기적 목표와 단기적 목표로 구분될 수 있다. 먼저 장기적 목표로는 1) 현 정부의 전복 및 내란 또는 두 국가 간의 전쟁 유발, 2) 정부정책에 직·간접적인 영향력을 미치는 여론의 창출, 3) 특정 인종, 민족, 종교, 이익단체를 대표하는 집단으로서의 정치적인 인식과 합법성의 획득이며, 단기적 목표로는 1) 군 및 경찰을 교란시킴으로써 국제적 인정을 확보, 2) 인질, 습격 등을 통한 장비 및 자금 획득, 3) 통신망의 교란 또는 파괴, 4) 반정부 활동을 성공시킬 수 있는 능력의 과시, 5) 정부의 결정 또는 법령의 시행 지연 및 방해, 6) 국가경제의 와해, 7) 노동자 파업 및 태업 유도, 8) 외국투자의 지원 저지, 9) 선거방해 또는 영향력 행사, 10) 수감자 탈주 지원 및 각종 보복행위 등이다.[196]

---

196) 『공보업무』(한미연합사, 1994), pp.50-51.; *Public Affairs*, FM 46-1. *National Guard PA Handbooks*.

그러나 테러리스트들은 무분별하게 폭력만 사용하지는 않는다. 그들의 행동에는 특별한 목적과 의도가 있으며, 외부에 알려진 그들의 목적은 실제 목적과 반드시 일치하는 것은 아니다.

소위 억압받는 인민을 대표한다는 명분으로 '해방전쟁'을 이끌었던 수많은 테러단체들의 경우, 비록 그들이 성공을 거두었다 하더라도 과거 지배집단을 대체하는 결과만 초래할 뿐 피억압 집단에게 실질적인 이익을 가져다주지는 못한다. 테러리스트들의 주요 목적은 최대한 그들의 이상을 선전함으로써 .현존하는 합법정부에 대한 부정적인 인식을 확신시키는 것이다. 테러리스트들은 최대한의 선전을 위해 각각의 활동을 계획하고 운영한다. 그들은 소수의 희생에 만족하지 않고 더 많은 사람들에게 영향을 미치기를 원한다.

테러리스트들은 국가의 정권 자체에 직접적으로 도전하기보다는 해당 정부의 과도한 반응(over reaction)과 졸렬하고 성급한 대응을 유발시켜, 정부의 입장과 당위성을 약화시키고 정치적, 사회적 안정을 균열시키며 취약정권의 분쇄 및 취약화를 추구한다.[197] 현대의 많은 테러집단들은 테러야말로 현명하게만 사용한다면 궁극적 승리를 가져올 것이라고 생각한다.[198] 테러리스트들은 자신들의 테러 방법을 지속적으로 정교히 하고 또한 적응하며, 그들이 적대시하는 정부가 오랫동안 테러진압에 집중할 수밖에 없도록 만들어 스스로 퇴진하게 하며 국제적 명성을 가져다줄 것으로 믿어지는 목표물들을 파괴하거나 공격을 감행한다. 이들의 전략적 목적은 정부로 하여금 공공의 안전을 위해 다른 모든 의무를 등한시하게 만드는 것

---

197) Brain Jekinsons, "International Terrorism: a Balance Sheet", *Survival* 17, No.4, (July 1975), p.159.

198) 하순봉(역), 『테러, 테러리즘, 테러리스트』(서울: 수레, 1985), p.75.

으로 이러한 상태가 장기간 지속될 경우, 테러리스트들을 중심으로 대중의 민중봉기를 유도할 수 있다는 것이다.

"단 한 번의 행동이 수천 장의 팸플릿보다 더 유효한 선전"이라는 이론을 남긴 19세기 무정부주의자들의 영향을 받은 테러리스트들은 투쟁수단으로서의 국제 테러리즘의 가장 중요한 전략적 목표는 국제테러를 통한 국내외의 여론 환기는 물론 테러위협을 통한 대테러인력과 자원을 낭비시킴으로써 국민의 대정부 불신유발과 더불어 나아가 당국으로부터의 정치적 양보를 부산물로 추구한다.

테러 행위자들은 그들의 행동과 관련하여 절대로 테러란 용어를 사용하지 않으며 정치적 목적에서 볼 때 게릴라전과 테러리즘은 상호 유사성을 가지나 테러리즘은 적의 군부나 재산보다는 비무장 민간인을 공격함으로써 군사적 승리보다는 상징적 효과를 목적으로 한다.[199]

현대의 테러리스트들은 체게바라(Che Guevura)처럼 그 전술적 목표로서 가치를 평가하는 것이 아니라 확대된 테러행위의 결과로서 정치적 유연성과 사기에 얼마만큼 치명적이고 부정적인 효과를 줄 수 있을 것인가를 평가한다. 훈련된 테러리스트들은 그들이 목표를 선정할 때 목표의 내재적 가치보다는 자신들이 목표를 장악했을 때 이것이 대중에게 미치는 정치적, 심리적 영향, 상징적 효과 등을 우선순위로 한다.

테러리스트들은 목표 지향적이며 합리적인 행위를 추구한다. 공포의 상황을 조성하기 위하여 의식적이그 계획적인 폭력을 의도하는 것이 테러리즘의 핵심이다. 상징적 가치를 고려한 목표의 선택은 이러한 전술의 합리성을 확인시켜 준다. 정치적 테러리즘은 정치목

---

199) Schmid, p.83.

적을 달성하기 위하여 통상 목표집단의 행위에 영향력을 행사하는 정부관리에 폭력의 사용 또는 위협을 행사한다. 여기에서 의사소통의 수단으로 폭력의 위협과 정치적 메시지가 의사소통의 통로가 된다. 이는 테러리즘 피해사망자의 죽음을 통해서 목표 집단들에게 정치적 메시지를 전달하기 위하여 의도된 것이다.

따라서 테러리즘은 수단적 가치보다는 상징적 가치를 취하기 때문에 테러리즘이 정치집단의 전술로 이용되는 것이다. <표-7>에서와 같이 테러리스트에 의해 희생된 사람들은 테러의 대상이 되긴 했으나 그 희생자가 실제 테러의 주요(prime) 목적은 아니다. 테러리스트들은 테러행위에 의하여 공포심을 느낄 그룹을 지향하고 있으며 많은 전문가들은 게릴라전이 보다 실리적인 목적을 갖는 반면, 테러리즘은 보다 '상징적'(symbolic)인 목표를 강조하고 또한 공격할 것이라고 주장한다. 예를 들면, 워싱턴 대통령의 동상이나 독립기념관, 국회의사당, 백악관 등을 그들의 잠재적 목표로 선정할 수 있으며 선진기술의 컴퓨터센터, 통신시설, 핵발전소 등에 대하여 예상치 않은 시간과 장소에서 파괴활동을 할 것이라고 예측한다.[200] 이들 시설 및 자산은 미국의 정책을 상징하는 의미를 지니고 있기 때문에 전 세계적인 이목이 집중되어 테러리스트 표적에 적격이며 또한 이들의 성공은 테러리스트들로 하여금 자부심을 갖게 한다.

테러리즘은 비정상적인 방법에 의하여 정치적 행위에 영향을 미치도록 상징 조작된 행위로서[201] 그 충격이 실제적 행위보다 더욱 중요한 의미를 갖기 때문에 테러행위의 실제적 목표는 희생자보다 선전되어야 할 집단이나 국가인 것이다.

---

200) Alex P. Schmid, p.44.

201) 하순봉, 전게역서, p.49.

이러한 이유로 수천의 사람들을 공포의 분위기로 몰아갈 수 있으며 시간과 물질의 절약은 물론 대중에게 널리 '알려짐'(publicity)을 통하여 현 정권의 무능함과 정치권력에 도전하고 있는 조직을 알리려 한다. 적어도 권력은 국민으로부터 나온다는 철학을 아는 테러리스트들은 자신들의 목표를 시민의 희생을 피하면서 정부의 상징적 구조물이나 대표기구로 지향하는 것이다.

〈도표-7〉 테러리즘의 목표

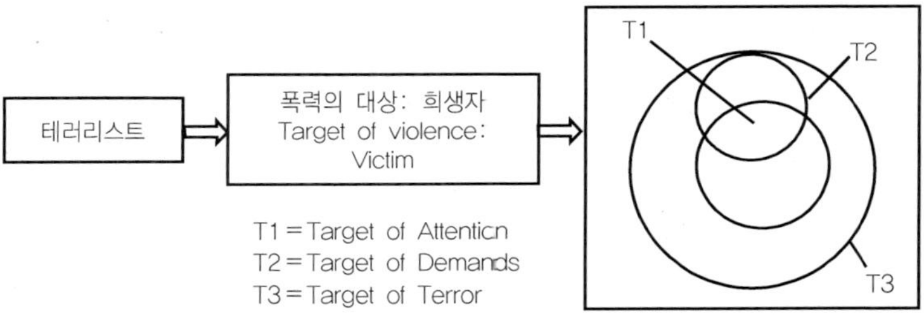

출처: Alex P. Schmid, *Political Terrorism: A Research Guide to Concept, Theories, Data base and Literature*(SWIDC, Amsterdam and Transaction Books, New Brunswick, 1984), p.83.

트론톤(Thornton)은 테러리즘의 높은 효과는 상징성에서 유래되며 만약 테러리스트가 그들이 추구하는 바가 입증이 된다면 향후, 그들은 가장 상징적 가치가 높은 목표를 공격할 것이라고 주장한다. 또한 그는 상징가치에 대한 직접적, 간접적 상징을 대별하면서 테러행위로 뉴욕거리의 자유의 여신상, 파리의 에펠탑이 파괴된다면 많은 미국인과 프랑스인에게 큰 충격이 될 것임을 지적하고 있다. 이러한 측면에서 미국의 9·11테러는 미국 본토의 심장부이자 경제와 안보의 상징인 뉴욕 세계무역센터와 워싱턴의 펜타곤을 공격대상으로 선정한 사실부터가 미국의 의표를 찌르는 사건이었다. 더욱이 CNN 등 대중언론매체의 현장 생중계는 테러조직이 기대했던 공포심의 유발과 잔인함을 목격함으로써 심리적 효과를 극대화시켰다.

세계무역센터의 참사는 전 세계 여론에 호소했고 정부책임자들뿐만 아니라 일반시민들의 심금을 울렸다. 뉴욕은 자유의 여신상이 있는 이민자들의 도시, 국제비지니스의 도시, 전 세계 엘리트들의 도시, 영화나 TV에서 흔히 볼 수 있는 매우 친근한 도시였기에 이러한 감정은 특히 강했다. 또한 뉴욕은 단순한 미국의 도시가 아니라 미국이라는 한 국가를 넘어서 세계적인 상징성을 갖는 그러한 도시였기에 그 영향력은 더욱 더하였다.202)

따라서 테러의 사용은 적의 전투의지를 손상시키는 이상의 결과를 초래할 수 있으며 예측할 수 없는 기습공격을 감행함으로써 일상생활을 감싸고 있는 안정의 분위기를 혼란에 빠트리게 하는 것이다. 테러리즘은 비록 개별적 희생자를 내지만 국제사회 전반에 걸쳐 공포를 갖도록 하는 것이 테러리스트 힘의 원천이며 폭력적 도전을 전달하는 매개체가 되는 것이다. 정규전에서 비전투요원의 무고한 살육이 허용되지 않는 상황에서, 오늘날 국제사회의 무고한 희생자는 민간인인 것이다. 전쟁수행에 필요한 비용이 증가하면 할수록 테러리스트 활동은 늘어나며 우방국을 지원하거나 분쟁지역에서 다국적군의 일부로 미군이 배치되는 곳마다 테러리스트들의 위협은 증가하여 주요 관심사가 되고 있다.

---

202) Robert Dujarric, "Thinking about US national security after 11 September 2001", 『탈냉전 · 세계화시대의 국가전략』(성남: 세종연구소, 2001), pp.31-44.

2. 테러리즘 목표의 현대적 특징

오늘날 발생하고 있는 테러리즘 현상을 이해하기 위해서는 테러리스트들의 희생대상이 아닌 테러의 표적 집단과 대중에 영향을 미치는 테러리스트들의 활동에 의한 심리적 영향을 평가해야 한다. 테러리즘은 현 정부체제를 전복시키기 위해서 실시하는 정치·군사적 활동들과 함께 혼재될 경우 분란 혹은 혁명노력의 한 요소가 된다. 전통적으로 폭력을 정치수단으로 인정하고 있는 국가에서는 테러를 하나의 공식적인 정치기술로 포함시키고 있다. 즉 테러를 정치적 활동에 영향을 주기 위한 하나의 방법으로 정치폭력이 용납되고 있다는 것이다. 그러나 테러는 각종 정치적 노력과는 관련없는 단순한 행위일 수도 있기 때문에 테러리스트들은 자신들의 행동을 가장하기 위하여 그들이 대의명분과 정치철학을 가지고 있는 것처럼 표명한다.[203]

테러리즘은 목표분류에 따라 다음의 5가지 형태로 구분된다. 즉 1) 승인(recognition), 2) 위압(coercion), 3) 협박(intimation), 4) 선동(provocation), 5) 분란지원으로 테러조직들은 이러한 목표들 중, 일부 또는 전부를 추구할 것이며 그들의 목표 및 전략 선정을 위해 그들을 지원하는 정부가 목표를 지시하기도 한다. 먼저 승인이란 테러리스트들의 활동 목표는 자신들의 대의명분을 국가적·국제적으로 승인받는 일이며 이를 위해 새로운 자신들의 멤버를 충원하고, 자금을 획득하고, 자신들의 세력을 과시하기를 원한다. 테러집단이 대중의 승인을 얻기 위해서 언론의 관심을 유도할 가능성이

---

203) 『저강도분쟁시 군사작전』(육군대학, 1992), pp.62-63.

많으며 항공기 피랍, 저명인사 납치, 인질억류 등을 통하여 대중의 관심을 끌게 되면 테러리스트들은 정치적 성명을 발표하게 된다. 이들은 자신들의 합법성이 대중의 지지를 받고 있다는 것을 나타내기 위하여 자신들의 명칭을 '전선군', '군' 또는 '여단' 등으로 즐겨 사용한다.

둘째, 위압이란 개인 또는 단체, 정부가 테러리스트들이 바라는 행동을 수행하도록 강요하는 것이다. 이러한 목표를 달성하기 위해 신중하게 표적을 선정하는 전략을 사용하며 이러한 전략에는 공공연한 선언 후의 폭력, 파괴를 포함하여 비폭력적 활동도 포함된다.

셋째, 협박은 위압과는 달리 개인 또는 단체들의 활동을 방해하고자 하는 것으로 위압활동을 강요하는 것이다. 테러리스트들은 협박을 통해 정부 내의 요직을 추구하거나 수락을 방해할 수 있다. 또한 폭력사용의 위협은 일반시민의 중요한 정치적 활동 참가를 방해할 수 있다. 위압과 마찬가지로 테러리스트들은 마치 자신들의 표적이 무작위로 선정된 것처럼 보이려고 할지라도 그들은 선별적 표적을 선정한다.

넷째, 선동차원에서 실시되는 테러활동의 목표는 정부군의 일부가 과잉반응을 보이도록 선동하는 것이다. 통상적으로 이 전략에 의해 정부의 상징적 표적을 공격한다. 이러한 형태의 공격을 받을 경우 테러리스트들의 활동에 대한 정부의 취약성을 드러내게 되어 국민의 신뢰를 상실하게 된다. 보다 중요한 사실은 정부가 과잉 대응하여 가혹한 행위를 하게 된다면 테러집단들에 대해 대중들이 동조하게 되어 그들의 활동을 소극적으로 인정하거나 적극적인 지원을 제공하게 되는 상황이 발생되는 것이다.

다섯째는 분란지원으로 테러는 정부로 하여금 예상되는 모든 테러표적들을 방호하기 위하여 과도하게 병력을 분산하도록 강요함으로써 분란지원에 일조한다. 이들이 상용하는 전술에는 협박에 의한 자금 확보, 군수지원 및 내부 군기를 위한 테러가 포함된다.[204]

고도의 전술·전략을 사용하는 테러리스트들의 폭력행위와 관련하여 좀 더 심도 있게 관찰해 보던 모든 테러리스트들은 다양한 동기와 정치적 변혁의 궁극적 목표와 관련되어 있음을 알 수 있다. 테러리스트들이 그들의 목적을 실현시킬 수 있는 수단과 목표와의 상관관계를 다음의 <표-8>과 같이 제시할 수 있다.

〈도표-8〉 국제 테러리즘의 목표선정과 수단

특성 목표	고(high)	저(low)
선별적	협상(bargaining)	정치성명(political statement)
무차별적	사회적 마비(social paralysis)	대량살상(mass casualties)

출처: Augusts R. Norton and Martin H. Greenberg(eds.,) *Studies in Nuclear Terrorism*(Boston, Massachusetts G. K. Hall and Co., 1979), p.208.

표에서 보다시피 테러리스트들의 목표가 선별적일 경우, 결과는 협상(bargaining)과 정치적 성명(political statement)의 형태로 나타나는 데 목표의 수준이 높은 경우로는 과거의 죄인의 석방을 요구하는 비행기납치와 1976년의 '잭슨 여단'(George Jackson Brigade)에 의해 자행된 영국의 박물관 폭파사건, 북부캘리포니아에서의 '붉은 게릴라 여단'(Red Guerrilla Family)의 변전소 폭파사건을 들 수 있다.

이 경우 상대적으로 실질적 수준의 낮은 폭력이 발생한다. 한편으로 테러리스트의 요구수준이 선별적이고 낮은 경우로는 정치적 성명의 형태로 나타나며 '만인을 위한 자유'(freedom for everyone),

---

204) 『저강도분쟁시군사작전』 p.63.

인종주의, 남녀차별주의, 파시즘, 개인주의, 사유재산주의 등의 제거를 요구한다.[205)

다음으로 테러리스트들의 목표선정이 무차별적일 때, 목표수준이 높을 경우는 사회적 마비(social paralysis)현상으로 목표수준이 낮을 경우는 대량살상(mass casualties)으로 나타난다. 테러리스트들이 초기단계에서는 이러한 선택을 하지 않는다. 그러나 무차별적인 목표의 선정은 폭력수준의 증가를 수반하며 사회기능의 마비를 통하여 대중의 기대를 획득하고자 한다. 대량살상 방법은 혁명에 실패하거나 심한 좌절감을 느껴 자신들의 지지기반이 상실되어 간다고 믿는 테러집단에 의해서 사용되는 방법이다. 즉 교섭능력의 수단을 상실한 테러집단이나 대중의 지지를 잃은 테러집단이 사용하는 방법이다.

또한 테러리즘의 무차별적 특성은 광범위한 목표들이 산재해 있는 국제사회에서 대테러 담당자들로 하여금 초조한 반응을 유발토록 한다. 따라서 테러리즘의 희생자는 직접적 희생자는 물론 목표가 되는 집단에 대하여 공포의 메시지를 전달하기 위한 '힘의 발전기'(power generator)이다. 고전적 테러의 행동기준과 방식은 언제나 각 개인들의 일부분이었으나 오늘날 테러리즘의 국제환경은 달라졌으며 테러리스트들은 소기의 목적을 위해 정치적 지렛대로서 그들의 정치적 동기에 대한 강제적 폭력인 테러리즘을 사용하고 있는 것이다.[206)

국제 테러리스트들은 그들의 목적을 위해 비용과 이익의 상호관계를 고려하여 그들의 전략을 선택하며 테러리스트들이 목표를 획득하려 함에 있어 도덕적 이념적 요소를 고려하며 항시 외견상의

---

205) R. W. Mengle, "Terrorism and New Technologies of Destruction: An Overview of the Political Risk", Augusts R. Norton and Martin H. Greenberg(eds.,) *Studies in Nuclear Terrorism*(Boston, Massachusetts G. K. Hall and Co., 1979), pp.206-207.

206) Michael Flood, "Nuclear Sabotage", *Studies in Nuclear Terrorism*, p.125.

무차별성과 실질상의 무차별을 구별하며, 통상적으로 외견상 무차별하나 실제적으로 구분될 때 가장 큰 목적을 거둘 수 있다.

세르게이 니차이우(Sergei Nechaeu)는 국제정치에 있어서 테러리즘 현상은 인간의 탐욕과 이기주의 때문에 정의로부터 소외당하고 있는 곳에 잠재되어 있다가 언제나 피어날 수 있는 박테리아와 같은 무해결의 현상이라고 지적하고 있다.

국제사회에서 국가가 아닌 개인이나 조직이 하나의 주체로서 국제활동을 시작한 것은 이미 오래전 일이다. 그리고 내전을 겪고 있는 분쟁 당사국도 반정부세력 또는 반군조직 등이 실제로 국제법적 주체에 해당되는 교전단체의 위상을 지니고 있기도 하다. 그러나 국제분쟁에서 국가단위 이하의 행위자가 분쟁의 직접적인 당사자로 등장한 사건이 9·11테러이다. 미 테러참사는 조직과 자금력을 갖춘 국제테러조직이 초강대국인 미국을 상대로 한 직접적 도전이다. 국제분쟁에서 이처럼 당사자 간의 군사력 비교 자체가 무의미한 전쟁도 드물 것이다. 그러나 빈 라덴의 테러조직은 '지하드'(성전)의 일환으로 미국은 '테러와의 전쟁'으로 21세기의 첫 전쟁인 '비대칭 전쟁'을 시작한 것이다.

9·11테러 사건으로 촉발된 전쟁은 나름대로의 '상징성'과 '대표성'을 지닌 복합적 성격의 명분 전쟁이다. 누가 도덕적으로 정당성을 가지고 있으며 실질적인 국제협력의 지원 여부에 따라 전쟁의 승패가 좌우되는 비군사적·정치적 전쟁이다. 스스로를 '무자헤딘'(이슬람전사)으로 부르는 빈 라덴의 테러조직에 의하면, 미국은 '반이슬람'적 세계전략을 구사하는 본산으로 타도의 대상이다. 따라서 9·11테러는 미국에 대한 강력한 도전이며 이를 통하여 이슬람권의 반미연대와 자신들의 단결을 강화하려는 상징성을 지닌 것으로

해석된다. 한편 미국은 테러사건이 기존 국제정치질서를 문란케 하는 정의와 자유에 대한 도전으로 파악하여, 이슬람권까지 포함한 전 인류의 이름으로 강력한 응징이 이루어져야 하며 이를 위해 미국이 앞장서겠다는 '대표성'을 강조하고 있다.

9 · 11 미국의 테러참사는 세계화된 상호 의존의 시대에 등장한 '국경과 전선 없는 전쟁'의 성격과 국제정치의 기본단위인 주권국가의 영토개념이 퇴색되는 계기가 되었다. 국경을 넘나드는 세계화된 국제테러는 이제 국경을 초월한 전선 없는 새로운 '전선'을 강요하고 있다.[207] 9 · 11테러 전쟁은 공간적으로도 특이한 성격을 지닌다. 전장이 세계화되어 공간을 초월하고 있으며 영토 없는 비국가 테러조직이 미국에서 야기한 테러가 테러발생 지역으로부터 1만 5천km 이상 떨어진 전장에서 미 · 영 연합군과 아프가니스탄 탈레반 군사력이 대결한 국제무력분쟁이다.

테러리즘은 국제정치에 있어 다음과 같은 이유로 인하여 일반적 폭력과 구분되고 있다. 1) 테러리즘은 사회적, 정치적 성격이 강하다. 즉 정치적 목적을 성취하는 수단으로서의 테러의 정당성을 신봉하고 이를 합리화하는 정치적 신뢰와 태도이다. 2) 테러리즘은 본질적으로 무차별적이다. 테러리즘이 개인의 폭력보다 잔인한 것은 조직의 행동양식을 갖기 때문이다. 3) 테러리즘은 현대국제사회에서 국가정치권력에 대항하는 한 방책으로 사용되고 있다. 4) 테러행위의 영향은 개인과 사회에 본질적으로 전횡적이고 예고할 수 없으며 전쟁법의 모든 규칙을 거부한다. 5) 테러리즘은 자체를 정당화하며 그 행동주체가 소멸하지 않는 한 작용과 반작용의 원칙을 철저히 따른다.

---

207) 이근수, "테러는 새로운 형태의 전쟁인가?" 『국제문제』(2001년 11월호), pp.34-43.

제2절 국제 테러리즘의 전략 · 전술

1. 테러리즘의 조직 및 공격 양상

정규전을 수행하기 위해서는 많은 병력과 재정이 필요하고 선전포고 당사국은 자국의 정체를 알려야 하며 그들의 행동에 대한 국제적 책임을 져야 한다. 그러나 테러리즘은 다양한 방식을 통해 적은 비용으로 정규전과 같은 목적을 달성할 수 있다. 그 목적이 정부를 와해 또는 일정지역을 점령하는 것일 경우, 테러리스트들은 군수품이나 병력을 제공함으로써 대상국가의 저항세력을 지원할 수도 있다. 약소국가들은 미국 등의 강력한 군사력을 소유하고 있는 강대국과 싸우기 위해 테러리즘을 사용할 수 있다.

한편 몇몇 주요 강대국들은 은밀하게 제3세계의 테러리즘을 지원하고 있다. 따라서 테러리스트들이 실패하거나 생포되더라도 그들과 후원국과의 직접적인 연관을 밝혀내기가 쉽지 않다. 이러한 전술은 특히 강대국이 약소국의 전복을 유도할 때 이용된다. 테러리스트들은 목표를 성취할 때까지 은밀하게 참여한다.

테러의 상황에서 중립적 입장을 고수한다는 것은 결코 쉬운 일이 아니며 테러행위가 강하면 강할수록 정치적 양극화로 인한 역사적, 사회적, 종교적 균열은 심화되는 것이다. 테러집단이 어떠한 전술을 채택하느냐의 문제는 1) 테러조직의 작전능력(group's capabilities), 2) 무기(weapons), 3) 지원구조(support apparatus), 4) 간부의 지도력(cadre experience), 5) 작전환경(operating environment), 6) 숙달된 기술(unique skills), 7) 정부의 대테러 정책(government countermeasure), 8) 은신처(clandestine heavens), 9) 기민성(level of sophistication), 10) 외부의 협력(external support) 등에 의하여 복합적으로 결정될 수 있다.[208]

테러집단의 사용전술은 다음의 일부를 상용하게 된다.[209] 1) 암살: 살인의 완곡한 표현으로 통상적으로 테러집단으로부터 탈당한 사람뿐만 아니라 저명인사 및 상징적인 적을 살해하는 행위에 적용된다. 2) 방화(arson): 방화는 위협을 가장 적게 받으며 낮은 수준의 기술적 지식으로 수행이 가능하고 범행 후 쉽게 부인할 수 있다. 3) 폭파: 급조폭발장치(IED)는 오늘날 테러리스트들이 선호하는 무기로 비용이 적게 들기 때문에 빈번히 사용된다. 폭발시간, 장소를 조정할 수 있게 됨에 따라 사상자의 수를 통제할 수 있는 능력과 대중의 관심을 끌 수 있는 이점이 있다. 4) 납치: 납치를 통해 극적인 인질상황을 만들어 낸다. 과거와는 달리 항공기 납치를 통하여 고도의 기동성을 확보할 수 있게 되었고 전 세계적 언론의 집중을 받게 되었으며 또한 탈출의 한 수단으로서 납치를 시도하기도 한다. 5) 인질억류: 억류된 인질 혹은 인질을 석방하는 조건으로 몸값을 요구한다. 비우호적인 상황에서의 인질작전은 테러주의자들에게는 극적이지만 위험부담이 매우 크다. 6) 유괴(kidnapping): 인질억류와는 달리 은밀하게 이루어지며 일정 기간 동안 자신들을 알리려 하지 않는다. 인질억류자들이 자신들의 테러행위를 대중에게 즉각 알리려 하는 데 비하여 유괴는 장기화로 인하여 언론의 관심 정도가 낮다. 7) 고문(maiming): 고문은 공포와 고통을 수반하지만 인질살해에 비해 테러리스트들의 이미지를 덜 손상시킨다. 8) 습격:

---

208) Robert H. Kupperman and Darrell M. Trent, *Terrorism: Threat, Reality, Response* (Stanford, Cal.,: Hoover Institute Press, 1979), pp.192-193.

209) 『저강도분쟁시 군사작전』 pp.64-67.

무장한 테러리스트들의 습격은 주요 시설에 대한 정부의 경계대책의 무능력함을 보여주기 위함이다 9) 탈취(seizure): 탈취는 통상 대중에게 가치 있는 목표물을 장악하는 것으로 테러리스트의 공격에 대항할 수 있는 시간적 여유가 없기 때문에 대테러의 측면에서는 무력을 사용하여 사건을 해결하려고 한다. 10) 전복(sabotage): 테러리스트들이 시도하는 전복목표는 발전된 국가일수록 공공시설, 통신 및 수송 체계들이 더욱 상호 의존적이므로 이들의 파괴를 통한 대중의 관심집중을 유도한다. 군사시설, 정부 주요 시설들의 취약성을 대중에게 노출시켜 정치적·재정적 요구를 하게 된다. 11) 기만(hoaxes): 모든 테러집단은 성공적으로 기만수단을 사용할 수 있다. 테러리스트들은 장기적인 허위경고를 통하여 단기적으로 기만요원들의 와해위험을 방지한다. 12) 화생방무기의 사용: 선진국의 지원을 받는 테러집단들은 핵, 화학, 생물학 무기를 사용할 수 있다. 간단한 기술과 저렴한 비용으로 인해 이상적 무기로 부각되고 있다. 재래식 폭발물의 대용으로 잠재력을 가지고 있으며 대부분의 사람들이 핵 및 화생방에 대한 살상능력과 두려움을 감안할 때 테러리스트들에겐 매력적인 무기이다.

테러리스트들이 공격전술로 가장 많이 활용하는 것이 폭파·방화이며 다음이 시설을 공격하여 인질을 구금하는 것이며, 저격·암살, 하이재킹, 납치, 대량붕괴, 대량파괴의 순서로 <표-9>처럼 나타나고 있다. 또한 테러리스트들은 'hit and run' 또는 '모기(mosquito) 전술'을 구사하여 신속성과 기민성을 강조하기도 한다. 가장 많이 활용되는 하이재킹은 엄격한 보안조치가 취해진 최근에도 빈번히 발생하는 유형으로서 많은 테러유형 중에서도 가장 많은 국제적 협력이 요구되는 분야이다.

가장 진부한 테러리스트 전술의 하나인 폭파행위는 오늘날과 같이
원격조정장치가 개발되기 전에는 손으로 운반되었으나 최근에는 시
한폭탄 등의 출현으로 주차 중인 차량에까지 쉽게 장치되어 중동
의 예루살렘 등지에서 엄청난 참화를 불러일으키고 있다. 방화와 폭
파 외에 테러전술에 이용되는 총기류는 1) 운용성(availability), 2) 단
순성(simplicity), 3) 효율성(efficiency)의 세 요건이 고려되며 기술의
발전으로 최근에는 더욱 소형화된 무기로 화력이 더 강화되고 있
으며 탄약획득 또한 용이하여 테러리스트들이 은닉시켜 휴대하기
에 쉽게 되어 가고 있다.[210]

〈도표-9〉 테러전술의 위계

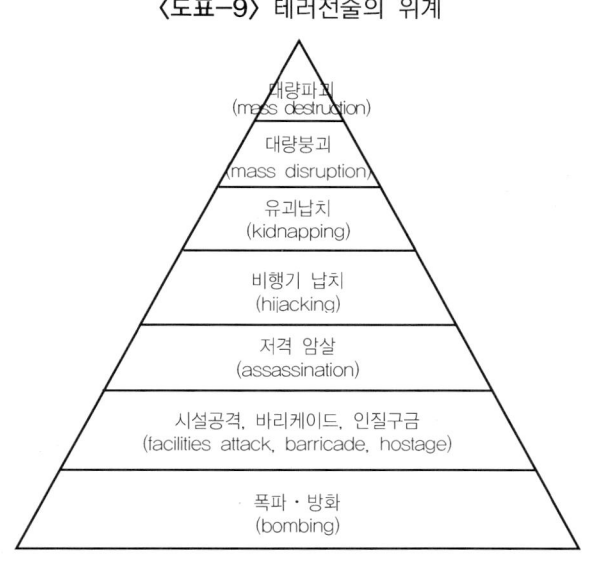

출처: Robert H. Kupperman and Darrell M. Trent, *Terrorism: Threat, Reality,
Response*(Stanford, Cal.: Hoover Institute Press, 1979), pp.192-193.

---

210) Christopher Dobson and Ronald Payne, *The Terrorists*(New York: Facts and File,
1979), p.101.

오늘날의 테러위협은 과거보다 훨씬 과격하고 복합적이다. 종교적, 인종적 명분을 가진 테러그룹들은 전통적이고 정치적인 동기를 가진 세력과 공조를 유지하고 있다. 이란, 이라크, 리비아, 시리아, 수단, 북한 및 쿠바 등의 국가지원테러는 서로 다른 종류의 테러집단을 하나로 묶는 결정적 지원을 하고 있다. 최근의 자생적 테러조직 양상이나 다양한 형태의 무기체계의 고도화는 국제테러의 심각성을 더욱 예고하고 있다. 95년 4월 168명의 사상자를 낸 오클라호마시티 세계무역센터 폭발사건은 테러리스트들에 의한 재래식무기가 얼마나 큰 피해를 주는가를 여실히 보여주고 있다. 전문가들은 오래지 않아 테러리스트들이 재래식 무기를 넘어 대량파괴무기를 사용하게 될 국면에 접어들 것이라고 예상하고 있다.211)

미국 내에서의 대량파괴무기를 사용한 테러는 일단은 국지적으로 발생할 가능성이 높으나 많은 연방기관의 지원이 필요한 국가적 사건으로 발전할 가능성이 많다. 테러리스트의 공격으로 인한 핵무기, 생물학무기, 화학 및 방사능무기 유출에 대비하여 미 국방부는 연방 및 주정부의 통제력을 유지하는 데 필요한 특수작전 지원능력을 보유하고 있다. 또한 대통령령에 의거하여 대량파괴무기(WMD) 사용에 대한 연방정부차원의 대응방안을 검토해 오고 있다.

미 국방부 대량살상무기(Weapons of Mass Destruction: WMD) 준비단은 연방대응계획에 의거하여 사태관리를 주도하는 데 있어 지원과 역량을 적절히 활용하도록 조력한다. ATSD-CS(Assistant to the Security of Defense for Civil Support)는 안보, 기간시설 및 대테러를 위한 대통령의 국가조정기구에 의해 주도되는 연방기관 간의 사태대응 정책결정기구에서 국방부를 대표한다.212)

---

211) 미 2001**국방연례보고서**, p.105.

도시테러리즘의 전략가인 마리겔라(Carlos Marighella)는 14개의
전술 중에서 테러리즘을 하나의 전술로 제시하면서 투파마로스도
이러한 행동양식을 채택하고 있음을 보여주고 있다.[213] 그의 모형
을 보면 제1단계에서 3-4명의 테러리스트는 기습(assault), 침투
(raid), 매복(ambush), 강탈(seizure), 처형(execution), 유괴(kidnapping),
사보타지(sabotage), 무력선전 등의 행동으로 공격을 개시하여 센세
이셔널한 심리전을 전개시켜 정부의 무기력함을 노출시킨다.

<도표-10> 마리겔라의 게릴라전 모형

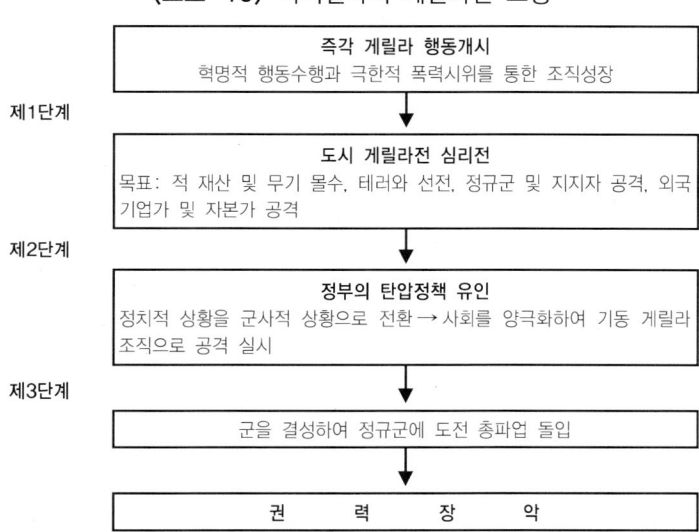

출처: 권문술·민만식, 『전환기의 라틴아메리카』(서울: 탐구당, 1985), p.154.

제2단계에서는 정부의 혼미한 정국에 무력압력 정책을 택하도록

212) 상계서, p.105.

213) James A. Miller, "Urban Terrorism in Uruguay: The Tupamaros", in Bard E. O'Neill
eds., *Insurgency in the Modern World*(Boulder, Colorado: Westview Press Inc.,
1980), pp.142-143.

강요한다. 즉 국민을 정부로부터 이간시켜 정부정책의 합법성을 상실하게 하여 정치적 상황을 양극화의 상태로 전락시킨다.

제3단계에서는 군을 결성하여 정규군을 공격함과 동시에 전국적 파업에 돌입하여 정권을 장악하는 전술이다. 이러한 전술은 과거 급진주의자들이 즐겨 사용하였고 테러리스트들은 세포조직, 종적조직, 행동조직 등을 구비하여 익명으로 전술을 구사하였다.[214] 테러집단들은 그들이 작전을 수행함에 있어 환경에 적합하도록 편성구조를 발전시킨다는 전술을 구사하였다.[215]

테러리스트들은 적대적인 환경하에서 임무를 수행하기 때문에 안전을 고려하여 세포조직으로 구성되며 개별적으로 운용된다. 이러한 이유는 테러집단의 구성원을 보호하기 위한 것이며 특수작전을 위해서는 독립된 특수세포조직을 편성한다. 테러집단은 기본적으로 군사조직과 유사하게 편성된다. 예를 들면, 아일랜드 공화군과 PLO의 일부 그룹은 지휘권과 통제권이 명확하게 구분되어 기능을 발휘할 수 있을 만큼 훈련되어 있다. 전형적인 테러조직은 작전적 수준의 구성원들과 적극적 지지자 및 소극적 지지자로 편성된다.

먼저, 지도자(leader)는 피라미드형 테러조직에 정책을 결정하고 활동을 지휘한다. 지도자는 매우 강력하게 조직을 운용할 수 있어야 하며, 카리스마적인 태도를 견지해야 한다. 테러집단이 국가의 지시를 받거나 지원을 받을 경우, 지원하는 국가에 의해 훈련과 교육을 받은 후 지도자가 된다. 핵심요원은 가장 활동적인 구성원들로서 실제적인 공격을 감행하고 다른 동료를 교육시킨다. 많은 핵심요원들은 이념적 동기유발이 필요 없을 만큼 전문적인 테러리스트들이다.

---

214) 권문술·민만식, 전게서, pp.155-156.
215) 『저강도분쟁시군사작전』 p.69.

적극적 지지자들은 격렬한 테러행위에 실제적으로 가담하지 않는 부류의 사람들이지만, 자금, 첩보, 피난처 등을 제공함으로써 테러리스트들을 지원한다. 흔히 적극적인 지지자들은 테러집단의 일부 또는 전체 목적에 대하여 이념적으로 동의하지만 폭력의 사용에 대해서는 동의하지 않는 경향이 있으며 단순히 금지된 테러조직에 가담하여 공포를 즐기는 자도 있다. 대부분의 테러집단들은 그들의 적극적인 지원자 중에서 충성심이 인정된 자를 선발하여 핵심요원으로 충원한다.

〈도표-11〉 테러 조직

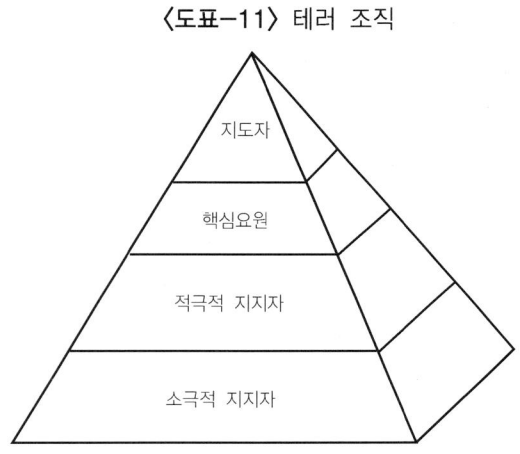

출처: 『저강도분쟁 시 군사작전』(육군대학: 1992), p.69.

소극적 지지자는 그 식별이 쉽지 않다. 이들 중 대부분은 테러의 대의명분에 대해서는 동조하지만 적극적인 역할을 수행하지 않거나 하지 못하는 사람들이다. 일부 소극적인 지지자들은 협박 및 공갈(blackmail)에 의해 테러행위에 가담하기도 한다. 소극적 지지는 무의식중에 실시될 수 있다. 예를 들면, 테러주의자들의 자선행위나 기타 계략에 연루되는 경우가 이에 속한다. 테러리스트들은 자금 및 원조를 제공받고 대중의 지지를 받고 있다는 것을 과시하기 위하여 또한 최소한의 군수지원을 받기 위하여 소극적인 지지자들을 옹호한다.

1980년대 들어 급진주의자들은 세포조직과 종대조직, 행위조직을 구비하게 되었다. 통상적으로 도시 테러리스트들은 점조직화되어 있으며 '부채꼴'의 조직을 유지하여 "Cell" 또는 "Firing group"이 구성되어 리더의 통제를 받는다.

2. 테러리즘의 전략·전술

광의의 테러리즘은 사회적 정치적 변화에 영향을 미치기 위한 폭력적 전략의 하나로 정의되어 왔다. 현대에 와서 테러리즘은 그들이 성취하려는 특정한 전략적 목적까지도 포함할 정도로 그 의미가 확대되었다.

국제 테러리즘이 전략적으로 사용될 때는 열강으로 하여금 국제 테러의 필요존재 여건을 개선해야 할 현실적이고도 긴박한 필요가 있음을 확신시키기 위한 것이다. 왜냐하면 테러리즘이란 테러의 주창자들이 군사적 기술로서보다는 정치적 조건을 창출하는 것으로 이해할 경우에만 의미가 있기 때문이다

현실정치에서 수많은 테러리즘 전략이 있을 수 있다. 개념적 정교성에서 본다면 이러한 관점은 사려 깊은 내용부터 미완성의 것까지 망라할 수 있다. 오닐(O'Neill)은 현대분쟁과 관련하여 테러리

스트들이 매력을 갖는 전략으로 1) 레닌주의 전략, 2) 모택동주의 전략, 3) 쿠바형 전략, 4) 도시형 전략의 네 가지의 전략을 제시하고 있다.[216]

첫째는 레닌주의 전략으로 본 전략의 접근방법은 주민으로부터 소외되어 있는 정부를 상정하여 낮은 수준의 테러리즘을 구사한다. 음모형 집단이나 노동자 계급 중에서 사회적 불만을 가진 집단들로부터 발생되는 것으로 보며, 대부분의 활동은 정치, 경제력이 집중된 도심지에서 일어난다. 레닌주의 전략은 목표가 개혁적일 때 성공적인 것으로 나타난다. 왜냐하면 그러한 환경하에서는 정치권력의 장악보다는 정권을 유지시키거나 정책을 변화시키는 데 주력하기 때문이다.[217] 즉 정권과 당국이 위협을 받지 않기 때문에 필요한 정치적 양보를 함으로써 그들의 손실을 줄이려 한다.

이러한 운동의 엘리트간부는 비밀선택적 또는 대중통속적 호소의 바탕 위에서 충원되기도 한다. 레닌은 테러리즘이 광범위한 혁명전략의 도구여야 함을 주장하면서 혁명조직으로서 봉착하는 모든 어려움에 테러리즘은 만병통치약처럼 사용되고 있다. 그가 말하는 테러는 '의식(consciousness)'이라기보다는 '무의식'(spontaneity)으로 복종하는 것이다.[218]

둘째, 모택동주의 전략은 장기분쟁에 필요한 주민의 지지, 장기전에 필요한 환경 등에 많은 관심을 기울인다. 이 접근법은 탁월한 연속적 전략으로 각 단계는 목표달성을 성취할 수 있도록 고안되어

---

216) Bard E. O'Neill eds., *Insurgency in the Modern World*(Boulder, Colorado: Westview Press Inc., 1980), pp.26-34.

217) *Ibid.*, p.26.

218) "Terrorism should one instrument of a broad revolutionary strategy······ Lenin's second argument against individual terrorist acts was that were a submission to what he called 'spontaneity' rather than to 'consciousness'······": Ernest Evans, p.26.

있으며 학자들은 이러한 단계를 정치조직 테러리즘, 게릴라전, 기동 정규전으로 정의한다.

먼저, 조직적 단계에서는 주민의 지지를 얻기 위한 정치적 선전집 단을 구축하고 반항하는 개인에 대하여 선택적 위협을 가하기 위한 테러리스트 팀을 훈련하는 세포망을 형성한다. 이 시점에서 주민의 지지와 획득을 촉진하기 위한 압력단체와 정당이 함께 조직된다. 동시에 적의 제도에 침투하며 스트라이크, 시위 및 폭동을 촉진시 키며 사보타지의 임무를 수행한다.[219]

첫 단계에서 비밀선택적 및 대중통속적 호소를 강조한다. 이때의 핵심적 목표는 일단 조직이 형성되면 정부로부터 국민을 분리시키 는 시도를 할 현지 지도자를 충원시키는 것이다. 지지를 제도화하 기 위해 평행적인 계급조직을 구축한다. 이 기간 동안의 테러리즘 은 주민의 지지와 외부지원 획득을 포함하여 많은 기능을 한다.

두 번째 단계에서는 게릴라전을 실시하여 정부로부터 국민을 이 격시키며 소규모 군에 의해 수행되는 무장저항이 특징이다. 소규모 의 hit and run작전을 군사 및 경제시설, 독립전초지점에 대하여 시 행한다. 이러한 분산 공격은 많은 잠재적 목표를 보호하기 위하여 병력의 분산을 강조하는 방어형태를 적으로 하여금 채택하도록 하 는 데에 그 의도가 있다.[220] 이 전략의 세 번째와 마지막단계는 내 전(civil war)이며 본 단계의 목표는 정권의 교체이며 만약 정권이 완전히 붕괴되지 아니하면 외부의 지원이 중요한 시기이다.

셋째, 쿠바형 전략은 모택동의 지구전 전략에 대한 하나의 대안 전략으로서 체게바라는 1) 주민의 군대는 정규군과의 전쟁에서 승

---

219) Mc Cuen, *op. cit.*, p.31.
220) *Ibid.*, *pp.*59-71.

리할 수 있으며, 2) 혁명이 일어날 수 있는 조건이 발생될 때까지 반드시 기다릴 필요가 없으며,[221] 3) 아메리카 저개발국의 주변지역은 무장투쟁을 위한 기본 지역임을 강조하고 있다. 쿠바형 전략의 특징 중의 하나는 어떤 조건하에서는 정치와 군사가 분리되지 않고 주민군을 형성하여 그 핵심이 게릴라군이 되는 하나의 조직을 형성한다. 따라서 전위당은 게릴라거점(foco) 속에 존재할 수 있으며 게릴라군은 잉태상태의 당으로 보는 것이다.

넷째, 도시형 전략은[222] 1960년대와 1970년대 가장 많이 사용되었던 도시테러 모델이다. 다른 전략과는 달리 초기단계 투쟁의 중심을 도시의 증대된 사회경제적 분화가 특히 테러리즘과 사보타지에 취약점을 만들어 준다는 가정 때문에 도시에 중점을 두었다. 왜냐하면 도심지에서의 사회경제적 분화가 테러리즘에 취약하다고 보았으며 도시 테러리스트들은 정부군을 도시에 묶어 두는 기능을 할 수 있음을 강조하였다.

도시테러리즘 전략의 전문가인 마리겔라에 의하면 도시테러리스트의 본질적 전략은 '권력을 가진 그룹으로 하여금 국가의 정치적 상황을 군사적 상황으로 전환토록 하는 폭력적 행동을 실행함으로써 정치적 위기를 무력분쟁으로 전환하는 것이다.[223] 이러한 변환을 달성하기 위하여 도시 테러리스트들은 조직, 선전 및 기술로서의 테러리즘을 강조한다.

이 외에도 테러전술이 지향하는 목표로는 영향력이 큰 지도적 입장에 있는 반대자들이나 비협조자들을 제거 또는 무력화해 버림으

---

221) 쿠바의 경우는 바티스타 정부의 쇠퇴를 배경으로 성공한 경우이다.

222) 상계서, pp.33-34.

223) Carlos Marigehella, "On Principles and Strategic Questions", *Les Tempese Modernes*(Paris 1969).

로써 대중에 대한 정부의 통제력을 마비시키거나 불안과 혼란을 조성하여 정부의 무력함을 드러냄으로써 대중에게 불신감을 조성하며, 대중에게 정부에 협력하지 못하도록 위협하고 자기들의 요구에 호응하며 나아가 자신들의 활동에 적극 참여할 것을 강요하려는 의도 등을 지적할 수 있다.[224]

일반적으로 분란전 또는 대분란전으로 묘사되는 내전(internal war)은 그 사용의 빈번함에도 불구하그 비교적 소홀히 취급되어 왔다. 그 이유는 냉전 기간 동안 대부분의 국가들이 국가 간의 군사적 무력충돌 관리에만 대부분의 관심을 기울였기 때문이다. 그러나 내전은 제2차 세계대전의 종결 이후부터 냉전 종식에 이르기까지 가장 일반적인 전쟁의 형태였다. 내전의 진행과정은 전형적으로 식민통치하의 독립운동으로 시작되거나 이미 독립한 일부 정부가 자국민의 전부나 일부를 만족시켜 주지 못할 때 발생하였으며 이들 대부분의 형태는 그들 정부를 무너뜨리기 위한 분란전이었다. 어떤 경우에 있어서는 군사쿠데타 그 자체가 미래 분란전의 불씨가 되기도 하였다.

분란전의 또 다른 양상은 이들의 수행방법에서 찾을 수 있다. 대부분의 분란전, 대분란전 및 외부개입에 대한 분석들은 모택동의 기동·게릴라전(mobile-guerrilla warfare)에 기초하고 있다. 이 전략은 모택동이 일본 점령자 및 중국의 국민당 정부군과 대항하면서 성공적으로 발전시키고 완성시킨 것이다. 이는 냉전기 베트남과 수많은 분란집단들, 특히 마르크스주의에 집착하고 있는 단체들에게 폭넓은 이론적 기반을 제공하였다.

모택동전략의 사상에는 클라우제비츠의 영향과 내용이 그대로 담

---

224) 임동원, 『혁명전쟁과 대공전략』(서울: 탐구당, 1981), p.49.

겨 있으며 기동·게릴라 전략을 형성하는 군사지침은 공산주의자들과 연계되어 있어 모택동의 정치적 설득력과도 맥을 같이한다. 그러나 이러한 연결은 인과관계에서 연유한 것이라기보다는 상호 부합되는 개념에서 오는 것이며 분란집단들은 오랜 기간을 보내면서 변형된 형태의 전략을 사용해 왔다. 동시에 이러한 인위적 전략변경은 대분란전의 수행에 많은 어려움을 안겨주었다.

탈냉전기에도 본질적으로 남아 있는 내부분쟁과 잔재들 그리고 자체적으로 발생하고 있는 또 다른 분쟁들이 남아 있다. 일부 분석가들은 냉전구조의 파괴가 더 비현실적이고 세계를 더욱 위험하게 만들 것이라고 혹평하기도 한다. 핵과 대량살상무기의 확산은 새로운 위험의 증거로서 자주 인용되고 있고 이라크와 북한은 이러한 위협의 상징이 되고 있다.225)

분란전은 군사적으로 강한 상대를 부정한다는 측면에서 독특한 전쟁이다. 이러한 '약자의 전쟁'(poor man's war)은 정부를 전복하려는 제3세계의 분란집단에 특별한 매력을 주게 되었다. 즉 강한 군대와 대결하여 약한 군대가 승리할 수 있는 방법은 청사진을 이용하여 인내심 있는 게릴라전을 수행함으로써 점진적으로 열세를 역전시키고 우세를 달성하는 것이다.

테러리즘, 게릴라전, 비정규전, 불편한 전쟁(uncomfortable war), 저강도 분쟁, 내전 등의 이름으로 지칭되고 있는 분란전은 제각기 어떠한 현상에 대한 강조점이 조금은 다르지만 분명히 정치적 기반과 군사적 성격에 초점을 두고 전쟁의 형태를 설명하는 것으로 다음과 같은 복합적 개념을 내포하고 있다.

분란전을 정의함에 있어서 내전은 '한 국가 내에서 현존 체제를 전

---

225) 『비문명전쟁』(2000), pp.70-71.

복하거나 분리시킬 목적을 가진 조직적 무장 폭력집단 간의 전쟁'을 의미한다. 이러한 분란전은 전적으로 정권획득을 목적으로 한다. 분란전의 종결은 분란집단이 현존체제를 전복하거나 정부가 반란군을 완전히 분쇄하기 전에는 이루어질 수가 없다. 이러한 내전은 통상적으로 반란집단의 지도자가 생포되거나 살해되거나, 지도력에 대한 호응을 상실할 정도로 대중들로부터 불신을 받아 도망함으로써 해결될 수 있다. 분란전은 전통적인 정치투쟁이다. 정치투쟁 내에서의 군사행동은 권위와 정통성을 획득하기 위한 것으로 분쟁의 중심에는 투쟁이 남아 있을 수밖어 없다. 분란전의 정의에는 군사적 행동이 정치적 목적에 종속되어야 한다는 클라우제비츠의 사상에 큰 영향을 받고 있다.

군사적 수준에 있어서 분란전은 전쟁수행 방법이 비정규전(unconventional warfare)이라는 것이다. 최소한의 반란집단에 의해 수행되는 분란전은 전통적인 유럽의 전략 및 전술을 사용한다. 이는 전형적인 게릴라조직을 의미하며 불규칙적인 소집단들, 일시적 군인들, 매복이나 테러와 같은 치고 도망가는 전술을 사용하는 자들이다. 이러한 군사적 교전형태를 사용하는 목적은 손자로부터 기원된 것으로, 보통 고전적인 유럽식 군대로 조직되고 우세한 화력을 보유한 정부군의 주력부대와 대규모의 직접적인 충돌을 회피하기 위한 것이다.

이러한 분란전의 양상은 그 정의어 있어서 포괄적인 의미를 가지고 있으며 위의 두 측면을 고려하면 분란전은 현 국가로부터 분리를 추구하거나 기존 정부를 무너뜨릴 목적으로 수행되는 비정규전이라고 정의할 수 있다.[226] 분란전의 정치적 목적은 폭력수단으

---

226) 이은득, 상계논문, p.74.

로써 권력을 쟁취하기 위한 정치적 행위인 것이다. 분란전은 사용 수단의 측면에서 보통의 전쟁형태와 다르지만, 분명한 정치적 목적 때문에 다른 국내적인 폭력과는 구별되는 것이다.

새로운 내전과 전통적 분란전은 적어도 다음의 다섯 가지 면에서 구별된다. 첫 번째 차이점은 새로운 내전의 정치적 역동성(political dynamic)이다. 전통적 분란전은 정치체제를 장악하기 위한 명백한 목적을 위해 싸웠다. 폭동 주모자들은 정권장악을 기도했고 정부는 정권을 유지하려고 했다. 대중에의 호소는 지지를 얻거나 강화하는 수단으로 일반적인 투쟁 형태였으며, 이러한 분란전은 정치·군사의 복합적 성격을 가지고 있었다.

새로운 내전에서는 이와 같은 역동성이 명백하지 않다. 마약 및 범죄분란전의 경우 어떠한 정책을 제정하기 위하여 정치체제를 통제하고자 하지 않는다. 대신 무정부상태를 극대화하여 정부가 범죄를 방해할 수 없도록 노력한다. 즉 클라우제비츠 이전의 전통적인 군사문화나 군대윤리의 범주에 속하지 않는다. 분란주모자들이 이상적인 정치목적에 호소할 때를 제외하고 새로운 내전에는 중점을 두어야 할 공동의 중심(Center of Gravity), 즉 국민들의 감정과 일치되는 전투가 없는 것이다. 그들의 목적은 대중의 주장에 관심을 갖는 것이 아니라 단순히 정치체제의 지원을 방해하며 테러를 자행하는 것이다. 후투족 시민군은 어느 누구의 주장에도 관심을 기울이지 않았고 가능한 많은 국민을 적으로 삼아 대량학살을 하려고 노력하고 있다. 또한 앙골라에서는 전투가 35년 이상 지속되고 있지만 대부분의 참전자들은 무엇을 위한 전투인지도 모르면서 싸우고 있다.

두 번째 차이점은 공동적 중심의 부족이다. 일반적으로 새로운 내전에는 극도로 자제력이 결여(greater lack of restraint)되어 있다. 국민의 지지가 궁극적으로 필요하다는 사실을 안다면 전통적 분란전하에서는 폭력행위가 자제되는 것이 일상적이다. 그러나 르완다에서의 끔찍한 대량학살, 소말리아에서 의도적 굶주림, 알제리에서의 무차별 처형 등은 문명사회에서는 상상할 수 없는 잔혹한 행위였다. 정치적 진공상태와 자제력의 부재가 복합적으로 발생할 시에는 내전의 발생빈도가 극심해진다. 현재 진행 중인 모든 분쟁과 내란에 대해 전통적인 정치목적이나 분란구조를 구별하는 것은 어려운 일이다.

세 번째 차이점은 비문명 내전은 그 구조와 역동성 면에서 국내전보다는 국제전의 성격을 보이고 있다는 것이다. 각각의 집단들은 서로 지지를 호소하지 아니하며 단순히 정복함으로써 궁극적으로 상대를 지배하려 한다. 그들의 행위는 정치형태로의 복귀를 목적으로 하지 않고 오히려 국외 정복자의 행태를 보이고 있다.

네 번째의 차이점은 새로운 내전이 정치체제가 가장 약한 국가와 실패한 국가에서 집중적으로 발생한다는 사실이다. 1950년대와 1960년대의 개발단계에 진입한 국가에서 폭력과 불안정은 국민의 기대는 높은 반면 정부가 그 기대를 부응할 수 없었기 때문이었다. 이는 폭력이 제2제대(second tier) 국가 중에서도 부분적으로 개발된 국가에 해당하는 하부제대(subtier)에 집중을 의미한다. 그러나 현재의 내전 대부분은 가장 빈곤한 국가에 집중되어 있으며 이는 경제악화 및 정부의 무능력에 의해 실패할 운명의 국가라는 범주에 처하고 있기 때문이다. 제1제대 국가들이 경제적으로 번영을 구가하고 있는 상황에서 제1제대와 제2제대 국가 간의 지역적인 경제협력은 내전 발생의 국가고립을 더욱 심화시키고 있다.

마지막으로 새로운 내전은 과거의 내전보다 예측이 어렵다는 것이다. 국제체제에 대한 혼란을 가중시키는 불규칙성이 본질적으로 예측을 불가능하게 하는지, 제1제대 국가에 대한 이해부족 또는 내전이 발생하는 국가들의 특징 때문인지는 불확실하다.

전형적인 내전에서 새로운 내전으로의 변화는 세 가지 측면에서 영향을 미치고 있다. 첫째는 새로운 내전이 잔혹하고 비인간적이며 또한 외부의 통제가 어렵다는 것이다. 분란주모자와 이에 대항하는 정부가 강대국의 통제하에 있을 때는 지원 강대국의 허용범위 내에서 행동이 제한을 받게 된다. 냉전기와 같은 강대국의 경쟁은 사라지고 억제를 가할 세력이 부재한 상태이다. 이는 특히 독재체제가 붕괴되고 사회의 고질적 취약점이 표출되는 국가에서 문제가 되고 있다.

두 번째 영향은 정책결정자들이 이와 같은 현상에 대해 정확한 개념적 이해가 부족한 상태에서 문제를 다루려 한다는 것이다. 게릴라전을 기본으로 하는 분란・대분란(insurgency-counterinsurgency)모델은 전형적인 분란에 적용될 수 있는데 정권장악 및 국민의 지지 획득을 도모하는 경우이다. 그러나 정권을 교체하려는 의지 없이 혼란만을 가중시키려는 분란에 대해서는 적용이 될 수 없다. 분란・대분란의 모델을 적용할 수 있는 유일한 경우는 외부의 개입이 없을 때이다. 만약 외부개입에 의한 분란이 시도된다면 이 모델은 성공할 수 없으며 결정적 역할을 할 수 없게 된다. 다른 하나의 모델은 평화유지 모델이다. 평화유지는 그 용어와 합리성 측면에서 적용 가능 여부를 보면 분쟁당사자 간의 평화라는 조건에 제한을 받게 된다. 교전지역에 적용될 경우 또는 자신의 목표달성을 위한 수단으로 전쟁을 택한 집단의 경우에 평화유지는 비극적인 결과를 가져올 수 있다.

세 번째 영향은 이러한 전쟁에 대응할 정책수립이 곤란하다는 것이다. 이러한 분쟁은 잘 알려지지 않은 지역에서 발생하는 경향이 있다. 냉전시대에는 제1제대국가들의 정보 노력은 공산주의 국가에 집중되었으며 그 외의 국가는 제외되었었는데 이제 새로운 내전이 이런 국가들에서 집중적으로 발생되고 있다. 그렇다면 내전에 대한 군사개입은 빨치산(partisan)작전을 수행하려는 의도가 없을지라도 항상 빨치산 효과를 보게 될 것이며 그와 같은 효과에 대해 정확히 이해하는 것이 정책결정에 도움이 될 것이다.

새로운 내전은 제1제대 국가의 전통적 이익이 거의 없는 지역에서 발생한다. 이익이 없는 곳에서 제1제대 국가가 군사력을 사용하고자 일차적인 제한요소인 국민을 적극적으로 설득한다는 것은 어려운 일이다. 미국이 소말리아 전투에서 얼마나 빨리 철수했는지를 보면 잘 알 수 있으며 이러한 경향은 보스니아 평화군을 파견할 때도 잘 나타났다.

미 9·11테러와 관련하여 새로은 전쟁의 형태와 성격을 감안한다면, 대량학살테러에 대하여 통상적인 전쟁전략으로 대응함에는 많은 어려움이 예상된다. 먼저, 보복전쟁의 정당성 문제이다. 인류보편성 차원에서 보복의 정당성은 충분히 인정될 수 있다. 그러나 전쟁방식에 있어서도 폭넓은 공감대가 형성되었는지에 대해서는 의문이 제기되고 있다.

둘째, 응징공격의 목표설정이 쉽지 않다는 점이다. 국제 테러조직은 일정지역에서 고정된 근거지를 중심으로 활동하는 대상이 아니다. 배후 지원세력으로 아프가니스탄의 탈레반 정권이 1차 공격목표이긴 하지만 탈레반 정권을 저거한다고 해서 국경을 초월한 기동성을 갖춘 국제 테러조직을 발본색원하기란 쉽지 않다. 오사마 빈 라덴의 조직은 초국가적 활동을 수행하는 다국적 요원으로 구성되어 전모가 불명확한 세계적인 네트워크를 형성하고 있다. 또한 무고한 민간인과 테러리스트를 명확히 구분하여 응징하기란 더욱 어려운 일이다.

셋째, 보복작전은 그 수위를 신중히 조절해야 한다. 전쟁급 군사 대응은 확전으로 비화될 수 있으며 열전이 확대되고 장기화되면 전비조달과 분담의 문제도 심각해질 것이다. 테러지원 국가에 대하여 전선을 확장할 경우에 대테러 전쟁에 참가한 연합국 간에도 이견이 노출될 가능성이 많다. 결국 테러전쟁의 수위를 높이게 되면 오히려 테러조직들이 바라보는 보복테러의 명분을 주게 되고 반미 이슬람연대를 형성될 수 있음을 고려하지 않을 수 없을 것이다.

넷째, 국제 테러리즘현상이 단기 군사작전으로 완치될 성질의 것이 아니라는 점이다. 테러행위는 마땅히 응징되어야 할 반문명적 범죄이지만 이러한 현상은 기본적 여건과 배경이 하루아침에 조성된 것이 아니라는 사실이다. 따라서 대테러 전쟁은 장기적이며 다차원적으로 추구되어야 할 성격의 전쟁으로 파악되어야 할 것이다.

제3절 국제 테러리즘과 매스미디어

1. 테러리즘과 미디어의 상관관계

정치적 테러리즘을 언론매체들이 세밀히 보도한다는 것은 대단히 신중을 기울여야 하는 문제이다. 상당수의 테러리스트들은 그들이 사용하는 폭탄제조법 또는 침입방법 등을 TV와 언론매체를 통해 흥미를 갖게 되었다고 보고하고 있다.

테러리즘의 보도를 자제하자는 움직임이 서구 방송계에 활발히 일고 있으며 이 같은 움직임은 최근 들어 지구촌 도처에서 테러리즘이 급증하고 있는데다 인공위성을 통한 전천후 현장중계 등 보도기술의 발달로 TV의 역기능 문제가 부각되면서부터 가속화되기 시작하였다. 즉 네트워크를 통한 테러리즘의 과열보도를 진정시키면서 동시에 테러리스트의 전략에 말려들지 않고 이를 시청자들에게 효과적으로 전달하자는 방안인 것이다.

매스미디어가 테러행위를 확산시킨다는 연구이론으로 '감염이론'(contagion theory)이 있다. 이 이론에 따르면 테러행위의 무절제한 보도 내지는 특종위주의 발표행위가 잠재적 테러행위를 현실에 끌어들임으로써 모방테러를 증가시키며 기존의 테러리스트들이 테러목적을 달성하기 위한 수단으로 미디어를 악용하고 있다고 본다.

테러리즘과 매스미디어의 '공생 관계론'까지도 제기되고 있는 상황에서 테러리스트들은 자신들의 활동이념과 주장을 전파함에 매스미디어를 활용하고 있으며 반면에 미디어는 테러사건을 확대·왜곡하여 무분별하게 보도함으로써 언론기관이 결과적으로 테러행위의 파급효과를 확산하고 있는 것이다. 이 이론은 모방테러가 빈발하는 작금의 국제사회에서 테러사건을 다루는 바람직한 언론보도 측면에서 시사점이 크다고 볼 수 있다.

"미디어는 테러리스트의 가장 좋은 친구"(The media are the terrorist's best friend)라는 라퀴에르(Laqueur)의 주장처럼 전자매체의 출현은 언론의 자유가 보장된 민주주의 사회에서 세인의 주목을 끌려는 현대의 테러리스트들에게 좋은 수단이 되어 왔다.[227] 유혈의 부산물을 낳는 테러리즘이 TV브라운관에 최근처럼 난무한 적도 없을 것이다. 미국의 국제전략연구소의 테러리즘 전문가인 케퍼맨(Kepperman)은 테러리즘이 국내외뉴스에 정치나 경제뉴스처럼 단골손님으로 등장하고 있음을 개탄하면서 테러리즘과 텔레비전 사이에는 언제나 공생적인 관계가 존재해 오고 있음을 지적하고 있다. 즉 테러리스트들의 공격, 하이재킹, 암살, 폭격 등은 언제나 뉴스감으로 안성맞춤이며 테러행위가 더욱 격렬하고 비인간적일수록 이를 수용하는 뉴스들도 더 강력하고 인상적이어서 이 점이 바로 테러리스트들이 원하고 바라는 것이다.

테러행위에 대한 TV의 적나라한 보도는 테러리스트의 존재를 인정받으려는 자신들의 행위에 '일체감'(identity)을 불러일으켜 성격이 비정상적이거나 광적인 자에게 역기능적인 자극을 제공한다는 것이다. 더구나 오늘날 국제사회에서 난무하는 테러행위는 60년대 초와 70년대의 단순한 폭파, 하이재킹, 살인행위와는 달리 그 규모와 성격 면에서 차원을 달리하며 오늘날의 국제 테러리즘은 저렴한 경비로 벌이는 낮은 강도의 전쟁양상을 띠고 있기 때문에 이는 다른 국가를 공격하는 데 더욱 효과적 전략으로 발전하고 있다.

과연 테러리즘의 미디어 보도와 테러리스트 사건의 성공과는 어느 정도의 관련성이 있는 것일까? 섀퍼트(Schaffert)는 정치적 테러리즘을 '정치목적 달성을 위해 공포를 최대화하고 상징적 표적물에 대항한 폭력의 유일한 형태의 범죄'로 정의하면서, 국제 테러리스트들과 그들의 잔학행위에 대해 서구의 뉴스미디어가 할애한 보도량과 테러

---

227) Yonah Alexander, "Terrorism, Media and the Police", *Journal of International Affairs* 32. No. 1. (Spring / Summer 1978), p.102.

리스트들이 그들의 요구조건에 대해 양보를 얻어내 성공을 성취한 것과의 관련성에 대해 경험적 분석(empirical analysis)을 시도했다.[228]

〈도표-12〉 바리케이드와 인질사건의 잔학행위 시 테러리스트 요구의 특성

요 구	횟 수
정치적 특성을 띤 요구	
안전통행	29
죄수 석방	28
정치적 망명	10
외교관계의 수립 또는 처벌	3
포위작전의 종결	3
대항테러단체의 체포 또는 처벌	2
인권침해 조사	2
추방된 사람의 본국 송환	1
조약의 실효	1
당국과의 대화	1
자치권	1
유대인 외교관과 군인의 추방	1
소계	82
정치적이고 사적 특성을 띤 요구	
여객기 제공과 급유	38
기자회견 또는 성명서 공표	7
몸값	7
공장 재가동	1
소계	53
총계	135

출처: R. W. Schaffert, "A Quantitative Analysis of the Relationship Between the Media and Terrorism", R. W. Schaffert(ed.), *Media Coverage and Political Terrorists: A Quantitative Analysis*(New York: Praeger, 1992), p.111.

분석 기간은 인질대치사건과 인질들에 대한 잔학행위가 가장 많았던 1978년 1월부터 81년 12월까지를 대상으로 하였다. 이 기간에 공중납치는 모두 20건이었고 인질로 잡힌 승객은 948명이었다.

---

228) R. W. Schaffert, "A Quantitative Analysis of the Relationship Between the Media and Terrorism", R. W. Schaffert(ed.), *Media Coverage and Political Terrorists: A Quantitative Analysis*(New York: Præger, 1992), pp.91-115.

따라서 이 기간 동안은 바리케이드와 인질사건의 잔학행위를 계량
적으로 분석하는 데 대표적인 기간이라 할 수 있다. 분석 신문으로
는 미국 뉴욕타임스, 영국 런던타임스, 독일 디벨트(Die Welt)의 3
개 지로 한정하였다. <표-12>는 테러리스트들의 요구 특성을 요
약한 것이다. 테러리스트들의 요구는 두 가지 범주로 나눌 수 있다.
하나는 정치적 요구의 특성을 지니는 범주로 이를 수용하기 위해
서는 정부가 나서야 된다. 다른 하나는 정치적이며 사적인 특성을
지니는 범주로 사적 부문의 실행과 함께 정부의 승인을 필요로 한다.

테러리스트 요구의 특성에 대한 분석을 보면 조사된 기간에 포
함된 135건의 요구들 중 61%는 성격상 엄격히 정치적인 요구였다.
여객기 제공과 급유를 요구하는 범주는 이러한 서비스를 이용할
수 있는 공항이 국가 소유이거나 국가가 통제하므로 정치적 부문
이 될 수도 있고 민간부문에 포함될 수도 있다.

만약 이 부문까지 정치적 범주로 묶는다면 테러리스트 요구 중
85%가 그 성격상 정치적인 것으로 분류될 수 있다. 반면 약 15%
는 정부와 민간부문에서 요구수용에 대한 승인을 필요로 하는 것
이었다.[229]

2. 테러리즘에 대한 미디어의 영향력

확실히 테러리즘은 TV적인 영상뉴스로 보도하기엔 안성맞춤이
다. 그러나 현대의 테러리즘은 그 규모, 강도, 극적 효과 등에서 과
거와는 차원을 달리하고 있는데다 추적보도의 어려움과 과열보도

---

229) 최효찬, 『테러리즘과 미디어』(서울: 커뮤니케이션북스, 1998), pp.261-262.

의 역기능도 심각한 문제로 대두되고 있다. 즉 테러리즘 발생 뉴스는 쉬우나 추적보도가 지극히 어려우며 막강한 언론기관도 테러집단의 정체를 파악하기가 힘든 것이다. 예를 들면, KAL기 납치의 주범인 소련이나 미얀마 아웅 산 테러사건의 주범인 북한을 상대로 현장을 취재한다는 것은 불가능하기 때문이다.

위기상황에서 TV요원들은 미화되지 아니한 객관적 보도를 함으로써 작전의 악화를 가하지 않도록 세심한 노력이 필요하며 언론들은 테러리스트들에게 수천만 달러에 상당하는 무료광고 효과를 낼 수 있는 보도를 하지 말고 테러리스트 자신들의 환상을 깨뜨려 주어야 할 것이다.[230]

테러리즘보도의 황금률을 아는 사람은 아무도 없다. 더구나 매스미디어 중심적인 테러리즘과 테러리즘 지향적인 매스미디어는 대중을 사로잡는 센세이셔널하고 충격적이며 예외적인 테러사건들 위에서 더욱 기성을 부리고 있다.[231] 인공위성의 동시중계에 살고 있는 국제사회는 "miniature camera"와 "megaphone"이라는 테러리즘의 다이내믹 속에서 상이한 변수들이 작용하고 있음을 상기해야 할 것이다. '한 명을 죽이고 만 명을 위협하라'(kill one, scare ten thousand) 는 테러리스트들의 슬로건은 이제 인공위성의 매체를 통해 한 명을 죽이면 10억의 인구를 공포와 위협으로 몰아가는 시대로 접어들었다.

현대의 매체기술은 테러리스트들이 자행하는 빈번한 테러 발생에 기여하고 있다. 왜냐하면 테러리스트들이 가지는 힘의 원천이 매스미디어 매체를 통해 그들의 목적하는 바를 즉각적으로 전달할

---

230) 하순봉(역), 전게역서, p.124.

231) Frederick. J. Hacker, *Crusaders, Criminals, Crazies*(W. W. Norton and Co., Inc., 1976); 임희섭(역), 『**우리시대의 테러리즘**』(서울: 중앙신서, 1981), p.216.

수 있으며, 이들 테러리스트들은 자신들의 공공성을 확보함으로써 전 세계적 각광을 받게 되는 행위를 의도하고 있기 때문에 이러한 연유로 국제 테러리즘이 극장에 비유되기도 한다.

제5장

핵 테러리즘과 사이버 테러리즘

제1절 핵과 테러리즘: 핵 광기의 국제정치

1. 핵 확산과 국제 테러리즘의 위험성

흔히 현대를 '테러리즘의 시대'라고 한다. '인간정신에 대한 강간'이라고 불리는 테러리즘은 폭력을 수단으로 하여 소기의 목적을 이루고자 하는 도구적 공격행위이다.[232] 테러리즘이 현대사회의 무서운 사회문제로 부각되는 이유 중의 하나는 그들에 의해 행해지는 파괴력의 정도가 가공할 규모로 커지고 그 위협 범위도 특정 개인이나 집단을 벗어나 국가나 국제사회를 대상으로 할 수 있게 되었다는 점이다. 이들 테러리스트들에게 핵무기가 주어질 경우 이를 상상해 보는 것만으로도 그 위협의 정도와 범위가 쉽게 이해될 수 있을 것이다.

냉전 종식 이후 핵무기, 화학·생물무기 등 대량살상무기와 그 운반수단인 미사일의 확산을 방지하고 궁극적으로 이를 폐기하기 위한 국제사회의 노력은 전략무기감축협정(START)과 관련된 제반 노력의 진행, 핵확산금지조약(NPT)의 무기한 연장, 전면핵실험금지조약(CTBT)의 체결, 화학무기금지협정(CWC)의 발효, 생물무기금지협약(BWC)검증의정서의 협상 등 괄목할 만한 성과를 거두고 있다. 그러나 국제사회의 활발한 군축 및 비확산 노력에도 불구하고 일부 국가들이 대량살상무기의 개발을 추진하고 있어 국제평화와 안정에 심각한 위협이 되고 있다. 인도와 파키스탄은 1998년 4월 이래 경쟁적으로 핵실험과 중·장거리 미사일 발사실험을 감행하고

---

232) Neil C. Livingstone, *The War Against Terrorism*(Tronto: Lexington Books, 1982), p. xi.

있다. 또한 북한, 이란도 1998년도에 장거리 탄도미사일을 시험 발사함으로써 국제사회의 우려를 고조시키고 있다.

미 국방부는 우방국들이 테러리스트들에 의해 자행된 대량파괴무기 공격으로 인하여 치명적 피해를 입지 않도록 하기 위해 사태관리에 관한 조언을 제공해 왔다. 이 사태관리는 동북아시아와 페르시아 만 지역에 주둔한 미군을 대량파괴무기로부터의 피해를 방지하기 위한 것이다. 또한 탄저균 예방접종 프로그램을 비롯한 해외주둔 병력의 보호조치를 위한 계획을 시행하고 있다.

이렇듯 많은 국가들이 핵, 미사일을 개발할 수 있는 수준까지 와 있으며 부품 또한 상업적 채널을 통하여 획득하고 있다. 특히 화학무기와 생물무기의 경우 제조가 쉽고 생산비용이 저렴하여 다수의 국가뿐 아니라 국제테러 집단들도 보유하고 있는 것으로 추정되어 세계안보에 큰 위협이 되고 있다.[233]

핵위협에 처한 국제사회에 살고 있는 현대인은 묵시적 상상력을 충동하는 도전들에 익숙해져 있는 듯하다. 그중에서도 핵 테러의 위협은 매우 심각한 것으로 보인다. 이러한 위협의 절박함은 테러리스트들에 의한 핵 파괴의 전망에 신뢰성이 존재하며 위험의 논쟁을 유발시키고 있다. 오늘날 지구촌에는 17개국 이상에 산재해 있는 핵무기가 국제 테러리스트들의 관심의 대상이 되고 있으며, 핵보유국의 수가 더욱 증가하고 있으며 50여 개 이상의 테러 집단들은 그들의 활동에 있어 핵 파괴의 시나리오를 가지고 있어 향후의 핵 테러 문제는 강대국 간의 전쟁뿐만 아니라 핵 테러 확산의 계기가 되고 있다.[234]

---

233) **국방백서** 2000(국방부, 2000), p.28.
234) 1969년 이래 미국의 핵시설에 대한 폭력사용의 위협이 175회나 있었다. 김철범(역),

향후 더 많은 국가들이 핵무기를 획득한다면, 핵전쟁의 확률은 증가하고 이에 따라 테러리스트들의 핵무기 탈취와 이를 사용할 기회는 더욱 증가할 것이다. 핵무기 확산의 복잡한 형태와 관련한 중요한 관점으로 먼저 1) 핵전력을 개발하는 초기단계의 과도기적 과정, 2) 핵무기를 획득하려는 제3세계 국가들의 특성, 3) 핵 테러의 노골적 공갈의 특징을 들 수 있다.[235]

신생 핵국가는 전력상 성숙한 핵국가들의 안보만큼 선제공격으로부터 안전하다고는 볼 수 없으며 결과적으로 각 국가들은 적국가의 핵전력을 파괴하기 위해서 선제타격을 해야 한다는 유혹의 위험성을 가지고 있다. 또한 이들 신생 핵국가에서의 지휘와 통제장치의 기술은 결코 완벽하지 못하다. 많은 제3세계의 잠재적 핵보유국들은 성숙한 핵강국들보다 안정된 정부를 갖지 못하고 있다. 결과적으로 이는 핵무기가 내전을 치르고 있는 내부의 민족적 조직이나 정치적 혼란을 이용하고 있는 테러조직의 수중에 떨어질 위험을 증대시키고 있는 것이다.

많은 제3세계의 잠재적 핵보유국들은 합리성이나 자제력이 취약하며 비타협적인 지역분쟁에 휘말려 있다. 제3세계의 많은 분쟁에서 나타나는 정치적 불안정, 종족 갈등 등의 위험들은 국가 간의 전쟁에서 핵무기의 사용 가능성을 더욱 고조시키고 있다.

핵 테러의 경우 테러리스트의 주장은 간단하고 위협적이며 '억지될 수 있는' 것이 아니라 오직 'ㅈ-살적'인 것이다. 그들은 적의 행위에 영향을 미칠 수 있는 모든 다른 수단을 포기하였기 때문에 테러리스트가 되었다. 핵무기를 가진 국가들이 핵공갈 또는 핵사용에

『세계정치론』(서울: 법문사, 1989), p.507.

235) 이은득, 『국제전략문제의 분석』(국방대학원, 2000), pp.227-231.

성공할 것이라는 주장에 명확한 증거는 없으나 핵무기를 가진 국가들은 핵무기의 보호에 많은 노력을 경주해 왔다. 향후 핵무기를 보유하는 국가들의 증가로 테러리스트들에게 핵무기를 도난당할 위험은 증대될 것이다.[236]

테러조직을 포함한 준국가 집단 또는 초국적 집단이 훔친 플루토늄이나 농축된 우라늄으로 독자적 핵폭발장치를 제조할 수 있는 능력을 가질 수 있다는 사실이 세인의 관심을 모으고 있다. 일반적으로 폭탄을 제조하는 데 기본적 요소는 핵물질의 획득이라 생각된다.[237] 중소국가를 포함한 테러집단이 플루토늄의 재처리와 재순환 및 원자력 연료 사이클의 주요 부분을 도입할 경우 많은 문제점을 발생시킬 가능성은 충분하다. 더욱이 플루토늄을 생산하는 고속증식로가 상업적으로 발전하는 추세에 따라 더욱 큰 두려움을 주고 있다.

인간은 차용된 시간과 허구의 연속 속에서 살아가고 있다. 작금의 인간은 핵 파괴의 공포와 점증하는 국제테러의 공포는 현대의 국제사회에 두 가지 공포가 겹친 최대의 공포라 하지 않을 수 없다.[238] 테러의 동기에 대한 견해도 다양하여 혹자는 핵시설 주위에 대한 안전책에 관심을 표명하는가 하면 어떤 사람들은 권위적인 사회통제방법의 부재로 안전대책이 이루어지지 않고 있다고 보기도 한다.

미국의 트루먼 대통령은 그의 회고록에서 향후 국제사회에서 비밀리에 제조된 핵무기가 한 국가나 집단에 의하여 예상치 않은 국

---

236) 상게서, p.230.

237) 김석용, "한국의 핵개발 문제에 관한 연구", 『국방연구』 제19권 2호(국방대학원, 1986), p.269.

238) 이태윤, "핵테러의 가능성 소고", 『평화』(군사문제연구소, 1989, 11), pp.92-93.

가와 사회에 무자비하게 사용될 시대가 올 것이라고 경고한 바가 있다. 최근까지 국가지원테러리즘이 증대해 왔고 핵보유의 능력을 가진 국가들이 증가해 왔으며 더욱 심각한 문제는 이들 국가들이 정치적으로 불안한 국가들로서 이들 국가들의 분쟁으로 인해 국제 정치관계에서 테러리스트들이 핵무기를 사용할 가능성이 높아지게 되었다.

프랭크(Forrest Frank)는 핵불법 행위의 동기에 대하여 1) 국가 간의 지나친 경쟁과 반목, 2) 시민전쟁, 테러리즘과 같은 집단파벌 간의 증오, 3) 자체적 또는 부수적 목표를 달성하기 위한 공포의 조성, 4) 금품요구의 공갈 및 향후 계속될 위협에 대한 신뢰성 수립을 위한 욕망, 5) 폭탄제조를 위한 특수 핵물질의 구입에 대한 욕망, 6) 테러, 살인, 공갈을 하기 위한 방사능 폐기물질 획득욕망, 7) 가학적 동기, 8) 극단적 자살 및 살인의 동기, 9) 선전효과, 10) 정신병적 동기 등을 들고 있다.[239]

갤럽연구의 한 전문가는 미소 간의 핵 테러와 관련하여 비참한 핵사고가 심히 우려되는 위기를 경그하면서 향후 테러리스트들은 핵발전소를 공격하여 이를 빌미로 정치적 협상을 요구할지 모르며 만약 그들이 실제로 핵폭발장치를 획득하게 되면 폭파 또는 폭파를 전제로 위협을 가할 것이다.

한편으로 정치테러리스트에 의해 자행될 위협의 동기에 초점을 맞추어보면 테러리스트들이 자신들의 목적을 위해 핵무기를 넣을 수 있으며, 비록 현재의 테러리스트들이 이러한 시도를 하지 않고 있다 하더라도 잠재적 정치테러분자, 정신이상자, 반핵극렬분자 등에 의하여 핵무기를 사용할 의도와 가능성은 간과할 수 없을 것이

---

239) Forrest Frank, pp.342-343.

다. 오늘날은 많은 기술적 지식들이 점차 공동의 영역으로 되어 가고 있으며 그로 인한 훈련된 기술자와 전문가들이 증가하여 과거에 비해 핵폭탄을 제조할 가능성은 더욱 커졌다 하겠다.

핵 테러리즘의 가능성을 예측함에 있어서 한 분석가는 잠재적 핵테러리스트의 행동근거가 될 수 있는 요인을 다음과 같이 파악하였다. 1) 어떠한 사주에 따라 행동하는 외국정권 또는 그 정보요원, 2) 공식적 재가 없이 군사행위를 하는 외국정부의 하부조직, 3) 국내의 파괴활동에 고용된 개인 또는 테러리스트, 무정부주의 단체, 4) 고도로 조직화된 범죄집단, 5) 정신질환자, 잠복기의 가학적 변태성욕자 및 살인 동기를 가진 자, 6) 고용된 청부업자 및 마약중독자, 7) 복수를 위한 문화예술 시설파괴주의자(vandalism)의 고용 등이다.[240]

핵전쟁이론에 포함된 우발적 요인은 극단의 불확실성의 영역이고 이 불확실성은 국내외적으로 모든 정치 분야의 이론적 분석과 예측에 있는 고전적 현상이다. 인명손실, 물리적 파괴, 물질적 회복의 비율을 그대로 받아들인다 하더라도 핵전쟁이 초래할 물질적 파괴에 대해 인간이 어떤 반응을 보일지에 대해서는 불확실할 수밖에 없는 것이다.[241]

미, 소, 영, 불과 같은 핵보유국은 역사가 깊고 큰 전쟁을 많이 경험하였으며 또 오랫동안 핵을 보유하여 왔으므로 핵무기 사용에 있어서 신중하고 책임 있게 행동할 가능성이 높으나, 이 같은 배경을 가지고 있지 못하는 신생국으로부터 신중하고 책임 있는 행동을 기대하기란 어렵다. 또한 핵보유국이 신중하고 책임 있게 행동

---

240) Forrest Frank, p.342.
241) 이호재(역), 『현대국제정치론』(서울: 법문사, 1987), p.27.

한다 하더라도 핵보유 수가 많으면 우발사고로 인해 핵전쟁이 발생할 확률은 높아질 수밖에 없는 것이다.

핵전쟁은 상호 전멸을 의미하기 때문에 상호 간에 전쟁이 발발할 경우, 핵전쟁은 재래식 전쟁에 의해서 해결되지 못할 것이며, 비핵보유국에서 전쟁이 발생할 경우에도 직접적인 개입을 피하려할 것이다. 전자의 경우 재래식 전쟁이 핵전쟁으로 발전할 가능성이 있고 후자의 경우에는 비핵보유국 간의 전쟁이 핵보유국 간의 전쟁으로 확대될 가능성이 높기 때문이다.[242]

이러한 에스컬레이션 효과는 핵보유국으로 하여금 전쟁이 아닌 방법으로 같은 목적을 달성하도록 만들 것이다. 예컨대, 핵보유국이 비핵보유국을 자기 지배하에 두려 할 때 무력을 사용하지 않고 비핵보유국가들의 반정부세력에게 원조를 제공하여 정부를 전복하게 함으로써 같은 목적을 달성할 수 있을 것이다. 제2차 세계대전 후에도 미소가 자기세력권을 확장하기 위하여 반정부 게릴라부대, 민족해방운동, 군사쿠데타, 테러집단 등을 지지한 사례가 급증한 것은 이를 잘 말해 준다.[243]

현대 핵전의 무서운 잠재적 파괴력, 재래전, 혁명전 및 준재래전 등의 문제를 파악함에 있어 다양한 형태의 전쟁들의 파괴성은 이성적인 희망을 앗아가기에 충분하다. 따라서 전쟁폭발의 가능성이 우리를 엄습하고 있는 이때에 핵과 관련한 테러리즘의 연구는 결코 아무리 서둘러도 빠르지 않을 것이다.

거대한 핵의 출현 이래 전쟁의 군사적, 기술적 수단은 그 파괴력을 대단위화하였으며[244] 만일 현대의 핵전쟁수단이 동원된다면 전

---

242) 박상식, 『국제정치학』(서울: 집문당, 1987), p.284.
243) Alex Schmid, p.101.

세계 인구는 20여 회나 살육을 되풀이 당할 것이며 살아남은 자가 죽은 자를 부러워하는 상황이 나타날 것이다. 2차 세계대전 후 궁극무기인 핵의 등장은 전쟁연구에 새롭고 의미심장한 국면을 가중시키는 결과를 낳았으며 핵전쟁에서는 패자와 더불어 승자도 공멸하는 공포의 딜레마에 빠져 있는 것이 오늘의 국제정치의 현실이다. 이러한 핵전하의 고민을 키신저는 '프로메테우스'(prometheus)의 불에 비유하고 있다.[245]

핵무기의 출현과 전자무기의 경이적 발달이 가져온 선제공격의 유혹은 재래식 전쟁이 핵전쟁으로 확대되는 에스컬레이션(escalation)의 우려를 가져왔고[246] 소규모적인 국지전, 대리전, 소모전이 전면전으로 에스컬레이션될 가능성도 충분히 상정할 수 있다.[247]

현대의 테러리즘은 사회적, 기술적 변화의 영향으로 집단들이 핵무기의 획득이 쉬워졌으며 핵 확산문제는 핵시설들이 테러리스트들에게 분명히 취약하기 때문에 더욱 복잡하고 이러한 문제점들은 본질적으로 정치적으로 나타날 것이라고 던(Dunn)은 주장한다.[248] 또한 컴퓨터화된 군사체제의 결함은 '우발전쟁'의 가능성도 빈번하게 제기하고 있다. 제3의 요인에 의해 촉진된 촉매적인 전쟁, 핵무기의 독단적 사용, 심리적 오류, 잘못 해석된 정보, 국부적 분쟁의

---

244) 최영, 『현대핵전이론』(서울: 일지사, 1987), p.9.

245) Henry A. Kissinger, *Nuclear Weapons and Foreign Policy*(New York: Doubleday Anchor Company, 1958), p.65.

246) 김순규, 『신국제정치론』(서울: 박영사, 1988), p.349.

247) 소규모 국지전, 대리전, 소모전이 전면적으로 에스컬레이트되는 경우, 전면전으로 확대될 확률의 산정공식은 $P = 1 + (1-p1)(1-p2)(1-p3)\cdots(1-pn)$
P = 전면전으로 확대되는 평균 확률, p1, p2, p3$\cdots$pn = 분쟁의 도에 따라 전면전이 될 확률, 이때 국지전 1건의 위험률은 20%, 5건은 70%, 10건은 90%의 전면전 위험률로 증대된다.

248) 김철범 역, 전게서, p.392.

통제 불가능한 확대로 인한 전쟁의 시작이 그것이다.

군사적 위협에 첨단 기술적 방법으로 군대를 유지해 온 미국은 방위체계가 동서분쟁에 지나치게 치중한 나머지 기타의 분야에서는 대응력에 심각한 제한을 받고 있다는 것이다. 즉 각종 분쟁과 테러공격에 대한 미국의 대응력이 정보의 빈약으로 취약상태에 있다는 것이다. 제2차 세계대전 이후 발생한 150여 건의 각종 분쟁 중 거의 모두가 테러리즘을 포함한 저강도 분쟁이었으며 향후도 세계의 지배적인 전쟁의 유형은 비재래식 전쟁이 될 것이라고 분석한다.

핵무기는 그 파괴력의 성격으로 인하여 힘의 불균형을 따질 수 없게 만들었다. 그러나 공포의 균형에 의하여 전쟁이 완전히 불가능하게 된 것은 아니다. 논리적으로 만약 핵전쟁이 불가능하다면 핵의 위협에 대해 겁낼 필요가 없게 될 것이라는 결론에 닿게 된다. 그리고 현실적으로 보더라도 그러한 균형이 완전한 것은 아니거니와 핵전쟁의 득실이 엄격하게 평가되는 것도 아니다. 이러한 이유들 때문에 아직도 핵시대에 여러 가지 전략이 가능한 것이며, 특히 초강대국 간의 직접적인 핵전쟁을 제외한다면 통상병기를 통한 국지전, 핵을 통한 국지방위, 제한적 핵보복, 대량보복 등이 구사될 수 있는 것이다. 또한 강대국이 약소세력을 핵력으로 제압하는 것이 반드시 비합리적인 것은 아니라는 계산도 가능하다. 그뿐 아니라 핵공갈이 구사되고 있다는 사실은 핵무기의 사용이 가능하다고 판단하고 있다는 증거이기도 하다.[249]

미국은 동아시아 전략을 구상함에 미국의 이해 및 공약을 위협

---

249) 노재봉, "현대전쟁 체계와 평화", 이호재(편), 『한반도 평화론』(서울: 법문사, 1989), pp.162-163.

할 수 있는 각종 분쟁의 돌발사태에 대비하고 있다. 미 국무성 전문가들은 동북아에서 발생 가능한 군사적 위기와 한국의 핵무장 등에 대한 시나리오에서 테러리즘과 관련하여 1) 납치와 스카이 재킹, 2) 방화와 살인, 3) 대대적인 경제태업, 4) 테러리스트에 의한 핵위협, 5) 사회적 갈등으로 인한 미국시민의 위험을 상정하고 있다.[250] 또한 여러 보도를 통해 알려지고 있듯이 핵물질의 거래는 일부 제3세계 국가들의 핵무기개발계획에 큰 도움을 주고 있으며 국제 테러리즘을 지원해 온 이란, 이라크, 시리아, 리비아, 북한 등은 핵무기의 제조의사를 갖기 시작한 듯하며 이란과 이라크는 이란·이라크전쟁에서 생화학무기를 사용하여 4천 명의 주민을 살상하여 국제사회에 큰 충격을 준 바 있다.

국제사회에서 핵 테러리즘의 가능성은 보다 문제시되어 테러리스트들에 의한 '핵공갈'은 간과할 수 없게 되었다. 현대사회는 핵 프로그램이 팽창되면서 무기를 제조하기 위한 핵물질을 구하기가 쉬워졌고 폭발적인 핵연료의 상업적 거래 역시 이를 더욱 고무시키고 있다.

핵시대의 전쟁의 지역적 분산화는 복잡하고 다양한 성격의 대립 양상과 함께 어울려져 있다. 전쟁체계는 대단히 복잡하고 또한 불안정하다. 우선 핵문제만 하더라도 비핵국가의 핵보호가 언제까지 보장될 수 있을 것이며 결정적인 이해관계를 가지고 있는 어느 국가 또는 지역에서 전쟁이 발생할 때 핵보유국이 자국의 위험을 무릅쓰고라도 지원을 할지 등의 무제가 등장한다. 만약 강대국들이 상호 자멸의 길을 택하지 않는다면 평화는 가능할지 모르나 세계적인 전선에 걸쳐 핵세력을 포함한 또는 하지 않은 국지적이고 비

---

250) 고승우, 『핵무기와 한반도』(서울: 아침, 1985), p.23.

핵적인 전쟁의 대립의 가능성은 배제되지 않고 있다.

오늘날의 분쟁은 초강대국의 전쟁목표가 과거와 같이 영토를 획득하거나 인력을 확보하는 데 있지 않고 동시에 상호 간의 직접적인 충돌을 회피하고 있어서 좀처럼 무력에 의한 대립이 해소되지도 않거니와 쉽게 협상으로 종결되지도 않는다.

2. 핵 테러의 발생 가능성

핵 테러에 의한 대형사고는 아직 발생하지 않았지만 미국의 핵통제위원회(United States Nuclear Regulatory Commission)는 핵의 안전성 연구를 강조하면서 각국의 단순한 핵시설의 관리가 아닌 정치문제로서의 대두를 염려하고 있다.[251] 핵 확산의 문제는 본질적으로 국가안보의 문제로 핵시설은 무기로 사용될 수 있는 고농도 우라늄과 플루토늄을 생산한다. 이미 제조된 양으로도 테러집단들이 핵폭탄을 제조하기에는 충분하며 전문가들은 현재 핵발전소를 가동하거나 건설 중인 국가의 약 1/3이 제3세계에 있음을 주시하고 있다.

핵전문가들은 핵산업에 종사하는 기술자들에 대하여 테러 가능성에 상당한 위험성을 가지고 있다는 데 동의하고 있으며 핵원자력의 시설은 테러리스트들의 표적이 될 수 있으며 미래의 새로운 양상은 테러리스트들이 향후 원자력에 의존하게 될 것이며 많은 시설과 핵산업의 확산이 테러리스트들에게 매력적인 목표가 되어가고 있음을 경고하고 있다.[252]

---

251) 김철범(역), 전게서, p.390.

핵시설이 테러리스트들에게 매력적 목표가 되는 것은 이들 시설들이 국가발전의 상징적 목표물이기 때문이며 또한 개발도상국가에 있어서 외국자본에 의해 설립된 핵시설은 제국주의의 상징이 될 수도 있기 때문이다.[253] 또한 대도시 근처에 핵발전소가 위치한다면 테러범에게는 효과적으로 도시 전체를 혼란에 빠뜨릴 수도 있는 동기를 제공할 것이다.

미래의 국제사회에서는 테러리스트들이 국가대리전의 한 형태로 고용될 수 있으며 특히 핵을 보유한 국가들의 증가와 관련하여 정치불안의 시대에 테러리스트들의 행동은 더욱 염려가 고조되는 분야이다. 핵산업이 확산되고 사고의 치명적인 위험에 대해 미리 알고 사소한 부문에서부터 장차 예상되는 사건에 대해 추리할 수 있다면 이는 실로 값진 일일 것이다. 향후 테러리스트들은 핵시설을 점거하여 이를 빌미로 협상을 요구할지도 모를 일이며 또 그들이 실제로 핵장치의 무기를 획득하게 된다면 이를 전제로 핵 위협을 가할지 모를 일이다.[254]

오늘날 핵 테러리즘의 위협이 증가하는 이유는 1) 테러리스트들 간의 협력으로 인한 핵무기 획득 가능성의 증대, 2) 자금과 기술을 통한 핵무기 개발설계의 용이, 3) 개인적 핵무기 소유 및 국경을 초월한 핵무기 거래망의 구축, 4) 핵발전소의 사보타지 및 기술보급 확대, 5) 핵공격 전의 준비와 공격 후의 피난처 제공의 상호 협력이 가능하기 때문이다.

---

252) Michel Flood, "Nuclear Sabotage", pp.123-124.

253) *Ibid.*, p.125.

254) 핵 테러의 잠재적 위험을 다룬 논문으로는 R. W. Mengle, "Terrorism and New Technologies of Destruction: Overview of the Potential Risk", *Study in Nuclear Terrorism*. pp.189-246 참고.

핵 테러리즘의 형태와 관련하여 세 가지의 변수가 고려되어야 한다. 첫째, 핵폭발물 또는 방사능무기의 제작 및 핵시설 공격에 필요한 전문기술 정도, 둘째, 잠재적 테러리스트의 핵물질에 대한 접근 정도, 즉 과학용 기구, 핵원자, 핵폐기물 처리시설 등에서는 방사능기구로 사용이 가능한 물질을 획득할 수 있기 때문이다. 셋째, 정치적 경제적 목적을 달성하기 위한 테러리스트의 동기부여이다.

테러리스트들의 핵무기 획득위험과 관련하여 두 가지로 대별할 수 있다. 즉 핵무기 접근에 따른 획득위험도(risk in acquisition)와 임무 수행상 부딪히는 수행위험도(risk in implementation)가 그것이다. 획득위험도는 인원, 기술, 장비, 재료를 포함하여 필요한 물자를 획득할 때의 위험도를 측정하는 것이다. 왜냐하면 화생방 및 핵과 같이 고도의 위험이 따르는 무기를 획득함에는 높은 위험이 따르기 때문이다. 또한 핵물질과 같은 테러용 물자를 비축할 경우 탐지의 위험성이 높으며 테러리스트들이 장시간 시간을 두고 범행을 고려할 것이기 때문에 개인의 안전 또한 지속적인 관심사다. 따라서 핵 테러 무기의 획득위험성은 재래의 테러보다 높은 위험성을 갖는다.

<표-13>은 핵 테러 무기 획득의 위험도와 매력도의 상관관계를 나타낸 것으로 고도의 위험이 따르는 핵 테러 무기라 할지라도 유혹도가 낮다면 수행상의 위험도 또한 낮다고 할 수 있다. 일반적으로 테러리스트들은 위험을 고려하여 매력도가 낮고 위험도가 높은 목표를 공격하려 하지 않을 것이며, 매력도가 높고 위험도가 낮은 목표를 가장 이상적으로 생각할 것이다. 통상적으로 테러리스트들은 가장 이상적인 경우와 최악의 경우인 중간 지점을 선택하여 그들의 목적을 달성하고자 한다. 특히 폭탄테러의 경우 테러리스트들

은 위험도를 줄이기 위해 목표의 수준을 낮추게 된다.[255]

　핵 테러의 위험성과 관련하여 두 가지 요소가 고려된다. 먼저, 목표의 획득 가능성이 낮고 수행상 위험이 많이 따를 경우, 직접적 수행보다는 위협으로 몰고 갈 가능성이 크다. 반면에 목표의 획득 가능성이 높고 수행상 위험도가 낮을 경우에는 직접적인 실행을 할 가능성이 높다.[256]

〈도표-13〉 핵 테러리즘의 위험도와·유혹도의 상관관계

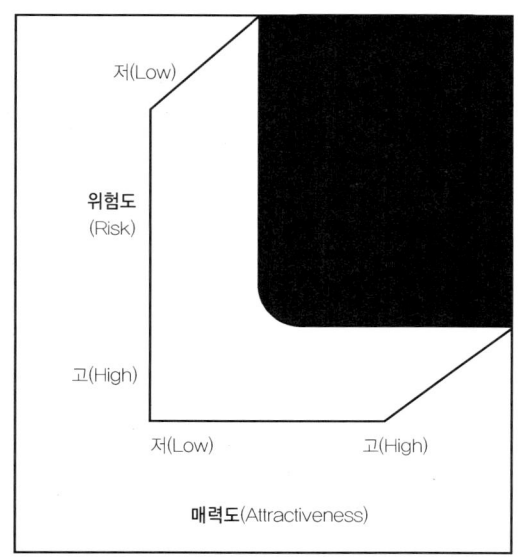

출처: Augusts R. Norton and Martin H. Greenberg(eds.) *Studies in Nuclear Terrorism*(Boston, Massachusetts G. K. Hall and Co., 1979), p.207.

　한편으로 핵무기에 대한 유혹도가 높은 경우에만 상대적으로 높

255) R. W. Mengle, "Terrorism and New Technologies of Destruction: Overview of the Potential Risk", *Study in Nuclear Terrorism*, p.222.

256) *Ibid.*, p.222.

은 위험이 따른다. 즉 테러용 핵무기가 높은 위험 속에서 획득될 때, 매력도는 무한히 증대하기 때문에 급한 곡선으로 상승하게 된다. 따라서 고도의 핵 테러 무기를 획득하고 이를 사용하려는 테러리스트들에게는 선제적 위험이 크다고 할 수 있다. 코헨(B. Cohen)은 테러리스트들은 자신의 위험 때문에 쉽고 위험부담이 적은 무기를 사용할 것이며 예를 들어, 독가스나 네이팜탄 등을 사용하여 주택을 파괴하며 식수의 오염 등을 그 대상으로 상정하고 있다.[257]

오늘날 핵 테러리즘은 아주 중요한 전략의 도구가 되어 가고 있으며[258] 이는 또한 전 세계적인 현상이다. 테러리즘의 근본적 본질은 폭력에 의한 파괴로부터 정신적 반의를 창출시켜 정부의 무능을 간파하여 불안정을 유발케 하는 전략이다.[259] 다양한 국제정치적 상황에서 보복의 일환으로 핵 테러의 사용은 충분히 가능한 것이며 행동보다는 위협으로서 더욱 매력적이다. 향후에는 확실히 예기치 못할 형태의 핵 테러리즘의 행위가 출현할 것이다.

국제 핵 테러의 공포는 이제 1,500여 곳의 핵무기저장소와 취약지역으로 간주되는 NATO지역의 100개의 장소와 한국 등이 현실적으로 지적되고 있다.[260] 만약 1KT의 폭발력을 가진 하나의 작은 무기가 테러집단의 수중에 들어간다면 세계는 핵공포의 위험 아래 전율할 것이며 최근에는 도수운반이 가능한 'SA-7' 또는 'Red eye' 같은 대공미사일이 테러리스트들에 의해 암시장이나 무책임한 정부를 통해 거래가 가능하게 될 것이다.[261]

---

257) Bernard L. Cohen, "The Potentialities of Terrorism", p.117.

258) Martha C. Hutchinson, "Defining Future Threats: Terrorist and Nuclear Proliferation", p.149.

259) *Ibid.*, p.152.

260) Loyed Norman, "Our Nuclear Weapons Site: Next Target of Terrorist?" p.85.

테러리즘은 비록 그것이 개별적인 희생자를 낳지만 국제사회 전반에 걸쳐 공포를 갖도록 조정 고안되는 것이며 이는 테러리스트의 힘의 원천이며 그들이 폭력적 도전을 전달하는 매개체가 된다. 또한 국제테러는 무차별성의 요소를 가지고 있어 정규전에서 비전투원의 고의적인 살육이 허용되지 않는 반면, 국제사회에서의 테러의 희생자는 무고한 민간인인 것이다.[262]

비록 현대의 국제 테러리즘이 현대의 산물은 아니지만 국제사회에서의 테러리즘 현상은 무질서로부터 야기되어 신비스러운 공격의 마력과 폭력적 모습으로 국내·국제분쟁을 해결하기 위한 수단으로 발전하고 있다.[263] 국제 테러리즘의 뿌리를 더듬어 올라가면 결국은 강대국 간의 정치적, 경제적, 종교적 대결의 메커니즘에 연결된다는 점에서 그 해결이 더욱 복잡하고 어렵다.

현대의 국제 테러리스트들은 조직, 이념, 전술의 상호 관계 등의 제반형태에 있어서 과거와는 달리 정보의 초국적 교류의 특징을 가지고 있다.[264] 특히 운송수단과 교통수단의 발전 및 교육수준 향상에 의해 나타난 정보통신의 범세계적 복합적 구조는 타 세계의 사람들에게 문제를 보는 인식과 태도, 두려움과 기대, 사물의 관찰에 대해 중대한 영향을 미치게 되었다. 더욱이 폭력정보의 국제적 교류 확대는 폭력의 수준을 높이고 규모를 확대시키며 잔인성을 더욱 확대시켜 복합적 작용을 하게 한다. 또한 정보의 범세계적 교류는 테러리스트들을 충동시켜 외부세계에서 획득한 전략적, 전술적, 이념적 지식을 제공하고 폭파, 인질, 납치 기술 등의 정보를 제

261) 이선호, 『국가안보전략론』(서울: 정우당, 1990), p.487.
262) Schmid, pp.79-80.
263) 김철범, 전게서, p.503.
264) 임희섭(역), 전게서, p.221.

공한다.265)

불행하게도 다른 정책문제와는 달리 이 분야에서는 실험을 위한 허용범위도 없고 효과적인 안전보호 정책도 없는 실정이어서 우리는 핵 테러리즘의 발생 가능성이 낮을지라도 그 위험을 최소화함에 노력의 많은 부분을 투자해야 할 것이다.

생물학 테러리즘(biological terrorism) 논쟁은 아직은 다분히 이론적이다. 왜냐하면 테러리스트들이 생물학 무기를 개발하여 관리하기도 어려우며 기술적 한계 때문이다. 테러리스트와 깡패국가가 핵무기와 생물학 무기의 사용을 극복한다면 테러리스트들을 고무시킬 것이며 이러한 무기처럼 매력적인 무기도 없을 것이다. 생물학 테러리즘이 사회문제의 이슈로 부상하는 까닭은 종래의 테러가 정치적 동기에서 비롯되었지만 오늘날은 오로지 불특정 다수의 시민 살상을 목적으로 하는 테러리스트들이 세계 도처에 산재해 있고 생물학 무기의 출현으로 테러행위의 양상이 바뀌고 있기 때문이다. 오늘날은 생물학 무기가 테러리스트의 수중에 넘어감에 따라 전쟁터의 군인보다는 민간인의 보호를 위한 기술의 개발이 급선무가 되고 있다.266)

생물학적 테러리즘은 '잠재적인 사회 붕괴의 의도를 가지고 바이러스, 세균, 곰팡이, 생물학적 독소를 이용하여 살상을 하거나 사람, 동물, 기타 식물에 질병을 일으키는 것을 목적으로 하는 행위'로 정의된다. 생물학적 무기 사용 시 예상되는 심리적 반응으로는

---

265) A. S. Redlick, "The Transnational Flow of International as Causes of Terrorism", in Y. Alexander, D. Carlton and P. Wilkinson, eds., *Terrorism: Theory and Practice* (Boulder, Colorado: Westview Print, 1979), pp.73-95.

266) 탄저균의 경우, 100㎏을 살포할 경우 100-300만을 살상할 수 있으며 이는 1메가톤에 해당하는 살상능력이다.

1) 공포(horror), 2) 분노(anger), 3) 공포(panic), 4) 세균 및 바이러스
에 대한 마술적 사고, 5) 보이지 않는 병원체에 대한 공포, 6) 테러
집단 및 정부에 대한 분노, 7) 감염에 대한 공포, 8) 편집증, 9) 사
회적 고립과 도덕성의 와해, 10) 사회시스템에 대한 신뢰성 상실
등이다.[267]

생물학 테러리즘은 비용이 적게 들기 때문에 전략적 무기로 개
발이 추진되고 있다. 유전공학의 발달로 탄저균, 천연두, 콜레라균
등의 개발이 용이해짐에 따라 생물학 무기는 요인암살, 폭동테러
진압행위 등 그 사용의 개연성이 농후해지고 있다.[268]

9·11테러 대참사 이후 백색의 탄저균 공포가 세계를 뒤흔든 적
이 있다. 생화학무기는 가난한 자들의 핵무기로 불린다. 제1차 세
계대전 때 발생한 천연두로 죽은 미국인과 유럽인이 전쟁으로 죽
은 인구보다 더 많았음을 고려할 때 세균이 전쟁의 수단으로 사용
된다면 그 영향은 가히 천문학적일 것이다.

제2절 핵물질의 도난과 핵 테러 징후

"21 세기의 테러는 20세기와 크게 다를 수 있다."고 예측한 전망
을 입증이라도 하려는 듯 일단의 국제 테러리스트들은 2001년 9월

---

267) 생물학 무기의 개발동향과 대응체계의 구축에 대해서는 다음 논문을 참조. 강명근, "생
물무기에 의한 공격위협의 현황과 대비 및 대응방안의 모색", 정우영, "화학 및 생물무
기 테러 대응정책", Pat Smoak and David G. Shoffner, "The U.S Domestic Preparedness
Program: Responding to the Threat of Weapons of Mas Destruction Terrorism", Bachar
Abraham, "The Civil Defense in Israel", 『화생방무기의 국제적 위협실태 및 대처방안』,
제11회 화랑대 국제 심포지움 논문집, (육군사관학교, 2001), pp.1-83.

268) htt: //www. Donga.com/magazine/07/10/htm(검색일: 2001. 6. 8)

11일 승객을 태운 민간 항공기를 이용하여 가미가제식 공습을 감행함으로써 수천 명의 인명을 앗아가고 자유 시장 경제의 표상이자 뉴욕 항 스카이라인의 중심이었던 뉴욕 쌍둥이 마천루를 삼켜버렸다.[269]

1990년대 초까지만 해도 국제 퀘러분자들의 행동은 아주 전통적인 것이었다. 테러리스트들의 목표는 엄격히 말해서 정치적이었고 매우 한정되어 있었다. 즉 어떤 그룹으로부터 오는 정치적 억압과 불공평을 시정하고 소수민족의 국가독립을 쟁취목표로 하고 있었다. 그러한 공격적 행위를 하는 테러 그룹들도 일반적으로 자신들의 행위를 각색하였고, 계획된 정치적 효과를 만들어 내기 위해 대중의 호응을 필요로 하였다. 더욱 중요한 것은 테러분자들의 행동이 일정 범위 내에서 제한되었다는 것이다.

전통적 테러분자들은 그들의 목표를 공격함에 있어 살상과 파괴의 범위를 선별하였고 대량살상을 제한하였다. 그들의 목적은 많은 사람의 시선을 집중시키고 주의를 기울이게 하여 정치적 목적을 달성하는 것이었지 대량으로 인명을 살상하는 것은 아니었다.[270] 따라서 전통적 테러에 의해 죽은 사람은 소수에 불과하였다.

전대미문의 2001년 9·11 테러는 3,235명의 인원을 희생시켰으며 이는 테러사고상 세계적으로 가장 많이 사망한 숫자로 집계되었다. 오늘날 국제사회에서 테러리즘은 강력한 국가에 대항하는 약자의 무기이기도 하다. 왜냐하면 미국은 군사적으로 너무나 막강하여 비국가 행위자(non-state actor) 또는 국가들까지도 직접적으로

---

269) CC. Combs, Terrorism in the Twenty-first Century, (Prentice-Hall, 1997) 참조.

270) Brian Jenkins, International Terrorism and World Security, reprinted in Robert J. Art and Kenneth N. Waltz, eds., The Use of Force, 5th ed. (Boulder, Colo.: Rowman and Littlefield, 1999), p.72.

미국에 대적할 수 없기 때문에 비대칭수단으로 대항할 수밖에 없기 때문이다.[271]

테러의 역사는 인류의 역사와 같이해 왔지만 현대사회의 복잡성과 기술의 발전에 따라 그 발생의 빈도가 증가하고 파괴력 또한 도를 더하고 있다. 따라서 과거에는 테러의 수단으로 '생각하지 못할 무기(unthinkable weapon)'로 간주되던 ABC(atomic, biological, chemical)[272] 무기가 테러에 적용될 가능성이 증대되고 있으며 실제로 9 · 11 테러사태에 이어 탄저균을 함유한 백색가루가 든 우편물이 배달되어 미국을 공포의 도가니로 몰아넣기도 하였다. 이러한 일련의 사건 이후 미국은 미국의 국토보안(homeland security) 사업에 핵 테러를 포함한 대량살상무기의 문제를 중요한 의제로 포함시키기도 하였다.[273]

9 · 11 당시 도중 추락한 한 대의 항공기의 타격 표적이 원자력발전소였을 가능성이 제기된 바도 있어 이후 미국은 원자력 발전소에 대한 보안체제를 더욱 강화하고 있다. 핵무기에 의한 테러의 위협은 결코 그렇게 먼 곳에 있는 것이 아니며 비국가 행위자에 의한 21세기의 위협은 핵에 의한 위협이 될 것이라고 전문가들은 전망하고 있다.[274]

또한 이미 알려진 몇몇 사례는 핵 및 방사능 테러의 잠재적 가능성을 확인시켜 주고 있다. 1995년 11월 모스크바에 체첸반군이 Izmailovsky 공원에 방사능폭탄을 묻어 두었다고 TV방송국에 통보하였으며 실제로 방사능 세슘을 내장한 폭탄이 발굴된 바 있다.

---

271) 김동신(역), 『미국의 대전략』(나남출판사, 2005), p.47.

272) Atomic을 nuclear로 대체하여 NBC라고도 표기함

273) National Homeland Security Knowledgebase(http://www.twotigersonline.com/resource.html).

274) F. Barnaby, How Nuclear Weapons Spread, Chapt. 18, Nuclear proliferation to sub-national group, (Routledge, London, 1993).

2003년 1월에는 아프가니스탄에서 알 카에다 방사능폭탄 설계도가 발견되었고 체포된 알 카에다 요원도 그러한 폭탄이 있었다고 언급하였으나 아직은 발견을 하지 못한 상황이다.[275]

미국이 실전에 배치하고 있는 핵무기는 5,200개이며 비축까지 포함하면 1만 350개로 알려져 있다. 북한은 6-8개쯤 될 것이라는 추정이 많다. 이를 수적으로 비교하면 그야말로 천양지차다. 그러나 실제로 위협감은 비슷하다는 것이 학자들의 주장이다. 그들은 그 이유를 탈냉전시대의 핵무기 국제정치학에서 찾고 있다.

즉 탈냉전시대에는 '핵 광기'(狂氣)가 핵 공포의 크기를 결정한다는 것이다. 핵보유국이 핵무기를 실제로 사용하거나 테러리스트들에게 팔 수 있다는 광기를 어떻게 심어주느냐에 따라 공포감의 정도가 달라진다는 뜻이다. '핵무기 저장소'의 크기로 국제무대에서의 힘과 권위가 결정되던 냉전시대의 논리가 더 이상 적용되지 않는다는 것이다.

뉴욕타임스는 이러한 관점에서 북한의 핵무기 6-8개가 미국의 핵무기와 맞먹을 수 있는 위력을 가지고 있으며 이런 이유로 전 세계 핵무기의 95%를 수중에 갖고 있는 미국과 러시아가 북한의 핵 개발에 절절매고 있는 것이다.[276]

북한이 실제로 핵무기 실험에 나서서 1개를 사용한다면 보유 핵무기 가운데 10% 이상을 실험용으로 써버리는 셈이다. 그러나 핵 실험이 성공하면 나머지 핵무기의 '정치적 무게'를 높여주기 때문에 결코 손해 보는 장사가 아니라는 설명이 가능하다.

---

275) 이재기, "방사능테러의 특질과 위협 그리고 대책", 『**대테러연구논총**』 제1호, (국가정보원, 2004), p.244.

276) 동아일보, 2005. 5. 10.

북한의 핵무기가 한두 개뿐일 때는 실험용이나 수출용으로 쓸 여력이 없겠지만 6~8개가 되면 '잉여 핵무기'를 보유한다는 의미가 된다. 이러한 잉여 핵무기는 곧바로 실험 또는 수출로 이어질 수 있다.

미국 정부는 극단주의자들의 핵무기 테러 가능성에 대하여 심각하게 우려하고 있으며 9·11테러 이후 테러리스트들에 의한 핵무기를 비롯한 대량살상무기 테러를 조금도 의심하지 않고 있다.

국제원자력기구(IAEA)는 자살공격도 서슴지 않는 테러범들의 태도로 인해 9·11테러 이후 핵 테러 위협이 훨씬 증대되고 있다고 경고하였다. 향후 테러리스트들은 9·11테러 방식처럼 항공기를 원자력 발전소에 충돌시키거나, 재래식 폭탄에 방사능 물질을 채운 '더러운 폭탄'(dirty bomb)을 폭발시킬 가능성을 논의하고 세계 각국에 환기시킬 계획이다. 나아가 잉여 방사능 물질의 추적, 제거 방안 등 일련의 대테러 방안들을 구체화할 계획이다.

미국의 심장부에서 발생했던 9·11테러 사건은 결코 강 건너 불이 아니다. 모든 것이 불확실해진 포스트 냉전시대에서 우리도 언제 어떤 형태로 테러의 위협에 노출될지 모른다. 어쩌면 미래의 '3차 대전'의 모습은 국가와 국가 간의 재래식 정규 전쟁이 아닌 예측할 수 없는 소수의 상대방으로부터 날아오는 물리적, 사이버적, 그리고 최악의 핵 테러와의 전쟁이 될지도 모를 일이다.

핵 테러 위협은 현실적으로 크게 두 가지로 대별될 수 있다. 첫째, 그 가능성이 낮긴 하지만 실제로 대규모 파괴력을 지닌 핵폭발이 발생하는 것이다. 뉴욕이나 워싱턴, 서울과 같은 큰 도시 한복판에 핵폭발로 거대한 구멍이 생기고 방사능 연무가 도시를 뒤덮는다고 생각해 보라. 이러한 상상은 핵무기의 핵탄두가 암시장을 통해 흘러나왔을 때 가능한 일이다. 핵무기 암거래를 하는 브로커가 엄연히 활동 중인 파키스탄도 무시할 수는 없지만, 러시아야말로 핵무기 암거래의 최적지라 할 수 있다. 다른 한편으로는 자생적으로 제작된 폭파장치가 동원될 수도 있다. 이는 핵무기 제조실험실에서 만든 것보다는 폭발력이 떨어지겠지만 얼마든지 대량 학살용이 될 수 있다.

두 번째 경우는 방사능 공격이다. 이는 방사능 물질을 넣은 '더러운 폭탄(dirty bomb)'을 공공장소에 폭발시켜 오염을 유발하는 것으로, 폭발과 함께 방사능을 공기 중이나 물에 퍼뜨리거나 아니면 직접 핵 시설을 파괴해 방사능을 유출시키는 것이다. 이런 경우는 직접적인 핵분열에 비하면 두려움이 훨씬 덜한 것이긴 하다.

그러나 이러한 상황이 발생할 경우 많은 인원들이 대피하는 등 대혼란이 일어날 것이고 암 발병률이 점차 증가할 것이며, 방사능 제거 작업에 막대한 비용이 소요될 것이다. 또한 주변 지역 전체를 영구 폐쇄해야 할지도 모른다. 실제로 알 카에다 조직은 이러한 '더러운 폭탄'을 보유하고 있다고 주장하고 있다.

9·11 테러사건은 이론적으로 이러한 가능성을 현실로 보여주었다. 9·11테러는 미국을 '증오'하는 것으로 여겨졌던 인물들이 실제로 가공할 방법으로 그 증오를 표현한 사건이다. 더욱이 테러리스트들은 죽음도 마다하지 않고 미국을 미워한다는 사실을 보여주었고 악몽의 날개를 달아주었다.

본 연구는 핵 테러의 발생 가능성을 알아보기 위한 것이다. 우리가 정확히 무엇을 얼마나 두려워해야 하는지 모르는 것은 아직 핵 테러가 발생하지 않았기 때문이며 이는 실로 소름 끼치는 상상이 아닐 수 없다.

핵 테러 발생 시 핵 테러로 인한 사상자와 대량파괴 외에도 정치적, 경제적, 사회문화적, 심리적 후유증도 엄청날 것이다. 핵 테러로 인한 정치사회적 공황을 초래할 것은 물론이고 이로 인해 지불해야 할 비용도 천문학적으로 높아질 것이다. 설령 조잡하게 제조된 핵폭탄이 핵 테러 목표를 충분히 달성하지 못할지라도 정치사회적 공황과 충격은 상상을 초월할 것이기 때문이다.

핵 테러는 핵무기를 훔쳐내는 것에서부터 시작된다고 보는 것이 일반적 생각이다. 테러리스트들은 전 세계적으로 산재해 있는 핵무기를 이용하려 할 것이며 굳이 핵무기를 제조하기보다는 훔쳐내는 것을 더 선호할 것이다. 현재 핵을 보유 중인 국가는 미국, 러시아, 중국, 영국, 프랑스, 인도, 파키스탄, 이스라엘 등 8개국이다. 핵무기 전문가이며 '과학 및 국제안보연구소(ISIS)' 소장인 데이비드 올브라이트는 이들 국가 중 특히 파키스탄의 거의 모든 핵 프로그램은 서구 전문가들의 통제를 피하기 위해 암거래 및 산업스파이를 통해 구축된 것이라 지적한다.

핵 비확산 규칙을 깨뜨리는 것은 이미 뿌리 깊은 관습이 돼 있다. 파키스탄에 불만을 품은 개인들이 핵 물질과 그 제조기술, 심지어 핵탄두를 빼돌리기 위해 불법적인 통로를 찾으려 든다면 이는 결코 어려운 일이 아닐 것이다.

그러나 가장 공포스러운 곳은 러시아다. 러시아가 현재 관리 중인 핵탄두 수는 약 1만 5,000개나 된다. 전 세계 핵탄두 수가 2만 5,000개임을 감안하면 실로 엄청난 양이다. 이 정도 양이면 최대 100만 명을 죽일 수 있는 500kt의 파괴력을 지닌 것이고, 적게는 맨해튼을 쑥밭으로 만들어 버리기에 충분한 1kt 분량의 지뢰나 마찬가지다. 러시아는 암거래 상인들이 활동 중이며 이러한 환경에서 국제 테러리스트들이 자생하는 나라가 러시아이다.

이러한 우려는 괜한 것이 아니다. 러시아 해군 외부의 모든 핵무기를 관리하는 부대인 제12주 경비대 대장인 이고르 발린킨 장군은 러시아 핵무기 저장시설을 넘보던 두 테러리스트를 검거했다고 밝히고 있다.[277] 열악하기 짝이 없는 러시아의 군복무에 염증을 내고 대우를 제대로 받지 못한 일단의 장교들이 핵탄두를 테러리스트에게 넘길 수 있다는 것은 러시아 군을 관찰해 온 사람이라면 한 번쯤은 생각해 봄 직한 시나리오다. 이는 무자비하게 인질을 다루어 악명이 높았던 체첸 군부지도자 샤밀 바사예프는 핵탄두 창고에서 핵무기를 구매할 기회가 있었다고 언급한 사실에서도 알 수 있다.

1970년대 중반부터 핵 테러는 세인들의 관심과 걱정을 불러일으키고 있으며, 냉전종식과 함께 비국가 단체에 의한 대량살상무기 입수 가능성이 대두되면서 더욱 두려움과 공포를 야기하고 있다. 고전적 의미의 테러는 테러리스트들이 다수의 사상자를 내는 것이 그들의 목적이 아니라 기존 정부를 위협하여 그들이 원하는 정치적 목적을 얻기 위한 것이었다. RAND연구소의 테러 전문가 Brian Jenkins은 1970년대 테러리스트들의 목적은 인명의 대량살상이 아니라 그들이 정치적 목적을 달성하기 위해 국제사회의 이목을 집중시키는 것이었다고 회고한다.

그러나 사상 초유의 대참사였던 9·11 테러 사건 이후 국제사회의 상황은 많은 변화를 겪고 있다. 즉 테러리스트들은 보다 많은 사상자를 내어 자신들의 힘을 과시하여 그들이 원하는 소기의 목적을 달성하려고 한다. 이러한 관점에서 보면 핵 테러문제는 국제

---

277) "도난당한 핵탄두, 맨해튼 강타한다", **신동아**(2002. 7), p.407.

사회에서 국가와 국민들에게 공포와 두려움뿐 아니라 현대사회에서 실로 심각한 국제사회의 위협의 문제로 대두되고 있다.

캐나다의 Gavin Cameron 박사는 테러리스트들에 의한 전략 핵무기의 도난과 핵 물질 구매에 의한 국제테러가 21세기의 악몽으로 실현될 가능성이 있다고 예고하고 있다. Calgary 대학교 교수인 그는 "Nuclear Terrorism: A Threat Assessment for the 21st Century"라는 저서에서 테러리스트들에 의한 대량살상무기 위협 및 핵과 관련된 테러리스트들의 4가지 각기 다른 시나리오를 상정하고 있다.[278]

그가 제시하는 핵 테러 발생 가능성은 4가지로 다음과 같다. 1) 핵폭탄의 도난/탈취에 의한 테러, 2) 핵분열 물질의 도난 및 입수에 의한 테러, 3) 원자로 또는 핵 시설 공격에 의한 방사능 오염 테러, 4) 방사능 살포 폭탄(RDD: radiological dispersal device)을 제작하기 위한 방사능 물질 탈취이다.[279]

이러한 시나리오 중, 테러리스트 입장에서는 RDD 혹은 "Dirty Bomb"으로 불리는 시나리오가 가장 용이한 방법이 되겠으나 첫 번째와 두 번째 시나리오가 가장 위험한 방법이라고 볼 수 있다. "Dirty Bomb"은 핵무기는 아니지만 재래식 폭발물에 방사능 오염물질을 포함시킨 것이다. '더러운 폭탄'의 공격을 받을 경우, 재래식 폭탄의 파괴력으로 인한 피해는 물론, 폭발물과 함께 방사능오염물질이 광범위하게 확산되어 피해가 악화된다.

'더러운 폭탄'이 폭발할 경우, 방사능 오염물질 때문에 소방관이 현장에 접근할 수 없어 피해가 가중되며 동시에 방사능 오염에 대

---

278) U. S Department of State, *Foreign Policy Agenda* Vol. 10(Washington, D, C.., 2005. 3.), pp.17-30.

279) Gavin Cameron, "Nuclear Terrorism: Weapons for Sale or Theft?" *Foreign Policy Agenda* Vol. 10(Washington, D, C.., 2005. 3.), p.17.

한 공포가 급속하게 확산돼 피해지역 주민들은 심각한 혼란에 빠지게 된다. 더러운 폭탄을 핵무기의 파괴력에 비교할 수는 없지만 테러범들은 핵무기에 준하는 심리적 공포를 확산시킬 수 있다는 점을 노린다. 더러운 폭탄 폭발지역은 수개월 내지 수년 이상 거주 불가능한 지역으로 변해 심각한 피해를 감수해야 한다.

전 세계에는 약 3만여 개의 핵무기가 상존하고 있으며, 이 중 수백 개의 핵무기들이 테러리스트들과 범죄자들의 도난에 방치되거나 노출되어 있다. 테러 집단인 Aum Shinrikyo와 al-Qaida가 이미 핵폭탄 구입을 시도한 바가 있듯이 테러그룹들이 핵무기 구입에 관심을 가지고 있다는 사실은 너무드 현실적 문제이다.[280]

민간 핵 비확산단체인 러·미 핵안보 자문위원회(RANSAC)의 책임자인 케네스 루온고는 "러시아인은 단 한 개의 핵무기도 잃어버리지 않았다고 말할 것"이며 "정확히 말하면, 그들은 잃어버린 핵무기가 있는지 없는지조차도 모른다."라고 언급하면서 핵무기 통제의 허술함을 지적하고 있다.

러시아의 핵무기의 일부는 주코프카 같은 콘크리트 벙커에 저장되어 있고, 일부는 이미 배치됐으며, 또 일부는 각종 공식, 비공식 군축협정에 따라 해체되는 중이다. 이 전술핵과 관련하여 또 하나 염려스러운 것은 사용방지 장치가 정교하지 못하다는 점이다. 전술핵무기들은 전쟁터에서 사용되도록 고안된 것이기 때문이다. 러시아의 핵무기가 가공할 만한 것으로 남아 있지만, 미국에 대한 위협은 정교한 공격이 아니라 그 핵무기의 허술한 관리에 있다. 즉 허술한 관리로 핵무기들은 러시아 마피아 또는 테러분자들에 의해

---

280) 러시아가 가지고 있는 핵탄두 1만 5,000개 중에는 폭격기, 미사일, 잠수함용 외에 일반적으로 8,000개의 전술핵도 포함된다. 전문가들은 러시아의 전술 핵 숫자를 적게는 4,000개에서 많게는 3만 개에 이를 것으로 추산한다.

탈취될 수 있을 것이고, 불순한 핵무기 제조전문가들이 그들의 기술을 테러분자 또는 미국의 적대국에 팔아넘길 수 있다. 이러한 위협은 전혀 해소되지 않고 있으며 과거 소련의 위협과는 질적으로 다른 것이다.[281]

미국과 러시아 양국은 지금도 전술 핵무기 비축분을 상대방 방문자에게 공개하기를 꺼린다. 1998년까지 러시아 원자력 에너지부의 책임을 맡았었고 핵 비확산에 대한 미국의 관심을 조롱하기로 유명했던 빅토르 미하일로프는 러시아의 핵무기를 보호하려는 미국의 프로그램은 여전히 비밀정보 수집 작업의 일환으로 이루어지고 있다고 주장한다. 한편 미국은 러시아 핵무기를 보호하기 위해 자신들이 돈을 지불하고 있다는 점을 들어 상호주의에 따른 정보 공개를 망설이고 있다.

국가차원에서 테러집단에게 핵무기를 의도적으로 넘겨주는 일은 흔치 않은 일일 것이다. 왜냐하면 넘겨준 핵무기로 인해 피해를 입은 국가와 국제기구들에 의한 보복, 핵무기로 무장한 테러집단에 의한 쿠데타 발생, 또한 원천적으로 핵무기 획득이 용이하지 않다는 사실 등이 이러한 주장을 뒷받침해 준다.

그럼에도 불구하고 북한은 2005년 2월에 핵무기 소유를 선언하였으며 향후 더 핵무기를 생산할 의지가 있음을 발표하였다. 이는 북한이 예전에 미사일 기술을 타 국가들에게 판매한 과거 행적을 고려할 때 국가 차원의 핵무기 판매에 대한 심각한 우려를 일으키고 있다. 현실적으로는 국가적 차원보다는 군사업무 관계자 또는 이 분야에 근무하는 과학자들이 이데올로기 또는 재정적인 이유로 테러집단에게 핵무기, 핵 물질, 핵 기술 등을 넘겨줄 가능성이 더

---

281) 김동신(역), 『미국의 대전략』(나남출판사, 2005), p.41.

크다고 볼 수 있다.[282]

러시아와 파키스탄의 붕괴로 그들의 핵무기 통제력 상실, 아프가니스탄 또는 소말리아의 붕괴는 미국을 공격할 수 있는 테러분자들을 훈련시키거나 인원을 충원할 수 있는 토양을 제공할 것이다. 유사하게 이슬람 근본주의자들은 해외 군대에 테러공격을 할 수 있거나 서구 걸프만 지역 원유접근에 영향을 준다면 미국의 대전략의 변화를 초래할 것이다.

국제적으로 조직화된 범죄조직과 테러집단들이 생화학무기를 탈취하여 전 세계 사이버 테러리즘에 개입되었을 때, 또 재래식 무기를 가지고 원자력발전소, 화학공장 등 핵심자산을 공격하였을 경우 너무도 위험스러운 것이다.[283]

북한의 핵 보유는 미국의 안보목표인 대량살상무기 확산방지와 미국의 본토방위라는 목표에 치명타를 날리는 것이다. 우선 북한의 핵 보유 자체가 핵 확산을 의미하므로 대량살상무기의 확산방지는 실패한 것이며, 이러한 실패는 좋지 않은 선례로 작용하여 제2, 제3의 북한이 나올 가능성을 높인다. 사실 미국의 핵 확산 방지라는 목표는 파키스탄이 핵보유국이 되면서 이기 실패한 것이다. 따라서 핵을 보유한 북한을 제2의 파키스탄이라고 부르는 것이 더욱 정확한 표현일 것이다.[284]

또한 북한이 파키스탄과 중동의 여러 국가들과 무기거래를 한 전력을 보건대 북한 핵 물질이 테러단체 등 미국에 적대적인 세력으로 이전될 가능성도 더욱 높아지게 되었다. 이는 9·11 이후 미

---

282) Gavin Cameron, *Ibid.*, p.18.
283) 김동신(역), 『미국의 대전략』(나남출판사, 2005), p.89.
284) 서울신문, 2005. 5. 19.

국이 가장 우려하는 테러집단으로부터의 핵 테러로 연결되는 시나리오이다. 테러집단들은 불량국가보다 그 행방을 추적하기가 어렵다는 점에서 볼 때 미국은 안보적으로 더욱 불안해질 것이다.

현재 미국과 동맹국들이 가장 경계하는 핵 테러 국가는 첫째가 러시아, 두 번째 우려 국가는 이란과 파키스탄이다. 이란은 고농축 우라늄을 추출하려고 미국 및 EU와 갈등을 빚고 있으며 파키스탄은 핵보유국이다. 세 번째 우려는 북한이다.

북한은 이라크, 이란, 파키스탄, 사우디아라비아, 예맨 등 중동국가들에 장거리 미사일을 판매하였으며 2003년에는 1994년에 협정한 제네바 합의를 폐기하였다. 현재에는 과거 핵에 추가적 핵물질을 생산하고 있고 완공 후 연간 12개의 핵폭탄을 생산할 수 있는 고농축 우라늄 생산라인을 건설하고 있다. 미국 정보당국에 따르면 북한은 1900년대 초 제조한 2개의 핵폭탄 외에 5∼6개를 더 생산할 수 있는 8,000개의 플루토늄 연료봉을 재처리하였다.[285]

핵 테러의 또 다른 우려는 개발도상국가 또는 소련에서 분리되어 나온 국가들에 산재해 있는 20여 개의 실험용 원자로들이다. 이 원자로들은 과거 소련이 공급한 것으로서 우크라이나와 우즈베키스탄, 기타 국가들에 흩어져 관리가 지극히 허술한 상태이다. 이 원자로들은 이권을 노린 절도나 강도의 우려가 심히 높다. 테러리트들이 납치한 항공기로 이들을 공격한다면 속수무책이 될 수 있다.

파키스탄은 핵보유국이며 핵무기 개발의 일등 공로자인 칸 박사가 오랫동안 해외 암시장에서 핵물질과 핵탄 제조기술을 비밀리에 거래해 옴으로써 엄청난 범죄를 저질렀다. 미국은 파키스탄 군부 내에 잠복한 알 카에다와 이념에 동조한 조직들이 핵무기 제조기

---

285) Grahm Allison, Nuclear Terrorism(New York, Henry Holt books, 2004.), pp.67-68.

술을 알 카에다 등 테러리스트 즈직들에 전달될 것을 우려하고 있다. 파키스탄의 강경 이슬람 정당들은 무샤라프 대통령을 미국의 괴뢰로 보고 있으며 무샤라프가 미국의 요구에 굴종, 칸 박사를 정부 요직에서 해임시킨 것이 이들을 더욱 분노케 하였다. 이런저런 이유로 무샤라프 대통령의 암살은 9·11 테러 이후 알 카에다와 호전적인 파키스탄 테러조직들의 핵심적인 목표가 되고 있다.[286]

미국의 샘넌(Sam Nunn) 상원의일은 21세기 초 우리는 새로운 군비경쟁에 직면하고 있다고 주장한다. 테러리스트들이 핵무기 등 대량살상무기를 획득하기 위해 질주하고 있기 때문이다. 이를 막기 위해 우리는 경쟁하지 않으면 안 되기 때문이라고 확언한다.

구소련 붕괴 후 많은 핵무기와 핵물질들이 도난당하거나 유출되었다. 하워드 베이크 전 공화당 상원의원에 의하면 오늘날 미국에 대한 가장 큰 국가안보 위협은 러시아 내의 대량살상무기 혹은 핵무기 제조용 물질이 도난당하거나 췌러리스트들 혹은 호전적 국가들에 판매되거나 이것이 해외 미군과 국내에서 미국인들에게 사용되는 것이라고 우려하고 있다.[287] 베이커 의원은 당시 상원 외교위원회를 통해 "구소련 내에 4만 개의 핵무기 혹은 8만 개의 핵무기들이 제대로 통제되지 않고 불안정하게 방치되어 있다는 사실은 나를 소름 끼치게 하고 있다."라고 실토하였다.

1997년 옐친 대통령의 국가안보 담당보좌관인 알렉산더 레베드(Alexander Lebed)는 132개의 KGB용 특별 손가방 핵무기들 중 84개가 러시아에서 분실되었다고 확인했다. 이들 핵무기는 초소형 핵

---

286) *Ibid.*, pp.77-78.

287) 2000년 하워드 베이커와 로이드 커틀러는 이 문제를 조사하여 부시 대통령에게 보고서를 제출하였다. Graham Allison, pp.8-12.

무기들로서 개인 휴대용 가방에도 충분히 들어갈 수 있는 0.1 또는 1kt 급이었다.

러시아 당국의 완강한 부인에도 불구하고 구소련으로부터 러시아로 넘어오는 전환기 때 20여 개 이상의 핵무기들을 제조할 수 있는 핵물질들을 분실했다는 사실은 의문의 여지가 없다. 미국은 카자흐스탄에서 보호되지 않은 장소에서 고농축 우라늄(HEU) 1천 파운드를 구입하여 Oak Ridge에 안전하게 보관하고 있으며 알 카에다, 헤즈볼라, 하마스 같은 테러리스트 조직들이 이런 분량의 고농축 우라늄을 입수했더라면 1년 이내에 핵무기를 제조했을 것이라고 추측하고 있다.[288)]

경제적 손실을 보전하기 위하여 핵 물질을 제3자에게 판매할 가능성 또한 높아지고 있다. 그렇게 되면 이는 미 본토방위에 직접적인 위협으로 전환된다. 만약 외부적인 압박으로 인하여 북한이 핵을 포기하기 전에 붕괴해 버린다면 북한 내부의 혼란이 발생하여 핵에 대한 통제력이 상실되고, 그 과정에서 제3자에게 핵이 유출되거나 핵 테러가 한반도 및 주변지역에 발생할 가능성이 높아질 수 있을 것이다.

아직까지 미국과 러시아는 세계에서 제일의 핵보유국이다. 러시아 내의 많은 핵무기들이 도난으로부터 예방이 되어 있다고는 하지만, 구소련시대의 많은 전략 핵 폭탄들은 그렇게 장담할 수는 없는 상황이다. 또한 최근의 무기류의 소형화 경향을 생각한다면 테러리스트들이 이를 이용하기에는 너무도 매력적인 무기이기도 하다.

---

288) 여영무, 『국제테러리즘연구』(한국해양전략연구, 2006), pp.340-341.

제3절 원자로 및 핵 시설에 대한 공격 가능성

1. 핵 테러 발생의 환경과 기회구조

핵 테러 발생 가능성의 시나리오 중 핵분열 물질 입수는 테러리스트들이 핵폭탄을 확보하는 데 더욱 가능성이 있는 방법이다. 테러리스트들이 핵무기를 얻기 위해서는 이 물질을 확보하는 것이 가장 큰 장애물인데, 군사적 수준의 핵폭탄은 대부분의 테러집단의 능력을 벗어난 것일 가능성이 높다. 미국이 주도한 테러와의 전쟁으로 인해 극히 소수 국가들의 특수 테러집단만이 이러한 특수무기를 다룰 만한 시간, 장소, 자원과 기술을 지원할 수 있게 되었다.

향후 국제사회에서 테러리스트들은 직접 급조한 핵폭탄(IND; improvised nuclear device)을 사용할 가능성 있는 시나리오가 상정되고 있다. 이러한 유의 폭탄은 군사적 수준의 폭탄보다 복잡하지 않으면서도 대량학살에 더욱 효과적으로 사용될 수 있다.[289] 또한 IND는 공식적으로 공개되어 있는 기술적 내용 이상의 전문적인 지식도 필요하지 않고 간단히 제조될 수 있는 것이어서 테러리스트들에게 더욱 유혹의 대상이 된다. 이는 플루토늄(Pu-239)을 사용하는 복잡한 폭발무기가 아닌 비교적 간단한 우라늄(U-235)을 사용하여 총기류의 무기로 사용될 가능성이 높다는 것이 전문가의 추측이다.

핵폭탄과 핵 물질은 이미 al-Qaica와 Aum Shinrikyo와 같은 테러집단의 표적이 되고 있으며, 이 두 집단은 1990년대에 구소련 국가들로부터 테러무기화할 수 있는 물질들을 획득하려고 시도하였으

---

289) Gavin Cameron, *Ibid.,* p.18.

며, Aum Shinrikyo는 천연 우라늄을 직접 농축하려다 실패하기도 하였다. 이와 같이 핵 물질을 입수하기는 힘들지만 테러리스트들이 핵물질을 얻기 위한 노력은 계속될 전망이다.

전 세계적으로 군 및 민간 분야에 흩어져 있는 핵 물질의 양은 실로 어마어마하다. Harvard 대학교의 Graham Allison은 전 세계적으로 240,000개의 핵무기를 제조하기에 충분한 양의 플루토늄과 고농축 우라늄이 산재해 있다고 주장한다. 많은 나라에서 이러한 핵 물질들이 철저히 보호 관리되고 있지만 보안 수준은 그렇게 낙관할 정도가 아니다.[290]

최근 핵 물질들의 횡령, 도난, 밀수 관련 정보가 빈번히 수집되고 있으며, 특히 독립한 구소련 국가들이 상당량의 핵 물질을 보유하고 있는 관계로 문제가 야기되고 있고, 파키스탄을 비롯한 이외의 국가들에서도 유사한 정보가 나오고 있다. 지금까지 대부분의 사건들이 극소량의 무기화할 수 없는 핵 물질들과 관련되어 발생하였지만 그 위험성만은 명확히 존재한다고 볼 수 있다. 더구나 전 세계적 차원에서, 각국에서 횡령, 도난, 밀수된 핵분열 물질의 양이 핵폭탄을 만드는 데 충분한가의 여부도 명확히 파악되지 않아 불안을 가중시키고 있다.

핵 테러 연구가들의 공통된 지적은 핵폭탄을 만드는 것이 생각보다 쉬우며, 폭탄을 훔치는 것보다 더 쉬울 수도 있다는 것이다. 핵 테러 방지의 요점은 바로 이것이다.[291] 이 문제를 연구하고 있는 백악관의 한 관리는 어떤 종류가 되었든 핵폭발은 쉽게 일어날 수 있는 일이 아니라고 말하면서도 "그러나 즉석에서 핵 장치를 만

---

290) *Ibid.*, pp.18-19.
291) 신동아, 전게논문, p.410.

들기 위한 핵분열 물질을 충분히 보유하고 있다면 핵폭발이 발생할 가능성은 얼마든지 있다. 특히 그 물질이 금속형태의 고농축 우라늄일 경우 핵폭발이 일어날 가능성이 많다. 그것이 내가 정말 우려하는 점이다."라고 언급하고 있다.

핵폭발 장치를 만들려면 전문지식과 일부 장비, 운반수단이 필요하다. 핵폭탄을 운반하는 일은 아주 간단하다. 전문가들은 이른바 '코넥스(conex) 폭탄'을 주시한다. 코넥스 폭탄이란 수출용 컨테이너에 핵폭탄을 장치한 것이다. 미국에는 매 시간마다 2,000개의 컨테이너가 들어온다. 트럭, 기차, 선박을 통해 미국 전역의 300개가 넘는 항구 어디에든 이 컨테이너가 부린다. 이 가운데 2%도 안 되는 컨테이너만이 검사를 위해 개봉되며, 대다수 컨테이너는 엑스레이 검사장치조차도 통과하지 않는다.

한때 미국 핵무기고 총책임자였던 하비거 장군은 "어떻게 이것을 막을 수 있겠느냐? 막을 도리가 없다. 정말 소름 끼치는 일이다. 뉴욕, 샌프란시스코, LA 같은 곳의 컨테이너를 생각해 보라, 핵 테러 발생은 '만약'의 문제가 아니라 '언제냐'의 문제다."라고 말한다.

결론은 핵폭탄에 관한 전문지식을 가진 사람이라면 누구든 핵폭탄을 만들 수 있다는 것이다. 올브라이트는 "테러리스트들이 조직적으로 작업을 한다면 핵무기를 단드는 일이 불가능한 일이 아니다. 그러나 실수는 따르기 마련"이라고 말한다. 일부 핵 전문가들은 핵폭탄 제조를 너무 전문적인 것만으로 생각해 '내 손으로 만드는 폭탄(do it yourself bomb)'의 제조 가능성을 낮추어 보는 경향이 있다. "창고나 차고 같은 곳에서 간단한 작업도구만 있으면 누구나 만들 수 있다. 10-15명의 사람만 있으면 된다. 총기형 폭탄은 테러리스트 조직의 능력만 있으면 얼마든지 만들 수 있다."는 올브라이

트의 말이다.292)

아마도 가장 최악의 시나리오는 주요 도시지역에 근접한 원자력 발전소에 대하여 도보로 이동하는 테러리스트 특공대나 대형 항공기를 이용하여 공격하는 것일 것이다. 그러한 공격은 원자로를 파괴시키고 수백만 명의 엄청난 인명피해를 초래할 것이다.293) 핵 시설들은 다양한 동기를 갖고 있는 테러집단들에 의해 빈번히 위협당해 왔으며, ETA의 분리주의자들처럼 정치적 동기를 갖은 집단도 있었지만, 대부분은 반핵단체에 의해 이루어졌다. 최근 가장 걱정되는 핵 시설에 대한 위협으로는 체첸 분리주의자들이 러시아의 핵시설을 대상으로 정기적으로 가하는 위협이며, 9·11 테러를 자행한 이들도 미국의 핵 시설들을 공격대상으로 고려했었다는 정보가 밝혀지고 있다.

낮은 수준의 핵 물질이라 하더라도 방사능 오염 무기로의 역할을 충분히 할 수 있다. 낮은 수준의 핵 물질들은 군과 민간 분야에서 폭넓게 이용되고 있다. 예를 들어 병원에서 엑스레이 검사에 사용되는 세슘-137을 들 수 있는데, 이러한 낮은 수준의 핵 물질 혹은 방사능 물질은 일반적으로 일상생활에 사용되고 있지만 보호되지 않으면 결과적으로 테러집단에게는 탈취의 대상이 될 것이다.294)

비록 테러리스트 집단이 아직까지 핵무기를 획득하였는지는 알려지지 않았지만 시도하고 있지 않다는 것은 아니다. 오사마 빈 라덴이 알 카에다 테러리스트 조직이 1993년 농축우라늄을 150만 달러에 구입하려고 시도했음은 이미 알려진 사실이며 2001년 이 조

---

292) 상게논문, pp.410-11.

293) 1991년 이래 핵규제위원회는 81차례에 걸친 테러리스트 공격을 시험하였으며, 이 중 방사능을 방출할 정도의 37차례의 공격이 성공하였다.

294) Gavin Cameron, *Ibid.*, pp.18-19.

직은 파키스탄의 핵무기 개발계획에 참여했던 과학자들과 논의를 하였다고 알려지고 있다. 또한 옴진리교가 호주에서 우라늄을 파내 러시아로부터 핵탄두를 구매하려고 하였다. 기타 테러리스트들도 공공연하게 핵무기 획득을 시도하고 있다.

NBC무기를 보유한 국가들이 많을수록 불량 지도자들과 고삐 풀린 테러리스트들이 가할 위험은 커진다. 이란, 이라크, 리비아와 같이 무기를 구입하려는 일부 국가들은 과거에 테러리즘을 후원했으며, 영토적 현상유지를 변경하기 의한 열망을 가지고 있다. 러시아의 느슨한 핵무기 관리와 파키스탄군과 정보당국의 동정적 요소들에 의해 회교 테러리스트들이 핵무기를 보유할 가능성에 대한 우려가 경종을 울리는 신호가 되어야 할 것이다.[295]

또한 화생방무기를 보유하는 국가가 많아질수록 불량국가나 테러집단이 이를 획득할 가능성도 높아진다. 화생방 무기의 광범위한 소유는 절도, 판매, 그리고 직접적인 이양 등을 통하여 바람직하지 않은 방법을 통하여 전달될 가능성이 높아진다. 예를 든다면 1994년 가장 강력한 동기가 부여되었던 북한은 클린턴 행정부의 근심거리로 북한이 플루토늄을 판매하는 국가로 등장할 수 있다는 우려 때문이었다.

비록 핵 억제가 오늘날까지 잘 유지되어 왔지만 이러한 무기는 이를 불순하게 사용하고자 하는 사람들 손에 들어가게 된다면 단한 발로서 도시나 국가를 파괴하거나 손쉽게 수많은 목숨을 앗아갈 수 있다. '억제'는 영원히 잡아둘 수 없는 것이며 국제 테러리스트들의 현재 활동은 너무도 불안정하다. 결국 화생방 무기가 국가적으로 확산될수록 테러리스트들로부터 위험은 증가될 것이다.

---

295) 김동신(역), 『미국의 대전략』(나남출판사, 2005), p.389.

북한 핵실험을 계기로 핵 비확산 문제가 다시금 국제사회의 화두로 떠올랐다. 평양발 핵실험의 충격파가 이란의 핵개발 의욕을 부추길 것을 걱정하고 있으며 테러 그룹이 핵무기를 가지게 될 염려가 크다. 최근 40년간 가까이 유지되어 온 핵확산금지조약(NPT) 체제에 대해 새 틀을 짜야 한다는 목소리가 커지는 것도 이 같은 우려를 반영하는 것이다. 미국에서는 NPT의 대안으로 핵 테러리즘 예방개념을 부상시키고 있다.296)

NPT의 실효성이 없어졌다는 점에서 미국 내에서 반향을 얻고

---

296) 미 로스앤젤레스 타임지는 핵강국은 물론 이들 국가의 핵보유 과정을 지켜본 개도국들이 핵개발에 대한 유혹을 받고 있다고 주장한다. 미 칼럼니스트 윌리엄 파프는 "세계는 기존 핵보유국으로부터 위협에 처해 있다고 판단하는 국가들이 핵무기를 개발하는 것이 일반화되고 있어 NPT의 효용성과 타당성이 무너지고 있다."고 지적한다. NPT 체제가 느슨해진 데는 국제사회의 핵경찰 역할을 맡은 국제원자력기구(IAEA)가 조사권한을 갖지 못함에 따라 핵개발 초기 단계에서 포착하지 못하거나, 포착하고도 이를 제지할 수단을 갖지 못하고 있다는 데도 원인이 있다. 서방 국가들은 아직 NPT 체제가 여전히 유효하다는 입장을 보이고 있다. 카자흐스탄과 리비아, 남아공 NPT 우산 아래서 핵개발을 포기했다는 점을 성과로 들고 있기도 하다. 하지만 북한 핵실험을 계기로 체제를 구축해야 한다는 목소리가 힘을 얻고 있다.
1968년 7월 1일 뉴욕에서 출범한 NPT 체제는 핵전쟁의 위험을 방지해 보려는 선진 핵강국들의 의도에서 탄생하였다. 그러나 이미 국제사회의 핵안전을 담보하는 기능을 상실했다는 지적이다. NPT 체제를 흔드는 국가 그룹은 크게 3부류다. 체제를 가장 먼저 흔든 것은 역설적으로 NPT에 의해 핵보유국으로 공인받은 미국, 러시아, 영국, 프랑스, 중국 등 핵강국들이다. 핵무기를 점진적으로 줄여 궁극적으로 제거한다는 NPT 조항을 먼저 거슬렸다. 미국과 러시아는 냉전 직후 각각 수천 개의 핵무기를 폐기했지만 어느 순간 이를 중단하고 있다. 현재 전 세계적으로 2만 7천 개에 달하는 것으로 추산되는 핵무기의 대부분은 이들 두 개국이 보유하고 있다.
두 번째 그룹은 NPT 체제 밖에서 핵무기를 개발, 보유하고 있으면서 현실적으로 국제사회의 묵인을 받고 있는 국가들이다. 이스라엘, 인도, 파키스탄이 이에 해당한다. 98년 잇달아 핵실험을 실시한 인도, 파키스탄과 핵무기 200여 개를 보유하고 있는 것으로 추정되는 이스라엘은 NPT 가입을 거부하고 있다. 모두 핵강국들로부터 핵 보유를 공공연하게 인정받으면서 국제사회의 정식멤버로 활동하고 있다. 아직 미 상원의 인준을 받지 못했지만 조지 부시 미 대통령은 도리어 인도에 대해 수십억 달러의 핵 기술개발 계약을 제안하고 있다.
북한과 이란은 세 번째 그룹에 속한다. NPT 조인국이면서 핵개발을 시도하고 있다는 점에서 국제사회의 관심을 받고 있다. 북한은 2003년 NPT 탈퇴를 선언했다. 06년 10월 14일 안보리에서 대북 제재가 채택되기 전까지 이들 중 어떤 국가도 NPT 위반에 대한 제지를 받지 않았다. **경향신문**, 2006. 10. 17.

있는 대안은 하버드대 교수인 그케이엄 앨리슨이 제안하는 '핵 테러리즘에 대한 동맹(GAANT)'이다. GAANT의 핵심 개념은 핵개발에 대한 책임을 분명히 묻는다는 것이다. 이는 핵무기를 사용한 주체가 국가이건, 테러그룹이건 해당 주체와 핵물질 제공 국가를 동시에 보복 공격한다는 구상이다. 그러면서 뉴욕 맨해튼이 북한산 핵물질이 포함된 핵무기를 사용한 테러 그룹의 공격을 받을 경우를 예로 들고 있다. 이를 위해 핵물질의 출처를 찾아내는 '핵법의학(nuclear forensics)' 개발 필요성을 역설하고 있다. 앨리슨은 "핵물질과 핵기술의 이전을 막는 강력한 체제와 강제이행 계제를 포함해야 한다."고 강조한다.

북한과 미국의 제네바 협의의 주역인 로버트 갈루치 조지타운 대학장 역시 '확대된 핵억지력'이란 말로 이를 표현하고 있다. 그는 핵위협국가들에 감당하지 못할 결과를 들이대야만 물리적 핵공격을 예방할 수 있다고 주장한다. 문제는 이 같은 주장이 학술적인 주장에 끝나지 않고 미국의 정책으로 발전할 수 있다는 점이다. 안보리 대북제재를 주도한 존 볼튼 유엔 주재 대사가 논의 초반에 국제사회가 1회성에 그치지 않고 북한의 사태악화에 따른 단계적, 지속적 계획의 수립을 요구한 것도 다분히 GAANT의 개념을 염두에 둔 것이 아닌가 하는 의혹이 생긴다.

국제사회는 아직 공식적으로 NPT의 대안을 모색하지 않고 있다. 하지만 핵 테러리즘을 최우선 안보사항으로 꼽고 있는 미국이 북한 핵실험을 계기로 NPT 체제의 모순을 고스란히 유지한 채 테러와의 예방전쟁 차원에서 새로운 비확산 체제를 모색할 가능성은 상존한다.

미국이 유엔 안보리 대북 제재결의 1718호를 확대 해석해 대량살상무기 확산방지구상(PSI)으로 발전시키려는 이유는 명확하다. 미국은 북한산 핵무기 및 핵물질이 이란을 비롯한 다른 국가 또는 테러그룹의 손에 넘어갈 경우를 최악의 시나리오로 상정하고 있기 때문이다. 9·11테러 이후 알 카에다를 비롯한 테러그룹이 핵무기로 미 본토를 공격하는 핵 테러리즘을 가장 많이 경계해 왔기 때문이다. 이란의 핵무장 역시 비공식 핵 강국인 이스라엘과의 대치를 야기하는 중대 사안이다.

미국이 백악관 06년 9월 8일 특별성명에서 핵 이전이 미국의 안보에 중대한 위협이 될 것이라고 경고하면서 북한산 핵무기, 핵물질의 타국 또는 비정부 그룹 이전의 최종 금지선(red line)을 설정한 이후 기회 있을 때마다 이를 강조한 것도 이 때문이다. 미국은 테러단체의 핵무기 획득을 최악의 시나리오로 가정하고 있다.

도널드 럼스펠드 미 국방장관이 2006년 10월 20일 한미연례안보협의회(SCM)를 마친 뒤 회의 주 의제도 아니었던 PSI를 거론하면서 "북한 핵 프로그램을 고려할 때 PSI의 중요성은 더욱 부각된다."고 강조하기도 하였다. 미국은 이를 위해 북한이 핵 및 대량살상무기 개발 및 거래에 국제금융의 도움을 받지 못하도록 차단하는 금융제재와 함께 북한을 오가는 선박에 대한 감시를 최우선 과제로 꼽고 있다. 북한에 대한 화물 검색은 미국 혼자 힘으로 할 수 없는 문제다. 공해상은 물론 각국의 영해에서 초기 통제가 필요하기 때문이다.

미국과 러시아 등 12개국은 북한과 이란의 핵물질이 과격 테러집단에 흘러 들어가는 것을 막기 위한 '글로벌 핵테러방지구상'(GICNT: Global Initiative to Nuclear Terrorism)을 곧 출범시킬 예정이다. 참여 국가는 핵클럽인 미국, 러시아, 영국, 프랑스, 중국 등 5개국 외에 호주, 캐나다, 독일, 이탈리아, 일본, 카자흐스탄과 터키이다.

GICNT는 2003년 6월 출발한 PSI와 함께 북한을 압박하는 또 하나의 다른 수단이 될 것으로 보인다. 미 관리들은 이번 핵 테러 방지구상이 PSI의 기본 운용방식을 원용할 것이라고 밝혔다. 이 구상은 방사능 및 핵물질의 보호와 확인, 안전 규칙을 한층 효과적으로 마련하고, 테러범들의 공격에 취약한 민간 핵시설에 대한 보호장치를 강화하는 방안을 다룰 예정이다. 즉 PSI가 특정 국가를 상대로 핵물질 이전을 차단하는 것이라면, 글로벌 핵 테러방지구상은 테러단체로 흘러가지 않도록 핵물질의 탐지와 이전 방지에 초점을 맞춘 것이다. 미국은 알 카에다 등 테러단체들에 흘러 들어가 미국을 공격하는 시나리오에 대비, 이 같은 핵 테러방지구상을 준비해왔다.[297]

미국은 대량살상무기의 테러단체 유입을 막기 위하여 특수부대를 만들 것으로 알려졌다. 미 해병대에 이 같은 목적의 특수전 사령부가 이미 설립되었으며 육·해·공군에도 같은 목적의 특수부대가 잇따라 생길 전망이다. 특수부대는 각각 수백 명으로 구성되며, 전 세계를 대상으로 WMD가 테러단체로 흘러 들어가는 것을 차단하는 임무를 수행할 것이라는 전망이다. 워싱턴 타임스도 미 국방부는 소규모 핵장비, 유전자 조작 병원균, 신종 화학무기 등 새로운 WMD 위협에 대처하기 위해 태스크포스를 창설할 것이라고 보도하였다. 미 육군은 제20지원 사령부가 핵심을 맡을 태스크포스는 위험지역에 신속히 배치되어 2007년까지 WMD 제거 임무

---

297) 조선일보, 2006. 10. 30: 미국, 영국, 프랑스 호주, 바레인, 이탈리아 등 6국은 걸프만에서 핵 확산방지를 위한 해상훈련을 실시하였다(06. 10. 30). 본 훈련은 걸프 만에서 위험무기를 실은 것으로 가장한 영국 선박을 차단해 검색하는 형식으로 실시되어 실제로는 이란의 핵 관련 물질 수송을 저지하려는 목적을 띠고 있다.

를 수행할 것이라고 전망하였다.

미국이 핵물질 암거래를 차단하기 위하여 특수부대를 창설하려는 것은 북한과 이란을 겨냥한 측면이 강하다. 왜냐하면 미 국방부와 안보전문가들 사이에 북한과 이란은 '잠재적 핵 수출국' 리스트의 1, 2위에 올라와 있기 때문이다.

북한은 2003년 이후 영변 핵시설을 재가동하고 있으며 미 CIA는 북한이 이미 6~8개의 핵폭탄을 제조할 수 있는 플로토늄을 추출한 것으로 판단하고 있다. 또 북한은 스스로 '핵무기를 개발했다'고 선언한 상태이다. 미국이 우려하는 것은 북한이 자체 방어용 핵무기 외에 생산되는 잉여 핵물질을 국제 테러리스트들에게 판매하는 경우이다. 서울을 방문한 샌디 버거 전 백악관 안보보좌관도 "최악의 시나리오는 북한이 핵물질을 알 카에다 같은 테러 조직에 판매하는 것"이라고 말한 바 있다. 따라서 미국의 구상은 북한의 핵 수출을 막기 위해 이를 전담할 특수부대를 창설하자는 것이다.[298]

또한 미국은 평양-테헤란 핵 커넥션도 심히 우려하고 있다. 북한이 핵무기 원료인 플루토늄을 이란에 판매하고 이란이 그 대가로 석유를 제공하는 것이다. 이와 관련 평양 주재 이란 대사관이 서방 정보기관의 면밀한 감시 대상이 되고 있다고 영국의 선데이 타임스가 보도한 바 있다. 미국이 북한 핵실험 이후 컨테이너 방사능 물질이 들어 있는 여부를 탐지할 수 있는 시스템을 부산항에 구축하는 방안을 한국 측에 건의한 것으로 알려지고 있다. 외교통상부는 "미국 국토안보부와 에너지부 관계자들이 한미컨테이너안전협정(CSI)에 따른 컨테이너 검색 강화, 검색을 통한 정보교류 활성화를 논의하면서 부산항에 방사능 물질 탐지시스템을 구축할 것을

---

298) 중앙일보, 2006. 1. 31 참조.

제안했다."고 전했다.

이 관계자는 현재 관련 부처 간에 탐지 시스템 구축문제를 협의하고 있다면서 주로 한국에서 나가는 화물에 대한 검색을 강화하자는 것이 미국의 건의의 취지라고 설명하였다. 다른 관계자는 이러한 제안이 북한의 핵실험 이후이긴 하지만 대량살상무기 확산방지구상을 통한 북한 핵물질 이전 차단 문제와 직접적인 관련이 있는 것은 아니라고 언급하면서 '국제화물안보네트워크(ICSN) 차원에서 지속적으로 해온 일'이라고 밝히고 있다.[299]

2. 목표의 특징, 대상 및 발생 가능성

테러리스트들은 자신들의 임무를 완수하기 위해 기회를 최대한 활용할 것이며 이를 위해 테러발생을 위한 주변 환경을 면밀히 관찰할 것이다. 테러리즘 기회의 핵심 요소라 할 수 있는 4요소인 목표물(targets), 무기(weapons), 도구(tools), 테러리즘 촉진요소(facilitating conditions)는 현대사회의 사회적 경제적 여건과 함께 테러 발생의 기회 구조를 구성하게 된다.

테러를 발생시킬 수 있는 환경구조는 1) 목표물: 관심도에 따라 다양하게 존재할 것이며 목표물 접근의 용이성, 파괴 후의 영향력, 영향을 받게 될 주체인 기업, 정부기관 등, 테러행위자의 파괴행위가 주는 상징적 여파 등에 따라 달라질 수 있다. 2) 무기: 무기는 목표에 접근할 수 있는 적합성과 용이성이 고려될 것이다. 3) 임무

---

299) 미 측은 06. 10. 19 콘돌리자 라이스 국무장관 방한 때 핵물질 이전 차단을 위한 방사능탐지 시스템에 관심을 갖고 있다는 언급을 한 측 당국자들에게 한 바 있다.

수행을 위한 도구: 공격 과정에서 사용되는 유형의 도구인데 공격의 핵심요소로 차량, 휴대전화, 현금 및 신용카드, 위조여권, 운전면허증, 지도, 신분증, 목표물에 대한 정보 등이다. 4) 촉진적 요소: 현대사회의 테러를 촉진 조장하는 요소로 테러리스트들에게 동조하는 지역 주민들, 핵무기 암거래를 포함한 무기 암거래시장의 접근, 테러행위 자금지원을 위한 자금 세탁 및 시장 여건, 정부기관의 허술한 보안시스템의 부재 등이 여기에 해당한다.

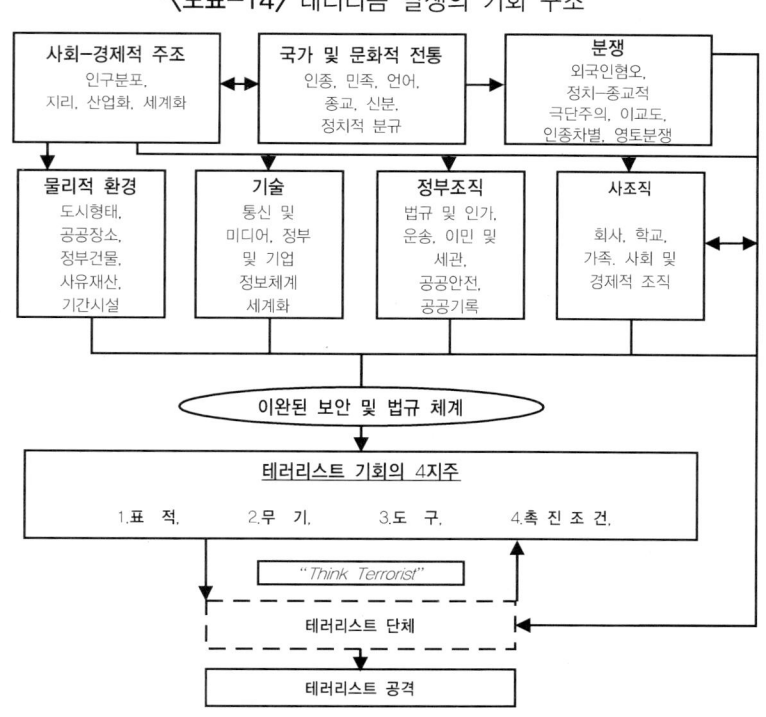

〈도표-14〉 테러리즘 발생의 기회 구조

출처: Graeme R. Newman, "테러예방의 기지-테러리즘에 대한 이해와 대응 방안", 『대테러정책 연구논총』 제 4호(국가정보원, 2007), p.127.

테러발생의 기회를 줄일 수 있는 접근방법으로는 1) 테러리스트들에게 테러기회를 감소시키기 위한 지속적인 노력의 경주, 2) 테러 작전의 성공률 증진, 3) 테러에 의한 피해 최소화, 4) 테러발생을 조장하는 유혹 및 도발 요소의 제거 등이 고려되어야 한다. 테러발생의 기회를 감소시키기 위하선 정부와 기업, 학계 등의 상호 협력관계와 지지가 요구되며 장기적이고 체계적인 대책수립이 요구된다.

핵 테러 위협과 관련한 취약점은 우선적으로 정치, 경제, 문화의 중추인 수도권은 그 자체가 테러의 온상이 될 수 있다. 서울은 단핵집중 도시구조의 형성으로 국가의 잠재역량이 집중되어 테러공격의 표적을 적격이라 할 수 있다. 예상되는 테러공격의 유형으로는 1) 항공기에 의한 테러, 2) 선박 또는 소형잠수함에 의한 테러, 3) 차량에 의한 테러, 4) 생화학무기에 의한 테러, 5) 컴퓨터에 의한 사이버 테러, 6) 핵무기와 방사능에 의한 테러, 7) 요인암살 및 납치 폭파 테러, 8) 국가 전복 목적의 테러 등을 상정할 수 있다.

특히 유출된 휴대용 소형 핵무기나 원자력 발전소에서 획득할 수 있는 방사능 물질을 사용한다면 서울을 패닉의 상황으로 몰고 갈 것이다. 북한 영변 핵단지에서 추출된 플루토늄의 언론보도는 핵 테러의 가능성을 시사하고 있다. 휴전선 북방지역에 배치된 장거리 갱도포병으로 수도권에 대한 산발적인 포격으로 주민의 이동을 차단하거나 공황을 야기하여 정치적 목적을 달성할 수도 있을 것이며, 옹진반도에 배치된 실크웜 저공저속 항공기로 인천 앞바다의 액화석유 유조선이나 육상의 저장탱크를 타격할 경우에는 부대시설을 포함해 연안도시의 태반을 황폐화시킬 수 있을 것이다.[300]

"단 한 번의 행동이 수천 장의 팸플릿보다 더 유효한 선전"이라

---

300) 문광건 외, 『뉴테러리즘의 오늘과 내일』(한국국방연구원, 2005), pp.304-305.

는 이론을 남긴 19세기 무정부주의자들의 영향을 받은 테러리스트들은 투쟁수단으로서의 국제 테러리즘의 가장 중요한 전략적 목표는 국제테러를 통한 국내외의 여론 환기는 물론 테러위협을 통한 대테러인력과 자원을 낭비시킴으로써 국민의 대정부 불신유발과 더불어 나아가 당국으로부터의 정치적 양보를 부산물로 추구한다. 테러 행위자들은 그들의 행동과 관련하여 절대로 테러란 용어를 사용하지 않으며 정치적 목적에서 볼 때 게릴라전과 테러리즘은 상호 유사성을 가지나 테러리즘은 적의 군부나 재산보다는 비무장 민간인을 공격함으로써 군사적 승리보다는 상징적 효과를 목적으로 한다.

현대의 테러리스트들은 체게바라(Che Guevura)처럼 그 전술적 목표로서 가치를 평가하는 것이 아니라 확대된 테러행위의 결과로서 정치적 유연성과 사기에 얼마만큼 치명적이고 부정적인 효과를 줄 수 있을 것인가를 평가한다. 훈련된 테러리스트들은 그들이 목표를 선정할 때 목표의 내재적 가치보다는 자신들이 목표를 장악했을 때 이것이 대중에게 미치는 정치적, 심리적 영향, 상징적 효과 등을 우선순위로 한다.

테러리스트들은 목표 지향적이며 합리적인 행위를 추구한다. 공포의 상황을 조성하기 위하여 의식적이고 계획적인 폭력을 의도하는 것이 테러리즘의 핵심이다. 상징적 가치를 고려한 목표의 선택은 이러한 전술의 합리성을 확인시켜 준다. 정치적 테러리즘은 정치목적을 달성하기 위하여 통상 목표 집단의 행위에 영향력을 행사하는 정부 관리에 폭력의 사용 또는 위협을 행사한다. 여기에서 의사소통의 수단으로 폭력의 위협과 정치적 메시지가 의사소통의 통로가 된다. 이는 테러리즘 피해사망자의 죽음을 통해서 목표 집단들에게 정치적 메시지를 전달하기 의하여 의도된 것이다.

따라서 테러리즘은 수단적 가치보다는 상징적 가치를 취하기 때문에 테러리즘이 정치집단의 전술로 이용되는 것이다. 테러리스트에 의해 희생된 사람들은 테러의 대상이 되긴 했으나 그 희생자가 실제 테러의 주요(prime) 목적은 아니다.

테러리스트들은 테러행위에 의하여 공포심을 느낄 그룹을 지향하고 있으며 많은 전문가들은 게릴라전이 보다 실리적인 목적을 갖는 반면, 테러리즘은 보다 '상징적'(symbolic)인 목표를 강조하고 또한 공격할 것이라고 주장한다. 예를 들면, 워싱턴 대통령의 동상이나 독립기념관, 국회의사당, 백악관 등을 그들의 잠재적 목표로 선정할 수 있으며 선진기술의 컴퓨터센터, 통신시설, 핵발전소 등에 대하여 예상치 않은 시간과 장소에서 파괴활동을 할 것이라고 예측한다. 이들 시설 및 자산은 미국의 정책을 상징하는 의미를 지니고 있기 때문에 전 세계적인 이돈이 집중되어 테러리스트 표적에 적격이며 또한 이들의 성공은 테러리스트들로 하여금 자부심을 갖게 한다.

테러리즘은 비정상적인 방법에 의하여 정치적 행위에 영향을 미치도록 상징 조작된 행위로서 그 충격이 실제적 행위보다 더욱 중요한 의미를 갖기 때문에 테러행위의 실제적 목표는 희생자보다 선전되어야 할 집단이나 국가인 것이다. 이러한 이유로 수천의 사람들을 공포의 분위기로 몰아갈 수 있으며 시간과 물질의 절약은 물론 대중에게 널리 '알려짐'(publicity)을 통하여 현 정권의 무능함과 정치권력에 도전하고 있는 조직을 알리려 한다. 적어도 권력은 국민으로부터 나온다는 철학을 아는 테러리스트들은 자신들의 목표를 시민의 희생을 피하면서 정부의 상징적 구조물이나 대표기구로 지향하는 것이다.

트론톤(Thornton)은 테러리즘의 높은 효과는 상징성에서 유래되며 만약 테러리스트가 그들이 추구하는 바가 입증이 된다면 향후, 그들은 가장 상징적 가치가 높은 목표를 공격할 것이라고 주장한다. 또한 그는 상징가치에 대한 직접적 간접적 상징을 대별하면서 테러행위로 뉴욕거리의 자유의 여신상, 파리의 에펠탑이 파괴된다면 많은 미국인과 프랑스인에게 큰 충격이 될 것임을 지적하고 있다. 이러한 측면에서 미국의 9·11테러는 미국 본토의 심장부이자 경제와 안보의 상징인 뉴욕 세계무역센터와 워싱턴의 펜타곤을 공격 대상으로 선정한 사실부터가 미국의 의표를 찌르는 사건이었다. 더욱이 CNN 등 대중언론매체의 현장 생중계는 테러조직이 기대했던 공포심의 유발과 잔인함을 목격함으로써 심리적 효과를 극대화시켰다.

세계무역센터의 참사는 전 세계 여론에 호소했고 정부 책임자들뿐만 아니라 일반시민들의 심금을 울렸다. 뉴욕은 자유의 여신상이 있는 이민자들의 도시, 국제비지니스의 도시, 전 세계 엘리트들의 도시, 영화나 TV에서 흔히 볼 수 있는 매우 친근한 도시였기에 이러한 감정은 특히 강했다. 또한 뉴욕은 단순한 미국의 도시가 아니라 미국이라는 한 국가를 넘어서 세계적인 상징성을 갖는 그러한 도시였기에 그 영향력은 더욱 더하였다.[301]

테러공격을 당하는 대상 목표의 특징은 1) 노출성, 2) 중요성, 3) 상징성, 4) 정당성, 5) 파괴 가능성, 5) 탈취 가능성, 6) 접근성, 7) 용이성 차원에서 분석할 수 있다. 먼저 노출성(exposed)은 상대적으

---

301) Robert Dujarric, "Thinking about US national security after 11 September 2001", 『탈냉전·세계화시대의 국가전략』(세종연구소: 2001), pp.31-44. 1.

로 눈에 띄는 목표물이 숨겨져 있는 목표물보다 공격당할 가능성이 높다. 9·11 테러진상보고위원회의 보고서에 의하면 빈 라덴은 먼저 백악관을 공격할 것을 지시했지만 백악관은 크기가 너무 작아 비행운전이 숙달되지 못한 테러리스트 조종사들이 정확히 조준하여 명중하기에는 어렵다는 아타(Atta)의 의견을 받아들여 뉴욕의 스카이라인을 형성하고 다른 방해물이 없는 세계무역센터(WTC)를 공격하였던 것이다.

둘째, 중요성(vital)은 사회를 유지하는 기능상의 필수불가결한 역할의 중요성 정도를 말한다. 사회기반시설이 되는 교통, 수도, 통신, 에너지 시설 등이 대표적이다. 이들은 테러리스트들에게 매력적 목표물이며 미국의 세계무역센터는 세계에서 대량의 상품이 거래되는 가장 핵심적인 상업의 중심지였다. 9·11 테러는 미국과 세계경제까지 마비시킨 엄청난 사건이었으며 항공여행을 두절시킴은 물론 보안문제에 대한 새로운 문제를 예고한 사건이었다.

셋째, 상징성(iconic)은 테러리스트의 입장에서 정치적 명분상의 가장 치명적 해를 가할 수 있는 특징일 것이다. 9·11 테러진상위의 조사는 자유의 여신상이 미국을 대표하는 가장 큰 아이콘이었으며 결과적으로 무역센터가 그 표적이 되었지만 최초 테러리스트들이 자유의 여신상을 그들의 타깃으로 고려했음을 밝히고 있다. 또한 펜타곤 역시 미국의 군사력을 상징하는 투영물이었으며 오클라호마 연방빌딩을 폭파한 티모시 멕베이(Timothy McVeigh)도 타도의 대상인 연방정부의 빌딩을 목표로 설정하였던 것이다.[302]

넷째, 정당성(legitimate)은 테러리스트들은 일반적으로 무고한 학

---

302) 이웅혁, "테러의 범죄학적 예방전략: 탐색적 접근을 중심으로" 『제2회 대테러 세미나』 (경찰청: 2007), pp.38-39.

생들이 있는 학교와 건물들은 공격 대상으로 선호하지 않는다. 왜냐하면 정치적 명분을 가지고 목표를 고려하는 그들에게 피해발생 후 후회와 책임감을 느낄 수 있기 때문이다. 반면에 차후 협상에서 유리한 고지를 점할 수 있는 적대세력의 공무원과 인적, 물적 자원이 있는 대상을 찾을 것이며 테러행위 이후에도 그들의 명분을 정당화시킬 수 있는 목표를 공격할 것이다.

다섯째, 파괴 가능성(destructible)은 테러리스트의 입장에서 반드시 파괴 가능한 목표를 선정할 것이며 목표대상물의 명중 확신이 없으면 차선의 목표를 고려할 것이다.

여섯째, 점유성(occupied)은 건물의 파괴만이 테러리스트들의 노리는 목표의 전부가 될 수는 없다. 상황에 따라 가능한 많은 사상자 발생, 정보획득과 인질의 협상이 더욱 중요할 때가 있다. 많은 사람들이 왕래하거나 대중들이 운집하는 공항, 터미널, 역 등은 그들에게 매력적인 목표라 할 수 있다.

일곱째, 접근성(near)은 테러리스트들이 목표물을 선정할 때 가급적 그들로부터 가까운 지역을 선호할 것이며 그렇지 못할 경우 공간적, 시간적으로 접근이 용이한 곳에 위치할 것이다. 티모시 멕베이는 자기와 수백 마일 떨어진 워싱턴 정부청사가 아닌 자신이 살고 있는 오클라호마 연방정부빌딩을 택한 것도 이와 같은 맥락이다. 그러나 9·11 테러처럼 아주 먼 곳에 있는 목표물을 선정할 경우 특별한 방법과 훈련의 방법이 요구될 것이다.

여덟째, 용이성(easy)은 보안을 염두에 두지 않고 건설된 건물들은 테러리스트들에겐 접근하기에 용이하다. 때로 강화된 보안시스템의 건물이 테러범에게 더 매력적인 목표가 되기도 하며 성공했을 경우 그들은 그들의 무한한 힘을 과시할 것이며 공포를 더욱 재확산시킬 것이다.

제4절 국제 핵 테러리즘의 예방

미국은 테러와의 전쟁은 아직 끝나지 않았으며, 지금 치르고 있는 테러와의 전쟁은 종교전쟁이 아닌 '무장력과 전쟁'(a battle of arms)이요, '이상의 차이에서 오는 전쟁'(a battle of ideas)이라고 정의하고 있다. 그리고 테러가 발생하는 원인을 1) 변화와 개혁차원에서 전혀 가망성이 없고 미래에 대한 유일한 비전은 오직 파괴와 폭력 행사밖에 없다는 가치관으로 무장된 정치적인 소외, 2) 현실에 대한 비참함이 과거역사 속에서 다른 누구 때문이라는 강한 복수심을 보유하고 있는 타자에 대한 불만, 3) 음모와 잘못된 정보들로 구성되어 있는 특수한 문화, 4) 살인을 정당 시 하는 이념 등이라고 열거하면서 이러한 근본적 테러의 근원을 없애는 유일한 방법은 오직 민주주의의 실시밖에 없다는 주장을 하고 있다.

미국은 테러와의 전쟁에서 승리하기 위하여 1) 예방차원에서 테러리스트 공격, 2) 테러리스트와 불량국가들 간 대량살상무기(WMD) 거래 차단, 3) 불량국가들의 테러리스트 그룹 지원 차단, 4) 테러리스트들의 특정국가 기지사용 차단 등을 명시하고 있다.

미국은 "세상에서 가장 위험스러운 무기들이 세상에서 가장 위험스러운 사람들의 손에 있어서는 안 된다."고 주장하면서, 위험한 사람들로부터 대량살상무기를 통제하기 위해서는 변화된 안보환경에 적합한 '공세적'(offensive) 및 '수세적'(defensive)인 모든 수단을 함께 동원하여야 함을 강조하고 있다. 미국은 대량살상무기 비확산과 미국의 자위권행사 차원에서 필요한 경우 미국이 보유하고 있는 가장 안정적이고 신뢰할 수 있는 핵무기와 같은 가공할 무기들을 동원하여 선제공격(preemption)을 감행할 것임을 과감히 천명하고 있다. 미국의 분명한 선제공격에 대한 공개적인 선언은 대량살상무기 및 그 프로그램을 포기하지 않고 있는 불량국가들에게는 가슴 섬뜩한 내용이라고 할 수 있다.

미국은 대량살상무기를 보유하고 있는 가장 위협적인 하나의 정권으로 북한의 김정일 정권을 지적하고 있다. 미국은 북한 김정일 정권에 대해 "세계적인 비핵화 노력에 기장 큰 도전과 위배를 거듭하고 있는 불량국가로 표리부동함과 나쁜 신념을 갖고 교섭을 전개한 오래고 황량한 기록을 보유하고 있는 정권"이라고 비판하면서, 북한 보유 모든 핵무기 및 핵개발프로그램 완전 포기(abandon) 사항을 철저히 실천하여야 하며, 이것을 위하여 미국은 북한에 대하여 계속 압박을 가할 것을 주장하고 있다.[303]

미국은 대규모 테러공격으로부터 미 본토를 방어하기 위해서 궁극적으로 적대국가의 핵탄두 대륙간탄도미사일 방어를 위한 미사일 방어체계의 구축을 필요로 한다. 임무가 쉽든 어렵든 간에 대테러 방지는 미사일 방어체제 구축보다 더 많은 것을 필요로 한다. 왜냐하면 미국의 기술이 가용한 범위 내에서는 수단은 좀 더 손쉬울 것이기 때문이다. 미 국가정보위원회는 "미국 영토는 미사일 수단이 아닌 대량살상무기로 공격받기에 매우 용이하다. 왜냐하면 이러한 기타 수단들은 ICBM보다 저렴하고 표면적으로 개발과 전개가 용이하며 실명으로 증명되지 않고 확실하지 않은 ICBM보다 정확하고 신뢰할 만하며, ICBM보다 생물학무기를 사용하는 데 효과적이기 때문이다."[304]

303) 송대성, "2006년 미국의 국가안보전략(NSS) 핵심 내용 및 의미" 『정세와 정책』(세종연구소, 2006. 4), p.3.

결과적으로 미사일 방어체제를 구축하는 것보다 테러방지 전쟁을 수행하는 것은 많은 자원의 투입과 긴급성을 요구한다. 미국은 대규모 테러 방지를 위한 노력을 국내외적으로 수행하고 있는데, 만약 미국이 타 지역에서 테러전쟁을 수행하지 않는다면 테러리스트들에게 안식처를 제공해 주는 격이 된다.

미국은 본토 방위를 위해 4단계의 국경선을 방어함으로써 테러리스트들을 국외에 머물도록 하고, 테러리스트들이 국내에 들어왔을 때는 그들의 이동을 추적하고 위험물이 그들의 손에 들어가지 않도록 정책을 수립한다. 대규모 인원이 집결하는 장소나 핵심표적이 되는 표적을 방호하고 대규모 테러공격에 효과적으로 대처하는 능력을 갖추고 있다. 브루킹스(Brookings) 연구소에 의하면 미국은 자산보호를 위해 매년 해 오던 것보다 정부부문 450억 달러와 민간부문 100억 달러를 포함하여 550억 달러가 매년 소요될 것으로 보고 있다.305)

9·11 테러가 발생한 지 7년이 지났다. 진주만 공습 이후 처음으로 미국 본토가 공격당한 데 따른 충격은 미국 국민에게 여전히 생생하게 남아 있다. 최근 미국의 안전보장과 관련한 예산이 단시간에 이토록 급격히 증가한 것은 1950년 한국전쟁 이후 처음 있는 일이다. 핵 테러 위협을 심각하게 받아들이는 대통령이라면 국가안보를 위한 핵심 멤버들을 소집하여 이들과 함께 포괄적인 전략, 실천 계획, 향후 목표달성을 위한 시간표를 작성해야 할 것이며 다음

---

304) National Intelligence Council, Central Intelligence Agency, *Foreign Missile Development and Ballistic Missile Threat through 2015,* unclassified Summery of a National Intelligence Estimate, Dec. 2001(WWW.cia/gov/nic/pub/other-products/unclassifiedballisticmissilefinal. htm).

305) Michael O'Hanlon, et al., *Protecting the American Homeland: A Preliminary Analysis*(Washington, D. C.: Brookings Institution Press, 2002), pp.125-133.

과 같은 내용들이 포함되어야 할 것이다.[306]

○ 대통령 자신과 정부가 추구해야 할 절대적 최우선 국가목표 설정
○ 핵무기와 핵물질에 대한 철저한 관리기준 설정, 미 정부의 금보관소에서 보관, 관리 중인 금에 준하는 기준 설정
○ 핵 테러 방지에 사활적 이해를 공유하는 주요 국가들 간의 제휴를 가능하게 하는 대핵 테러 세계동맹의 결성
○ 미 정부 금보관소에 보관 중인 금에 준하는 관리기준이 적용되지 않는 모든 핵분열 물질의 전 세계적 폐기
○ 핵분열 물질 생산국 등장 차단, 우선적으로 이란의 핵활동 차단
○ 핵거래 암시장 폐쇄, 우선적으로 파키스탄의 핵거래 차단
○ 새로운 핵보유국 출현 봉쇄, 우선적으로 북한의 핵보유 봉쇄
○ 대테러 세계동맹을 통한 핵 비확산체제의 포괄적 재검토 틈새보완 및 취약점 보강
○ 핵보유국의 자세 시정, 핵무기를 국제정치의 수단으로 사용하지 않을 것을 선포
○ 테러 공격을 기도하는 테러 지도자와 단체를 제거하기 위한 테러와의 전쟁 수행

미국 국토안보부가 테러리스트들의 미 본토 공격 가능성을 포함해서 15가지의 악몽시나리오를 만들었다. '국가 안전 기획 시나리오'라는 제목의 이 보고서가 상정하고 있는 15가지 악몽 중 1) 중국발 전염병 유입, 2) 지진, 3) 대형 허리케인을 빼면 나머지 12가

---

306) 김태우, 박선섭(역), 『핵테러리즘』(한국해양전략연구소, 2007.), p.272.

지가 테러범의 공격수단이나 방법이 될 수 있다고 뉴욕타임스가 보고하였다. 그러나 이미 적절한 대응책을 개발한 항공기 공중납치는 여기에 포함되지 않는다. 이 신문은 국토안보부가 당초 이 보고서를 공개할 계획이 없었지만 우연히 보고서의 초안이 하와이 주정부 웹사이트에 실리는 바람에 공개되었다. 15가지의 악몽 시나리오에서 인명 피해 규모와 경제적 손실 추정치를 보면 실로 우리를 경악게 한다.[307]

한편으로 미국은 본토에 대한 가장 심각한 위협으로 억제가 불가한 '광신적 지도자'에 의한 화생방공격 시나리오와 억제불능의 테러리스트에 의한 재래식 화생방 무기를 사용하는 대규모 테러공격을 상정하고 있다. 후자의 경우는 너무도 심각한 위협이며 전자의 경우는 가능성은 희박할지라도 결코 무시할 수 없는 위협이다.[308]

미국 전역에 퍼져 있는 103개의 원자력발전소와 국립 무기연구소의 경비원들은 8년에 한 번씩 레이저 표식 총으로 무장한 연방

---

307) 그 내용을 보면, 1) 테러범이 대도시에 10kt 규모의 핵무기 공격: 가장 광범위한 피해 발생 가능, 수천억 달러. 2) 테러범이 탄저균을 미국 3개 도시에 분사: 1만 3,000명 사망, 수십억 달러. 3) 중국에서 발생한 감기 바이러스 등 전염병의 미국 유입: 8만 7,000명 사망, 700억~1,600억 달러. 4) 폐 페스트균 등 생화학무기의 공항, 역, 운동장 경기장 살포: 2,500명 사망, 7,000억 브상. 5) 화학무기인 수포제를 대학 미식축구 경기장에 살포: 150명 사망, 7만 명 입원, 6억 달러. 6) 테러범이 정유공장 또는 화학물질 운반선 공격: 250명 사망, 1,000명 입원, 수십억 달러. 7) 대도시에 사린가스 등 살포: 6,000명 사망, 350명 부상, 3억 달려. 8) 염소 저장탱크 폭탄 공격: 1만 7,500명 사망, 1만 명 중상, 10만 명 입원, 수백만 달러. 9) 지진으로 인한 자연재해: 1,400명 사망, 10만 명 입원, 수천억 달러. 10) 대형 허리케인으로 인한 자연재해: 1,000명 사망, 5,000명 입원, 수백만 달러. 11) 소형 핵무기인 '더러운 폭탄'으로 3개 대도시 공격: 각 지역에서 180명 사망, 20명 부상, 2만 명 방사능에 노출, 수십억 달러, 12) 테러범 운동 경기장에 자살폭탄 공격: 100단 명 사망, 450명 입원, 지역적으로 분산돼 구체적 통계 어려움. 13) 목장과 과수원에 액화 탄저균 살포로 식료품 오염; 300명 사망, 400명 입원, 수백만 달러. 14) 소를 구제역에 감염시키는 생화학 공격: 구체적 인명피해는 없고 수많은 가축 도살, 수억 달러. 15) 금융 전산망에 대한 사이버 공격: 직접 인명 피해는 없음, 수백만 달러. **동아일보**, 2005. 3. 17. 참조.

308) 김동신(역), 『**미국의 대전략**』(나남출판사, 2005), p.105.

정부 요원의 공격을 받는 모의 습격훈련을 한다. 이 모의 공격팀은 3명 이하의 특공요원으로 조직되어 있고 공격에 동원되는 차량은 4륜구동 지프이며, 연구소나 발전소 내부에 단 1명의 공모자만 공격에 활용할 수 있도록 하고 있다. 물론 이 공격팀의 공격은 사전에 통보된다. 테러리스트들에게 핵발전소야말로 방사능 물질을 퍼뜨릴 수 있는 '최적의 지옥'이라 할 수 있다.

미국의 테러리스트들에 대한 대부분의 조치는 정보수집, 은밀한 작전, 경찰의 탐정활동을 통해 테러범들이 미 본토에 도달하기 전에 이루어진다. 테러리스트들에 대한 최선의 방어는 테러범이 입국하는 시도를 기다려서 그들의 작전을 방해하는 것보다 사전 그들의 계획과 본거지가 있는 세포조직을 와해시키는 일이다. 테러리즘을 와해시키기 위해서는 정보를 수집하기 위해 테러리스트 조직 속에 사람을 침투시키는 것이 필요하다. 테러의 본질상, 테러리즘을 다루는 단계는 장기간의 인내와 노력, 지속적인 작전이 요구된다. 이는 혼자 할 수 없는 일이며 동맹국가들과의 긴밀한 협력이 필요하다. 테러리즘과의 싸움에서는'은밀함'이 요구된다. 동맹국의 협력을 얻기 위해서는 동맹국을 보호함으로써 얻을 수 있는 정치적 지렛대를 활용할 수 있기 때문이다. 9·11 테러는 테러의 방어에 대한 새로운 개념의 인식을 입증시킨 사건으로 미국의 일부 의회 의원들은 핵발전소에 지대공 미사일을 설치하는 방안을 제안하기도 하였다.

국가차원에서는 근본적으로 테러리스트들이 파괴적인 위력을 갖는 핵폭탄의 도난 혹은 접근을 미연에 방지할 모든 조치를 취해야 한다. 핵무기뿐 아니라 무기화될 수 있는 핵 물질들을 보호·관리하는 임무는 너무도 중요한 일이다. 또한 이것은 재정적으로나 현실적으로 매우 힘든 일이 될 것이다. 이제 각 국가들은 국제적으로 이러한 핵 물질을 보호하는 정책에 우선순위를 두어야 할 것이며, 이에 대한 정책은 지속성을 가지고 계속적으로 이행되어야 할 것이다.

그레이엄 앨리슨(Graham Allison)은 테러리스트들의 강한 의지, 핵무기 또는 기초적인 핵무기를 제조할 수 있는 핵물질의 입수 가능성, 핵무기를 국내로 밀수입할 수 있을 만큼 무한대의 방법이 열려 있는 한 핵 테러는 발발할 것이며 불가피하다는 것이 그의 주장이다. 현재의 국제상황을 고려할 때 10년 이내에 미국에 대한 핵 테러리즘 공격이 발발할 것이라고 예측하고 있다.[309]

그럼에도 불구하고 그는 핵 테러 예방은 기술적 문제가 아니라 우리의 의지와 확신 그리고 용기에 의하여 예방할 수 있음을 강조한다. 핵 테러리즘을 예방하는 중심전략은 테러리스트들로 하여금 핵무기나 핵물질에 대한 접근을 거부하도록 하는 것이다. 그는 이런 목적을 달성하기 위해서 '3불(不) 원칙' 이론(Three No's Doctrine)과 7개 실천 목표(Seven Yeses)에 따라 국제안보 질서를 확립해야 한다고 주장한다.

핵 테러를 방지하는 전략의 핵심은 테러리스트들로 하여금 핵무기나 핵물질에 접근하지 못하게 하는 것으로 이를 달성하기 위해 세 가지, 즉 '3불 원칙은 먼저 1) 허술한 핵무기 관리 불용: 핵무기와 핵물질 도난과 유출을 방지, 2) 새로운 핵무기 씨앗불용: 우라늄 농축과 사용 후 핵연료 재처리를 통한 핵무기급 플라토늄 생산시설을 갖지 못하도록 금지, 3) 새로운 핵보유국 등장 불용: 현재 핵무기 보유국인 8개국(미국, 영국, 프랑스, 러시아, 중국, 인도, 파키스탄, 이스라엘) 외 더 이상 핵무기 보유 국가를 허용하지 않아야

---

309) Graham Allison, pp.8-12.

한다는 것이다.

또한 핵 테러와의 전면전을 위해서 우선적으로 7개의 실천 목표를 설정하여 실천할 것을 주장하고 있다. 1) 핵 테러리즘 예방을 위한 절대적인 최우선 국가 목표 설정, 2) 전략적 집중으로 핵 테러리즘 전쟁 수행, 3) 겸손한 외교정책의 수행, 4) 핵 테러리즘 예방을 위한 글로벌 동맹 구축, 5) 핵 테러리즘 전쟁에서 승리하기 위해 요구되는 정보능력 구축, 6) 더러운 폭탄(방사능 물질 확산 등) 발생에 대한 효과적 대응, 7) 다단계적 중층 방어태세의 구축이다.

국가들의 핵 확산 문제도 문제이지만, 국가가 아닌 테러리스트들이 대도시를 대상으로 핵 테러를 가할 가능성은 더욱 당면한 핵위협이다. 이를 예방하기 위하여 기술적으로 가능한 모든 조치들을 최대한 신속하게 취해야 하며 이는 절체절명의 과제이다.

물론 한국이 훔친 핵무기의 첫 목표가 된다는 법은 없다. 하지만 훔친 핵무기가 미국을 향해 사용되는 경우에도 세계경제의 한 지주로서 또는 세계사회의 일원으로서 한국은 치명적 재앙에 직면할 것이다.

한국은 북한이 오사마 빈 라덴 또는 여타 테러리스트들에게 핵무기를 판매할 가능성에 대비하여, 미국과 미국의 동맹국들은 보다 책임감 있는 핵관리 정책을 선언해야 할 것이다. 북한에게는 핵물질을 판매할 경우 사후조사를 통해 영변 원자로 등에서 반출된 경로가 낱낱이 추적된다는 점을 인식시켜야 한다. 북한에서 반출된 핵무기가 미국이나 미국의 동맹국에서 사용된다면 미국은 북한이 핵미사일로 미국이나 동맹국을 공격한 것으로 간주하고 보복하게 될 것이며, 일단 보복이 개시되면 북한에게는 다시는 핵거래를 하지 못할 만큼 엄청난 보복이 될 것임을 북한에 인지시켜야 할 것이다.[310]

2003년 서울에 온 공작부서 출신 탈북 관료가 국가정보원에 "알카에다, 탈레반 등 테러조직의 지도급 인사 일부가 북한에서 훈련받은 적이 있다."는 진술을 한 것으로 전해졌다. 김정일 국방위원장의 핵심측근인 오극렬 당 작전부장의 집에서 이들의 사진을 본 적이 있다는 것이다.[311]

북한이 알 카에다나 탈레반과 수십 년간 깊은 공조관계를 맺어 왔다는 첩보는 2009년 현재의 국제정치 정세에 매운 큰 파장을 일으킬 만한 내용이다. 부시 행정부가 '악의 축'으로 지목한 바 있는 국가가 테러 세력과 직접적인 연계를 맺어 왔다면 이는 2001년 이래 수많은 논란을 불러온 대테러전쟁의 정당성을 크게 높여 주기 때문이며 또한 지난해 초부터 극적으로 변모한 미국의 대북정책이 다시 강경으로 돌아서는 방아쇠 구실을 할 수도 있을 것이다. "알 카에다와 평양은 한편"이라는 선언만으로도 그 여파는 어디까지 파급될지 상상하기 어려울 정도다.

미 의회의 위촉으로 구성된 '9·11테러 진상조사 위원회'가 발표한 보고서는 '미연방수사국'(FBI)과 '중앙정보국'(CIA)은 사전에 9·11테러를 감지할 수 있었던 호기를 10회나 놓친 것을 반성하며 각 정보기관을 총괄하는 '국가정보국장'직을 신설하였다. 이 보고서에 의하면 9·11테러를 예방하지 못한 요인으로 거대한 항공기 자체를 무기화하리라고 예상치 못한 '상상력의 결핍'(lack of imagination), 각급 기관과의 정보공유 미흡 및 통합관리 능력부재, 고위관료로부터 최일선 근무자까지의 '총체적 긔테러 마인드 부족'을 지적하고

---

310) 김태우, 박선섭(역), p.286.

311) 황일도, "미 국방부, 북한-알카에다 연계를 추적중" 신동아(2008. 2), p.325 참조. 국정원을 통해 이러한 진술을 제공받은 미 국방부 정보본부(DIA)는 지난해 9월부터 세 차례에 걸쳐 이 탈북 관료를 인터뷰하였음.

있다.[312]

상상력의 실패야말로 테러리스트들이 민간 항공기를 납치해 항공기 자체를 무기로 삼는다는 기책(奇策)을 간과한 원인이었다. 상사가 시키는 일만 처리하는 데 익숙한 현대 관료들에게는 상상하기 어려운 일이었을지도 모른다. 상상력의 결여는 상대방의 문화와 역사에 대한 상호 무관심에서 기인하는 것이며 지구촌의 우리는 향후 도래할 핵 테러 발생 방지를 위해 무한한 상상력을 발휘해야 할 것이다.

제5절 사이버 테러리즘(Cyber Terrorism)

21세기 사이버시대에 들어 네트전과 관련하여 너무도 많은 용어들이 범람하고 있다. 그러나 그러한 용어들은 그 개념에 대한 정확한 인식 없이 사용되어 무척 혼란스러워 보인다. '사이버 범죄', '사이버 테러', '사이버전'이라는 용어를 사용할 때 이를 정확히 구분하여 정의하기란 결코 쉽지 않다. 왜냐하면 세 용어가 모호하게 상호 구분의 경계선상에 놓여 있을 수가 있기 때문이다.

90년대 이래 세계화와 함께 인터넷의 폭발적인 이용으로부터 파생되는 해킹, 바이러스의 유포, 사이버 스토커 등은 사이버 범죄의 범주로 규정할 수 있다. 사이버 관련 용어의 지나친 자극은 '사이

---

312) 미 의회는 9·11사태와 같은 테러사건 재발 방지를 위해 2002년 11월 공화, 민주 양당 동수로 추천한 전문위원 10명으로 '진상조사 위원회'를 구성, 1년 8개월 동안 250만 페이지 이상의 자료를 검토하고 10개국 1,200명과 면담을 실시하였으며 19일간의 청문회 기간 중 160명의 증인을 출석시키는 등 심층조사를 통하여 최종적으로 본 보고서를 출간하였다.

버 범죄'라는 용어보다 더 자극적인 '사이버 테러'나 '사이버 전쟁'이라는 용어를 사용하기에 이르렀으며 이러한 의미에서 용어에 대한 개념적 정의는 피할 수 없는 과제이다.

네트전에 대한 개념적 정의를 살펴보기 전에 네트전의 기초적 유형인 사이버 범죄와 테러에 대하여 알아보면 세 용어의 개념적 정의에 대한 일정한 한계를 인정한 가운데 사이버 공간에서 다양한 해커들에 의해 나타나고 있는 불법행위를 대상으로 행위자, 발생 기간, 피해대상, 목적, 수단 및 피해범위를 기준으로 분류할 수 있을 것이다.

첫째, 사이버 범죄는 개인 혹은 조직화된 단체가 사이버 공간에서 시간과 장소에 관계없이 개인과 단체들에 대하여 정치성을 내포하지 않고 경제적 이익과 관련된 행위 또는 반사회·문화적 행위를 범하는 경우를 말한다. 그리고 그 행위의 수단이나 피해가 단순하고 경미한 결과를 야기한 경우를 말한다. 사이버 국제범죄는 사이버 범죄 중에서 특히 장소의 국제성을 내포한 경우를 말한다. 사이버 국제범죄의 경우 사이버 공간에서의 행위에 대한 합법 혹은 불법 여부가 각각 상이하기 때문에 일률적으로 규정이 어려운 실정이다. 따라서 사이버 공간에서의 불법행위에 대해 통합된 국제법의 존재 필요성이 대두되고 있다.[313]

둘째, 사이버 테러는 행위자, 장소, 시간 등이 사이버 범죄와 다를 바 없으나 사이버 공간에서 해킹의 대상이 국가의 주요 공공기관 또는 국가기관을 대상으로 하면서 정치적·경제적 목적을 내포하고 있으며 해킹수단이 공격성을 띠며 그 물질적 피해가 심각한

---

313) 1998년 G-8정상회담 시 합의한 컴퓨터 범죄 대응을 위한 국제공조수사체제 강화를 위해 미국주도의 '국제 하이테크 범죄24기간 감시체제가' 있다. 또한 현재 UN은 '사이버범죄 국제협약(International Treaty on Cyber-crime)'의 초안을 마련 중에 있다.

경우를 말한다.314)

여기서 문제가 되는 것은 사이버 범죄와 사이버 테러 사이의 경계선상에 놓여 있어 상호 구분이 모호한 경우이다. 왜냐하면 대부분의 사이버 범죄가 테러로 발전하는 경우가 많기 때문이다.

〈도표-15〉 사이버 범죄·테러·전쟁의 분류 기준

	네트전		사이버전
	사이버 범죄	사이버 테러	
행위자	개인/단체		국가
공간	무제한성		국제성
시간	무제한성		무제한성
대상	개인/민간단체	주요공공/국가기관	상대국가
목적	경제성	정치성/경제성	무차별성
수단	단순성	공격성	단순성-파괴성
피해	경미성	심각성	경미성-심각성

출처: 조성권, 『네트전과 정보기관의 새로운 역할』, (국제문제조사연구소, 2001), p.3.

왜냐하면 대부분의 사이버 범죄가 테러로 발전하는 경우가 많기 때문이다. 예를 들면, 공격대상이 개인이나 민간단체이지만 해킹수단이 아주 치명적이고 피해 또한 심각성을 띠는 경우와 반대로 공격대상이 정부기관이지만 목적상 정치적·경제적 이익을 취하거나 공격수단이 단순하고 약하며 피해가 크지 아니한 경우이다. 한편 정치적 테러단체가 비록 공격수단이 단순하고 피해가 경미하더라도 국가기관을 상대로 정치적 목적을 획득하기 위해 해킹하는 경우는 사이버 테러로 규정해야 할 것이다. 예를 들면, 정부의 홈페이지에 침투하여 '정치범의 석방요구' 등과 같은 행위를 상정할 수

---

314) 사이버 범죄 및 테러의 수단으로는 해킹, 컴퓨터 바이러스, 논리폭탄(logic bomb), 스누핑(snuffing), 스푸핑(spoofing), 칩핑(chipping), 전자총(FERT gun), 고출력 폭탄(EMP bomb), 스팸메일(e-mail bomb), 플래임(flame), 서비스 거부(denial of service) 등이 있다.

있다.315)

셋째, 사이버전은 코소보 분쟁과정에서 보여주었듯이 국가와 국가가 사이버 공간상에서 벌어지는 일련의 전쟁과정이다. 자국의 특정이익을 위해 타국을 대상으로 적대적 행위를 가하는 경우이다. 따라서 사이버전이 성립되려면 최소한 2개국 이상이 개입되어야 한다. 평화 시 정보기관 사이의 사이버전은 사이버 공간을 통해 공격수단이 파괴적이지 않더라도 경제스파이전처럼 피해가 클 경우도 있다. 한편 사이버전은 상대국가와의 물리적 충돌직전이나 충돌과정에서는 상대국의 모든 요소들이 공격대상에 포함되는 무차별성을 띨 수도 있다. 이러한 맥락에서 사이버전은 군사적 측면에서 포괄적인 정보전쟁의 일부이면서 고강도 분쟁(high-intensity conflict: HIT)이라고 말할 수 있다.

네트전에서 최악의 시나리오는 전문적인 해커나 집단들이 초국가적 범죄조직이나 정치적 테러단체에 가입하여 활동하거나 혹은 그들로부터 사주되어 대리인(surrogate)으로 활동하면서 국가를 상대로 사이버 공간을 통해 파괴적인 활동을 할 가능성이다. 결국 사이버 공간에서의 정보공유에 대한 찬반론과 함께 해커들의 해킹활동은 사이버 공간 보호의 질서와 공간 파괴의 무질서라는 형태를 띠면서 당분간 지속될 것이다. 이러한 논쟁은 궁극적으로 개인적 프라이버시의 보호와 국가안보를 위한 통제라는 논쟁의 종착역에 이른다.316)

전쟁을 수행함에 있어서 정보와 장비는 필수적인 요소들이다. 단적으로 보았을 때, 아무리 좋은 장비 혹은 무기체계를 보유하고 있

---

315) 조성권, "네트전쟁과 정보기관의 새로운 역할", (국제문제조사연구소, 2001), p.4.
316) 상게논문, p.7.

다 하더라도 전투상황을 분석하고 예측할 수 있는 정보가 없을 경우 또는 그 정보의 수준이 현저하게 낮을 경우 반드시 패전한다고 속단할 수는 없어도 분명한 사실은 승리할 수 없다는 것이다. 전기, 전자, 컴퓨터, 사이버시대로 이어지고 있는 20세기 정보통신의 발전과정을 살펴볼 때, 새로운 정보통신 기술이 개발될수록 정보우세 (information dominance)의 필요성도 증대되었다. '정보우세' 또는 '정보의 지배효과'란 적과 경쟁자의 지휘통제 체제, 정보기능과 출처, 감지능력 등의 상대방의 자원과 의도를 보다 신속하게 정확하게 파악할 수 있는 전반적인 정보습득 능력을 의미한다.[317)

상대방의 실체적 및 무형적 능력과 자원은 보다 정확한 정보로 알 수 있다. 물론 전쟁과 정보의 함수관계는 이미 오래전부터 연구되어 왔으며 사이버시대에 나타난 특별한 현상은 아니다. 그러나 정보의 생산, 관리, 전달방법이 컴퓨터를 포함한 다양한 첨단 정보관리 시스템에 의존하고 있고 그 의존도가 날로 확산되고 있다는 점에 비추어 볼 때, 작금의 정보전은 본격적인 컴퓨터 통신시대에 진입 이후 발생했다고 할 수 있다.

한편 미 육군은 정보전을 "정보의 우위를 확보하기 위한 수단으로써 상대방의 정보를 기반으로 한 매체 및 정보 시스템을 방어하는 행위"로 정의하고 있다. 이와 함께 미 공군은 정보전을 1) 상대방의 정보와 그 기능의 거부(denial), 활용(exploit), 부패(corrupt) 및 파괴하는 모든 행위, 2) 이러한 행위들로부터의 자주방어, 3) 아군의 군사적 기능 극대화로 정의하고 있다.[318)

317) Jeffrey A. Harley, "Information, Technology and the Center of Gravity", *Naval War College Review*, vol..1(Winter 1997), p.67.

318) Ronald R. Fogleman, "A Vision for the 21ˢᵗ Century Air Force", *Global Engagement: A Vision for the 21st Century Air Force*(Washington, D. C.: Department of the

전술한 바와 같이 전쟁의 유형이 바뀌고 있다는 것은 크게 보아 두 줄기의 변화를 의미한다. 첫째는 정보기술, 사이버스페이스의 구조, 정보전으로 이어지는 한 축의 변화가 있으며, 둘째는 탈냉전 이후의 국제정치, 분쟁의 다변화와 전략전쟁으로 이어지는 다른 축의 변화가 그것이다. 이와 같은 과정이 합쳐지면서 형성되는 현상을 '전략 정보전'(Strategic Information Warfare)으로 정의할 수 있다. 정보전시대에 나타나는 전쟁의 새로운 특징은 1) 비국가 행위자의 다원화, 2) 전쟁수행 방법의 다양화, 3) 전략목표의 확대, 4) 정보시스템을 축으로 한 전술적 목표의 대두 등이다. 또 다른 특징은 국가의 성역(state sanctuary)을 전반적으로 위협할 수 있는 잠재력을 보유하고 있는 새로운 형태의 위협의 대두이다. 나폴레옹 전쟁 이후 전개된 전쟁의 발전과정 중 가장 두드러진 현상이 전쟁 영역의 확대이다. 그러나 전쟁의 규모가 확대되면서 나타난 또 다른 현상은 국가의 취약성 또한 그만큼 증대되었다는 사실이다.

정보전의 특성을 보다 체계적으로 정리하면 다음과 같다. 1) 정보전의 저비용: 효율적이고 고성능적인 정보전 능력을 낮은 비용으로 개발할 수 있으며 수많은 사람들에게 널리 그리고 쉽게 보급할 수 있다. 종전의 고성능 무기체계 개발과는 달리 새로운 정보전 '무기'는 숙달된 개인이나 집단이 장소에 구애받지 않고 개발 생산할 수 있다. 2) 전통적 경계선의 희석: 국가와 국가 간, 정부와 사회 간 등의 경계선 자체가 점차 흐석되고 있으며 민족국가와 같은 전통적 개념들도 빠른 속도로 변화하고 있다. 뿐만 아니라 공적인 이해관계와 사적인 이해관계가 정보혁명으로 말미암아 불투명해지고 있으며 새로운 '국경지대'가 형성되고 있다. 그러나 새로운 국

Air Force, 1997), p.7.

경지대가 형성되면서 전쟁과 유사한 국제테러와 범죄 행위들이 가속화되고 있다. 3) 감지능력의 확대: 역사적으로 전쟁에서 기만과 조작이 널리 이용되어 왔으나 사이버시대에서는 새로운 형태로 변형될 것이며 그 여파 또한 확대될 것이다. 따라서 각종 조작과 기만을 구분할 수 있고 사전에 감시할 수 있는 능력의 필요성이 증대될 것이다. 4) 전략정보의 재인식: 정보전은 전통적인 정보수집과 분석(intelligence collection and analysis)의 틀을 근본적으로 파괴하는 잠재력을 보유하고 있다. 따라서 완전히 다른 차원에서의 정보수집과 분석시스템이 필요할지 모른다. 5) 조기경보 및 공격감지 체제 개선: 정보전쟁의 환경 속에서 제기될 수 있는 다양한 분쟁과 위협의 양상은 전통적으로 인식해 왔던 조기경보 혹은 지표가 정보전에서는 별 효과를 발휘하지 못할 것이다. 예를 들면 컴퓨터 소프트웨어로 새로운 바이러스를 투입할 경우, 그 바이러스를 감정하고 격리시키는 데 상당한 시간과 노력이 요구되며 출처의 확인에도 많은 어려움이 따를 것이다. 비록 정보시스템을 공격하는 에이전트를 포착할 수 있다고 해도 기본적 출처는 다국적 연합(multinational coalition), 국가 간의 하부구조, 비정부 조직, 개인 등 다양할 수 있기 때문에 효율적인 대응책을 강구하는 데에는 상당한 어려움이 있을 것이다. 6) 연합 또는 제휴의 문제점: 국제화와 세계화의 부정적인 영향 중의 하나는 비록 한 국가의 정보망이 튼튼하다고 하더라도 다른 국가의 정보망과 연관되어 있는 한, 한 국가의 정보망이 손실될 경우 그 파급효과는 다른 국가와 지역으로 확산된다는 것이다. 따라서 국가 간의 연합과 제휴에도 새로운 문제에 직면할 수 있다. 7) 국가의 취약성 증대: WTO시대의 세계경제의 특징 중 하나는 경제적 상호 의존 관계이다. 따라서 한 국가의 경제와 재정구조가 타 국가의 경제와 재정구조에 밀접한 관계를 유지하고 있는 이상, 그 당사국도 취약할 수밖에 없다. 문제는 정보화시대에 있어서 국가의 핵심적인 취약성 혹은 뇌관을 공격하기 위해서 언제, 어디서나 국가의 전략적·전술적 목표를 공격할 수 있는 시대가 정보전의 시대인 것이다.[319]

정보전은 과거의 다른 형태의 전쟁과 비교했을 때 조직, 인력, 자금 등의 방대한 자원이 필요하지 않다. 이는 예측 가능한 위협의 유형과 회수를 사전에 감지하는 데에 많은 어려움이 있다는 것을 의미하기도 한다. 앞서 언급한 바와 같이 전통적인 전쟁의 경계선들이 점진적으로 희석되면서 발생되는 문제점들을 들 수 있다. 예를 들면, 전통적으로 간주해 왔던 경계선 또는 관할권의 개념이 사이버시대에는 적용되지 않을뿐더러 새로운 법적, 정책적, 정치적 문제점들을 촉진시킬 수 있다. 보다 구체적으로 상술하면 대외 및 대내, 공적 및 사적, 군사 및 민간, 전략 및 전술, 전쟁과 평화 등 대칭적으로 이해해 왔던 개념들이 빠른 속도로 바뀌고 있다는 사실이다.

인터넷과 함께 대두되고 있는 중요한 문제는 수직적·수평적 정보생산과 교환이다. 이미 전통적인 위계질서와 각종 경계선이 희석되고 새롭게 구성되고 있는 과정에서 발생하고 있는 문제 중 하나는 비국가적(non-state) 또는 비정부적(non-govern mental) 행위자들의 확산이다. 1993년 텍사스 주 워코(Waco) 시의 종파집단 파괴와 1996년 오클라호마 폭파사건 이후 본격적으로 나타나기 시작하는 문제는 바로 미국에서의 다양한 시민군(militia)의 확산이다. 각 주에 조직화되어 있는 시민군들과 이들을 지지하는 단체들은 인터넷

---

319) 이정민, 전게논문, p.9.

을 통해 상호 간의 정보교환시스템을 구축하고 있으며 유럽의 다양한 반정부 및 국수주의적 단체들과의 제휴와 전자교역이 가속화되고 있다. 여기서 대두되고 있는 중요한 문제는 가상적과 위협의 '모양과 유형'을 쉽게 포착할 수 없다는 점이다. 또한 적의 의도와 능력을 파악하는 데에 많은 어려움이 따르며 예산과 인력투입, 장비의 현대화, 집중적인 조직관리 등에 있어서 전통적인 방법으로 중요한 정보를 수집함에는 분명히 한계가 있다고 하겠다.

정보전 연구와 '사이버주의'(cyberocracy)의 창시자인 데이비드 론펠트(David Ron feldt)는 전통적인 군사적 성격이 강한 정보전은 '사이버 전쟁'으로 분류할 수 있고 사회적 성격이 짙은 정보전은 '네트전쟁'으로 분류할 수 있다고 지적한 바 있다.[320] 네트전쟁은 주로 저강도 분쟁과 MOOTW을 중심으로 한 사회 전반에 걸친 새로운 분쟁과 갈등이다. 반면, 사이버 전쟁은 전통적인 전쟁개념과 밀접한 관계를 유지하고 있는 고강도 분쟁(high intensity conflict: HIC) 및 중간 형태의 분쟁(medium level conflict)의 성격을 보유하고 있는 분쟁의 형태로 군사적인 측면이 훨씬 더 강조되고 있다. 먼저 네트전쟁의 기본적인 특징을 보면, 네트전쟁은 점진적으로 그 모습을 나타내고 있는 전면전과는 달리 다차원적 분쟁을 의미하며 네트워크 형태의 조직, 교리, 전략 및 통신에 의존하고 있다. 즉 종래의 수직적 조직에서 탈피되는 것이 네트전쟁의 큰 특징이다. 네트전쟁의 유형으로 아랍·이스라엘 분쟁 속에서 새로운 테러리스트 집단으로 등장한 '하마스', 멕시코 반정부 집단인 '자파티스타', 홍콩의 '트라이어드' 등의 네트워크 조직들을 들 수 있다. 또한 전통적인

---

320) John Arquilla and David Ronfeldt, *The Advent of Netwar*(Santa Monica, CA: National Defense Research Institute, RAND, 1996), p.5.

지하활동과는 달리 네트전쟁의 상당한 부분까지 제도화된 국제조직이 서서히 '네트워크화'되고 있으며 수평적 조직(flat organization)을 포함한 다양한 각도에서 구조적으로 탈바꿈하고 있다는 것이다.[321] 이러한 초국가적 범죄 또는 테러리즘 조직들의 네트워크화의 확산 이유는 다음과 같다.

첫째, 다국적 기업과 같이 마약 테러리스트들은 제휴조직과 세포조직을 형성하고 있다. 예를 들면, 콜롬비아의 대표적 조직인 '카를리 카르텔'(Carli Cartel)은 미국과 유럽의 주요 도시에 광범위한 세포조직을 운영하고 있으며 이들은 마약의 생산과 마케팅 과정을 전담하고 있는 하나의 창구역할을 담당하고 있다. 독일 연방정부는 이탈리아 마피아에 속한 68개의 세포조직을 발견하여 발표한 바 있다.[322]

둘째, 이들 조직들은 전략적인 초국가적 연합체제를 구축함으로써 일종의 전문적인 역할분담과 비교우위를 극대화시키고 있다. 무기상, 마약밀매 등 국제범죄가 세분화되어 가고 있는 현상으로 이러한 활동에 필요한 자금동원 및 운송수단의 확보, 시장개척과 재고관리 등 '국제적 생산라인'을 구축하고 있다. 국제테러가 향후 어떠한 형태로 변화될 것인지에 대해서는 확실하게 예측할 수는 없다. 다만 한 개인인 컴퓨터 해커 또는 보다 조직적으로 구성된 집단이 향후 국가의 주요 기능을 마비시킬 수 있는 충분한 능력을 보유하고 있으며 미국을 '폐쇄'시킬 수 있다고 자신한 국제 해커의 파괴력은 앞으로 더욱더 증대될 전망이다.[323]

---

321) 예를 들면, 미국과 이탈리아의 마피아, 콜롬비아의 마약 카르텔, 러시아의 마피아, 터키의 쿠르드족 반군집단 등.

322) 이정민, 전계논문, p.13.

323) Walter Lacquer, "Postmodern Terrorism", *Foreign Affairs*, vol.75, no.5(September/October

네트전쟁의 복합적인 특징을 분산된 계획, 다양한 공격패턴, 불확실한 손해평가, 제한된 자원으로 정리할 수 있겠으나 그 파급효과를 정확하게 전망할 수는 없다. 다만 고도의 정보기술에 대한 의존도가 계속 상승할 경우, 네트전쟁이 현실화될 것으로 전망할 수 있다. 1989년에 불과 8개의 국가들이 인터넷에 연결되었으나 1996년에는 그 숫자가 128개국으로 늘어났으며 1998년에는 약 160여 개의 국가로 확산되었다.

네트전쟁의 또 다른 위협은 침투 및 공격의 패턴 유형이 다양한 관계로 인하여 언제 공격이 개시되었는지를 판가름하는 데에 상당한 어려움이 있다는 점이다. 즉 전통적인 전쟁이나 분쟁과는 달리, 적 개념 자체가 불확실하고 특히 공격의 시점이 불투명하기 때문에 그만큼 실질적이고 효과적인 대비책을 세우는 데에는 한계가 있다. 무엇보다도 네트전쟁과 밀접한 관계를 맺고 있는 사이버 테러리즘 (cyber terrorism)에 대한 다각적 연구가 진행되고 있으며, 주요 국가들도 사이버테러의 가능성을 높게 평가하고 있다. 이러한 문제점과 허점을 부분적으로나마 다룰 수 있는 방안으로 미 국무부는 '정보보안'(information security)을 강조하고 있다. 이러한 복잡한 문제점들 중의 하나는 이제 더 이상 '국가정보 인프라'(National Information Infrastructure: NII)와 '범세계적 정보구조'(Global Information Infrastructure: GII)를 구분할 수 없다는 사실이다.[324] 따라서 편의상 국내외로 인식되어 왔던 분쟁의 형태와 유형에 대한 분류방법 자체가 상당부분 무의미해졌다고 볼 수 있다. 그러나 경계선이 희석되고 네트전쟁이 상정하고 있는 복합적인 위협을 어느 정도 파악한다고 해

1996), p.35.

324) *The Wall Street Journal*, May 14, 1997.

도, 중요한 걸림돌은 어느 정도의 대비책을 수립하여 성공한다 하더라도 과학기술의 지속적인 발전속도로 말미암아 큰 효과는 기대할 수 없을 것이다.

테러리즘의 본질에는 예나 지금이나 변화가 없다 하겠으나 테러리즘의 유형은 시대의 흐름에 따라 많은 변화를 하고 있다. 과거, 테러리즘으로부터 인류를 보호하였던 정보체계, 전술 등은 작금의 국제사회에서는 첨단 과학기술의 발달로 물리적 세계가 가상공간의 세계로 전환되는 시대에 살고 있다.

미·소 냉전 환경하의 핵전쟁으로 인한 통신 유지책의 개념을 바탕으로 구축된 ARPANET(Advanced Research Projects Agency Network)는 오늘날 인터넷이란 이름으로 인류에게 편리함과 더불어 사이버테러의 공포를 동시에 안겨 주고 있다. 세계 각국은 미래의 전쟁이 첨단과학기술로 발전됨에 따라 군사·과학 기술력의 향상에 주력하는 동시에 첨단무기를 효과적으로 운용할 수 있는 체제발전을 위해 노력하고 있다. 사이버 공간의 테러문제는 개인차원과 국가적 차원에서 심각한 문제를 초래할 수 있다. 국가차원의 정보망 허점을 이용하여 국가기밀이나 산업기밀을 팔거나 이용할 수 있으며 이러한 행위들은 사이버테러나 사이버전쟁으로 확장될 수 있다. 코소보 전쟁에서 미국에 대항하여 유고슬라비아의 많은 해커들이 미국의 공공 인터넷 사이트를 집중 공격하여 마비시킨 적이 있으며 미국과 중국은 해킹과 바이러스 기술을 무기로 한 사이버전쟁을 본격적으로 사용하겠다는 입장을 표명한 적도 있다.[325]

특히, 주요 군사 선진국들은 미래전이 사이버전(cyber warfare)과 고도의 C4ISR전으로 전개될 것에 대비하여 자국의 첩보수집 기능

---

325) 조은경, "해킹과 해커에 대한 이해", 『대테러연구』 23집, (경찰청, 2001), p.7.

을 보호하고 가상적국의 이와 같은 능력을 파괴 또는 무력화시킬 수 있는 정보전능력을 개발하는 데 주력하고 있으며 장거리 초정밀 타격능력, 실시간에 전장상황을 지휘관들이 직접 확인하여 임무를 달성할 수 있는 C4ISR능력, 나아가 우주공간의 군사적 활용에 박차를 가하고 있다.

사이버테러리즘은 컴퓨터 통신망을 이용하여 사이버 공간에서 일정한 목적을 가지고 계획적으로 정보를 조작하고 전산망을 파괴하는 행위라고 할 수 있다. 사이버 테러리즘은 국가의 주요 기반 시설인 정보통신망 및 기반구조의 안전성을 침해하는 범죄로서 물리적 테러리즘 못지않게 국제사회에 대규모의 피해를 야기할 수 있다. 또한 사이버 테러의 위협은 사이버 공간의 특성상 어느 한 개인이나 국가의 문제가 아니라 국경을 초월하여 전 세계가 막대한 피해대상이 되고 있기 때문에 국제적으로 대처해야 할 문제이다.

또한 이들은 군사과학기술의 발전 및 새로운 전쟁양상의 변화에 대비하는 한편, 대규모 전쟁의 확산을 억제하기 위해 핵 및 화생방 무기 등 대량살상무기와 그 운반수단인 미사일의 확산을 방지하고 궁극적으로 이를 폐기하기 위해 노력하고 있다. 특히, 생화학무기는 제조가 용이하고 생산비용이 저렴하여 테러리스트들도 손쉽게 보유할 수 있어 국제사회의 큰 위협이 되고 있다.[326]

사이버 테러리즘은 과거에는 없었던 새로운 형태의 테러리즘이다. 시간과 공간의 제한을 초월하여 사이버 공간(cyber space)을 이용한 첨단신종 범죄로 그 파급효과가 확산되고 있다. 일명 정보전쟁(information warfare)이라고도 불리는 사이버 테러리즘의 핵심요소는 해커, 컴퓨터 가상공간, 해킹기술 등으로 아직까지 용어와 개념이 정립되지

---

326) **국방백서**2000, (국방부, 2000), p.18.

않은 상태이다.

미 국방부는 테러를 예방하고 감소시키며 테러리스트들이 노리는 미국의 약점을 감소시키는 활동을 통해 초국가적 위협과 맞서 싸우고 있다. 이러한 활동으로는 정보수집 능력을 강화하는 노력과 사이버 테러대책을 포함한 사회 중요 하부구조의 보호 노력으로 나타나고 있다.[327]

사이버 공간의 특징으로 비대면성, 익명성, 시간과 공간개념의 상실, 정보의 집약, 정보전달의 신속성, 미래사회의 효과적 범죄수단이 될 수 있다는 점을 들 수 있다. 다라서 사이버 공간에서 발생하는 사이버 테러는 통상적 범죄와는 달리 다음과 같은 특징을 지닌다.

사이버 테러리즘의 물리적 테러리즘에 비해 1) 자신의 신분을 노출시키지 않고 인터넷을 통한 익명성 때문에 범행의 주체가 파악하기 힘들며, 간단한 컴퓨터 조작이나 속임수로 광범한 피해를 유발시킬 수 있으며, 2) 사이버 범죄는 컴퓨터 프로그램을 통해 실시간으로 전 세계에 전파되어 특별한 사정이 없는 한 조작이 자동적이고 반복적으로 발생되어 범죄의 반복·계속성의 특징을 갖는다. 3) 범행현장이 존재하지 않으며 범행의 근원지의 추적과 증거 확보가 어렵고 피해실태 또한 정확한 파악이 어렵다. 4) 정보시스템상 발생하는 테러는 호기심과 영웅심의 동기에 의해 행해질 때도 있으나 때로는 정치적, 경제적 목적으로 국가안보와 관련된 중요한 국가기간전산망 정보시스템에 대하여 발생하는 경우가 많다는 점 등이다. 사이버 테러리즘은 당장 눈앞에서 피해가 발생하지 않아 피해자와의 큰 거리감 때문에 죄의식 없이 행해질 수 있고, 정보망의 특성을 이용하여 쉽게 유포할 수 있다는 점이 용이하며 아직 법

---

327) 미 2001국방연례보고서(FY2001), p.16.

적 대응책이 미흡하다는 점에서 잠재적인 범죄 발생 가능성은 더욱 커지고 있다.[328]

사이버 테러와 관련하여 가장 우려되는 것은 테러리스트가 정치적, 군사적, 종교적으로 일정한 목적을 가지고 테러를 감행할 수 있다는 점이다. 이러한 경우를 일반적인 사이버 테러와 구별하여 사이버 테러리즘이라고 부른다.[329] 만일 테러리스트가 특정국의 핵무기 제어장치를 해킹하는 방법으로 폭발 또는 오발케 하는 사건이 발생한다면 이는 상상을 초월한 엄청난 비극이 아닐 수 없다. 또한 미래사회를 지식기반사회, 지식정보사회라 특징지을 수 있는데 지식정보사회의 활동과정에서 유통, 보관, 처리되는 정보 및 정보망이 테러집단들에 의해 그들의 목적을 위해 사용된다면 이는 심각한 결과를 초래함은 자명한 사실이다.

첨단 정보통신 기술을 이용하여 물리적 세계가 가상의 세계로 전환되어 있는 공간을 무차별적으로 공격하는 행위를 사이버 테러리즘이라 한다. 정보전이라고도 불리는 사이버 테러리즘은 크게 세 가지로 분류되며 첫째, 단순히 개인적으로 자행되는 개인 해커와 둘째, 범죄조직화된 집단으로 네덜란드의 '트라이던트', 러시아의 '지하해킹 마피아'가 이 집단에 속한다. 셋째는 정치적, 민족적, 종교적 목적달성을 위해 조직된 그룹으로 가장 위험한 사이버 테러리즘 집단이다.

지금까지 발생한 대부분의 컴퓨터 관련 테러는 컴퓨터를 이용한 사기 등과 같은 단순한 것이었다. 그러나 최근에는 단순한 해킹차원을 넘어 정치, 민족, 종교, 사회적 목적을 달성하기 위한 테러리

---

328) 백영철, "사이버 테러에 관한 연구", 『대테러연구』 23집, (경찰청, 2001), p.44.
329) 상계논문, p.42.

스트들이 가상공간을 이용하고 있다는 데 문제의 심각성이 있다.

인터넷이 일상화되면서 급진 정치, 사회 운동가 중 일부는 해커들의 논리를 원용하여 가상공간을 투쟁의 수단으로 삼게 된 것이다. 더욱이 해킹수법이 이미 인터넷 웹사이트나 서적을 통해 널리 유포되어 이에 대한 지식을 쉽게 배울 수 있게 되었다. 또한 기존의 해커 중 일부는 자기과시욕과 정치적 명분을 추구하는 테러리스트로 바뀌고 있다는 것도 사이버 테러리즘 확산의 요인이 되고 있다.

사이버 테러리스트들은 국가 산업시스템, 군관련시설 시스템, 핵발전소, 항공기 등 국가 전반에 큰 혼란을 야기할 수 있는 공간의 세계를 무차별적으로 공격할 것이다. 이러한 가상은 현실적으로 발생 가능한 시나리오이다. 사이버 테러리즘 수법 역시 점차 고도화되고 있으며 장거리에서 사용자의 ID나 비밀번호를 알아내는 '스니핑'(sniffing), 전산운영권의 운영을 완전 장악하는 '스푸핑'(spoofing)은 보편화되어 있고 강력한 전파의 발사로 전산망의 정상적 작동을 파괴하는 전파무기도 실용화 단계에 있다는 것이 전문가의 진단이다.

사이버 테러리즘이 향후 국제사회의 시급한 문제가 되리라는 것은 그리 어려운 일이 아니다. 사이버 테러리즘은 고도로 발전하는 과학기술과 함께 점차적으로 확산될 것이 분명하다.

미국 국방부는 최근 북한과 중국의 해킹능력이 미 중앙정보국(CIA)의 수준에 도달한 것으로 판단, 이들 국가의 사이버 공격에 대비한 종합적인 대응방안을 마련 중인 것으로 알려졌다. 미 국방부는 북한, 중국, 이란, 이라크를 미군 내 주요 컴퓨터 기반시설 및 정보기술에 대한 공격을 시도할 수 있는 우선국으로 지명하고 있으며 이를 방어할 수 있는 다양한 기술을 개발 중에 있다.[330] 특히,

---

330) 조선일보, 2001년 5월 28일자, 2면 "북 해킹능력 CIA수준" 참조.

북한은 장거리 탄도미사일인 대포동 1호의 제어기술을 자체 개발하는 등 이와 관련된 소프트웨어 분야에서 세계적인 수준을 유지하고 있는 것으로 알려지고 있다.

미국은 특히 북한이 컴퓨터를 이용한 군부대 지휘관리와 무기체계 연구를 위해 최근 평양자동화대학(구 미림대학)에 대한 연구지원을 강화하고 있으며, 사이버전쟁에 대비해 해마다 100여 명의 전문해커를 양성하고 있는 것으로 파악되고 있다.

전쟁을 수행하는 데에 필요한 무기는 크게 살상무기와 비살상무기로 구분할 수 있으며 사이버 테러리즘의 공격수단은 주로 비살상무기들을 사용한다. 사이버 테러리스트들이 가장 많이 사용하는 무기는 해킹과 컴퓨터 바이러스이다. 해커들은 시스템이나 네트워크 취약성을 이용하여 침입을 시도하며, 이들은 시스템의 정상적인 작동을 방해하여 사용자의 서비스를 못하도록 하거나 웹서버나 홈페이지를 공격하는 복잡 다양한 기법을 사용한다. 컴퓨터 바이러스는 시스템에 피해를 주기 때문에 컴퓨터 범죄자들은 시스템을 공격 시 바이러스를 사용한다.

현대사회에서 컴퓨터 바이러스에 대한 위험성은 대단히 높다. 전 세계가 컴퓨터 네트워크 연결에 의존하여 일하는 상황에서 악성바이러스에 의한 피해는 실로 엄청나다 하겠다. 특히, 일단 전파된 바이러스는 프로그램이 존속하는 한 지속되며 강한 전파성을 가지고 있어 퇴치가 쉽지 않다. 70년대 처음 발견된 이 바이러스는 최근에는 인터넷의 성능과 속도가 향상되면서 불과 몇 시간 만에 전 세계적으로 확산될 정도로 더욱 그 확산속도가 빨라지고 있다.

지금까지 발생한 대부분의 컴퓨터 관련 범죄와는 달리 최근에는 단순한 해킹 차원을 넘어 정치적, 민족적, 종교적 목적달성을 위해 테러리스트들이 가상공간을 이용하고 있으며 인터넷이 일상화된 국제사회에서 급진주의적 정치가나 사회운동가들 중의 일부는 현실적 투쟁보다는 가상공간에서의 취약점을 노린 해커들의 논리를 수용하여 가상공간을 투쟁의 수단으로 삼게 되었다. 쉽게 인터넷 웹사이트의 해킹 수법을 획득할 수 있는 테러리스트들은 정치적, 민족적 명분을 추구하는 사이버 테러리즘의 확산을 부추기고 있다.

사이버 테러리즘은 향후 그 특성으로 인하여 점차 확산될 것임이 분명하다. 재래식 전쟁과는 달리 사이버 테러리즘은 보이지 않는 정보가 공격과 방어의 대상이 되며 전장의 경계가 불명확하고 국가 간, 지역 간, 정치적 경계가 모호해지고 있다. 사이버 테러리즘의 공격과 위협행위는 그 시작을 파악하기도 힘들고 심지어 누가 공격대상이며 누가 공격을 당하고 있는 것조차도 구별이 힘든 상황이다. 또한 사이버 테러리즘을 수행함에는 비용이 저렴하며 네트워크 공간을 통해 쉽게 접근이 용이하다.

사이버 테러리즘은 전선이 따로 존재하지 않는 전쟁이다. 따라서 사이버 테러리즘에 있어서는 전후방의 구분이 무의미하며 네트워크를 통해서 접근할 수 있는 곳은 어디든지 잠재적 전장이 될 수 있는 것이다. 오늘날의 국제사회는 이제 비트(bit)로 운영되는 공간세계에의 사이버 테러리즘시대에 직면하고 있다.

정보화 사회가 발전할수록 사이버 테러리즘의 위협이 증가하는 이유는 1) 정보시스템들이 인터넷의 연결망을 통해 서로 연결되어 있어 시간과 공간의 제약을 받지 않고 정보시스템에 접근할 수 있는 가능성이 높아졌으며, 2) 인터넷을 통하여 해커들 간의 자유로운 정보교환이 가능해졌고, 3) 해킹의 기법과 해커의 수가 증가하는 추세에 비해서 정보시스템을 관리하는 기관들의 방어대책의 미흡 등을

들 수 있다.331)

사이버 테러리즘이 향후 인류의 시급한 문제가 되리라고 예상하는 것은 결코 어려운 일이 아니다. 특히, 사이버 테러리즘이 가지고 있는 특성으로 인하여 점차 확대될 것이 분명하다. 사이버 테러리스트들은 폭탄을 싣고 목표를 돌진할 필요도 없을 것이며 비행기 폭파를 위해 미사일을 발사할 이유도 없으며 테러를 자행하는 동안 목숨을 잃을 염려도 없을 것이다. 사이버 테러리스트들은 수천 킬로미터 떨어진 자신들의 은거지에서 발견되지. 않고도 원하는 목표를 정확히 공격하여 손에 피를 묻히지 않고 죽음의 그림자를 세계에 드리우게 할 수 있을 것이다.

사이버 테러에 대해 각국은 테러의 범세계적 방지와 테러군의 창설이라는 양면성을 가지고 있다. 미국은 "컴퓨터 해커가 불특정 다수의 네티즌을 상대로 저지르는 바이러스나 통신망의 침입은 국가의 근간을 흔드는 반문명적 범죄"로 간주하고 있다. 더구나 최근에는 사이버 테러가 사이버전으로까지 확산될 전망이어서 각국이 사이버전에 대비하고 있다. 미 CIA는 1998년 비공개 의회보고서에서 러시아, 중국을 비롯하여 이라크, 리비아 등 최소한 12개 국가가 외국정보 및 컴퓨터시스템을 공격하기 위한 프로그램을 준비하고 있으며 이 중 러시아, 중국, 이라크 등 10개국은 상당수준의 사이버전쟁 능력을 갖추고 있다고 보고하였다. 이와 관련해 미국은 2001년 10월 콜로라도 주 우주사령부에 사이버전쟁 프로그램을 강화할 계획이다.332)

미국은 1995년 예상되는 국가차원의 해킹 대책에 부심하여 사이

---

331) 조은경, 전게논문, p.9.

332) http: //www. Donggang. Net.com.htm(검색일: 2001. 6. 8)

버 테러전담반을 설치하고 2002년까지 32억 달러의 예산을 배정해 놓고 있으며 사이버 테러리즘의 공격에 대비해 28억 달러의 추가 국방예산을 투입할 것을 공표한 바 있다. 또한 사이버 테러리즘의 심각성으로 인하여 국제적인 대응을 위해 1997년 12월 G-7국가의 당국자들이 미국 워싱턴에 모여 '하이테크 범죄에 관한 선언문'을 채택하고 세계 각국이 사이버 범죄를 공동 감시하기로 합의한 이후 세계 각국은 사이버 경찰을 발족시켜 사이버 공간의 법질서 유지에 노력을 아끼지 않고 있다.

사이버 테러리즘에 대한 대책을 마련함에 고려되어야 할 요소로는 1) 기존 대테러 정책의 부분적 보완을 통해서는 사이버 테러리즘의 대항이 불가하며, 2) 과거와는 다른 정보공유체제를 갖추어야 한다. 즉 사이버 테러리즘에 노출되어 있는 기관들과의 신속하고도 적극적인 정보교류가 이루어지도록 해야 한다. 새로운 유형의 사이버 테러리즘에 혼자서 대항하기란 불가능하기 때문이다. 3) 한 번의 사이버 테러 시도가 실패하고 범인이 체포되었다고 해서 완전히 사라진 것이 아님을 알고 지속적인 의지를 가지고 국가적 차원의 대책이 수립되어야 하며, 4) 사이버 테러리스트의 공격수법은 매우 다양하기 때문에 대사이버 테러정책은 실시간에 유동적으로 운영되어야 한다.

미국의 사이버테러 대책은 미국이 인터넷의 발상지이며 다양한 분야에서 오픈 네트워크화가 진행되고 있으며 1998년에 국가기반구조 보호센터를 설립하여 사이버 공격과 위협에 대하여 방어, 경고, 조사, 법집행, 대응 등을 수행하기 위한 핵심기능을 수행하고 있다.

우리나라의 사이버테러에 대한 대응으로는 1999년 국가정보원 홈페이지에 정보보안 119사이트를 개설하여 정보통신망의 해킹, 바이러스에 대한 예보, 경보 등을 통해 예방활동과 사고발생 시 대응방법 및 복구기술을 지원하는 등 범정부차원의 대응체계를 구축하고 있으나 국내의 방어대책은 매우 미흡한 실정이다.[333]

21세기는 지식, 정보화 사회에서의 국가 경제, 사회활동의 근간이 되는 통신, 전력, 금융, 국방, 행정 등 정보통신의 위협으로부터 보호하여 국가경쟁력과 안보능력을 확보하기 위해서는 범국가 차원의 사이버테러 대응체제가 필요하다. 사이버테러에 대한 대응책을 위한 법적, 정부차원의 대응체제 구축, 기술개발 및 정보산업의 육성, 전문 인력 및 국민홍보의 활동전개 등이 이루어져야 한다.

범정부 차원의 대응체제 구축을 위해서는 민, 군, 관의 공동대응이 공공 분야, 민간 분야, 국방 분야로 나누어져 대응체제를 구축하고 사이버 테러를 비롯한 사이버 범죄의 예방대책과 사이버 테러리스트에 대한 수사업무의 공조 또한 중요한 요소이다.

사이버 테러의 징후와 발생을 탐지할 수 있는 탐지체제를 구축, 운영토록 하고 사이버 테러의 조기발견을 탐지하도록 대책을 강구하는 한편 피해가 발생한 경우에는 신속한 복구기술을 지원하는 내용을 포함시켜야 한다. 또한 국내외 유관기관과의 협조 등 공조체제의 구축이 필수적이며 국제 간 사이버 테러에 관한 정보를 공유하기 위해 사이버 테러 대응기관과의 협력을 강화해 나가야 한다.

---

333) *Ibid.*

제6장

미국 9·11테러의 원인분석과 대테러 전쟁

제1절 9·11테러의 국제정치적 함의

1. 9·11테러의 배경 및 원인

9·11테러 사태가 국제질서와 문명에 주는 충격은 전환기적 성격을 지닌다. 2002년 이후의 세계는 '새로운 세계질서'에 의해서보다는 '현재의 무질서'가 계속될 것이고, 현재의 국제체제의 근본적 변화가 아니라고 보는 입장이 있는가 하면, 9·11테러는 단순한 테러사건이 아니라 국제정치 질서가 근본적으로 바뀌는 계기가 되어 '신국제질서'의 등장을 의미하며, 미국의 외교정책이 다자주의적으로 혁명적 변화를 나타내고 있다는 관찰도 있다. 9·11테러를 문명 간의 관계로 파악하지 않으려는 입장이 대세이기는 하지만 종교적 정치 이데올로기화를 거부할 수는 없는 실정이다. 따라서 이 문제는 역사적, 철학적 맥락에서 해석되어야 할 과제이다.[334]

9·11테러 사건의 원인에 대한 기존의 분석들은 다음의 세 가지로 분류할 수 있다. 첫째는 미국의 이스라엘에 대한 지원이 이슬람 과격파들의 분노를 초래했다는 주장이다. 이는 우선 1998년 2월 23일 오사마 빈 라덴이 발표한 "세계 이슬람 전선의 선언문: 유태인과 십자군에 대한 성전"이라는 문서에서 출발한다. 이 선언에 의하면 이슬람의 분노는 7년 이상 지속된 미군의 사우디 주둔, 이라크에 대한 지속적인 경제 제재와 공습, 이스라엘의 유지를 위한 지원과 이슬람 국가의 분열이라는 세 가지 요인에 원인을 두고 있다.

---

334) 류재갑, "테러리즘과 국제관계 그리고 미래문명", 『테러리즘과 문명공존』(한국국방연구원, 2002년학술회의), pp.106-107.

이 문서는 이슬람 국가를 파괴하려는 국가에 대하여 지하드는 개인의 의무이며 미국 또는 동맹국에서조차도 민간인이든 군인이든 가능하다면 죽이는 것이 개인의 의무라는 주장을 펴고 있다. 또 다른 주장은 부시 정권에서 2000년 10월 이후 계속된 이스라엘의 폭력사태를 묵인함으로써 팔레스타인의 고난을 간과했다는 것이다. 지난 50여 년 동안 이스라엘에 대한 미국의 지원이 이슬람의 형제인 팔레스타인의 불행을 초래해 왔으며 그 계기는 1949년의 이스라엘 건국에 대한 승인이었다는 것이다.335)

그러나 이러한 시각은 중동의 모든 문제점들을 이스라엘과 팔레스타인의 관계라는 단일축으로 설명하려는 오류를 범하고 있으며, 이 경우 팔레스타인과 전 중동 국가들의 외교정책의 관계는 무슬림 형제애라는 연결고리 외에는 설명할 방법이 없다는 점이다. 테러사건이 테러리스트조직의 정치적 목적에 의해 유발되는 것은 이들 조직이 정치권력을 추구하는 집단이기 때문이다. 9 · 11테러는 이슬람세계 전체의 의도이기보다는 정치적 목적을 가진 극소수 과격 이슬람 원리주의자들의 소행이라는 점이다. 비록 부시 행정부의 친이스라엘 정책과 힘에 의한 일방주의 외교정책에 대해 이슬람인들이 불만을 나타내었다 할지라도 이 점이 9 · 11테러를 설명할 수 있는 단서가 되지 못할 것이다. 9 · 11테러는 이미 부시 정부 이전부터 계획되고 준비되어 왔기 때문이다.

두 번째 주장은 세계화의 진행이 세계적 규모의 불균등 발전을 낳았으며 특히 아랍지역에서는 소수의 부유층에 대비되는 다수의 빈곤층이 정치적 억압과 빈곤으로 인한 분노를 낳았고 정치적 민

---

335) 최운도, "9 · 11테러 사건의 원인분석과 미국의 세계전략 변화 전망", 한국국제정치학회, 2001년도 연례학술회의), pp.2-3.

주주의가 없는 상황에서 과격한 원리주의가 자리 잡게 되었다. 이로써 세계화의 경향은 문화적 동일성보다는 오히려 문화적 단절을 초래했으며 합의보다는 대립을 가져왔다. 특히 아랍 국가는 세계화와 신자유주의 진행이 소외된 지역으로 손꼽힌다. 그러나 자유화와 반세계화의 논의의 대결은 1970년대의 근대화의 논의를 재현한 것에 불과하며 빈곤과 경제적 소외가 이슬람원리주의의 테러리즘을 초래했다는 주장은 중동 국가들의 국내적인 정치안정을 설명하지 못하고 있다.

　미국이 주도하는 세계화가 아랍인의 분노를 폭력화시키는 요인으로 작용하였으며, 힘에 의한 일방주의가 테러의 촉발요인으로 작용하였는가에 대해서는 세계화의 대상이 이슬람세계에만 국한된 것이 아니라는 사실이다. 세계화가 자본주의 시장경제의 확산에서 연유한다 하더라도 이는 기술의 수평적 확산을 의미하며 자유민주주의의 보편적 가치와 다원주의적 개방을 병행하는 것이기 때문에 오히려 자유민주주의와 경제발전의 동인으로 작용한다. 세계화는 불가피한 현상이므로 오히려 수용하는 국가의 자세와 정책에 따라 상황은 달라질 수 있는 것이다.

　따라서 테러의 원인은 이슬람세계 내에서 찾아야 할 것이다. 9·11테러의 근원은 이슬람세계 내부의 문제를 외부 표적으로 돌린 것이다. 즉 과격 이슬람 원리주의자들은 자신들의 민주주의 실패, 민중정부의 수립실패, 자신들의 압제적 왕조정권에 대한 분노를 미국을 향해 표출시킨 것이다. 그러므로 9·11테러는 갑작스럽게 나타난 현상이 아니라 테러조직의 확대성장을 통해 점진적으로 발전하여 극적으로 표출된 현상이다.

　세 번째는 문화적 차이로 인한 갈등이 테러의 원인이었음을 지적할 수 있다. 루이스(Bernard Lewis)에 따르면 이스라엘에 대한 미국의 지원과 기독교문명의 차별주의, 인종차별, 노예제도와 전제군주 등의 잔재는 이슬람의 적대감에 대한 일관성 있는 설명이 되지 못하며 이슬람의 입장에서 본 제국주의가 설명의 일부가 될 수 있음을 지적한다. 이슬람에 의하면 제국주의는 인간이 인간에 의한 지배가 아니라 역할의 분배라 할 수 있으며 그들이 진정 수용하기 힘든 바는 자신들에 대한 이교도의 지배라고 할 수 있다. 진정한 믿음은 신의 계시에 의해 보호받아야 되고 경멸받거나 남용되어서는 안 된다는 것이다. 결국 세속주의와 근대화는 이슬람이 추구해 왔음에도 불구하고 실망과 좌절을 가져왔으며, 더욱이 미국의 지배는 적대감 표출의 대상이 되었다.

여기에서 야기되는 문명의 충돌현상을 헌팅턴은 국제사회에서의 갈등의 균열이 국가 이데올로기의 단층을 따라 발생해 왔으며 탈냉전과 함께 찾아온 단층을 문명들 간의 관계에서 찾고 있다. 특히 세계화의 경향은 문명들 사이의 접촉을 초래하고 서구문명의 가진 자의 자유주의와 민주주의의 보편성은 다른 문명과의 충돌을 불가피하게 한다고 주장한다. 이 주장의 문제점은 이슬람을 하나의 집단으로 봄으로써 모든 무슬림이 원리주의를 지지하고 있으며 모두가 미국을 적대시할 수밖에 없다는 가정에 근거한다는 한계점을 지니고 있다.

하나의 사회현상적 사건의 발생에 대한 인과분석에는 1) 역사적 배경, 2) 원인, 3) 사건의 촉발적 요인(trigger event)이라는 세 가지 요소가 갖추어져야 한다. 먼저 역사적 배경이란 일정 기간 존재해 온 일련의 상황으로 사건발생의 필연성을 설명해 주는 필요조건으로서의 역할을 한다. 그러나 역사적 배경의 요소는 특정사건이 왜

특정시점에서 발생하였는가에 대해서는 설명을 해 주지 못한다. 즉 충분조건이 되지 못하는 것이다. 두 번째로, 원인은 사건과 직접적인 관계가 있는 요인을 설명하는 것으로 사건의 발생으로 이어질 수밖에 없었던 필연적인 인과관계를 제공·설명해 준다. 만약 원인의 요소가 없다면 그 사건은 역사적 배경을 가지고 있었다 하더라도 단순한 우발적 사건이 될 것이다. 세 번째의 촉발적 요인이란 특정사건의 설명요인으로서의 원인이 특정시점에서 특정형태의 사건으로 발생하게 된 계기를 설명해 주는 요소이다. 따라서 우리는 이러한 세 가지 요소가 적절히 설명되었을 때 사건발생의 인과관계를 제대로 설명할 수 있는 것이다.

먼저 역사적 배경으로, 아랍권은 2차 대전 이후 미국의 이스라엘 정책, 중동정책과 관련하여 이스라엘의 독립과 그에 따른 중동전쟁들 그 이후 지속된 평화협상과정과 민중봉기에 대한 미국의 편파적인 태도뿐 아니라 다른 아랍지역에 대한 이중적인 정책으로 좌절과 분노를 느껴왔다. 1947년 팔레스타인 땅에 유태인 국가를 설립해 줄 것을 약속한 1917년의 벨포아 선언(Balfour Declalration) 이후 시온이즘 운동의 후원으로 유태인들은 팔레스타인 땅으로 이주를 시작하였다. 그 이후 유태인들의 이주는 영국의 반대에도 계속되었고 제2차 세계대전 후 영국은 이 문제를 유엔에 회부하게 된다. 1947년 유엔총회에서는 팔레스타인을 두 개로 분할하는 결의안을 통과시켰고 1948년 5월에는 영국군의 철수와 함께 팔레스타인 지역에 이스라엘이라는 단일국가 수립을 선포하게 되었다.

1956년 수에즈 운하의 위기를 겪으면서 미국은 이 지역에 적극적 개입을 하기 시작하였다. 미국은 수에즈 운하를 국유화한 이집트에 대한 영국과 프랑스, 이스라엘에 대하여 공격을 중단할 것을 촉구하면서 석유제재를 수단으로 위협을 행사하였다. 이것을 계기로 이 지역에 대한 영국과 프랑스의 영향력은 급속히 약화되었고 아이젠하워 대통령은 독트린을 발표하여 공산주의의 위협을 받는 제3세계의 모든 국가들에게 무기와 자금을 공급할 것을 천명하였다. 아이젠하워는 이미 이란에서 CIA의 공작으로 사회주의 정책을 펴는 모사덱 수상을 축출하고 친미정책을 펴는 샤 국왕을 옹립한 바 있었다. 이러한 맥락에서 이스라엘은 자유진영의 구성원으로서 인식되기 시작하였다.

미국의 이스라엘에 대한 지지가 본격화한 것은 1967년의 6일 전쟁 이후라 할 수 있다. 이 전쟁에서 이스라엘은 아랍 국가들에 대한 압도적인 군사적 우위를 보여줌으로써 미국으로 하여금 군사적 부담의 인식을 갖지 않도록 해 주었다. 6일 전쟁에서 이스라엘은 가자 지구와 요단강 서안지역, 골란고원을 각각 점령하였으며 유엔 정전위원회에서는 유엔결의안 242조를 제시하였으나 지켜지지 않았다.[336] 1971년 이스라엘의 점령지 반환을 촉구해 온 사다트 대통령은 1973년 10월에 시리아와 함께 기습공격을 감행하기에 이른다. 유엔의 정전촉구에도 불구하고 이스라엘의 전투행위가 계속되자 소련군이 군사개입을 위협해 왔으며 이에 대해 미국은 소련군 주둔반대 성명과 함께 핵전쟁의 가능성을 언급하며 위협하였고 소련은 이에 물러났다. 미국은 10월전쟁으로부터 아랍과 이스라엘 관계에 있어서 이스라엘의 일방적 우위가 중동의 안정에 오히려 역작용을 한다는 사실을 알게 되었고 이후 미국의 정책은 이스라엘에

---

336) 유엔결의안 242조는 1967년 중동전쟁의 종식을 위해 유엔안보리가 채택한 결의안으로 1) 중동에서의 항구적인 평화의 수립을 위한 노력, 2) 최근 점령지로부터의 이스라엘군 철수, 3) 중동에서의 모든 전쟁행위 중지, 모든 국가의 주권과 영토보전 및 정치적 독립을 인정한다는 내용이 그 핵심임.

대한 일방적 지원보다는 아랍과 이스라엘의 관계개선에 주력하게 되었다.[337]

이때부터 중동지역에는 미국을 중심으로 이스라엘과 아랍 세력들 간의 길고도 어려운 협상이 시작된다. 1974년과 1975년에 2차에 걸쳐 이스라엘군을 수에즈 운하로부터 일정거리 철수시키는 과정을 성공적으로 마무리 지음으로써 큰 협상을 위한 신뢰를 구축하였다. 1977년 11월 사다트 이집트 대통령이 미국의 주선으로 이스라엘을 방문함으로써 양국 간의 평화회담의 계기가 마련되었고 1979년 3월에는 캠프 데이비드에서 정상회담을 갖고 평화협정을 체결하였다. 여기서 이스라엘은 시나이 반도를 반환하는 대신 수에즈 운하의 이용과 항로의 안보를 확보하였다. 이것은 아랍국가에 의한 최초의 이스라엘에 대한 인정이며 영토와 평화를 교환한 최초의 협정이었다. 그러나 이 협정은 이집트와 이스라엘 간의 문제를 해결하는 데만 주안을 두었고, 팔레스타인 문제와 이스라엘 점령지 반환문제 등과 같은 중동평화 전반의 현안쟁점문제를 포괄하지 않음으로써 아랍세계의 비난을 면할 수 없었으며 결국 이집트는 아랍세계에서의 지도력을 상실하게 되었다.

두 번째 협상은 1987년의 민중봉기라 불리는 인티파다(intifada)로부터 시작되었다. 가자 지구의 이스라엘군과 팔레스타인 노무자 간의 시위가 확산되면서 민중봉기의 형태를 보인 인티파다는 비폭력 운동과 함께 조직적 항의를 병행하는 방식이었다. 인티파다는 장기화된 갈등 대신에 평화적 해결을 촉구함으로써 마드리드 평화회담과 오슬로 자치협정의 계기를 마련하였다. 마드리드 평화회담

---

337) 이종선, "미국의 중동정책", 이범준 외 『미국의 외교정책: 이론과 실제』(서울: 박영사, 1998)

은 미국이 팔레스타인 자치안을 제시함으로써 1991년 10월 양측의 회담을 주선하는 것이었으나 이스라엘이 이를 수용하지 않음으로써 가시적 성과를 거두지 못하였다. 그 후 1992년 라빈이 총선에 당선되면서 유연한 태도를 보이기 시작하였고 1993년에는 노르웨이의 후견으로 이스라엘과 PLO의 비밀협상의 쌍무협정을 이루어 내었다.

리쿠드당의 집권과 네타냐후의 정착촌 확대정책으로 교착상태에 빠진 중동평화협상의 타개를 위해 개최된 회담이 와이 리브협정으로서 미국의 클린턴 대통령이 적극적으로 개입하였으며 1993년의 오슬로회담의 이행 여부와 팔레스타인 국가의 지위문제, 동예루살렘의 문제만을 남김으로써 영토분재에 종지부를 찍을 수 있는 계기를 마련하였다. 그러나 그 이행과 관련된 2000년 9월의 캠프데이비드회담이 결렬되었을 때 이스라엘의 극우 리쿠드당의 당수 샤론의 예루살렘 성지 알아크 사원이 있는 템플 마운트를 방문함으로써 이스라엘과 팔레스타인 간의 무력충돌이 발생하여 이것이 알아크사 인티파다라고 하는 민중봉기로 이어지면서 지금까지 평화의 의미를 찾지 못하고 있다.

지금까지의 설명에서 이스라엘과 팔레스타인의 갈등은 기본적으로 상존해 온 요소였으며 양자 간의 협상은 평화협정과 팔레스타인 독립이라고 하는 뚜렷한 방향성에도 불구하고 진행과 중단을 반복하고 있음을 알 수 있다. 미국의 팔레스타인 정책은 아랍인들의 기본적인 대미인식의 기반을 구성하고 있음에는 틀림없으나 9 · 11테러 사건의 직접적인 원인은 아니라 하겠다.

다음의 원인으로 회교 원리주의와 세계화 현상을 들 수 있다. 회교 원리주의는 1979년 호메이니가 이끄는 이란 회교혁명에 고무되어 급속히 확산되었으며 아랍권이 직면한 정치·경제적 위기가 무분별한 서구화를 추구하고 있다고 보고 그 유일한 해결책은 이슬람의 부흥밖에 없다고 주장한다. 우선 회교 원리주의가 확산된 배경에는 미국의 중동 외교정책에 문제점들이 있음과 세계화의 정책이 결정적 역할을 했음을 알 수 있다.

회교 원리주의 운동이 강화되는 원인은 냉전기와 탈냉전기에 있어서 미국의 외교정책을 살펴보아야 할 것이다. 냉전기 미국의 중동정책은 흔히 이중적 잣대로 지적받는 비민주적, 권위주의적 정권에 대한 정치적 지지를 들 수 있다. 이들 정권들은 회교 중도파들마저도 저항집단으로 보고 억압을 가함으로써 국민들로부터 정당성을 인정받지 못하였음에도 불구하고 미국은 반공을 목적으로 이들의 정권을 옹호해 왔다. 이러한 경우 정치적 억압을 받아온 집단들은 과격하면서도 권위적인 저항운동과 연대를 이루게 된다. 이란에서는 CIA공작에 의해 중도 입헌정부인 모사덱 정권을 몰아내고 샤 국왕의 정권을 세웠으나 결국 회교혁명에 의해 전복되었다. 1970년대와 1980년대의 레바논에서는 미국이 지원하는 시리아와 이스라엘의 공격에 의해 회교집단들이 붕괴되었고 그 빈자리를 헤즈볼라와 같은 종교집단들이 메우게 되었다.

테러사태가 이슬람문명과 서구문명과의 충돌현상인가에 대한 이슬람 원리주의자의 입장은 종교 간 공존이나 상호 존중보다는 이질적 종교 간 또는 문명 간의 충돌의 불가피한 상황에 직면하게 된다. 서방세계와 이슬람세계와의 관계가 단절되지 않는 한 두 문명 간의 갈등은 필연적 현상이며, 이러한 갈등관리가 원활하지 못할 경우 전쟁으로 확대될 수 있다. 과격 테러집단들의 폭력적 서방세계 타도는 이를 반영하는 것이며 과격주의 입장에서 보면 현대로 올수록 국제적인 접촉이 빈번해짐을 감안할 때 문화 간의 접촉이 일상화될 것이기 때문에 차이가 수용되기보다는 충돌로 확대될 가능성이 더 크다고 볼 수 있다. 헌팅턴이 관찰하고 있는 바와 같이 그동안 국제사회의 갈등과 균열의 근원이 되어 왔던 왕조 간의 대립, 국가 간의 대립, 이데올로기 간의 대립 가능성이 완화되고 탈냉전의 분위기에서 특수이익 집단들의 정치행동의 자유가 확대되는 상황에서는 종교적 가치의 이질성을 근거로 하는 문명 간의 대립이 잘못 관리되는 경우 폭력적 충돌로 갈 가능성을 배제할 수는 없을 것이다.[338] 그러나 이러한 문명충돌은 폭력적 사회현상의 필연성(necessity)을 의미하는 것이 아니라 개연성(probability)을 의미하는 것이다.

문명 간의 이질성으로 인한 폭력화 단계 이전의 갈등현상은 있을 수 있는 차이의 표출이다. 그러나 하나의 문화가 다른 문화를 수용하지 않고 원천적으로 배척하고 적대시하며, 적절한 협상의 방법과 힘의 수단에 의해 관리되지 아니하면 폭력투쟁으로 전환되는 것은 필연적 귀결일 것이다. 서방적 자유주의와 기독교적 보편성 가치를 이슬람과 같은 특정가치가 수용하지 못하는 경우에는 충돌의 개연성은 언제나 존재한다. 더욱이 특정 정치집단이 종교를 정치 이데올로기화하고 인질화하는 경우에는 문명 간 충돌의 책임을 그들에게 돌릴 수밖에 없다.

테러리스트들은 일반적으로 기존체제와 질서에 반대하는 하나의 반동세력이다. 빈 라덴과 그의 알 카에다 조직 및 이들의 비호세력인 오마르의 탈레반 정권의 세계관은 세속적 권력과 세속국가를

---

338) Samual P. Huntington, "The Clash of Civilization", *Foreign Affairs* 72-3, (1993), pp.22-49.

부정하고 이 세계를 이슬람 신봉자와 비신봉자로 분할하는 신정정치에 근거해 있다. 이 점이 분쟁의 씨앗이다. 9·11테러전쟁은 빈 라덴과 탈레반이 중심이 된 급진 이슬람세력이 미국을 타도하고자 하는 정치목적에서 발생한 것이다. 일반적인 이슬람인에게는 문명의 다양성과 상이성이 문제가 될 것이 없다. 그들 다수는 자유로운 다원주의적 개방세계를 갈망한다. 그러나 소수의 과격원리주의자들이 종교를 인질로 악용한다. 이들은 자신들의 정치적 목적을 위해 이슬람이라는 종교를 납치한 세력들이고 이슬람을 정치적으로 무기화한 집단이지 보편적인 종교적 심성을 선양하기 위한 사람들이 아니다. 따라서 9·11테러는 이슬람과 서방세계와의 문명충돌이 아니라 이들 급진세력들과 미국 간의 전쟁이다. 그러므로 급진적 이슬람 원리주의자들이 서방, 특히 미국을 타도할 목적으로 행하는 테러조직은 유지될 것이고 다른 문명을 배척하는 한 문명 간의 충돌 개연성은 항상 존재하게 될 것이다.[339]

다음으로 미국에 의한 과격파 회교운동과 그들 정부에 대한 지원이다. 예를 들면, 미국은 소련의 지원을 받은 공산주의 정권에 대항하는 1980년대의 민중봉기 동안에 과격파 회교도들을 지원하였으며 9·11테러의 주범으로 알려진 오사마 빈 라덴을 포함한 테러리스트들이 CIA로부터 훈련을 받은 것으로 알려져 있다.

탈냉전기의 세계화와 신자유주의 정책이 회교 원리주의의 강화를 초래하였다. 탈냉전기 미국의 세계전략은 경제적 번영을 위한 군사적 개입(Engagement)정책과 민주주의의 확산(Enlargement)정책을 기본으로 하였다. 더 이상 안보의 경쟁자가 없는 상황에서 무한 경쟁을 통한 미국의 경쟁력 확보와 경제력의 성장이라는 목표는 신

---

339) 류재갑, 전게논문, pp.111-112.

자유주의라는 이름으로 전 세계에 단일한 경제운영의 원칙을 요구하였으며 이는 문화적 동질화를 수반할 수밖에 없는 것이었다. 이러한 세계화를 통한 경제적 번영은 미국의 절대적 우위의 군사력에 의해 뒷받침되었다.[340] 나이(Nye)는 '안보는 산소와 같다.'는 말로 이를 설명하고 있다. 이하에서는 세계화의 영향을 미군의 주둔, 세계화와 문화, 세계화와 저발전의 측면에서 살피고자 한다.

걸프전에서 미국은 세계의 경찰국가로서의 역할을 수행하였고 그 과정에서 이슬람 국가들은 친미와 반미 진영으로 이분되었다. 사우디를 비롯한 왕정국가들과 이집트 등은 친미정책을 내세운 반면 시리아, 이란, 예멘 등은 반미국가로 구분되었다. PLO는 걸프전에서 이라크를 지지함으로써 걸프 국가들의 반발을 초래하였으며 쿠웨이트에서는 35만의 팔레스타인 노동자들이 추방당함으로써 인티파다에 대한 재정적 지원이 격감하는 원인이 되기도 하였다. 또한 전후의 사우디아라비아에서의 미군의 지속적인 주둔은 아랍인들의 분노의 대상이 되었다. 세계 이슬람 전선의 선언문에는 다음과 같이 적고 있다. "지난 7년 동안 미국은 가장 신성한 이슬람 땅을 정복하고 부를 약탈하고, 지배자를 모욕하였으며 이웃 국가에 테러를 가하고 아라비아 반도의 기지들을 회교들과 싸우는 창끝으로 삼고 있다."

다음으로 세계화는 각 국가와 문명들 사이의 문화적 차이점을 파괴하고 있다는 것이다. 경제체제의 일원화는 각국 문화의 개성유지를 어렵게 만들고 있기 때문이라는 것이다. 회교 원리주의자들은 미국이 결정적인 정치적 지원과 군사적 지원을 보냄으로써 세속적

---

340) Nye Jr., Joseph, "The Case of Deep Engagement", *Foreign Affairs* 74, (1995), pp.90-102.

정권들로 하여금 세력균형이 기울어지도록 하고 있다고 주장한다. 세계화가 초래하는 문화적 동질성의 위협이 오히려 민족주의적이며 지역주의적인 대응을 낳게 하며 다른 한편으로는 종교적 원리주의와 민족국가의 분리로 나타나게 된다는 것이다. 이러한 세계화의 패러독스는 결국 지역의 종교와 문화집단이 갖는 위기의식을 반영한 것이며 탈레반 정권의 바미안 석불파괴도 이러한 문화적 정체성의 위협에 대한 극단적 대응으로 이해할 수 있을 것이다.

경제적 측면에서 세계화는 보다 뚜렷한 영향력을 미치고 있다. 미국은 1980년대 말 불공정무역에 대한 제소의 증가와 슈퍼301조 발동의 위협을 증가시키는 공격적 일방주의 통상정책을 통하여 세계 모든 국가들로 하여금 다자간 협상에 임하도록 유도하였다.[341] 세계 각국들은 발전단계와 문화적 배경에 맞는 상이한 경제운영의 틀을 유지해 왔으나 이러한 특이성은 무시되고 미국의 경제운영 기준에 맞는 자유주의 시장경제의 운영규칙에 맞추게 되었다. 그 결과는 WTO에서의 신자유주의 무역질서의 확립과 경제 분야의 세계화 추진으로 나타나게 되었다

이러한 경제적 세계화의 영향은 두 가지로 나누어 볼 수 있다. 첫 번째는 신자유주의가 적용된 국가들 내부에서의 불균등한 발전에 의한 사회적 이탈현상이었으며, 두 번째는 세계화의 지역적 불균등 작용으로 인한 저발전 상황에서 야기되는 빈곤으로 인한 사회적 이탈현상을 들 수 있다. 전자의 경우 이집트, 필리핀 등지에서 서구경제의 무절제한 침투가 부의 분배에 있어서 불균등을 악화시켰으며 그 과정에서 회교 원리주의가 성장하게 되었다. 후자의

---

341) 정진영, "미국의 무역 및 통상외교 정책", 이범준 외 『미국의 외교정책: 이론과 실제』
　　(서울: 박영사, 1998)

경우 시장은 파괴와 함께 기회를 제공하는 것이나 서구의 투자가 이루어지지 않을 경우 시장은 기회를 상실하게 되는 것이다.

세계화에 반대하는 NGO들은 상대적으로 발전된 유럽과 아시아 국가들의 조직이라는 점을 고려한다면, 제3국가들이 느끼는 위협과 상대적 박탈감은 훨씬 더했을 것이며 특히 문화적 개성과 지역 내의 일체감을 강조해 온 이슬람 국가들이 느끼는 정치적, 경제적, 문화적 위협은 엄청났을 것으로 짐작된다. 그럼에도 불구하고 1990년대의 신자유주의 정책이 유지될 수 있었던 이유는 클린턴 행정부의 개입정책이 다른 한편으로 정치적, 경제적 보상을 제공해 왔기 때문이다. 세계화의 위협이 지속되는 동안에도 중국, 북한 등에서의 군사적, 경제적 측면에서의 개입정책과 제3세계 소외계층에 대한 지원정책을 가능하게 함으로써 적대적 반응을 최소화할 수 있었다. 유럽에서는 NATO의 확대와 강화로 지역질서 확립에 적극적이었으며 중동에서는 이란과의 관계개선 노력과 이스라엘과 팔레스타인 사이에 평화협상의 중재를 위해 노력하였으며 세계의 국지적 분쟁에 대해서는 다자주의 속에서 지도력의 발휘를 위해 노력하기도 하였다.

9·11테러 사건을 촉발적 요인의 측면에서 보면 부시 행정부의 일방주의적 정책에서 기인한다. 그 대표적인 예는 MD의 구축과 강행이다. MD는 단순한 핵미사일에 대한 방어가 아니라 미국의 패권을 군사력을 통해 영속적으로 확고히 하고자 하는 것으로 러시아, 중국, 유럽 국가들의 반대와 ABM조약의 파기 등 힘의 오만함이 서려 있다.[342]

---

342) 최운도, 전게논문, p.11. 이 외에도 1) 국제형사재판소(ICC) 창설조약 반대, 2) 지구온난화 방지를 위한 교토의정서 거부, 3) 러시아와의 탄도탄요격미사일(ABM) 폐기, 4) 유엔 소화기 불법거래 규제협약 거부, 5) 생물무기 금지협정 의정서 채택 거부, 6) 상

9 · 11테러 간 탈취 비행기의 목표가 미 국방성 펜타곤 건물을 지향한 것도 이러한 미국의 힘의 남용에 대한 경고의 메시지로 해석 가능할 수 있다. 또한 월드 트레이드 센터는 1970년대에 유태인 자본가와 연합하여 건설된 것으로 유태인의 부와 영향력의 상징이라는 점에서 이슬람교도들에게는 적대감의 대상이었고 다른 한편으로는 세계경제의 심장이라는 상징성도 가지고 있다.

20세기 초에 루즈벨트 대통령이 확대정책을 통하여 20세기를 준비했듯이 현재의 미국은 경제력을 바탕으로 21세기를 준비해야 한다는 주장은 힘을 바탕으로 한 외교, 미국의 이익을 우선한 외교, 미국의 지위를 지속하기 위한 정책이 부시 대통령 취임 후 더욱 가속화되었다. 9 · 11테러 이전까지만 해도 미국은 강경일방주의 주장에 의해 주도되어 왔으며 온건주의자들은 정책결정에 깊이 관여하지 못하였다.343)

이러한 미국의 일방주의 외교정책은 중동 회교 국가들에게 있어서 세계화의 위협심화로 인식되었으며 세계적인 반미여론을 불러일으킴으로써 뿌리 깊은 회교 국가들의 증오심을 표출시키는 환경을 조성한 것으로 인식된다.

2. 9 · 11테러의 국제 정치적 함의

미국의 중심부인 뉴욕과 워싱턴에서 발생한 9 · 11테러 사건은 냉전종식 이후 세계화와 민주화가 진행되면서 시민사회의 공간이 세계

원에서 비준 거부된 핵실험금지조약(CTBT)은 사문화 결정 등이 있다.
343) *Time* 2001. 9. 10.

적으로 확대되어 가는 가운데 발생한, 새로운 복잡성과 불확실성의 문제를 전형적으로 보여주는 사건이었다. 이 사건으로 인하여 향후 우리가 경험하게 될 시민사회와 국가 간의 새로운 모순과 그 모순으로 인하여 생겨나는 위험성에 대하여 생각해 보아야 할 계기를 갖게 된다.

막스 베버(Marx Weber)는 관료국가 출현의 배경에는 부단히 증가하는 사회의 복잡성과 불확실성이 있다고 주장하였다. 즉 이 복잡성과 불확실성을 처리하기 위하여 관료화된 국가가 필요하게 되었다는 논지이다. 문명충돌론으로 유명한 헌팅턴도 이미 오래전에 근대화 과정에서 생겨나는 복잡성과 불확실성을 처리하기 위하여 제도가 필요하고 또 그러한 제도가 새로운 복잡성과 사회적 요구를 담아내지 못할 때 사회질서가 무너질 수 있다고 말한 바 있다.

냉전 기간 중 국가들은 의도했건, 의도하지 않았건 복잡성과 불확실성을 상당히 줄일 수 있는 환경에 있었다. 국제적으로는 국가 간의 관계가 양극체제로 나누어져 누가 적이고 누가 우방국인지 비교적 용이하게 알 수 있었고 핵무기에 의한 양극 간 균형이 이루어져 있어 핵무기의 사용결과가 어떠한지, 핵무기가 누구를 겨냥하고 있는지 비교적 확실하게 알 수 있었다. 한편, 국가에 대하여 시민사회는 다른 국가의 시민사회와 상호 간의 침투 정도가 약하여 국가는 주로 국가를 상대하였고 따라서 상대할 국가의 숫자가 국제적으로 어느 정도 제한되어 있었다. 국제적인 문제가 발생하였을 경우, 누구와 협의하고 어디를 대상으로 정보를 수집해야 하는지 비교적 분명하였다. 즉 자국의 안보를 위해서 고려해야 할 변수가 비교적 한정되어 있었다. 따라서 국민국가를 주요 행위자로 보는 현실주의가 국제정치에서 설득력을 가졌던 것으로 이해된다.

그러나 20세기 후반에 들어와 냉전이 종식되고 세계화가 진전되자 소위 '신자유주의' 물결이 지구를 휩쓸면서 작은 정부를 지향하는 정부조직 개편, 행정개혁 등이 추진되어 그동안 몸집을 불려 왔던 국가는 다이어트를 시작해야만 했으며 또한 초국경 시민사회가 생겨난다고 할 정도로 시민사회의 확대가 무서운 속도로 일어나고 있다.[344]

국가의 억압적인 통제, 자유의 제한이라는 면에서 볼 때 작은 정부를 지향하는 추세는 시민사회의 입장에서는 분명히 바람직한 측면이다. 여기서 우리는 한 가지의 모순과 문제점을 발견하게 된다. 냉전 기간 동안 근대화 과정에서 사회가 더욱 복잡해지고 불확실해지면서 오히려 우리는 더욱 작은 정부를 지향해 나가고 있다는 점이다. 냉전종식과 민주화, 세계화와 함께 지구적 차원에서 시민사회의 영역이 커지자 세상은 더욱 복잡하고 불확실해지고 있다. 사실 복잡하고 불확실한 것은 근대화에 따른 시민사회의 변화과정이 주로 그 원인이었지, 국가 그 자체가 복잡하고 불확실한 것은 아니었다. 그런데 시민사회의 영역이 커지고 다양해지며 시간과 공간이 축약되면서 더욱 빠른 시간 내에 광범위한 지역에서 다차원의 문제가 동시다발로 발생되고 있다. 즉 시민사회의 새로운 확장에 의한 복잡성과 불확실성이 엄청나게 증가함에도 우리는 작은 정부를 지향하고 있는 것이다.

작은 정부의 지향은 그동안 몸집을 불려 온 국가에 의해서 자행된 여러 가지 억압과 비효율성 때문이겠지만 탈냉전기, 세계화의 시대에 다시금 복잡성과 불확실성이 현저하게 증가하고 있다는 측

344) 이근, "미 테러 사태와 국가-시민사회 관계", 『미 테러사건과 내외 안보환경 변화전망』(세계지역학회, 2001 연례학술학회), pp.7-ɔ.

면에서 볼 때 오히려 논리적으로는 국가를 다시 강화시켜야 할 것이다. 이러한 관점에서 9·11테러 사건의 시작과 이에 대한 미국의 대응과정은 탈냉전기 및 세계화의 시대에 보다 증대된 복잡성과 불확실성을 극명하게 보여주고 있다.

9·11테러 사건의 안보위협은 근대국가의 체계를 뛰어넘는 초국경적인 성격을 띠고 있고 주체도 실체가 분명하지 않은 초국경적 조직이다. 이러한 위협에 대하여 미국은 전통적인 방법을 택하였는데 이는 미국에 있어서 국내정치적 의미와 국제정치적 의미를 동시에 포함하고 있다. 우선 국내정치적으로는 부시 행정부가 초기에 초강경 대응의 발언과 모습을 보임으로써 국민들의 억한 감정을 풀어 주면서 공화당의 전통적인 지지기반인 보수계층의 신뢰를 확보한 것으로 보인다. 특히 대응에 있어서도 강도의 수위가 핵사용, 대량보복에서 점차 신중한 대응으로 바뀌고 바로 보복으로 들어가지 않은 것을 보면 초기에 보수계층의 신뢰를 확보하고 점차 국민 전체의 여론을 반영해 나간 것으로 해석된다.

국제정치적으로는 초국경 위협에 대응하는 새로운 체제와 방식이 구축되지 않은 상황에서 미국은 자신들이 가장 잘 수행할 수 있는 근대국가체제를 기반으로 한 전통적인 틀과 방식의 전략을 구사한 것으로 해석된다. 즉 미국은 초국경 테러를 특정국가(아프가니스탄, 이라크 등)가 중점적으로 지원하는 테러로 해석, 발표하고 미국의 보복이 초국경 테러조직을 근절한다는 명분하에 국가 간에 대한 전쟁의 양상으로 전체의 구도를 몰아갔다. 이러한 전략은 자칫 잘못하면 초국경적으로 넓게 분포되어 있는 테러조직의 근절이라는 명분을 명확히 부각시키지 못하는 한, 문명 간의 충돌이라는 원치 않는 방향으로 나아갈 위험을 내재하고 있다.

미국은 문명충돌의 위험을 방지하기 위하여 매우 특이한 전쟁을 수행하였다. 즉 미국의 테러전쟁이 테러지원 정권에 대한 전쟁이며 무고한 이슬람 국민들에 대한 전쟁이 아니라는 것을 보여주기 위하여 폭탄과 구호식량을 동시에 투하하는 매우 독특한 전쟁을 수행하였다. 전쟁이 다른 이슬람 국가로 확전될지라도 이는 테러리즘에 대한 전쟁이지 이슬람문명과 무고한 국민들에 대한 전쟁이 아니라는 것을 확신시키기 위한 조처라고 할 수 있다. 그러나 전쟁의 성격상 폭탄과 식량이 동시에 하늘에서 떨어지면 구호식량을 통하여 구제받는 국민보다 폭탄에 의하여 희생되는 국민이 더욱 선명하게 인식되는 것이며 정권과 국민을 명확하게 구분할 수 있다는 것이 사실 가능한지는 의문이다. 으히려 미국은 테러대응을 전쟁구도로 몰고 가 이미 평상시 구호와 개발활동을 하던 NGO들의 활동을 위축시키고 있으며 탈레반 못지않게 타락하고 부패하였으며 소수 종족이라는 한계를 가지고 있는 북부동맹을 지원하는 결과를 가져와 이슬람 및 세계여론의 악화를 초래할지도 모른다.

만일 미국이 문명충돌로의 발전을 우려한다면 대대적인 전쟁을 일정선에서 종결하고 보다 세분화된 장기적 대테러 작전으로 방향을 전환하면서 정보조직과 네트워크의 강화를 추진해야 할 것이다. 특히 초국경적인 테러위협, 생화학 테러, 사이버 테러 등을 고려할 때 정보조직과 네트워크의 범위는 광범위할 것이며 이는 미국의 안보동맹이 정보력 강화를 중심으로 재편될 수 있음을 시사한다. 또한 미국의 동맹체제 내에서, 초극경 위협에 관한 뛰어난 정보력을 가지고 있는 국가에 대한 미국의 의존도가 커질 것이며 보다 광범위한 정보의 수집과 처리, 분석력을 확보하고 있는 미국에 대한 타국의 의존도가 커질 것이다. 이는 향후 미국과 정보력을 가지고 있는 국가를 중심으로 안보 및 국제정치구도가 재편될 수 있음을 의미하는 것이며 이들 간의 협력을 위하여 보다 유기적인 국가 간의 제도적 기반을 마련할 것으로 보인다.

여기서 우리가 간과하지 말아야 할 것은 국제정치의 전반적인 구도가 미국을 중심으로 하는 반테러와 테러세력 간의 이분법적인 구도로 모든 것이 응축되지는 않을 것이라는 점이다. 물론 미국의 동맹국 중 테러와의 전쟁에 도움이 되는 동맹국이 더욱 미국의 동맹구조에 중요성을 부여받을 수 있으며 미국이 외부의 적을 테러집단으로 상정하여 국제정치구조를 구축하려 할 수 있다. 그러나 테러와의 전쟁이 장기화되고 '더러운 전쟁'의 인도주의적 문제가 부각되면서 이러한 세계질서 구축의 시도는 점차 호소력을 잃어 갈 가능성이 크다. 특히 세계경제 침체의 문제는 테러문제를 중심으로 하는 미국주도의 세계질서 구축에 있어서 가장 핵심적인 변수로 등장할 것이다. 따라서 냉전 시기와 같이 양극체제로 나누어져 세력균형을 취하는 경직적인 세계질서보다는 각각의 이슈를 중심으로 국가들이 합종연횡 하는 형태의 이슈중심의 세력균형이 특징이 되는 세계질서를 보게 될 것이다.

9·11테러의 성격은 테러주도자들의 정치적 목적에 의해 규정될 수 있다. 그들의 정치적 목적과 의도가 비이슬람문화에 대한 총체적인 저항과 거부의 수준을 넘어 총체적 타도에 있었다면 테러전쟁의 성격도 분명히 새로운 위협을 제거하는 21세기의 '새로운 전쟁'이고 '새로운 테러'임에 틀림없다. 물론 전쟁도 테러리즘도 폭력현상이라는 차원에서는 새로울 것이 없다. 그러나 그 목적과 목표, 수단과 방법, 그리고 그 형태가 전대미문의 상상을 초월하는 것이기 때문에 새로운 형태의 전쟁이라고 명명할 수 있다. 그래서 "9·11

테러공격은 미국에서 발생하였지만 전 문명세계의 가슴과 영혼에 대한 공격이었기 때문에 세계는 이 새롭고 종전과는 다른 전쟁에서 함께 싸워야만 하게 된 것이다."[345]

확실히 9 · 11테러사건은 반인류적이고 반인도주의적인 야만행위였으며 끝없는 증오와 살의에 의해 무차별적인 폭력으로 자행된 인류문명에 대한 총체적인 도전행위였으며 인간의 현실과 환상 간의 최후의 경계선(maginot line)을 송두리째 붕괴시켜 버린 사건이었다. 종래의 테러사태는 그것이 자신들의 소행이었다고 과시한 것에 비하여 테러사건을 자행한 테러조직 자신들까지도 그들의 행위를 부인할 정도로 무자비한 것이었다. 테러의 목적과 의도 면에서 보면, 종래처럼 주변표적을 타격함으로써 자신들의 존재와 존립의 이유를 알리기 위한 일종의 과시적 행위였으나 9 · 11테러는 서방세계의 문화와 가치의 존립에 대한 총체적 파괴행위였다. 미국의 범세계적인 지도를 파괴함으로써 미국의 전면적 대응을 불가피하게 만들어 이슬람세계의 반미기류를 확산시키고 반미행동을 과격화시키려는 것이었다. 미국인의 분노를 유도하여 이슬람세계의 적개심을 고취시켜 소위 문명충돌의 분위기를 고조시키고 이슬람세계의 '해방정쟁'을 현실화시키려는 것이었다.

테러의 수단과 방법 면에서 보면, 사이버 통신수단을 악용하고 다수의 승객이 탑승한 대형 민간여객기를 납치하여 정치 · 경제 · 군사중심센터에 대해 무차별적, 무제한적 대량파괴의 자살특공을 자행하였다. 이와 같은 무차별적, 무제한적, 반인류적 테러행위는 문명사적 차원에서 보면 20세기 인류가 쌓아 올린 물리적 성과는

---

345) President George W. Bush, "An Attack on the Civilized World", *The Network of Terrorism*, produced by the U. S. Department of State, (October 11, 2001).

말할 것도 없고 어렵게 성취해 놓은 자유민주주의라는 가치의 총체적인 거부이고 파괴이다. 돌이켜 보면 20세기 초반부는 대량살상의 냉전시대이기도 하였지만 긍정적인 면에서는 서양기독교 문명이 시작된 이래 1,900여 년 동안 인류가 이룩한 것보다 더 값지고 많은 것을 이룩한 시대였다. 서방세계는 전체주의를 극복하고 시민적 자유를 실현하였다. 그런데 9·11테러는 단 19명의 과격 테러리스트들이 인류가 실현해 놓은 현대문명과 가치의 상징물을 송두리째 파괴시켜 버렸다. 이는 곧 인류지성의 최고의 유산이고 최고의 가치인 자유민주주의 개념에 대한 정면도전이다. 그래서 이러한 총체적 도전에 대해서는 문명사적 차원의 재검토와 평가가 필요하다.

이슬람 원리주의와 신정주의에 근거하고 있는 과격 테러조직들은 종교적 광신주의에 입각해서 서방적, 보편적 가치에 대해 전면적 도전을 자행한 것이다. 이러한 도전형태는 종교적 광신으로 수행되는 일종의 성전(Jihad)이기 때문에 국제적인 사회병리의 가장 심각한 현상이다. 이들 광기의 테러리즘이 초현대적인 비밀무기를 악용하는 경우 대처할 방법이 막연해질 뿐이다. 개인적인 광신주의는 어느 정도 개인차원에서 치유될 수 있을지 모르나 집단적인 종교적 광신주의는 집단적, 정치적 신념이기 때문에 관용의 방법으로는 치유가 거의 불가능하다. 이러한 의미에서 보면 9·11테러사건으로 표출된 특정 종교의 광신주의적 폭력은 제대로 관리되지 않는 한 문명충돌의 시작을 알리는 신호가 되기에 충분하다. 그들의 전투적 신앙과 이데올로기적 편견대로라면 문명의 충돌은 그들의 성전의 일환이 되는 것이다.

1968년 소위 '현대 테러리즘'이 시작된 이래 냉전체제하에서 국제 테러리즘의 가장 전형적인 특징들은 미소갈등에서 파생되는 이데올로기적 '대리전'(surrogate warfare)의 양상과 테러행위의 사전 혹은 사후에 테러대상국에 대하여 정치적 요구 또는 최소한의 협상을 원한다는 점이었다. 그러나 9 · 11테러 사건의 용의자로 지목되고 있는 라덴 조직의 가장 큰 특징은 테러행위의 대가로서 이러한 전통적 요구 혹은 협상을 원치 않았다는 점이다. 그들은 단지 세계화 이후 유일한 초강대국인 미국의 정치, 경제, 문화, 가치 등 소위 '미국화' 그 자체에 대한 극단적인 혐오감만을 표출할 뿐이다. 그리고 글로벌 미국화에 영합한 세속적 이슬람 국가들의 전복을 꾀하고 있다는 점이다. 이러한 극단적 반미 및 이슬람주의자인 라덴에게서 처음부터 타협을 바란다는 것은 무리이다.

문제는 많은 미국의 테러전문가들이 지적했듯이 이러한 극단적 성향의 테러리스트들에게 대응할 적절한 수단이 존재하지 않는다는 사실이다. 즉 정치적 요구나 타협도 원치 않고 행동도 보이지 않는 적에게 미국의 최첨단 첩보망을 동원한다 해도 테러조직을 제거하기에는 일정한 한계가 있다. 특히 세계화 이후 개방 국제사회에서 미세한 세포처럼 침투하는 테러리스트들에 대한 완벽한 대응책은 사실상 불가능하다. 더욱 두려운 점은 라덴 조직인 알 카에다(al-Qaida)가 아니라 국제테러 네트워크를 수단으로 이용하는 인터넷 그 자체이다. 이러한 맥락에서 재래식 수단으로 대량살상을 자행한 9 · 11테러 사건은 20세기의 전통적 테러리즘과 장래 화생방무기를 수단으로 대량살상을 노리는 21세기 슈퍼 테러리즘의 전주곡 내지 과도기로 평가할 수 있다.

9 · 11테러를 크게 두 가지 측면에서 분석할 수 있다. 첫째, 소위 세계화 현상에 대한 새로운 재평가이다. 지금까지 세계화의 긍정적 측면은 국제정치적 측면에서 많은 학자들에 의해 '신세계 질서'라

는 포괄적 명제하에 정치, 경제, 군사적 측면에서 활발한 논의가 있었다. 그러나 세계화의 부정적 측면에 대한 국제정치적 분석은 국내외 정치학계에서 상대적으로 소홀하였다. 이에 대한 가장 큰 원인의 하나는 테러를 정치현상으로보다는 범죄현상으로 간주하는 일반적 추세에서 나타나는 이분법적 사고이다. 다만 소수 정치학자들이 '범죄성'과 '정치성'이라는 동전의 양면이 주는 정치적 의미를 탐구해 왔다. 예를 들어 럽샤(Peter A. Lupsha)는 세계화 이후 국제테러, 마약밀매, 조직범죄, 기근, 환경파괴 등과 같은 초국가적 현상의 부산물을 '회색지대 현상'(Gray Area Phenomena)으로 간주하였다. 또한 셜리(Louis I. Shelly)는 초국가적 범죄조직이 범죄의 조직을 넘어 정치 영역에 진출하는 현상을 '신권위주의'(New Authoritarianism)로 명명하였다.[346]

둘째, 대테러 국제공조를 위한 새로운 미 외교정책의 등장과 장·단기적 파급영향이다. 최근까지 미 외교정책의 우선순위는 핵, 미사일, 테러, 마약, 인권 등이었다. 그러나 9·11테러사건을 계기로 전통적 미 외교정책의 우선순위가 바뀌거나 국가안보의 포괄적 틀내에서 유연성을 지니면서 상호 연계하는 형식으로 전개되었다. 예를 들면 미국은 아프간 보복공격에 앞서 공식적으로 핵 및 미사일보다는 테러에 우선을 둔다고 발표하였다. 이를 위하여 미국은 '테러 대 반테러 국제연대'라는 대명제하에 국제공조를 위한 다양한 외교정책을 전개하였다. 이는 기존의 일방주의적 미 외교정책의 변화를 의미한다.

그러나 이러한 변화는 단기적으로 전통적 미국의 외교노선과 많

---

346) 조성권, "9월 테러의 국제정치학적 분석", 『정세와 정책』(성남: 세종연구소, 통권63호, 2001), pp.2-3.

은 충돌을 일으키고 있다. 미국이 추진하고 있는 반탈레반 운동인 북부동맹에 대한 지원문제에서 나타날 수 있는 북부동맹의 러시아 유착, 탈레반의 PLO화, 이스라엘·팔레스타인 분쟁문제, 테러 지원 국가들과의 관계복원 문제, 핵통제레짐을 위반하여 경제적·군사적 제재조치가 취해졌던 파키스탄과 인도와의 관계설정, MD문제로 미국이 새로운 적 찾기 과정에서 잠재적 적대국이었던 러시아와 중국과의 신밀월관계, 체첸 및 티베트에서의 인권문제 등 많은 국제 이슈들이 기존의 미 국가안보 전략의 새로운 틀 내에서 상호 충돌하고 있다.

더욱 중요한 문제는 이러한 변화가 장기적으로 러시아, 중국, 일본, 유럽, 이슬람 국가, 불량국가 등 주요 국가들을 포함한 국제관계의 기존의 틀을 바꿀 가능성이다. 다시 말하면 국제정치의 초점이 중앙아시아로 전환되면서 파생되는 새로운 국제관계의 틀이 형성될 가능성이다. 왜냐하면 이곳은 지배적인 이슬람 문명권의 지정학적 위치, 미·러·중의 상반된 이해관계, 그리고 테러는 물론 세계최대의 아편생산과 불법 무기밀매의 각축장이기 때문이다. 따라서 테러 대 반테러 연대라는 국제정치의 구조는 오래 지속될 수 없을 것이다. 왜냐하면 국가가 아닌 불법적 비정부조직체라는 실체가 보이지 않는 적과 대결하는 이상한 구조가 되기 때문이다. 이러한 '비제로섬 게임'이라는 국제사회의 투쟁양식은 반테러 연대에 속하는 국가들이 궁극적으로 국익우선의 정책으로 변화할 때 새로운 분쟁의 씨앗을 잉태할 수 있다. 이러한 불씨는 전통적으로 러시아의 텃밭인 중앙아시아에서 반테러를 킬미로 미국과 러시아, 중국의 새로운 대결구도로 전개될 수 있다. 이러한 가능성은 먼저 미·소의 '21세기형 대리전'의 양상으로 표출될 잠재성을 가지고 있다.

지구화 시대에 테러리즘은 전 세계적인 현상인 동시에 세계질서의 성격과 불가분의 관계를 맺고 있는 구조적 문제이다. 현재의 세계질서는 여러 측면에서 위기에 직면하고 있다. 특히 경제적 불평등, 정치적 권력관계, 문화적 차별성이 두드러지는데 문제는 인류의 이러한 세계질서의 정점에 미국이 있다고 본다는 사실이다. 가장 근본적인 치유책은 세계질서의 성격을 근본적으로 고치는 일일 것이다. 즉 장기적으로 불평등이 덜하고 권력관계가 호혜적이며, 다문화주의가 통하는 세계주의로 나아갈 필요가 절실하다. 이스라엘의 양보와 부시 행정부의 중동정책에 대한 변경 없이는 이스라엘·팔레스타인 분쟁이 결코 종식되지 않을 것이고 따라서 국제테러조직의 활동 역시 계속될 것이다. 단순히 빈 라덴을 제거하는 것만으로 반테러전쟁이 종결되지 않을 것이라는 전문가들의 지적은 바로 이러한 구조적 문제에 주목해야 함을 지적하고 있는 것이다.

제2절 비대칭전쟁과 21세기 테러의 특징

1. 테러리즘과 비대칭 전쟁(Asymmetric Warfare)

냉전 이후 세계 유일의 초강대국으로 남게 된 미국의 심장부를 강타한 뉴욕 세계무역센터 자살테러 사건은 납치된 민간항공기가 테러무기로 사용되었다는 전대미문의 특이성 때문에 우리의 주의를 끈다. 9·11테러 사태는 지난 수십 년간 크고 작은 테러에도 불구하고 미 본토는 큰 전쟁을 한 번도 겪지 않은 안전지대라는 신화를 무참히 깨뜨리면서 미 본토도 더 이상 적대적 세력으로부터 안전하지 못하다는 사실을 확인시켜 주었다. 진주만 이후 60년 만에 본토를 공격당한 충격에 미국 전역은 공황에 가까운 위기감에 휩싸였다. 테러의 대표적 유형인 폭탄공격, 항공기 납치, 인질 납치를 총동원하다시피 한 이번 테러공격은 방대하고 치밀한 군사작전을 연상시킨다.

이 사건은 우리에게 이른바 제4세대 전쟁, 흔히 국가 없는(stateless) 전쟁 혹은 '비대칭 전쟁'으로도 불리는 21세기 전쟁의 새로운 유형에 관심을 돌리게 한다. 웨스트팔리아조약 이래 국제관계에서 전쟁과 평화의 논의는 어디까지나 주권국가가 중심이었다. 현대전쟁의 기본 패러다임은 국가가 국가이성(reasons for state)을 이유로 공식적 수단과 조직을 이용하여 상호 유사한 수단으로 싸우는 총력전(total war)이었다. 지금까지의 전쟁은 주로 국민과 영토를 배타적으로 지배하고 폭력수단을 합법적으로 지배한 가시적인 근대국가 사이의 전쟁이었다. 때문에 근대국가의 전쟁은 적이 누구이며 전쟁에서 무엇을 빼앗고 무엇을 파괴해야 하는지가 명확하게 정리되는 전쟁이었다. 그러나 이제 국제사회는 지구화와 상호 의존의 심화로 근대국가의 외피가 느슨해지면서 국가의 하부집단들도 국가를 위협할 수 있게 된 것이다. 제4세대 전쟁에서는 국가가 더 이상 전쟁을 독점하는 것이 아니고 정부와 국민, 군대와 시민, 정규군과 비정규군 간의 경계가 모호해지는 동시에 이념, 종교, 문화 등에 기반을 둔 비국가, 초국가적 단위가 국제정치의 중요한 행위자로 등장하였다. 그 결과 문명 혹은 문화의 갈등요소가 추가되면서 국가이외의 원인으로 종교·이념적 전쟁이 발생하는 시대가 도래할 것이다.[347]

군사혁신을 연구해 온 연구자들은 오래전부터 미국에 대한 비대칭 위협의 가능성을 끊임없이 제기해 왔다. 비대칭 전쟁은 군사적으로 압도적 우세에 있는 적을 상대로 비전통적인 전술로 대항하는 것을 지칭하는 용어로 기습, 테러, 비인도적 무기 등 정당하지 못한 수단으로 싸우는 것(fighting unfair)이라 할 수 있다. 미국은 현재 전 세계에서 필적할 적이 없을 만큼 압도적 우위에 있지만 역설적으로 바로 그러한 우위 때문에 비대칭 위협의 표적이 되고 있다.

2001년 10월 예멘의 아덴 항에 정박 중이던 미 구축함 콜(Cole)호가 고무보트에 폭탄을 실은 자살특공대 테러로 동체가 파손되어 미 해병 17명이 사망한 것은 비대칭 공격의 좋은 예이다. 콜호는 이지스 능력을 갖춘 최첨단의 알레이-버크급 구축함으로서 고무보트라는 로테크(low-tech)공격에 희생되었다는 사실이 충격을 주고 있다. 9·11사건 역시 미국이 예견했던 대륙 간 탄도탄이나 대량 파괴 무기가 아니라 납치된 민간 여객기가 공격의 수단으로 사용되었다는 점에서, 역설적으로 하이테크(high-tech) 방어체계가 가장 취약한 부분은 로테크라는 사실을 새삼 일깨워 준다.

1990년대 이후 배포된 미국의 군사전략 보고서들도 예외 없이 비대칭 위협의 가능성을 지적해 주고 있다. 일례로 미 합참의 『Joint Vision 2020』은 향후 미국이 처한 전략환경을 언급하면서 미국의 잠재적국들이 미국의 막강한 군사력에 그들 나름대로의 대응방식을 개발할 것을 예상하였다. 즉 미국은 재래식 전력이나 핵억지력에서 여전히 압도적 우위를 유지할 것이지만 이와 비례해서 적들이 틈새 기술을 활용한 비대칭적 수단으로 맞설 가능성이 크다는

---

347) 이상현, "MD와 자살테러: 비대칭 전쟁 21세기 안보환경", 『정세와 정책』(성남: 세종연구소, 통권63호, 2001), pp.7-9.

것을 예고한 바 있다.[348] 이러한 비대칭 위협은 미국이 가까운 장래에 직면할 가장 심각한 안보위협으로서 장거리 탄도탄이나 미본토에 대한 위협을 포함하고 있다. 비대칭 위협이 중요한 이유는 그것이 초래하는 실제적 파괴의 정도 때문이라기보다는 그것이 주는 심리적·상징적 효과 때문이다. 미국은 이러한 비대칭 위협을 억지하고 격퇴하기 위해 전 방위 지배를 달성해야 한다는 것이 이 보고서의 결론이다. 9·11테러는 이러한 주장들이 결코 기우가 아니었음을 입증하였다.

9·11테러와 반테러 전쟁으로 국제 반테러 연대가 강화될 것은 확실시된다. 테러사태 직후 대다수의 국가들은 테러가 인류문명에 대한 범죄라는 데 동의하고 테러근절을 위한 국제적 노력에 동참할 뜻을 밝혔다. 국제테러 활동과 관련하여 미 국무부 보고서는 국제테러 활동에서 두 가지 추세를 지적하고 있다. 하나는 특정 국가의 지원을 받는 지역적인 테러조직에서 국제연계망으로의 변화이며 다른 하나는 국제테러의 근거지가 중동에서 아프가니스탄 등 서남아시아로 옮아가는 추세가 그것이다. 현재 세계적으로 가장 활동을 왕성하게 하는 테러조직으로는 이슬람 그룹, 팔레스타인 이슬람 지하드, 알 카에다 등이 알려져 있으며 이들 대부분은 과격한

---

348) 비대칭적 접근(asymmetric approach) 또는 틈새능력(niche capability) 전략개발은 미군의 강력한 능력에 맞서기 위한 전략적 접근방법으로 비대칭, 불균형(unbalanced) 등의 용어로 상호 호환적으로 사용되고 있다. 러시아의 군사혁신 개념 중에는 미국의 취약성을 면밀히 분석하여 취약성이 드러나는 부분을 선별적으로 연구하여 특정 분야에서 미국을 능가하는 전력을 보유하고자 하는 이른바 틈새전략(niche strategy)이 있고, 상대방이 없거나 상대방보다 현저히 전력이 높아 불균형을 이룰 경우 그 수단을 지칭하는 말로 불균형 수단(unbalanced measure)을 사용하기도 한다. 또한 적의 강점을 회피하고 약점을 이용하여 적을 공격하는 비대칭 작전(asymmetric operation)이 있다. 특히 '틈새'(niche)라는 용어는 상대방이 보우하지 않거나 대비하지 않은 미세한 틈을 이용하여 상대방의 허점 또는 취약점을 확대시키는 경우에 자주 등장한다. 이러한 비대칭적 접근이 가지는 잠재력은 가까운 장래 디국이 당면할 가장 심각한 위협이 될 것이다.

이슬람 근본주의에 속한다. 동 보고서는 1993년 이래 7개국을 테러지원국으로 분류하고 있으며 아울러 아랍권까지 포함하는 광범위한 반테러 연대구축에 중점을 둘 것으로 전망하고 있다.[349]

미국의 반테러 연대 공세가 강화될수록 추가테러의 가능성, 특히 생화학 무기를 동원한 테러 가능성 또한 증대될 것으로 보인다. 최근에는 오사마 빈 라덴이 수년 전 탄저균 샘플을 북한으로부터 구입했다는 주장이 공개되어 주목을 끈다. 미 군사 테러 전문가인 요세프 보단스키는 빈 라덴 전기에서 라덴이 생화학과 방사능 무기를 이용한 대형 테러를 준비하면서 탄저균을 북한에서 사들여 왔다고 주장하고 있다.[350] 독극물이나 병균을 전쟁 또는 테러리즘에 이용한 생화학전은 기술의 발전과 맥을 같이하며 14세기에 최초의 사례가 발생했을 정도로 오랜 역사를 가지고 있다. 최근의 사례로는 1980-1988년 이란·이라크 전쟁 당시 이라크군이 화학무기를 사용하였고 1995년에는 일본의 종교단체인 옴 진리교 신자들이 도쿄 지하철역에서 사린가스를 살포하여 12명이 사망하고 5,000여 명이 부상한 사례가 있다.

9·11테러 사건은 비대칭 위협이라는 국제안보상의 새로운 변수를 탄생시켰고 이에 대한 대응으로 국제 반테러 연대의 형성이라는 새로운 현상을 결과하였다. 이와 더불어 부시 행정부 이후 일방주의에 의한 신냉전의 기류는 테러사건을 계기로 강대국들 간의 새로운 전략적 제휴 분위기를 조성할 것으로 평가된다. 이러한 변화에 대하여 많은 분석가들은 9·11테러 이후를 '새로운 세계(New World)'라고[351] 부르는가 하면 '탈-탈냉전의 시대(post post-Cold

---

349) U. S. State Department, *Pattern of Global Terrorism 1999*(USGPO, 2000).

350) 요세프 보단스키, 최인자·이윤섭(공역), 『오사마 빈 라덴』(서울: 명상)

War)'라고 명명하기도 한다.352)

9·11 뉴욕과 워싱턴에 대한 테러공격은 우리의 기존의 사고를 뛰어넘는 새로운 특징을 많이 보여주고 있다. 우선 냉전기에는 국가에 대한 대량의 위협이 국가로부터 왔고 위협의 수단이 전통적인 무기체계였기 때문에 적이 어디에 있고 어떠한 종류의 위협이 있다는 것을 비교적 명확하게 알 수 있었다. 미국은 소련이 핵무기를 사용하는 데에 대비하여 안보전략을 수립하면 되었고 병력의 이동과 군비확장을 추적하면서 위협에 대처하는 방식이 전통적 위협에 대한 대응방식이었다. 냉전기의 대부분 전쟁이 내전이라고 하더라도 내전의 경우에도 적이 누구이며 어디에 있으며 어떠한 무기를 사용하는지가 명확하였다.

그러나 9·11테러 공격에서는 우선 적이 국가가 아니고 세계의 여러 나라에 흩어져 있는 테러 집단이다. 더욱이 이들은 국가와 같이 눈에 띄는 존재가 아니라 어디에 있는지 발견하기가 어렵고 평소에는 국가의 첨예한 관심의 대상이 되지도 않는다. 위협의 수단도 예전에는 폭탄이나 전통적인 무기 혹은 납치의 방법을 사용했으나 이제는 국내선 항공기를 무기화하는 방법을 사용하고 있다. 테러공격의 대상도 궁극적으로는 국가를 대상으로 하고 있으나 직접적인 대상은 군대가 아니라 일상생활에 몰두하고 있는 좁은 공간의 일반시민을 주요한 대상으로 삼았다. 공격양상도 국경선 밖에

---

351) Larry A. Niksh, "The U. S. Anti-Terrorism Campaign and Its Impact on East Asian Security", manuscript prepared for a Speaking Program in South Korea sponsored by the Office of International Information Program, U. S. Department of State, Decmber 3, 2001.

352) Ralph A. Cossa, "Ushering in the Post Cold War Era", Pacific Forum CSIS, *Comparative Connections*(An E-Journal on East Asian Bilateral Relations), 3rd Quarter, 2001(http://www.csis.org/pacfor/cc/, 검색일 2001. 12. 11).

서 들어온 것이 아니라 미국의 국경선 내에서 더구나 국내선 항공기를 사용한 공격이라는 점에서 전통적인 공격과 그 특징을 달리한다. 이와 같은 특징들은 새로운 복잡성과 불확실성 중대의 한 예라 하겠다.

이와 같은 특징 때문에 냉전사고를 가진 보수층을 지지기반으로 하는 미국의 공화당 정부는 단순한 전통적인 상위정치(high politics)와 전통적인 대량살상무기(WMD)에만 관심을 집중하여 안보정책을 추진하다가 대량살상이 가능한 새로운 테러위협 앞에 속수무책으로 당한 것이다. 사전방지는 물론 공격을 당한 후 상당시간 동안 누가 공격을 했는지에 대해서 정확한 파악조차도 하지 못한 미국은 세계 초강대국의 자존심을 상실하였다.[353]

나아가 미국의 보복 시나리오에서 우리는 또 하나의 모순을 발견하게 된다. 우선 미국의 정보에 의하면 테러 주모자는 사우디아라비아 출신의 오사마 빈 라덴이며 근거지는 아프가니스탄, 그의 테러 세포조직은 중동, 아프리카, 아시아 및 남미, 미국, 캐나다에까지 약 40개국 이상에 퍼져 있다는 것이다. 그리고 비행기를 조종한 테러리스트들은 미국 내에 있는 비행학교에서 훈련을 받은 사람들이며 이들이 미국의 비행기를 이용하여 공격을 감행한 것이다. 따라서 대량살상의 주범은 냉전 시기와는 달리 특정 국가가 아니라 국적, 조직 면에서도 실체가 잡히지 않는 초국경 조직(transnational organization)이다.

이에 대한 미국의 대응은 마치 냉전기의 전쟁준비를 연상시킨다. 부시 행정부는 미국의 전쟁자원을 총동원하여 대대적인 군사작전을 수립하였고 부시 자신이 "21세기의 첫 전쟁을 모든 수단을 동

---

353) 이근, 전게논문, p.10.

원하여 승리로 이끌겠다.”고 선언하였다. 주요 공격목표는 빈 라덴을 지원하고 있는 것으로 알려진 아프가니스탄이며 공격방법은 전통적인 군사력을 사용한다. 즉 비전통적인 공격에 대하여 전통적인 무력대응을 하는 모습을 보여주고 있다. 냉전적 사고를 가진 미국의 안보팀과 새로운 시대에 적응하지 못한 미국의 이러한 대응방식은 일견 당연하겠지만 멸치 한 마리를 잡으려 원양어선을 보내는 엄청난 불균형을 느끼지 않을 수 없다.

초국경선에 의해서 복잡성과 불확실성이 증가하였는데도 불구하고 국경선을 그어 놓은 전통적인 방법에 의존하여 해결하고자 한다면 저강도 소규모 위협세력과의 대항을 국가 대 국가의 전쟁으로 확전되고 또한 그 부작용으로 무고한 시민이 희생되며 잘못하면 국제적 도덕문제를 야기하여 반미연대를 확산시킬 수 있는 위협을 가지고 있는 것이다.

2. 국제분쟁의 양상변화

탈냉전의 과도기를 지나면서 21세기의 ‘새로운 전쟁(New War)’이 시작되었다. 부시 행정부의 전쟁 이유와 구호는 ‘영원한 자유’를 위한다는 것이었다. 미국이 진행하고 있는 테러전쟁은 우리가 직면하고 있는 전쟁이라는 점에서 치명적이다.

독일의 분할 약화를 기초로 하였던 얄타체제나 미·소 간의 이념대립을 기초로 하여 전개되었던 냉전체제가 이중적인 질서로 붕괴되는 과정의 핵심에는 슬라브에 대한 넓은 의미의 앵글로색슨의 승리가 있었다. 즉 서구문명의 승리라는 뜻이다. 러시아는 이미 변

화하여 미국식 헌법을 만들어 테러와의 전쟁에 합류하는 데에서 국제정치의 변화를 실감할 수 있다.[354]

새로운 전쟁의 중요한 점은 새로운 전쟁방식의 성격이다. 과거의 전쟁은 적어도 국가 대 국가라는 형식을 취하였다. 그러나 9 · 11 테러 전쟁은 극히 비대칭적인 전쟁으로서 국가 대 테러단체와의 전쟁이라는 점이다. 미국의 전쟁방식인 막강하고 거시적인 화력을 가지고 공격을 가할 수 있는 미국이 공격목표가 '점'에 지나지 않음에도 불구하고 국제적인 성격을 가지고 있다는 것이다. 보이지 않는 적과 싸워야 하는 유일한 초강대국 미국은 빈 라덴이 지휘하는 알 카에다와 관련된 세포조직으로 산재해 있어 적이 있으나 파악이 힘든 작전상의 문제점을 가지고 있다. 또한 대테러전쟁은 물리적인 전쟁과 동시에 정치심리적 문제로 발전할 수 있기 때문에 미국이 빈 라덴의 테러와 이슬람을 철저히 분리하려고 필사적인 노력을 하고 있으나 이 새로운 전쟁에 깊이 관여하면 할수록 종교적 분위기의 대립심화가 불가하다.

미국은 원하든 원치 않든 간에 소련의 몰락 후 유일의 단일적 초강대국이 되었다. 냉전체제하에서 양극체제 혹은 다극체제라는 체제와는 달리 단일체제 혹은 일극체제 나아가서 상징적으로 로마제국과 같은 단일체제의 의미에서 제국체제(Empire System)를 형성하고 있다. 소련연방은 연방이 해체되면서 중앙아시아에서 약 1,500㎞나 후퇴한 것이며 이는 중앙아시아에 힘의 공백이 야기된 것이고 소위 실크로드로 인용되는 유라시아(Eurasia) 지역대에 힘의 공백이 발생한 것이다.

---

354) 이기택, "21세기의 새로운 전쟁과 한국군사의 장래", 『**군사세계**』(서울: 21세기 군사연구소, 2001.10), p.10.

탈냉전 이후 국제분쟁의 성격변화가 야기되고 있다. 냉전하에서 미·소 간의 분쟁의 기본성격은 핵억지력(Nuclear Deterance)의 문제였다. 핵탄두와 핵운반수단이 그 주요 문제였다. 소련연방의 몰락은 미·소 간의 핵전략의 논리도 사라진 것을 의미한다. 단순한 미·소 간의 핵균형을 통한 핵억지력의 균형이었으나 소련 핵전력의 급격한 약화가 국제분쟁의 성격을 본질적으로 변화시킨 것이다. 핵의 강화가 아니라 NPT(Nuclear Non Proliferation)체제를 통한 핵의 약화와 억제라는 성격으로 변모하게 된 것이다.

9·11 동시다발 테러와 같은 사태는 지금까지와는 전혀 다른 형태의 국제분쟁을 야기하고 있다는 사실이다. 즉 테러리즘, 게릴라전, 민족분쟁, 종교분쟁을 포함하는 저강도 분쟁의 국제분쟁이 그것이다. 탈냉전 이후 유일하게 남은 강국 미국은 불가피하게 모든 국제정치문제에 개입할 수밖에 없게 되었다. 부시 행정부는 9·11 테러 사건을 계기로 미국의 전략을 전 세계적으로 확산시켜 나아가고 있다. 테러전쟁이라는 사건을 계기로 불가피하게 전 세계지역의 영역으로 대외정책을 전개하지 않을 수밖에 없는 이유는 다음과 같은 지정학적 및 전략적 이유에서 기인한다.

먼저 소련의 붕괴와 유라시아의 힘의 공백을 들 수 있다. 1985년 이래 앵글로색슨과 슬라브 간에는 지정학적으로 해양세력과 대륙세력 간의 싸움이라는 성격의 대립형태가 외교사적으로 전개되어 왔다. 제2차 세계대전 이후 미국의 대소 기본정책인 봉쇄정책은 소련의 주변에서 서방이 군사기지를 가지고 볼셰비키혁명의 확산을 군사적으로 억지한다는 데서 기인하였다. 소련은 제1차 대전에서 방역국가(Cordon Sanitaire)들을 흡수하였으며 중부유럽까지 진출하였다. 극동에서는 중국대륙의 공산당을 장악하여 막강한 대륙의 동맹을 구축하였다.

그러나 소련연방의 해체는 소련연방 자체는 물론 제2차 세계대전 직후 흡수하였던 지역들도 거의 해체되었다.[355] 즉 소련의 완벽한 해체에 기인한 지정학적 요인으로 완벽한 힘의 공백이 유라시아에 발생하게 되었으며 이 힘의 공백, 즉 블랙 홀(black hole)을 어떻게 메우느냐가 국제정치의 관심사가 된 것이다. 초강대국이 된 미국은 불가피하게 소련의 붕괴가 남겨 놓은 유라시아에 대처할 수밖에 없게 되었다. 미국의 현실적 패권(hegemony.)은 소련의 붕괴로 공백화된 유라시아지역을 어떻게 대처할 것인가 하는 문제에 직면하게 되었고 9·11테러 사건이나 테러전쟁도 이러한 유라시아의 공백에서 야기되는 이유이기도 하다. 특히 테러전쟁은 거의가 지리적으로 유라시아를 걸쳐 전개될 수밖에 없는 상황이다. 이 지역은 거의가 이슬람지역에 속하기 때문이다.

9·11테러 사태는 사상 유례가 없는 비국가행위자에 의한 테러행위였으며 최초로 미국 본토를 공격한 대량테러 공격이었다. 경제 패권의 상징인 세계무역센터와 군사 패권의 상징인 국방성을 공격함으로써 미국이 주도해 온 세계경제체제와 국가안보체제에 도전한 사건이었다. 이러한 의미에서 이는 미국의 패권주의와 세계전략에 대한 도전이었다. 오사마 빈 라덴과 탈레반 정권에 대한 공격이 계속되는 동안에도 미국은 탄저균 우편물이 의회, 국무부, 대법원, 중앙정보부, 백악관까지 전달됨으로써 미국 전체가 심리적 공포에 빠져들었다.

9·11테러 사태는 전 세계적 차원에서 21세기 안보위협에 대한

---

355) 1991년 소련연방의 해체로 러시아, 우크라이나, 벨로루시가 해체되었고 발틱3국(라트비아, 리투아니아), 카자흐스탄, 아제르바이잔, 우즈베키스탄의 소련 이탈로 유라시아의 심장부가 힘의 공백을 유지하고 있음.

새로운 인식을 갖게 하는 사건이었다. 첫째는 동시다발적, 복합적 위협에 대한 인식이 고조되었다는 점이다. 21세기 국제사회는 도처에 국제테러, 사이버 전쟁 및 자원 확보 전쟁이 더욱 확산될 가능성이 높으며 분리독립을 추구하는 분쟁위협, 종족갈등, 민족분규, 내전, 내란, 지역분쟁의 위협이 상존하고 있다. 둘째는 대량살상무기 확산으로부터 오는 위협이 증폭되고 있다는 점이다. 핵탄두와 생화학무기와 같은 대량살상 무기의 확산으로부터의 위협과 탄도미사일 및 순항미사일과 같은 대량파괴무기의 전달수단의 확산에서 오는 위협인식이 고조되고 있는 것이다. 이러한 다양한 위협이 불특정 테러집단이나 비국가행위자에 의해 행하여질 수 있다는 위협인식이 점증되고 있다.

9 · 11테러 발생에 이르기까지 국제체제는 미국의 우월전략에 의하여 통제되어 왔다. 제2차 세계대전 이후 현재까지 미국은 군사력과 경제력에 기초한 힘과 확대된 역지력으로 국제안보체제를 구축해 왔다. 또한 이 국제체제를 유지 · 통제하기 위하여 미국에 도전하는 강대국, 도전패권국의 출현을 방지하는 데 역점을 두어왔다. 냉전 기간에는 구소련의 확장과 도전을 성공적으로 막았으며 탈냉전 이후에는 중국을 잠재적 도전국으로 지목해 왔던 것이다.

미국의 외교전략에는 두 주류의 철학이 존재해 왔다. 먼저 공세적 현실주의 철학으로, 이는 전통적으로 공화당과 국방부의 철학으로서 미국의 힘, 강성권력, 패권의 유지만이 체계적인 안정을 유지할 수 있을 것이고 미국에 의한 단극체제만이 국가 간의 전쟁을 예방할 수 있고 국제평화와 안정을 유지할 수 있다고 믿는 철학이다. 다른 하나는 방어적 현실주의 철학이다. 이는 전통적으로 민주당과 국무부의 철학에 기인한다. 우월전략에 대한 신념은 공세적 현실주의의 입장과 동일하나 강성권력의 사용을 유보한 상태에서 연성권력의 사용을 강조하는 철학이다. 다원적 국제체제를 인정하고 이를 공조적 차원에서 활용하고, 유엔과 기타 다양한 국제조직과 레짐을 활용하여 참여와 포용, 타협으로 국제문제를 해결하자는 철학이다.[356)

9·11테러 사태까지 부시 공화당 행정부는 공세적 현실주의에 입각한 우월전략으로 국제사회를 이끌어 가려 했다. 미 행정부의 주요 전략가들은 스스로 미국은 '자애로운 패권국가'로, '힘과 덕을 갖춘 초강대국가'로 자임해 왔다. 그러나 한편으로는 비판적 목소리도 높았다. 미국이 일방적 세계주의를 추구하고 있으며 이는 '세계적 일방주의로의 퇴행'을 의미하는 것으로 미국의 오만과 환상을 비판하였다. 또한 '편파적 패권주의' 심지어 '용병적 패권주의'로 비난받기도 하였다.

미국의 패권은 국제사회의 전반적 이익 추구가 아니라 미국의 이익만을 위한 것으로 평가되기도 한다. 또한 미국은 기아, 빈곤, 환경 등 범세계적 문제에 무관심하다는 비판을 받고 있다. 국제통화기금(IMF), 세계무역기구(WTO), 세계은행(WB)에서의 미국의 절대적인 역할, 교토협약 탈퇴, 유엔분담금의 미지불 등이 이러한 비판적 평가의 구체적 사례 중의 일부이다. 9·11테러는 이러한 미국 주도하의 국제질서에 대한 도전이었다. 미국의 패권주의와 우월전략도 테러사태를 예방하지 못했던 것이다. 이러한 새로운 인식으로부터 부시 행정부는 반테러리즘의 새로운 국제질서를 모색하게 된 것이다.

향후 미국의 우월전략은 공세적 현실주의 철학으로부터 방어적

---

356) 김달중, "미국테러사태 이후 국제정세와 남북관계", 흥사단 통일포럼, (서울: 흥사단 민족통일 운동본부, 2001. 11), p.2.

현실주의 철학으로 추진될 것이다. 이러한 전환은 이미 시작되었다. 부시 행정부는 9·11테러를 범인류적 정체성과 일체성을 확립하는 계기로 삼고 국제적 연대와 공조로 새로운 국제질서를 모색하였다. 영국과 함께 군사작전을 개시하였으며 EU와 NATO국가, 러시아, 일본 및 중국을 포함한 160여 개국과의 반테러리즘 공조체제를 형성하고 직·간접 지원을 받으면서 반테러리즘의 새로운 국제질서를 형성하였다. 즉 테러리즘으로부터 인류를 지키겠다는 일체감을 형성해 나간 것이다. 또한 세계 경제강국 간의 경제안정을 위하여 G7국가들은 유동성 공급 공동조치를 취하고 테러리스트와 연관된 자산동결과 테러행위 방지조치를 취하였다.

전쟁사적으로 볼 때 21세기는 두 가지 측면에서 새로운 전쟁시대로 들어서고 있다. 그 하나는 전쟁 주체 면에서 볼 때 국가를 단위로 하는 전쟁 가능성이 줄어들고 여러 종족 간, 종교 간, 인종 간, 그리고 배타적인 이기적 집단 간의 정체성에 근거한 폭력이 증대되고 있다는 점이다. 다른 하나는 전쟁양상 면에서 볼 때 5차원 전쟁(cyberwarfare)시대에 들어섰다는 점이다. 5차원 전쟁의 특징은 화력의 파괴성과 정확성, 기동 및 정보의 신속성 및 동시성 등 전장의 자동화, 극소수의 전사집단에 의한 초테러리즘적인 전쟁 등이다. 즉 교전 주체가 모호한 '보이지 않는 전쟁'의 가능성이 높아진 점이다. 9·11테러 사태와 같은 미국의 대테러작전은 이러한 현상을 극명히 보여주고 있다.

미국의 대테러전은 전쟁차원에서는 보이지 않는 적과 싸운 전쟁이지만 작전차원에서 볼 때는 최신형 첨단무기의 실험장이기도 했다. 아프간에서 미국이 사용했거나 사용했을 것으로 보도된 첨단무기와 장비 중에는 정확성이 더 높아진 토마호크 크루즈 미사일, BIB

랜스 신형 대륙횡단 전략폭격기, B2스피리트 스텔기, B52스트래토 포트리스 대륙횡단 항공기 등이 있다. 걸프전에 사용되었다가 개량화된 파이어니어기는 스팅어 미사일을 무력화시킬 수 있으며, 작전반경 7,400㎞를 전천후 임무수행 가능한 신형 '프레데터' 무인정찰기도 동원되었다. 프레데터기는 600m 이상의 고도 장기 체공 무인항공기이다. 이 밖에도 고공비행 무인정찰기인 '글로벌 호크'기, 4대의 탱크를 미사일로 동시에 파괴할 수 있는 무인항공기 UAV, 동굴과 벙커를 뚫고 들어가 내부를 폭발시키는 공대지 미사일 AGM65 메버릭도 사용되었다.

헬멧에 투시경을 장착한 첨단 개인장구인 랜드 워리어, 정밀비행으로 202개의 소형폭탄을 비산시켜 강한 콘크리트 참호 파괴를 가능케 한 CBU87 등 스마트 폭탄과 JDAM폭탄, 주둔지 경계용 초저주파 무기와 고섬광탄, 비행오차와 풍향풍속의 영향력을 극복한 살상 레이저 광선 등도 실험되었다는 보도다. 이들 첨단무기들이 아직 만족한 수준은 아닐지라도 극히 위협적인 것만은 분명하다. 범세계적인 무기확산의 시대에 어느 나라도 첨단무기를 보유하고 있음을 예의 주시해야 할 것이다.

9·11테러는 미국의 세계전략을 되돌아보게 한다. 부시 행정부는 출범 이후 세계 대다수 국가들의 반발에도 불구하고 야심적인 MD계획을 수립하여 강행하려 하고 있다. 그러나 9·11테러는 이러한 미국의 세계전략에 대하여 몇 가지 교훈을 주고 있다. 미국은 탈냉전 이후 세계전략을 수립함에 있어서 막강한 과학기술을 바탕으로 하여 첨단 미래지향적 군사력의 중요성을 강조해 왔다. MD 역시 바로 이러한 강조점의 연장에서 이해할 수 있다. 미래전을 지향한 소위 군사분야혁명(Revolution in Military Affairs)으로 불리는 첨단

과학기술에 기반을 둔 광범위한 군사구조 개혁은 향후 미국 세계 전략의 향배를 가늠하는 중요한 단서가 된다. 미군은 앞으로 규모는 줄어들겠지만 첨단기술을 이용한 고도의 정밀무기와 전략적 장거리 무기체계를 더욱 강조하게 될 것이라고 밝힌 바 있다. 그러나 9·11테러는 하이테크 위주의 군사전략이 역설적으로 자살테러와 같은 원초적이고 지극히 단순한 전술에 취약할 수 있음을 극명히 보여준 사례가 되었다. 미국은 그동안 일부 불량국가들의 탄도미사일이라는 큰 위협에 치중하여 자살테러라는 상대적 저차원 위협에 대한 대비를 소홀히 했다고 할 수 있다.

9·11테러사건은 탈냉전 이후 세계 유일의 초강대국으로 남게 된 미국에게 가해진 최대의 적대행위였다. 냉전 이후 미국은 세계의 정치, 경제, 군사 전 영역에서 패권적 지위를 구가하면서 미국 패권의 영속화를 위한 조치를 취해 왔다. 그러나 미국이 주도한 세계화는 그 이면에 수많은 경제적 약자들을 양산해 왔다 또한 이스라엘과 팔레스타인의 충돌과정에서 미국은 일방적으로 이스라엘을 지지함으로써 이슬람 국가들로부터 극도의 분노를 사고 있다. 그 결과 냉전은 끝났지만 미국은 도처에 알게 모르게 얼굴 없는 적들을 만들어 온 것이다.

9·11테러는 그 분노의 표출로서 일과성으로 끝나지 않을지도 모른다는 데 문제의 심각성이 있다. 테러의 보복을 위해 미국이 아프가니스탄의 탈레반 정권과 빈 라덴 집단에 대응하여 미국이 압도적 우위를 지니는 체제가 오래 지속될수록, 또한 미국이 수많은 아랍인들의 일방적인 희생하에 친이스라엘 정책을 고수하는 한, 미국에 대한 비대칭위협의 가능성은 사라지지 않을 것이다. "게릴라는 인민의 바다를 고기처럼 헤엄쳐 다니는 전사"라는 모택동의 경

구가 비유하듯이 MD체제의 첨단미사일과 고성능 첩보위성으로도 인민의 지지를 업고 자살특공대 대열에 기꺼이 동참하려는 제4세대 전사들을 막을 수는 없기 때문이다.

전 세계적 수준에서 미국의 경쟁상대가 없는 세계는 오히려 더욱 불확실하고 불안정하며 예측하기 어려운 측면이 있다. 세계 유일의 초강대국인 미국은 그 압도적 지위에 정당한 수단으로 대항하지 못하는 많은 세력들에게 좋은 목표가 되고 있다. 이처럼 냉전 이후의 안보에 대한 위협이 본질적으로 변하고 있음에도 불구하고 9·11 테러는 미국이 여전히 냉전시대의 세계관과 수단으로 대응해 왔다는 허점을 보여주었다. 21세기는 안보정책 담당자들에게 새로운 시각의 전환을 요구하고 있다. 세계화와 정보혁명으로 세계는 점점 더 하나로 되어 가고 있는데 안보의식은 여전히 냉전시대의 대립적 세계관에 고착되어 있다면 비대칭 위협에 대한 대응에 한계가 있을 수밖에 없다. 무엇보다도 비대칭 위협은 통상적인 군사수단만으로는 효과적인 대응을 할 수 없다는 데 딜레마가 있다. 21세기 안보는 보다 유연하고 다중적인 접근을 요하면서 장기적으로 군사 일변도의 해결이 아니라 정치적 의지와 인내의 싸움이 될 가능성이 크다. 그리고 여기에서 요구되는 것은 문명의 충돌이 아니라 문명의 공존을 지향하는 가치관이다.

미국은 9·11테러 사태를 통하여 미국의 패권적 지위에도 불구하고 세계 각국과의 국제적 협력이 얼마나 소중한 것인지를 절감했을 것이다. 미국은 테러사태를 부시 행정부 출범 이후 지구온난화 방지를 위한 교토의정서 탈퇴, MD강행 등에서 견지해 온 일방주의적 태도를 되돌아보는 성찰의 기회로 삼아야 할 것이다. 테러는 미국 혼자의 힘으로 막을 수 없으며 미국은 더 이상 축복받은 고립의 섬이 아닌 것이다.

　무고한 민간인들을 향한 테러는 인류와 문명에 대한 야만행위로서 마땅히 근절되어야 한다. 미국뿐 아니라 세계 어느 곳에서도 9·11테러와 같은 야만적 행위는 일어나지 않아야 한다. 그리고 무엇보다도 전 세계 국가들은 자살테러와 같은 극단적 방법이 정치적 입장의 차이를 해소하는 데 도움이 되기보다는 오히려 증오와 보복의 고리를 확대 재생산한다는 사실을 인식해야 할 것이다.

3. 대테러 전쟁의 특징

　미국은 오래전부터 테러를 '전쟁'으로 규정해 왔으며 클린턴 대통령도 '자유와 광신적 행위, 법치와 테러 사이에 오래되고도 지속적인 투쟁'의 한가운데에서 테러리즘과의 투쟁을 계속해 왔다.[357] 9·11테러 공격이 자행된 바로 다음 날 유엔 안전보장이사회는 결의안 1368호를 통하여 무자비한 테러를 가장 강경한 자세로 비난하면서 만장일치로 테러사태를 '국제평화와 안전에 대한 위협'이라고 규정하고 이러한 범죄자들과 이들을 지원하고 보호하는 조직과 국가들은 책임을 면치 못할 것을 결의하였다.[358] 테러사태 직후에 코피 아난 유엔사무총장도 "이 세계의 모든 국가들은 다 함께 테러 범죄자들을 색출하고 이들을 법정에 세우는 데 공동으로 노력해야

---

357) 1998년 8월 20일 클린턴 대통령의 대국민연설로 그는 제53회(1998. 9. 21) 유엔총회에서도 "테러는 미국의 가장 중요한 과제이며, 또한 이 의제는 세계의 주요한 의제가 되어야 한다."고 강조하였다.

358) United Nations Security Council, "Security Council Condemns 'In Strongest Possible Terms' Terrorist Attacks on United States", Press Release No. SC/7413, Sept. 12, 2001.

하며 이번 사태는 한 국가에 대한 테러이지만 인류 전체에 대한 공격"이라고 천명하였다.

미국은 대테러 전쟁이 반이슬람전쟁이 아님을 분명히 하고 있다. 부시 대통령은 '테러와의 전쟁은 신앙의 차이와는 무관함'을 선언하고 압제정권의 희생자인 아프간 국민들에게는 식량과 의약품을 제공하려는 미국인의 동정심을 상기시켰다. 그래서 미국은 알 카에다 조직과 이슬람을 구별하여 '이슬람 테러리즘'이라는 용어를 사용하지 않았다. 부시 대통령은 군사작전이 거의 종료된 2002년 1월 16일에도 '종교자유의 날'을 선언하고 '대테러전은 종교자유수호의 전쟁'임을 천명함으로써 대테러 전쟁이 이슬람종교와의 전쟁이 아님을 재삼 강조하였다. 이는 곧 문명 간의 충돌을 예방하고 국제협력을 강화하기 위한 명분축적의 일환이다.

미국은 테러와의 전쟁을 '보이지 않는 적과의 전쟁', '무한 정의의 전쟁(infinite justice war)', '항구적 자유를 위한 전쟁(war for enduring freedom)'으로 명명하고 장·단기의 대테러전을 시작하였다. 미국의 대테러전의 목적은 테러조직의 뿌리를 근원적으로 제거하고 테러지원국을 고립시키며 이들 국가들이 테러지원에서 손을 떼지 않는 한 경제적, 군사적 응징을 단행하는 것이었다. 부시 대통령은 "21세기의 새롭고 종전과는 상이한 전쟁은 테러분자들을 수출하는 모든 조직과 이들을 지원하고 보호하는 모든 정부에 대한 전쟁"이라고 선언하였다.359)

9·11테러 사태는 미국은 물론 전 세계에 엄청난 충격을 불러일으켰으며 진주만 기습 이후 60년 만에 역사상 최초로 미국의 본토

---

359) Dana R. Dillon and Paolo Pasicolon, "Southeast Asia and the War against Terrorism, *The Heritage Foundation* Backgrounder, No. 1496(October 23, 2001) 참고.

를 그것도 미국 정치와 경제, 군사의 상징이라는 세계무역센터와 국방부를 공격했다는 데서 오는 미국인들의 수치심과 분노는 극에 달하였다.

아프가니스탄과의 대테러 전쟁은 21세기의 첫 번째 전쟁으로 불릴 만큼 국제정치적으로 많은 의미와 파장을 야기하였다. 사실 9·11테러 사건은 종래의 테러리즘 개념과 전쟁개념으로도 설명하기 어려운 기이한 현상이었다. 테러로 규정하기에는 그 피해가 너무도 심대하였으며 또한 개인 및 조직이 국가를 상대로 벌인 전쟁이라는 점에서 국가 간의 무력충돌이라는 일반적 전쟁개념과도 다른 종류의 전쟁이었다. 9·11테러 이후, 탈냉전 후의 아직까지 뚜렷한 구조로 정착되지 않았던 국제질서가 테러와의 전쟁을 계기로 새롭게 구축될 조짐을 보이고 있다. 극단적으로 향후의 국제질서가 미국과 테러지원국을 중심축으로 한 반테러 동맹으로 재편될 수도 있겠으며 이슬람권 대 서구 간의 '문명의 충돌' 현상으로 비화될 수도 있을 것이다.

미국의 테러 참사에 대한 보복으로 개시된 대테러 전쟁은 현재까지 발생한 일반적인 전쟁과는 단이하게 상이한 유형의 전쟁으로 기록될 것이다. 우선 이 전쟁은 국가와 국가 간에 치르는 일반적인 전쟁과는 다른 양상으로 전개되었다. 먼저 이 전쟁은 국제테러 조직에 대해 국제사회의 여러 나라가 다국적군을 구성하여 싸운 최초의 전쟁이라는 점이다.

둘째, 이 전쟁은 확실한 적국 드는 교전상대가 불명확한 가운데 전개되었다. 일반적인 전쟁개념에 따르면 일방이 상대국에 대하여 선전포고를 하고 양측 군대 간에 전투행위가 발생한다. 그러나 테러리스트들은 미국을 공격하기 전 사전 선전포고도 없었고 미국 군대를 목표로 공격한 것도 아니었다. 미국 역시 이 전쟁의 공격대상을 빈 라덴과 알 카에다 조직과 이들을 비호하고 있는 탈레반 정권이라고 하였으나 아프간을 완전히 공략하고 빈 라덴을 체포하거나 사살한다고 해도 적이 사라졌다고는 할 수 없다. 한마디로 실체가 없는 테러집단을 대상으로 한 전쟁이라는 점에서 과거의 일반적인 전쟁과는 성격을 달리한다.

셋째, 이번 전쟁은 적과의 전선 또는 전장이 형성되지 않았다. 막연히 테러리스트들과 이들을 보호하는 세력에 대한 전쟁이라고 규정되어 있어 전장은 테러리스트 개인이나 집단 또는 테러지원국 등으로 무한정 확대될 수 있다. 심지어 전선은 과거와는 달리 미국 국내로까지 형성되어 있어 미국은 아프간에서의 전투와 더불어 국내에서의 추가 테러 발생 가능성에 대비해야 하는 상황에 처해야 했다.360)

부시 행정부는 출범 초기부터 '현실주의 외교', '힘을 통한 평화' 등을 강조하는 미국적 국제주의를 지향함으로써 국제사회의 많은 반발을 받아왔다. 특히 부시 행정부는 지구온난화에 대한 교토의정서 거부, 생물무기를 금지한 1972년의 초안에 힘을 실어주는 의정서 초안의 거부, 미사일 방어계획의 무리한 추진 등 일방주의적인 태도를 견지함으로써 국제여론의 비난에 휩싸였었다. 9·11테러 사건의 발발 배경이 이와 같은 미국의 일방주의적 오만한 태도에서 비롯되었다고 주장되기도 한다. 특히, 이스라엘과 팔레스타인 간의 분쟁에서 이스라엘에 대한 미국의 일방적인 지원은 이슬람 근본주의자들로부터 심한 반발을 불러일으켰고 그것이 9·11테러의 중요한 원인으로 작용했다는 해석도 있다. 일부 반미주의자들은 미국

---

360) 전웅, "대테러 전쟁과 국제질서의 변화: 한국에의 파급효과와 대응책", 『미테러사건과 내외 안보환경 변화 전망』(서울: 한국세계지역학회, 2001 연례학술회의), pp.41-43.

스스로가 9 · 11테러 사태를 자초했다고 비난하기도 한다.

　미국은 9 · 11테러 사건으로 인한 엄청난 충격을 받았으며 미국 내 일부 전문가들 간에는 테러사태가 미국의 일방적 힘의 외교와 균형감각을 상실한 대아랍권 외고에서 비롯되었다는 자성론도 나오고 있다. 9 · 11테러 사태를 통하여 미국은 패권적 지위에도 불구하고 동맹국 및 기타 국가들의 협조와 지원이 절대적으로 필요하다는 사실을 깨달았을 것이다. 따라서 미국은 테러사건을 계기로 국제문제에 대해서 일방주의적 자세를 완화하여 다자협력에 바탕을 둔 새로운 외교정책을 모색할 것으로 예상된다. 그러나 미국의 다자협력 노력은 주로 반테러 명분을 축적하는 데 활용할 정도로 한계적일 것으로 예상된다.

　사실 부시 대통령의 외교노선인 부시 독트린은 철저한 흑백논리이다. 미국의 테러전쟁에 동참하면 우방국이고 그렇지 않으면 적성국이 된다. 이에 따라 미국의 동맹체제가 재조정되는 과정에 있으며 국제질서가 새롭게 재편성되는 양상을 보여주고 있다. 미국은 전 세계를 반테러와 테러로 이분하여 범세계적 반테러 연대 구축을 시도하고 있다. 실제로 미국은 과거 불편한 관계를 유지했던 파키스탄, 인도, 이란 등에 대한 경제제재조치를 완화해 줌으로써 이들 국가와의 관계가 보다 협력적인 관계로 변화되었다. 미국은 그동안 인권침해와 소수민족탄압, 대량살상무기 확산 등을 이유로 견제해 왔던 러시아와 중국, 이란, 리비아, 수단, 우즈베키스탄 등을 반테러 국제연대라는 이름 아래 적극 끌어들였다. 기타 이슬람 국가들의 경우 반테러 연대에 동참하는 국가들에 대해서 포용하고 테러지원국가에 대해서는 적대적 국가로 간주하여 공세를 강화할 것으로 예상된다.

제3절 미국의 대테러 전쟁평가와 국제관계의 변화

1. 새로운 전쟁의 도래

현대 테러리즘은 일반적으로 현시대의 산물이다. 테러리즘과 폭력 그 자체는 새로운 것이 아니지만 테러의 수단과 방법의 변화에 따른 양상은 새로운 면을 나타낸다. 그 하나는 전쟁사적 차원에서 볼 때 전쟁목적에 근거하는 전쟁의 유형이 달라지고 있는 점이고, 다른 하나는 군사과학 기술의 발달로 전쟁수단과 방법이 전쟁행위, 즉 전쟁양상(wafare)을 5차원적으로 전환시키고 있다는 점이다.

먼저, 전쟁유형(type of war) 면에서 그 패러다임이 변경되어 가고 있다. 전쟁유형은 전쟁주체의 정치목적에 의해 결정된다. 1648년 웨스트팔리아 체제에서 시작되는 근대국가(modern state)의 영토, 국민, 주권국가시대의 전쟁은 국가주권과 국가이익을 위한 전쟁, 즉 국가에 근거한(state-based) 전쟁 또는 클라우제비츠가 제시한 국가, 군대, 국민의 삼위일체 전쟁(trinity war)이 대종이었다. 아직도 탈근대국가시대는 아니기 때문에 국가 간 전쟁의 가능성과 전쟁의 정치적, 전략적 원인은 변하지 않고 있다. 또한 정보와 지식혁명이 지정학의 항구적 요소를 변경시키리라는 증거도 없고 국가의 정치적 의지는 변함이 없다.

자유진영과 사회주의진영 간의 대결이 소멸되고 전쟁의 유용성이 감소되고 전쟁발발의 빈도도 감소하고 힘의 가치도 하락했지만 아직도 권위주의 국가와 전제주의 국가에 의한 대외침공 가능성은 잔존하고, 종족분파적 정치세력이 등장하는 경우나 다민족 국가에서는 이들 세력들 간의 분쟁이 전쟁으로 가열되기도 한다. 따라서 분쟁과 전쟁의 패러다임도 진영 간(block-based)이나 국가들 간(state-based)의 것보다 정체성에 근거한(identity-based) 분쟁이나 전쟁의 빈도가 증가되는 방향으로 변경될 것이다.[361] 탈냉전 문턱에서 발생하고 있는 인종 간, 종족 간, 종교 간, 특정이익집단 간의 전쟁과 다양한 테러 사태의 증가는 이와 같은 패러다임의 변경을 의미한다.

다음으로 군사과학 기술발전은 전장조건의 변화를 가져왔으며, 이 변화가 테러리즘의 활동공간을 한없이 넓혀 놓았다. 군사기술혁신은 기술적 차원의 전장불확실성을 증대시키지만 기술통합전장의 가능성을 증대시키기도 하며 전쟁양상의 다원화와 소규모화를 촉진시킬 가능성을 높이고 있다. 이제 전쟁양상은 5차원 전쟁양상인 사이버 전쟁으로의 진입을 알리고 있다. 4차원 전장은 지상, 해상, 공중 및 속도로 구성되지만 5차원의 전장은 4차원 전장의 신속성과 정확성인 자동화와 통합화 이의에 전장의 소규모화, 즉 초테러리즘(superterrorism)의 가능성을 열어 놓았다. 초테러리즘이란 소규모의 전문 직업전사 집단이 소규모의 첨단 자동화무기와 사이버 통신을 활용하여 대량 파괴작전을 공공연히 수행할 수 있음을 의미한다.[362] 이 소규모 테러집단이 첨단의 대량살상무기를 자동 작동시킬 경우에는 아무리 초강대국이라 할지라도 정치적, 사회적 대공황을 면치 못할 것이며 가장 심각한 도전에 직면하게 될 것이다. 새로운 형태의 심각한 비대칭적 전쟁양상이라서 테러리즘과 대테

---

361) Roland Bleiker, "Globalization, Identity and Prospects for Peace", paper presented for the International Conference on World Order and Peace in the New Millennium, held by KAIS, Seoul, May 26-27, 2000. pp.1-3.

362) Robert J. Bunker, *Five Dimentional Cyber Warfighting: Can the Army After Next be Defeated Through Complex Concepts and Technologies?*(Carlisle Barrack, PA: U. S. Army War College, Strategic Studies Institute, March 10, 1998), pp.7-8.

러전쟁의 본질적 패러다임의 전환을 불러올 가능성을 지니게 된다.363) 초테러리즘에 대응하는 대테러방책도 범세계적 차원의 구조적 재편을 포함하는 새로운 것이어야 할 것이다.

미 CIA국장을 역임한 제임스 울시는 탈냉전 상황에 대하여 "거대한 용을 죽였더니 독사가 우글거리는 정글이 나타났다."고 언급한 바가 있다. 냉전이 종식되고 20세기가 마감되면서 지난 10여 년 동안의 국제정세를 이토록 극적으로 표현한 말도 드물 것이다. 국제사회는 소련이라는 거대한 용이 쓰러지면 세계는 평화스러워지리라는 환상을 냉전 시기에 해 왔는지도 모를 일이다. 그러나 지난 10여 년간 지구촌은 종교, 언어, 종족, 국경 등 갖가지 이유로 약 80여 회의 분쟁이 창궐하였다. 더구나 저강도 분쟁이라 일컬어지는 테러리즘, 마약, 해적, 국제범죄 조직 등에 의한 폐해 역시 기승을 부려 그야말로 독사가 우글거리는 정글의 세계가 되고 말았다.

21세기가 시작된 2001년, 9·11테러에 의한 전대미문의 대참사는 새로운 모습의 21세기형 전쟁이 막을 올린 사건이었다. 이른바 테러와의 전쟁이었다. 이 전쟁은 국가 대 국가, 전통적 군대와 군대 간의 정규전과도 다르고, 게릴라전으로 특징짓는 혁명전쟁과도 그 맥을 달리한다. 테러집단들은 자살폭탄, 비행기, 차량, 선박뿐만 아니라 생물무기, 화학무기, 심지어 핵무기조차도 그들의 작전 리스트에 올려놓는 상황이 되었다. 정상적인 국가와 국민, 재래식 군대를 상대로 한 테러리스트들의 이러한 도전은 비대칭 전쟁이며 따라서 대테러전쟁은 군사작전만으로 치를 수 없는 전쟁이 되었다. 이러한 전쟁은 군사적 타격보다 더 중요한 요소가 정보전이며 때

---

363) Douglas C. Lovelace, Jr. and Steven Metz, *Nonlethality and American Land Power: Strategic Contest and Operational Concepts*(Carlisle Barrack, PA: U. S. Army War College, Strategic Studies Institute, June 15, 1998), p.1.

로는 정보 또는 특수기관들에 의한 비밀수단까지 동원되어야 하는 것이다. 아프간 상황의 군사작전은 전 세계 50-60개국에 퍼져 있는 테러리즘 네트워크의 일부를 파괴 내지 제거하기 위한 것일 뿐이다. 오히려 테러와의 전쟁에서 더욱 중요한 전선은 비군사적 분야에 있다 하겠다. 즉 외교, 정치, 경제, 사회, 문화 등 인간사회 활동의 모든 영역을 포괄적이고 장기적인 차원에서 접근해야 궁극적 승리를 거둘 수 있는 것이다.

테러리즘을 인류의 보편적 가치에 대한 공적으로 규정하여 전 지구적 차원의 반연대를 구축하기 위한 외교전, 테러조직과 그 지원세력들의 자금원을 봉쇄하고 박탈하기 위한 경제, 금융전은 더욱 중요하다. 또한 보다 근원적으로는 테러리스트의 생성을 억제하기 위하여 소위 영원한 희생자의 논리에 근거한 이슬람권을 포함한 제3세계인들의 빈곤과 상대적 박탈감을 치유하기 위한 서방 선진국가들의 경제적·정치적 지원과 사회, 문화, 종교차원의 상호 이해 및 포용의 노력이 무엇보다도 필요하다. 연이은 테러와 응징보복의 폭력 악순환으로는 해결의 끝을 볼 수 없기 때문이다.

전쟁은 살아 있는 생물과 같은 것이어서 변화무쌍하다. 9·11테러 사건은 21세기를 할거할 상징적 사건으로 비춰지고 있다. 외교정책의 독주를 감행해 온 미국의 일방주의(unilateralism)는 이제 테러리즘이라는 용을 쓰러뜨리기 위해 글로벌 연대를 모색하게 되었다. 대테러전쟁의 관점에서 본 미국의 대외정책은 '반테러 글로벌 연대'가 핵심이 될 것이며 이 흐름의 끝에는 '반테러 국제레짐(Regime)'의 탄생을 예고하고 있다.

테러와의 전쟁으로 인한 국제정치의 기본적 질서가 근본적으로 변화하지는 않을 것이다. 반테러 전쟁이 종결되든지 아니면 지루하게 계속되든 관계없이 미국이 주도하는 일초다강의 단극화된 국제질서는 계속될 것이며 미국의 다자협력주의는 보다 강화될 것이다.364)

국제사회에서 테러리즘 현상은 감기와 같은 것이다. 국제 테러리즘 현상도 감기처럼 인류사회에서 멸종하기는 어려운 사회적 현상일 것이다. 테러리즘은 근본적으로 인간사회에서 피치 못할 빈부격차, 불평등, 박탈감, 그로 인한 인간의 증오를 거름 삼아 성장한다는 것을 인정한다면 이에 대한 해결은 비관적 긍정으로부터 그 해결책을 모색해야 할 것이다.

2. 전략적 인식의 변화

국제정치학자들은 패권전쟁 없이 단지 소련제국의 와해와 독일의 통일, 걸프전쟁 등으로 신세계질서가 등장하는 상황을 목격하였다. 이는 나폴레옹 전쟁과 1, 2차 세계대전으로 패권질서가 바뀌었던 지난 200년의 국제정치사에 비추어 변종의 역사가 시작되는 것으로 간주되었다. 그러나 작은 전쟁인 걸프전쟁은 미국의 일극체제의 안정화에 적잖은 기여를 하였다. 9·11테러 대참사와 그에 따른 미국의 테러와의 전쟁은 패권전쟁만큼이나 국제관계 변화에 지대한 영향을 미칠 것으로 예상된다.

---

364) 미국 RAND연구소의 프로젝트(Zalmay Khalilzad and David Shlapak, *Sources of Conflict in the 21st Century*, 1998)에서 예측하고 있는 미래의 안보환경 예측의 특성은 다음과 같다: 1) 향후 25년간 미국은 지구촌에서 마치 500파운드의 몸무게를 가진 고릴라처럼 군림할 것이며, 2)지구촌 전체를 볼 때 대륙별 및 강대국별로는 상당한 영고성쇠의 변화가 올 것이며, 3) 지리적 지역구분이 애매하여질 것이고 각종 사건들은 빠른 속도로 타 지역으로 전파될 것이며, 4) 미국은 적대감을 갖는 세력들의 NBC무기에 의한 목표가 될 것이며, 5) 군사기술을 포함한 각종 기술은 신속히 지구촌 곳곳에 확산되어 진정한 경쟁자들의 예측이 불가, 6) NBC무기의 세계적 확산은 지속적인 국제문제로 부상, 7) 미군은 지구촌의 전쟁과 갈등에 개입하여 주된 역할을 할 것이다.

9·11테러는 이전의 테러와는 달리 인간의 자유와 생활방식을 파괴하려는 목적하에 민간 항공기를 정밀 유도미사일로 사용하여 수천 명의 사상자를 냈다는 점에서 역사적 사건이 아닐 수 없다. 미국은 9·11테러를 즉각적으로 '전쟁 행위'(acts of war)로 받아들였다는 점에서 미국의 군사안보전략에 미칠 영향은 짐작하고도 남는다. 이 사태와 미국의 대응전략으로 인하여 전쟁에 대한 새로운 정의와 전쟁전략의 변화가 불가피하게 되었다.[365]

냉전 초기의 핵무기 위협과 후기의 핵 및 화생방, 미사일 등 대량파괴무기의 위협, 그리고 최근의 경소형무기에 대한 우려보다도 테러와 같은 소위 '비대칭적 위협(asymmetrical threats)'이 국가안보정책의 전면으로 부상하게 되었다. 이와 같은 비대칭적 군사위협은 군사적 수단만으로 방어할 수 있는 위협이 아니라는 점에서 국가안보전략의 수정이 불가피하게 되었으며 또한 한 국가의 안보대응능력만으로는 충분하지 못하며 국제적 연대가 필수적이라는 점에서 국제연대 안보의 중요성이 제고되게 되었다. 결국 국가안보전략은 이제 군사적 수단과 전략을 포함하여 경제전략, 정보전략, 외교정치전략 등 보다 종합적인 전략으로 변화되지 않을 수 없게 되었다.

이러한 반테러 전쟁을 수행하는 과정에서 나타나기 시작한 현상은 새로운 국제질서의 재편 조짐이다. 새로운 국제관계의 변화로서 먼저 NATO동맹국들은 NATO동맹조약 제5조의 집단방위권을 발동하는 등 미국의 반테러 전쟁참여를 선언하였다. 또한 영국을 포함한 전투지원 국가를 비롯하여 비전투 군사력을 지원하는 한국 등 전 세계 100여 개국이 미국의 반테러 전선에 지지와 지원을 보내고 있다.

---

365) 최종철, "미국의 9·11 테러와의 전쟁과 한반도: 의미와 영향", 『정세와 정책』(성남: 세종연구소, 통권63호, 2001), pp.16-19.

특히 미국과 러시아의 관계변화가 주목된다. 러시아의 푸틴 정부는 미국의 반테러 지원 및 국제연대 참가 요청에 매우 긍정적이며 테러와의 전쟁에 참여하면서 NATO가입에 적극적인 자세를 보이는 것은 물론 과거 소련 연방이었으며 현재도 세력권하에 있는 우즈베키스탄과 타지키스탄의 기지사용을 허용하고 나아가 1980년대 아프가니스탄과의 내전에서 얻은 경험을 대탈레반 및 라덴 체포작전을 위해 미국과 협력하고 있다.

중국 역시 국제적 반테러 전쟁 참여를 티베트와 신강, 위구르 등 내전세력에 대한 강압적 조치에 대한 미국과 국제사회의 여론을 호도하는 기회로 이용하려 하고 있다. 이는 부시 행정부가 중국을 전략적 경쟁자로 지목한 데 따른 경쟁과 갈등의 관계를 어느 정도 누그러뜨리는 데 긍정적으로 작용할 것이다.

다른 한편으로 미국의 반테러 작전 추진과정에서 드러나는 국제관계 재편의 다른 측면은 지지와 지원을 보내는 국가들 대부분이 자국의 이익을 이면에 숨기고 반테러 국제연대에 참여한다는 사실이다. 러시아의 체첸 내전에 대한 미국의 지지요구와 중국의 반인권적 내전세력 탄압에 대한 묵인 요구, 일본의 자위대 파병의 해외 파병 인정, 기타 중동 및 중앙아시아 국가들의 대테러 작전에 대한 기지 제공 대가로 경제적, 안보적 반대급부 요구 등이다.

종합적으로 보면 반테러에 대한 세계적 공통이익의 확인과 국제적 공조관계가 세계질서의 안정화에 기여할 것이다. 그러나 다른 한편으로는 미국 단독으로 해결할 수 없는 작전능력이 늘어나는 추세이며 이는 곧 미국의 리더십이 강력하지 못함을 노정하는 것이다. 미국은 테러와의 전쟁을 통하여 적과 동지를 구분하고 미국을 중심으로 국제연대를 결성하여 리더십을 강화할 수 있는 방향으로 국제관계의 재편을 시도할 것이다. 그러나 미국은 본토를 직접 공격당함으로써 지정학적 위치에 따른 안보 신화가 깨어지고 세계 패권국가로서의 자존심을 심하게 상처받음으로써 부시 행정부가 추구해 온 힘에 바탕을 둔 강압적이고 일국주의적 대외정책을 완화하지 않을 수 없을 것이며 장기적으로는 미국의 요새론에 더욱 다가서는 결과를 맞게 될 것이다.

미국의 대테러전 수행을 위한 대외정책의 방향이 향후의 국제안보질서의 최대변수인 것은 의심의 여지가 없다. 그러나 정책은 항상 지속성과 변화를 병행하는 것이기 때문에 혁명적 변혁은 예상되지 않는다. 국제안보질서의 새로운 패러다임의 등장이 종래의 패러다임을 대체하는 것이 아니라 병행하게 될 것임을 의미한다. 향후의 국제안보질서의 주요 변수로는 1) 대테러전의 성공 여부, 2) 대테러전 수행을 위한 국제적 연대구성과 새로운 패러다임의 등장 여부, 3) 미국 주도의 단·다극체제의 변화화 전망, 4) MD추진을 위한 정책적 자세 등을 들 수 있다.

첫째, 대테러전의 성공 여부는 탈레반 정권 타도를 위한 군사작전에는 일단 성공하였으나 빈 라덴의 검거에는 아직 성공하지 못하고 있다. 향후의 대테러전 성동 여부는 중기적으로는 오마르와 라덴의 제거와 장기적으로는 알 카에다 조직과 그 외의 모든 테러조직의 소멸 여부에 달려 있다. 극제협력을 위한 외교정책도 강화될 것이며 대테러 군사작전의 확대는 공습을 통한 응징 등 선별적이 될 것이다. 단지 테러조직의 국제적인 고립화와 자금차단, 지원차단을 위한 외교공세는 지속될 것이다.

둘째, 대테러 전쟁수행을 위한 국제적 연대구성은 9·11테러 직후부터 바로 착수되어 우선 테러조직에 대한 자금차단과 아프간의 탈레반정권의 국제적 고립화에 성공했다. 대테러 전쟁의 성공과 우려했던 테러사태의 예방은 이러한 국제협력에 힘입은 바가 크다. 알 카에다 테러조직과 여타 테러조직의 색출 및 박멸을 위한 정보공유, 지원자원과 자금차단 등을 위한 국제연대구성은 계속될 것이다. 냉전의 시대에 우적 관계는 소련을 중심으로 하는 사회주의 진영과 자유주의 진영으로 구분되었고 탈냉전 초기에는 잠재적인 지역패권세력을 견제하기 위해 러시아와 중국을 일면 견제, 일면 전략적 협력의 양면전략을 구사하여 왔다. 대테러작전을 위해서는 확실히 과거의 적과도 손을 잡을 수밖에 없게 되었다.

테러사태가 아무리 위협적이고 심각하다 해도 국제적인 세력배분의 구조를 근본적으로 변경시키지는 못한다. 표면상의 위협이 더할 수 없는 충격일지라도 국제관계는 혁명적 변화보다는 과거의 기본적인 구조적 틀 내에서 사안에 따라 선별적인 전략적 견제와 협력의 경향이 지속될 것이다. 역사는 대체로 지속과 변화를 병행하기 때문이다. 9·11테러로 인하여 표면화된 양상은 국경을 초월하는 협력을 필요로 한다는 사실이다. 향후의 반테러연대구성 구축은 제한을 받을 수도 있다. 아프간 대테러전 이후의 중앙아시아 경영문제를 놓고 미국과 러시아 및 중국의 상호 견제는 이미 시작되었다. 따라서 다자적 협력을 우선시할 수밖에 없었던 미국 외교정책의 혁명적 변화도 국제안보질서의 본질을 근본적으로 변화시키지는 못할 것이다.

셋째, 대테러작전을 통하여 두드러지게 나타난 현상 중에 주목할 사항은 국제적 힘의 배분 양상이 미국 중심으로 더욱 선명하게 되었다는 점이다. 이 점은 표면상으로는 미국의 우월적 패권주의나 일방주의가 더욱 힘을 얻게 되었음을 의미한다. 그러나 미국은 제2차 세계대전 이후 초강대국이 된 이래 '세력 정치'(power politics)를 전개해 온 것은 사실이지만 제국주의적인 '패권정치'(hegemonic unitarism)를 강압적으로 행사한 예는 드물다. 적어도 제2차 세계대전 이후에 미국은 해외에 식민지를 탈취하거나 제국주의적인 강압정책을 추구하지는 아니하였다.

대테러 전쟁은 보이지 않는 적과 싸우는 '새로운 전쟁'인 이상 이러한 '비대칭 전쟁'에 대응하는 데는 국제공조가 불가피한 사실이다. 군사작전과 더불어 테러조직에 대한 자금추적 및 차단, 정보네트워크전쟁을 위한 국제공조는 불가피하게 되었다.[366] 미국 주도의 국제반테러 연대구축은 아랍권까지 포함하는 광범위한 것으로 이미 1990년 후반부터 그 필요성이 강조되어 왔으며 9·11테러를 계기로 실행에 옮겨지게 되었다.[367] 국제적인 반테러 연대성은 9·11테러와 같은 비대칭적 위협이라는 국제안보상의 새로운 변수의 등장에 대응하는 새로운 현상인 것만은 틀림없다. 테러와 같은 비대칭적 위협이 국제안보와 미국 내 안보의 가장 중요한 변수로 등장한 것도 사실이고 국제적인 범세계적 대테러 연대의 구성이 미국의 정치적 전략적 요청이기는 하지만 그것은 종래의 미국의 세계전략의 기본구상을 근본적으로 대체하기보다는 병행적 관심의 표현이다.

흔히 부시 행정부의 교토 기후협약 탈퇴, MD강행, 생물무기금지협정 가입반대 입장 등은 미국의 일방주의 또는 신패권주의의 증거라고 비판받기도 하지만 이는 미국이 세계경영의 주도권과 자유재량을 구속당하지 않기 위해서이지 세계지배를 위한 제국주의적 일방주의라고 보기는 어렵다. 다만 다른 국가들보다 연성적인 힘을

---

366) Donald H. Rumsfeld, "A New Kind of War", *The New York Times*, Sept. 27, 2001.

367) U. S. State Department, *Patterns of Global Terrorism 1999*(Washington, D. C.: GPO, 2000) 참고.

발휘할 수 있는 유리한 위치에 있을 뿐이다. 생물무기금지협정의 경우에도 미국의 것은 완전 노출되지만 다른 국가의 것은 사찰이 어려우므로 협약상의 엄밀성이 결여된 데 대한 반대 입장이다. 따라서 단·다극체제의 국제안보질서는 미국이 연성적 주도권을 발휘하려는 현상유지 쪽으로 지향해 갈 가능성이 크다. 그렇게 되는 경우 일방적인 힘에 의한 패권추구보다는 국제적 협력을 병행하는 '다자주의적 일방주의' 노선을 지속해 갈 것으로 보인다.

넷째, 미국 본토방위를 위한 미사일방어체제의 추진은 9·11테러 사태로 인해 그 명분을 강화시키는 계기를 맞게 되었다. 보이지 않는 비국가 행위자에 의한 9·11테러의 공격은 실로 엄청난 충격이었다. 미국인들은 미 본토도 이젠 더 이상 불침 영역은 아니며 난공불락의 요새가 아님을 깨닫게 되었다. 그렇다고 해서 거미줄처럼 얽혀 있기는 해도 해외주둔의 미군과 동맹군으로 미 본토를 방위한다는 것도 불가능하다. 따라서 대량파괴무기의 확산, 특히 불량국가들에 의한 위협을 좌시할 수 없다는 것이 미 국민 대다수의 정서이다.

3. 미국의 대테러 전쟁평가와 향후 전망

미국의 반테러 전쟁을 정확히 평가하고 향후를 구체적으로 전망한다는 것은 현시점에서는 어려움이 있다. 왜냐하면 미국의 반테러 전쟁은 지금 완전히 종전된 상태가 아니며 그동안 실제 진행되었던 정확한 정보가 미흡하기 때문이다. 그러나 현재까지 알려지고 공개된 내용들을 중심으로 미국의 반테러 전쟁을 평가하고 향후를 전망하고자 한다.

미국의 반테러 전쟁을 평가하기 위해서는 정확한 평가기준이 있어야 한다. 어떠한 전쟁을 평가함에 있어서 군사작전의 성공 여부는 평가의 핵심내용이 된다. 미국의 반테러 전쟁의 핵심목표는 미국의 본토를 공격한 테러리스트들을 발본색원하는 일이었다. 이러한 관점에서 핵심목표는 어느 정도 달성되었는지 평가되어야 할 것이다. 미국이 테러와의 전쟁을 하는 궁극적인 목적 중의 하나는 어느 정도 세계평화에 기여하는가 하는 문제라 할 수 있다. 따라서 미국이 치르고 있는 반테러 전쟁이 세계평화에 대한 기여 여부도 평가받아야 할 항목이다. 나아가 미국이 반테러 전쟁을 하는 종국적 목적은 미국의 국익증대를 위함이라고 할 수 있다. 이러한 의미에서 미국의 국익도 반드시 평가되어야 할 요소이다.

본 연구에서는 이상의 언급한 네 가지 요소인 1) 군사작전의 성공 여부, 2) 테러리스트의 발본색원 여부, 3) 세계평화에의 기여 여부, 4) 미국의 국가이익 도움 여부를 중심으로 평가하고자 한다.

첫째, 일반적으로 성공적인 군사전략의 다섯 가지 요소로는 1) 정확한 전략적 환경(context), 2) 합리적인 전략목표(objectives)의 선정, 3) 정확한 상황가정(assumption), 4) 피아간의 정확한 능력파악(capabilities), 5) 합리적인 비용(costs) 등을 들 수 있다. 미국이 지금까지 수행한 반테러 전쟁의 경우, 군사작전 차원에서의 긍정적 평가로는 1) 필승을 담보할 수 있는 유리한 전략환경의 조성, 2) 합리적 전략목표 및 공격대상의 설정, 3) 미국이 보유하고 있는 고유한 역량의 최대 활용 등을 들 수 있다.

미국은 9·11테러사건 직후 기민하게 세계적 반테러 연대를 구축하여 테러리스트들이 시도한 테러리스트와 아랍문명권 동일시 시도를 차단함으로써 승리를 담보할 수 있는 유리한 전략환경을 조성하였다. 그리고 정확한 전략목표로서 특정국가가 아닌 테러리스트 네트워크를 선정하였고, 공격하여야 할 대상으로서 테러리스트들과 테러리스트 지원세력을 지목함으로써 아랍권과 테러리스트들의 연계를 차단하여 테러리스트지원을 철저히 차단시키는 효과를 보았다.

또한 미국은 1960-1970년대 월남전, '90년대 초의 걸프전 등을 통해 21세기에 예상되는 미래전쟁에 대한 많은 교리와 무기체계를 개발하여 미국 고유의 역량을 보유하고 있다. 이러한 역량은 테러와의 전쟁에 최대한 활용되었으며 이것이 승리의 관건이 되었다.[368]

군사작전의 부정적인 평가로는 미국의 정확한 정보획득 능력이 문제시되고 있으며, 정확한 목표에 대한 치밀한 공격이 이루어지지 못하고 몇 번의 실수가 있었음을 지적할 수 있다.

둘째, 테러리스트들을 발본색원한다는 차원에서의 긍정적 평가는 미국 본토를 공격한 테러리스트들의 근원인 아프가니스탄 소재 테러리스트 거점을 거의 황폐화시켰으며, 테러리스트들의 세계적인 연대망도 거의 차단시킴과 동시 전 세계 테러리스트들을 당분간 자숙하게 한 점을 지적할 수 있다. 반면, 부정적인 평가는 아프가니스탄 이외의 테러리스트 거점 및 테러리스트들은 그대로 건재하고 있음을 지적할 수 있다. 따라서 시간이 경과하면 얼마든지 테러리스트 활동이 부활되고 연대가 이루어질 가능성이 충분하다.

셋째, 세계평화에의 기여 여부 측면에서 미국의 반테러 전쟁은 세계이성(world reason)이 반테러 입장에 서게 한 점, 테러리스트들 및 불량국가들을 자숙 내지 고사케 한 점을 들 수 있다.

부시 대통령의 전 세계 반테러 연대결성 노력은 135개국들이 금융동결을 취하는 등 세계이성의 적극적인 협조를 얻는 데 성공하

---

368) 송대성, "미국의 반테러 전쟁평가와 향후 전망", 『**정세와 정책**』 2002-2, 통권67호(성남: 세종연구소, 2002. 2), pp.1-3.

였다. 이것은 테러리스트들 및 불량국가들에 대해 심각한 타격을 가하고 있는 것이 사실이다. 테러리스트들이나 불량국가들에게 타격을 가하는 것은 적극적인 평화획득행위라고 할 수 있다. 그러나 아프가니스탄 이외의 타 지역 테러리스트들 및 불량국가들이 그대로 건재하고 있기 때문에 미국의 테러와의 전쟁은 세계평화에 한시적인 기여일 뿐 영구적인 기여라고는 할 수 없다.

넷째, 미국의 반테러 전쟁은 미국이 주도하는 단극화 국제질서를 더욱 강화되는 방향으로 작용하고 있으며, 국내적으로 부시의 지도력은 강화되고, 반테러 전쟁을 통해 미 국민들을 단합된 애국심을 강화시키는 긍정적 측면을 낳았다. 이러한 상황은 미 국익의 차원에서 대단한 성과로 평가할 수 있다.

<도표-16> 미국의 반테러 전쟁 평가

구 분	긍 정 적 평 가	부 정 적 평 가
군사작전 성공여부	− 필승의 전략환경조성: 세계적 연대 구축/테러리스트들의 아랍문명권 연계 노력 차단 − 정확한 전략목표(objective: 테러리스트 네트워크) 및 공격대상(target: 테러리스트 및 지원세력) 설정 − 미국의 고유역량(capabilities: 전쟁경험 + 최첨단 장비) 최대 활용	− 정확한 정보획득 능력 미흡 − 목표에 대한 치밀한 공격능력 미흡
테러범의 발본색원	− 아프가니스탄 소재 테러리스트 거점 황폐화 − 테러리스트들의 세계적 연대 차단	− 아프가니스탄 외의 테러리스트 거점/기존 테러리스트 상존
세계평화 기여여부	− 세계이성(world reason)의 반테러리즘 과시 − 테러리스트 및 불량국가들의 자숙/고사(枯死): 적극적 평화에 기여	− 타 지역 테러리스트/불량국가 미 발본색원
미국국익 도움여부	− 미국 주도의 단극화 국제질서 강화 − 부시 대통령의 지도력 강화 − 미 국민의 단합된 애국심 강화	− 미 국민들의 불안감 증대 − 미국은 미래의 다양한 공격의 목표가 될 수도 있음

출처: 송대성, "미국의 반테러 전쟁평가와 향후 전망", 『정세와 정책』 2002-2, 통권67호, (성남: 세종연구소, 2002. 2), p.3.

반면에 미국은 결코 안전지대가 아니며, 하시라도 외부로부터의 공격을 받을 수 있다는 불안한 정서를 국민들 가슴속에 자리 잡게 하였고 이러한 불안 심리는 분명히 미국의 국익에 부정적 요소임에 틀림없다.

미국은 향후의 주요 안보위협과 그 대응에 관해서 2001년도 4개년 국방전략 보고서에서 국제 테러리즘의 공격으로부터 미국의 본토를 방어하는 것이 최우선 군사정책임을 밝히면서 새로운 전략을 수립해야 함을 강조하였다. 이 보고서에 나타난 미국의 정책목표는 평화 증진, 자유 수호 및 경제번영으로 과거와의 큰 차이는 없으나, 미국은 법을 존중하는 국제체제를 유지한다는 전제하에 이러한 목표를 달성할 것을 천명하였다. 미군은 140만 병력을 유지하되 해외 배치의 중심을 기존의 유럽에서 태평양으로 옮기고 두 전쟁을 동시에 승리로 이끄는 '윈-윈(Win-Win)전략'을 폐기하는 대신 한쪽에서는 압도적 승리를 거두고 다른 한쪽은 현상을 유지하는 '윈-플러스(Win-Plus)전략'이라는 현실적 대안으로 선회하면서 미 본토의 방위를 최우선 과제로 하였다. 본토 방위의 우선순위는 테러에 대한 방어와 핵미사일 위협에 대응 모두에 적용되는 것으로 여전히 MD의 강력한 추진을 의도하고 있음을 알 수 있다. '윈-플러스 전략'은 지정학적 전략으로도 볼 수 있겠으나 오히려 재래식 무기를 감축하고 첨단무기를 교체하는 군사혁신(RMA)에 박차를 가하는 것으로 해석할 수 있다.

QDR에서 국방전략의 모토는 "Shape, Response, Prepare"로 요약된다. 국제안보 여건을 적극적으로 조성(shape)하고, 모든 위기상황에 대응(response)하며, 미래의 불확실성에 대비(prepare)한다는 것이다.369) 2001년 QDR에서는 핵심국가 이익을 '안보와 행동의 자유

369) U. S. DoD, *Report of the Quadrennial Defense Review*(Washing ton, D. C: U.

확보, 국제적 임무수행, 경제복지의 증진' 등으로 제시하면서 이들을 달성하기 위해 미국은 1) 동맹국과 우방국에게 안보공약의 이행 확신, 2) 향후 미국과 동맹국을 위협할 수 있는 군사경쟁의 포기, 3) 미국의 국익에 대한 위협과 강제를 억제하기 위하여 미군의 전진배치 태세유지, 4) 억제 실패 시 어떠한 적에 대해서도 결정적으로 승리한다는 전략목표를 설정하였다. 이는 지역패권 국가들의 등장과 실패한 국가들에 의한 불안정소지와 불량국가들이 자행하는 대량파괴무기에 의한 비대칭 위협에 대비하여 미국 본토 방위를 강조한 것이 새로워진 내용이다.

2001년 QDR은 9·11테러의 충격을 겪으면서 탄생하였다. 그 특징 중 가장 두드러지는 것은 우선 '위협에 기초한 모델(threat based model)'에서 '역량에 기초한 모델(capability based model)'로 전략수립의 근본적 변화를 명시하고 있다. 지금까지의 미국의 안보전략은 적이 누구이며, 또 전쟁이 발발한다면 어디에서 일어날 것인지에 주 관심을 두면서 수립된 전략이 위협에 기초한 모델이다. 반면, 9·11테러 사태를 겪으면서 발전된 역량에 기초한 모델은 적이 어떻게 싸움을 걸어올 것인가, 즉 미래의 적이 누구일지는 모르지만 어떠한 수단으로 위협할 것이며, 잠재적 적의 능력이 무엇인지를 예측하고 이에 대비해야 한다는 관점에 기초한다. 탈냉전기의 안보위협의 주체는 국가라는 가시적 조직이었지만 앞으로는 다양한 비국가 행위자들이 국제관계의 전면에 등장하여 적이 누구인지 파악하기가 어려워졌다는 것이다. 역량에 기초한 모델은 오사마 빈 라덴의 알 카에다와 같은 테러조직, 국제범죄 조직, 국제기구 등 국가 이외의 행위자들이 국가에 대한 안보위협이 되는 시대에 대비한 전략의 시각이라 할 수 있다.

S. GPO, 1997).

미국의 비대칭적 전쟁수행 및 대량살상무기를 포함한 광범위한 역량을 가진 적들의 공격으로부터 미국을 보호하기 위한 새로운 군사전략의 핵심은 동맹국 및 우방국들과의 협력강화, 군사충돌의 저지, 미국 국익에 대한 위협억제, 그리고 억제 실패 시 완전한 승리 등이다. 특히 37,000명의 미군이 주둔하고 있는 한국은 이 보고서에 나타난 병력감축 백지화, 해외주둔군 재배치, 소규모 충돌에 대한 동맹국들과의 강화 등을 주목할 필요가 있다.370)

9·11테러에 대응하는 미국의 태도에서 우리는 문제해결을 위한 다자주의적 접근을 발견할 수 있다. 지금까지 미국은 다자협력보다는 양자적 협상을 통한 문제해결을 선호하였으나 테러와의 전쟁을 준비하고 수행하는 과정에서 미국은 일본, 유럽, 러시아, 중국 및 중동 국가들의 도움을 요청하는 모습을 보였다. 이는 20세기 말부터 새로운 위협으로 다가오는 인종갈등, 마약, 환경 및 국제 테러리즘 등을 해결하기 위해서는 아무리 미국이 유일의 초강대국이라 할지라도 독자의 힘으로 문제를 해결할 수 없음을 절실히 깨달았기 때문이라 분석된다.

그러나 미국이 다자주의에 대한 필요성을 절감했음에도 불구하고 향후 미국의 문제를 해결하기 위한 다자주의적 접근은 미국 주도로 이루어질 것이다. 그 이유는 QDR에서도 미국의 리더십을 강조했고 미국이 전쟁을 준비하는 과정에서 누누이 주장한 '중립 불가'의 정책에서 찾을 수 있다. 이는 미국이 지지하지 않는 국가는 미국의 적이 될 것이라는 의미로 해석할 수 있다. 유일한 초강대국인 미국만이 할 수 있는 표현이라 하겠다.

미국은 9·11테러 사건을 통하여 자신들이 선호했던 일방주의와

---

370) 이대우, "9·11테러 이후 미국 외교정책 변화", 『정세와 정책』(성남: 세종연구소, 통권63호, 2001), pp.12-13.

양자주의를 포기하고 다자주의 정책을 선택하였다. 물론 미국이 선택하는 다자주의는 미국 주도의 다자주의이다. 따라서 21세기 위협으로 다가오는 인종갈등, 환경, 마약 및 국제테러 문제 등을 해결하기 위한 다자적 협력이 강화될 것으로 전망된다.

미국은 강경 일변도의 외교정책보다는 국제적인 협력을 유도하는 온건한 외교정책을 추구할 가능성이 높다. 즉 9·11테러사건 이후 새로운 국제정치 질서가 구축되어 가는 과정에서 미국의 외교정책은 각국의 특수한 상황을 인정하는 차원에서 수립될 가능성이 높다는 것이다. 테러 이후 미국은 아프가니스탄과의 전쟁을 준비하는 과정에서 전 세계적인 지지를 확보하기 위해 부단히 노력하였다. 미국은 즉각적인 보복을 선택하기보다는 기존의 우방인 유럽 국가들과 대테러전쟁에 관한 협력을 요청하였고 미사일방어 계획으로 불편한 관계에 있던 러시아와 중국에도 협력을 요청하였다. 그리고 미국이 제일의 공격목표로 삼은 집단인, 빈 라덴과 그 테러조직인 알 카에다가 이슬람교도인 점을 감안하여 다른 이슬람 국가들을 설득하는 노력도 병행하였다. 이처럼 신중한 미국의 행동은 부시 행정부의 집권 초기에 보여주었던 힘을 바탕으로 한 일방적인 외교정책 수립 및 수행과는 상당한 거리가 있는 것이었다.

다음으로 미국의 대중동정책에 큰 변화가 예상된다. 테러의 원인이 편파적인 미국의 대이스라엘 정책에 기인한다면, 미국은 더 이상 일방적으로 이스라엘을 두둔하는 정책을 유지할 수 없게 될 것이다. 미국의 국내정치, 특히 선거에서 유태인과의 복잡한 이해관계가 얽혀져 있으나 미국에는 유태인만이 사는 국가가 아니다. 따라서 다수의 미국인을 테러로부터 보호하기 위해 이스라엘에 대한 정책변화가 있을 것이다.

테러전쟁을 계기로 미국이 공정한 중동정책을 수행한다면, 평화를 위한 미국의 노력에 중동 국가들도 협력할 것이라는 가능성을 보여주었고 미국도 이에 충분한 보답을 할 것이라는 것이 증명되었다. 또한 중동평화에 또 다른 걸림돌이 되고 있는 이슬람 근본주의자들의 과격한 행동도 아랍 국가들과의 협력을 통해 저지시킬 수 있다. 사실 대부분의 아랍 국가들은 이슬람 근본주의에 동조하지 않고 있다. 미국의 적대국으로 분류되고 있는 이라크의 후세인과 카다피도 원리주의에 반대하고 있다.[371] 이들은 집권 후 많은 이슬람 근본주의자들을 숙청한 것으로 알려지고 있다. 이러한 미국의 대중동 정책변화 조짐은 중동평화가 가까운 장래에 이룩될 수 있는 가능성을 높여 주고 있다.

9·11테러 이후의 국제협력에서도 증명되었듯이 영국을 비롯한 유럽 국가들은 미국을 전폭적으로 지지함으로써 미국과의 협력에 매우 적극적인 모습을 보여주었다. 러시아는 부시 행정부 출범 이후의 미사일방어계획과 ABT조약 개정문제로 불편한 관계를 유지하고 있었음에도 불구하고 적극적으로 미국의 대테러 전쟁을 지지하였다. 이 점에 있어서는 중국도 마찬가지다. 그동안 중국은 대만문제, 인권문제, MD문제로 매우 불편한 관계에 있던 미국을 지지하였다. 일본 또한 자국의 이익이 연관된 것이기는 하지만 아시아 국가 중에서 제일 적극적으로 미국의 입장을 지지, 옹호하였다. 먼저 미국의 대테러 전쟁을 지원하기 위해 비전투 자위대 요원을 파견할 것을 선언하였다.

---

371) 이대우, 전게논문, p.14.

제7장

국제 테러리즘의 발생현황과 대응책

제1절 탈냉전기 국제 테러리즘의 발생현황 분석

　세계의 안보정세는 탈냉전 후 화해분위기의 확산과 협력증진이라는 안정 지향적 측면과 지역분쟁의 증가, 대량살상무기의 확산 등 불안정한 상황이 복합적으로 산재되어 있다. 1989년 12월 3일 미국과 소련 양국이 동서냉전 종식과 항구적 세계평화를 위한 새로운 협력의 시대의 개막을 선언한 후, 동구권과 제3세계권에서도 민주화와 시장경제체제가 확산되고 있으며 국가 간에는 대화와 협상을 통하여 분쟁을 해결하는 등 긍정적인 변화들이 일어나고 있다.

　그러나 냉전 기간 동안 잠재되어 있던 분쟁요소들과 새로운 분쟁들이 등장하여 세계안보를 계속적으로 위협하고 있다. 즉 민족, 영토, 종교 등으로 인한 분쟁이 빈발하고 핵 및 화생방무기 등 대량살상무기는 국제적 군축노력에도 불구하고 일부 우려국가들에 의해 확산되고 있는 실정으로 국제 테러현상과 마약, 난민문제 등 다양한 초국적 위협들이 점점 상승되어 가는 상황이다.[372]

　오늘날 국제 테러리즘은 소규모 테러집단에 의한 암살, 납치, 인질 등의 차원을 넘어 생화학 및 핵무기의 접근에까지 이를 가능성이 고조되어 국제정치의 새로운 문제점으로 부각되고 있다. 더욱이 현대 국제 테러리즘의 양상은 공격형태가 점점 강인해지면서 특히 폭탄 테러행위가 유행병처럼 전 세계로 확산되고 있다는 점이다. 이하에서는 국제 테러리즘의 실태를 계량적 방법으로 분석하고자 한다.

---

372) **국방백서** 2000(국방부, 2000), p.17.

1. 국제 테러리즘의 발생 현황

현대적 의미의 테러리즘 태동기는 1960년대이다. 이 시기는 시대적 변화에 있어 프랑스 혁명기의 정치적 억압과 제정 러시아 시기의 혁명분자들에 의한 테러리즘, 제2차 세계대전 후의 관제 테러리즘의 시기를 거쳐 테러리즘이 규모와 성격 면에서 과거와는 다른 형태로 전개되기 시작한 시기이다. 특히 이 시기는 테러리즘이 국가들에 대한 복수의 형태로 자행되기 시작하였으며 이러한 현상은 국제정치적 상황과 밀접한 관계를 가지고 있다.[373]

1970년대에 이르러 테러리즘은 전 세계적으로 확대되기 시작하였다.[374] 테러리즘이 점차 세계적으로 확산되자 서독, 이스라엘, 미국은 1976년부터 대응책을 강화하고 테러리즘 관련 정보를 교환하기 시작하였다. 미국의 델타포스, 서독의 GSG-9 등의 대테러 특공대가 창설되어 국제 테러리즘의 특징과 속성에 대한 분석을 통해 테러리즘에 체계적으로 대응하기 위한 컴퓨터 프로그램을 이용한 개발이 활용되었다.

1980년대에 들어서면서 나타나기 시작한 테러리즘의 특징은 발생건수가 더욱 증가하고 대형화되기 시작한 점이다. 아울러 1980년

---

373) Jin-Tai Choi, *Aviation Terrorism*(Londin: Macmillan, 1994), pp.42-52; 1967년 6월 전쟁에서 패한 아랍인들은 군사력으로 팔레스타인의 정치적 목적달성이 불가함을 인식하고 세계에 팔레스타인 문제를 알리기 위한 유일한 방법으로 테러리즘 조직하여 이스라엘에 대항하기 시작하였다. 1968년 7월 조지 하바시(George Habasi)의 팔레스타인해방인민전선(PFLP) 테러리트들은 이스라엘 항공기 엘알(EL AL)기를 납치한 이래 1968년 한 해 동안 35건의 항공기를 납치하였다.

374) 1972년 5월의 로드공항 학살사건, 1973년 7월의 싱가포르 셀 석유저장창고 습격사건, 1975년 12월 빈에서의 OEPC회의장 점거사건 등은 PFLP, 일본적군파, 독일의 Baader Meinhof조직 등 국제 테러리스트 조직들 간의 유기적 작전에 의해 자행된 대표적 사건들이다.

대에 이르러 국가지원 테러리즘이 두드러지게 나타났으며 1972-1982년 사이에 발생한 테러리즘 사건 중에서 주권국가에 의한 것이 140건으로 이 중 1980년 이후에 발생한 것이 90% 이상을 차지하고 있다.[375]

　1990년대에 들어서도 국가지원 테러리즘은 계속되어 이란, 이라크, 리비아, 쿠바, 수단 등이 테러리스트 단체에 은신처와 기지 및 지원을 제공하고 있는 것으로 알려지고 있다. 미 국무성의 보고서에 의하면 2000년에 테러리즘 활동을 가장 활발하게 벌인 국가는 이란으로 중동평화를 위협하는 과격단체인 헤즈볼라, 팔레스타인 무장단체인 하마스(HAMAS), 팔레스타인 회교지하드(PIJ) 등이다. 이라크는 팔레스타인 과격단체와 이란 반체제 급진인사 등에게 은신처 제공을 비롯한 지원을 계속하그 있어 지역 내 평화를 위협하고 테러리즘을 강조하고 있는 것으로 알려져 있다.[376]

　1990년대에 들어서면서 테러리즘의 발생건수는 점차 줄어들고 있는 듯하다. 그러나 이 시기에 우려할 만한 사항은 국제 테러리즘이 더욱 대형화되고 무차별적 양상을 보이기 시작했다는 사실이다. 아울러 불특정 다수를 공격 대상으로 하여 대량살상의 결과를 초래하는 새로운 유형의 테러리즘이 등장하고 있음을 주목해야 한다. 1995년 동경의 옴 진리교의 사린가스 공격으로 500여 명이 사망 부상하였으며 최근의 미 9·11테러 사태는 향후 전개될 새로운 테러리즘의 유형을 알리는 서막이라 할 수 있다.

---

375) US Department of Defense, *Report of DOD Commission on Beirut International Airport Terrorist Act: October 23, 1983*(Washinton D. C., GPO Office, 1983), p.115.

376) US Department of State, *Pattern of Global Terrorism: 2000*, pp.33-36.

2. 국제 테러리즘 발생의 지역적 특성

국제 테러리즘의 공식 통계들은 테러가 세계적인 문제로 확대되어 가고 있으며 지역적으로 더욱 확산되고 있음을 증명하고 있다. 1990년부터 2000년까지의 국제 테러 발생현황을 지역적으로 살펴보면 서구유럽이 전체 발생건수의 다수를 차지하고 있으며 다음으로 라틴아메리카, 중동, 아시아 지역 순으로 나타나고 있으며 2000년도의 발생건수는 한결같이 증가하였음을 보여주고 있다. 지역적 발생 특성에서 발견할 수 있는 사실은 서방 민주국가들에서 국제 테러활동이 기승을 부리는 동안 소련 및 동구 지역과 아프리카 아시아 지역에서는 발생빈도가 열세하였음을 볼 수 있다. 그러므로 민주국가에서 더욱 테러행위가 빈발하고 있음을 알 수 있다.

1) 서구지역

서구지역은 테러의 역사가 가장 오래된 지역일 뿐만 아니라 가장 많은 테러가 발생하고 있는 지역으로 19-20세기 초에 걸쳐 현대테러리즘의 가장 기본적인 유형인 민족주의 테러리즘과 무정부주의, 파시즘 공산주의 등 고전적 이념에 입각한 혁명테러리즘의 전형이 서구에서 발생하였다.

현재 서구의 민족주의 테러집단으로는 IRA를 들 수 있으며 이념적 집단으로는 바드·마인호프단과 이탈리아의 '붉은 여단'(The Red Brigade), 스페인의 ETA, 바스크 분리주의 등이 있다.

2) 중동지역

중동지역은 국제 테러리스트들의 양성소로 간주되고 있으며, 특히 팔레스타인 저항운동에서 나타나고 있는 정치적 테러리즘과 이들과 국제적 연계를 잇는 PLO 예하의 PFLP 등 좌익 테러집단들이 하이재킹 및 항공테러, 우편 또는 소포폭탄, 개인재산에 대한 공격을 감행하고 있다. 이 지역의 테러리즘은 이란·이라크전쟁으로 지역분쟁이 확산되면서 이 지역의 테러양상도 더욱 복잡, 미묘해지고 있다.[377]

3) 중남미 지역

중남미 지역은 다른 어느 지역코다 다양한 종류의 테러가 범람하는 곳으로 각양각색의 이념이 층집결되어 있는 듯한 테러리즘의 온상과 같은 지역으로 이는 1) 라틴족의 다혈질적 성격, 2) 합법적·비합법적 정권장악의 정통성을 동일시하는 지역특유의 풍조, 3) 심화된 빈부격차로 인한 중류계층의 테러리스트 양산, 4) 지나친 개인 위주형 사회의 특성으로 인한 상호 융합적 기능결여, 5) 개인 특유의 위엄, 명예, 감투성을 중시하는 '마치스모'(Machismo) 등 중남미 특유의 정치적, 문화적, 사회적 환경에 기인한다.[378]

중남미 지역에 존재하는 게릴라 및 테러조직이 표방하는 정치적 이념은 스탈린주의, 모택동주의, 트로츠키이즘, 카스토로이즘, 페론

---

377) 중동지역의 테러조직과 이슬람 원리주의의 테러네트워크의 변천의 자세한 내용은 다음을 참고. 구로이 분타로(저), 김효진(역), 『세계테러와 조직범죄』(서울: 일송미디, 2001), 제2장 및 8장.

378) John P. Gillin, "Middle Segment and Their Value", Robert D. Tomas, ed., *Latin America Politics*, (New York: Doublecay and Company Inc., 1006), pp.23-40.

주의 등 다양한 색채를 띠고 있으나 이들이 주창하는 공통분모는 크게 보아 아나키즘이다.[379] 특히 신마르크스로 알려진 신좌익(New Left)세력은 체게바라와 마르쿠제의 사상에 그 기저를 두고 동구의 관료주의와 서구의 자본주의가 공히 인간을 착취하고 기계와 조직의 노예로 만들고 있다고 비난한다.

중남미 지역에서는 집권자들이 정치적 테러를 통한 권력강화의 수단으로 사용하는 강제테러(enforcement terror)와 이에 대항하여 국민의 반정부적 감정을 자극하기 위한 소요테러(agitational terror)가 공존하고 있을 뿐 아니라 전략적 측면에서 테러리즘이 전 세계적으로 도시중심으로 이루어지는 데 반하여 이 지역에서는 도시·농촌의 테러리즘이 공존하고 있다.

중남미 제국들의 상이한 정치체제, 의존적인 경제체제, 불분명하고도 신장된 국경선 등의 자연환경은 테러리즘에 필요한 최적의 요건으로 적은 수의 테러를 통하여 정국을 혼미한 상태로 이끌고 있음에도 불구하고 이들이 소기의 목적을 이루지 못하는 것은 1) 농촌게릴라 기지가 기동력이 빠른 정규군에 의해 고립되고, 2) 게릴라 및 테러집단 자체의 분열, 3) '게바라'와 '더브레이'가 정치보다는 무력투쟁을 우선시한 전술이 정치적 혼란을 야기하는 데에는 성공할수 있었으나 정치적 조직의 뒷받침이 부족하였고, 4) 혁명이란 도시노동자, 부르주아, 농민의 합세로 이루어지나 이 지역에서는 농촌이 도시를 포위한다는 전략이 거의 현실 불가능하였다.[380]

아나키즘 행동에 집착한 이 지역의 테러리즘은 니카라과에서 우

---

379) 권문술·민만식, 전게서, pp.147-148.

380) Samuel Huntington, *Political Order in Changing Societies*(New York: Yale University Press, 1968), pp.277-283.

익 '산디니스타' 민족해방전선(FSLN)이 소모사정권을 전복하여 성공을 거둠으로써 중남미 지역에서의 게릴라운동과 테러리즘은 더욱 빈발해졌다.

4) 북미 · 아시아 · 기타 지역

이 지역에서는 캐나다의 '퀘벡 해방전선'(FLQ)과 미국 캘리포니아 주를 중심으로 활동하던 좌익과격파 조직인 '심바이어니즈 해방군'(SLA: Symbionese Liberation Army) 등과 같은 국내테러가 주류를 이루었다. 그러나 과거 10여 년 등안 외국주재 미 외교사절 및 그 공관 그리고 기업인들이 좌익테러 단체들의 주된 공격대상이 되어 오고 있다.

이들 국내 테러단체들의 활동은 1960년대 말 극렬한 반전운동과 인종투쟁으로 절정을 이룬 후 현재는 약화상태에 있다. 이후, FBI는 '알파66', '오메가77', '아르메니아 비밀군', '3K단', '웨더지하단' 등의 테러그룹에 대하여 주의 깊은 감시를 계속하고 있다. 이 밖에 아시아 지역에서는 일본의 '적군파', 필리핀의 MDP, 태국의 '태국인민해방군', 인도의 '캐시미르 해방전선' 등이 있다.

3. 국제 테러리즘의 희생자 분석

1971년부터 1980년까지 총 5,967건의 테러리즘이 발생하였고 이로 인하여 3,440명이 목숨을 잃었고 6,852명이 부상당하였다. 1981년부터 1990년까지는 851건이 증가한 6,818건이 발생하여 4,557명이 사망하고 12,481명이 부상하였다.

1980년대에는 테러리즘으로 인한 희생자 수가 급증한 것은 발생건수 증가에서 기인한 바 크지만 주된 원인은 테러리즘이 대형화되기 시작한 데서 찾을 수 있다. 1983년 4월의 베이루트 주재 미대사관 차량폭탄 공격, 1983년 10월의 베이루트 미 해병대 사령부및 프랑스 대사관 차량폭탄 공격, 1984년 9월의 베이루트 미 대사관 차량폭탄 공격 등으로 400여 명의 사상자가 발생하였다.

1990년대의 테러리즘 발생건수는 1980년대와 비교하면 3,011건이 줄어 3,807건으로 55.8%의 감소율을 보였다. 사망자 수도 발생건수의 감소에 따라 줄어들어 2,697명이 사망한 것으로 나타났다. 반면에 부상자 수가 7,722명이 늘어난 20,203명으로 큰 폭으로 증가하였음을 볼 수 있다.

제2절 테러리즘과 북한

1. 북한의 국가지원 테러리즘과 정책

1970년대 미국은 주로 독재자들의 무단통치가 횡행하는 제3세계의 일부 국가들을 지칭하여 '부랑자 국가'(pariah state) 또는 '불법적 무단국가'(unlawful state)라는 용어를 간헐적으로 사용하였다.[381] 부랑자 국가에 대해 미국의 압력이 가해지자 군사적 대미의존에서

---

381) 이디 아민, 폴 포트 정권 등이 이에 해당하였으며 인종차별이 심했던 남아공화국과 70년대 중반 유신독재 시절 한국에 대해서도 이 개념이 사용되었다.

벗어나려는 수단으로 핵무기에 관심을 보이는 현상이 나타났고 불량국가에 대한 정의도 국내통치형태에서 군사적 독자성의 추구를 강조하는 방향으로 바뀌기 시작하였다.[382]

1980년 이후 6차례의 분쟁에 탄도미사일이 정치군사적 목적으로 사용되었고 이들 국가들은 대부분 불량국가의 범주에 들어간다. 이 때문에 독재자들은 국내 통치행태의 문제점에 착안했던 용어인 70년대의 '부랑자 국가'는 일부 독재정권이 대량살상무기의 개발로 야기되는 대외적 안보교란요인에 천착한 90년대의 불량국가 독트린(rogue state doctrine)으로 발전하게 되었다. 1990년대 불량국가 독트린이 먹혀들었던 가장 큰 이유 중의 하나는 바로 북한의 핵개발 의혹과 장거리 미사일 발사였다.[383]

미 국무부는 북한을 14년째 테러지원국으로 지정하는 것을 내용으로 하는 연례 보고서를 발표하였다. "세계 테러리즘의 유형: 2000년" 제하의 이 보고서는 지난해에 발생한 주요 지역별 테러유형과 테러지원단체 및 국가 등에 대한 내용이 자세히 망라되어 있다.

북한의 경우 이란, 이라크, 시리아, 리비아, 쿠바, 수단 등 지난해까지의 단골국과들과 함께 블랙리스트에 올랐다. 북한을 리스트에서 제외하는 문제는 클린턴 정권 말기인 2000년 10월 북한 국방위원회 조명록 부위원장의 방미와 올브라이트 미 국무장관의 답방당시 북미 간 최대현안으로 부상했으나 본 보고서를 통해 변동사항이 없음이 확인되었다.

이 보고서는 지난 2000년 북한은 3차례에 걸친 테러방지회담에

---

382) Robert S. Litwak, *Rogue State and U. S. Foreign Policy*(Washington, D. C.: Woodrow Wilson Center Press, 2001), pp.21-26.

383) 박선원, "9·11테러사건 이후 미국의 MD추진 변화전망과 대북정책"(서울: 한국국제정치학회 발표논문, 2001), pp.4-5.

참여하여 북한이 테러에 반대하고 국제적인 반테러 활동에 대한 국제적 조치들을 지지할 것임을 재천명하였으나 북한은 지난 1970년 일본항공(JAL)기를 북한으로 납치한 적군파 요원들에게 피난처를 계속적으로 제공하고 있다고 이 보고서는 지적하고 있다.[384]

이는 북한이 반테러성명을 발표하는 등 일부 긍정적인 조치를 취하긴 했으나 적군파 보호문제가 해결되지 않는 한 테러지원국에서 제외될 수 없음을 명확히 한 것이다. 또한 이 보고서는 필리핀 정부관리들은 '모로회교해방전선'(MILF)이 중동으로부터 제공받은 자금으로 북한에서 무기를 구입했다고 밝히면서 테러단체에 대한 무기판매를 테러지원국 지정의 근거로 제시하였다. 이 보고서는 이란도 회교과격파 단체인 헤즈볼라, 팔레스타인 무장단체인 하마스와 지하드 단체들을 지원하는 등 테러지원 활동을 가장 활발하게 하는 국가로 규정하였다.

북한의 테러전략은 1974년부터 김정일이 지휘해 왔으며 테러 관련 기관으로는 노동당 산하 4개 부서, 즉 사회문화부, 통일전선부, 대외정보조사부, 작전부와 인민무력부 정찰국이 적극 참여하고 있다. 북한의 테러표방에 대한 이론적 근거는 1975년 10월 출간한 '남조선 혁명과 조국통일이론'으로 이 이론에 의하면 "결정적 투쟁은 오직 폭력적 방법에 의해서만 승리할 수 있다."라고 주장함으로써 한국의 공산화와 민주주의 국가파괴를 위한 테러리즘을 혁명적 행위로 정당화시키고 있다.[385]

2001년 미 행정부는 "확산: 위협과 대응"이라는 보고서를 통하여

---

384) http: //www. hankooki. Com./politics/05/01/htm(검색일: 2001. 6. 8)
385) 국방부 군사편찬연구소, "북한의 테러유형과 역사적 교훈", 『군사』 제44호, (2001), pp.32-36.

21세기 미국이 직면하고 있는 상황을 '초강대국 패러독스'(superpower paradox)로 표현하고 재래식 군비에서 미국의 우위에 대항할 수 없는 적대국가들이 NBC무기를 운반할 수 있는 장거리 미사일을 획득하여 미국의 아킬레스건인 비자래식·비대칭수단을 찾고 있다고 하였다.[386)

이 보고서에서는 북한이 중국보다 앞서 위협국가로 올라 있으며 9·11테러 참사 이후 미국은 불량국가들에 대해 의구심을 강조하고 있다. 부시 행정부는 비대칭 위협이 대중적으로 인정되었음을 강조, 이에 대한 대처는 주요 전역전쟁, 소규모 긴급 우발사태, 테러리즘에 대처한다는 것으로 MD는 필수요소임을 강조하고 이에 따라 테러집단과 불량국가를 동일시하는 경향이 생기고 본토방어에 대한 인식이 급속히 확산되었다. 단순히 불량국가의 미사일 위협에 머무르지 않고 비대칭 안보위협(asymmetric threats)에 핵, 미사일, 생화학무기의 보유와 확산은 물론 재쾌식 군비에 이르기까지 모든 비대칭 위협에 북한을 대입시키고 있다. 이러한 경향은 9·11테러사건 이후 더욱 강화되고 있다.

2. 북한 테러리즘의 특성

21세기의 불량국가란 자국민 억압, 국제 테러리즘 촉진, 대량살상무기 추구의 성향을 지닌 국가들을 말한다. 냉전종식 후 '불량국가'라는 용어가 이란, 북한 등에 대한 통칭으로 받아들여진 것은 1994년 1월 당시 클린턴 대통령이 브뤼셀에서 불량국가로부터의

---

386) Office of the Secretary of Defense, "Proliferation: Threat and Response"(January, 2001)

명백하고 현존하는 위협을 강조하면서부터였다.387) 미국은 테러리즘 지원국가로 북한을 포함한 7개국을 지정하고 있으며 이들 국가들은 헤즈볼라, 하마스, 지하드 등 테러단체를 지원하고 있다고 주장하고 있다.388)

북한이 1950년대부터 자행해 왔고 또 1988년 이후 미국이 테러지원국가로 지정하고 해제한 바 있는 북한 테러리즘의 특징을 시기별로 그 목적, 테러 대상과 범위, 특징 면에서 살펴보면 다음과 같이 구분된다.

1) 먼저 해방 이후부터 한국전쟁 발발 이전까지의 시기는 미 군정과 대한민국 정부수립 이후 2년간이 포함되며 이 시기에는 제주 4·3사건, 여순10·19사건, 이승만 대통령의 저격사건을 포함한 남한 내 주요 요인암살 기도였다. 북한은 비밀공산당원이나 남파된 간첩을 통해 공산정권수립에 궁극적 목적을 두고 이에 반대하는 남한 내 반공세력에 대한 테러 및 전복활동을 실시하였다.

2) 한국전쟁이 포함된 1950년대에 북한은 한반도 분단체제가 고착된 상태에서 본격적으로 테러를 시작한 시기이다. 기간 중 주요 테러는 1958년의 항공기 납치 사건을 들 수 있다. 이 시기 테러의 특징은 북한이 한국전쟁의 패인을 분석하면서 그 대안으로 테러리즘의 기반을 강화했다는 점이다. 기간 동안 북한은 테러를 위해 공작원을 남파하여 비행기를 납치 등을 주도하여 남한사회에 커다란 혼란을 초래하였다.

3) 1960년대는 한국이 경제발전을 추진하고 자주국방체제를 마

---

387) Bill Clinton, "Remarks to Future Leaders of Europe in Brussels, Jnuary 9, 1994", *Public Papers of the Presidents, William J. Clinton,* Vol. 1(Washington, D. C.: Government Printing Office, 1994), p.11.

388) 정은숙, "'불량국가'와 대량살상무기 확산", 세종정책연구 2001-15, (2001), pp.5-6.

런하는 시기였다. 북한은 1960년대부터 테러를 노동당의 주요 사업으로 계획하여 추진하였다. 이 시기는 북한이 테러리즘 노선을 분명히 한 시기로 그 배경에는 테러전술을 게릴라전과 함께 무장 폭력봉기를 혁명전쟁으로 확대시키는 결정적 요소로 보았기 때문이다.[389]

북한은 한국의 경제 발전상을 보고 위기감 속에서 남한의 혼란과 무력적화통일을 조기 실현시키기 위해 대통령 암살, 한·미연합방위태세 약화, 후방 지역 교란독적의 청와대 기습, 미 정보함인 푸에블로호 납치, 울진·삼척무장공비 침투 등의 전쟁수준의 테러행위를 자행하였다.

4) 1970년대는 남북한 간의 경제발전의 격차가 심화되고 한국의 자주국방체제가 확립되는 시기였다. 이 시기 북한의 테러행위는 최고조에 달하였다. 특수공작원과 재일교포를 이용하여 남한 국가 지도체제 말살과 정치혼란을 야기하기 위해 두 차례에 걸쳐 국립현충문 폭파사건과 8·15광복절 대통령 저격을 시도하였다.

5) 1980년대도 북한의 대남테러는 1970년대의 연장선에서 극치를 이루었다. 1981년 1983년 두 차례에 걸쳐 캐나다와 미얀마를 방문한 전두환 대통령을 암살하려 하였다. 또한 86아시안 및 88올림픽 개최를 방해하기 위해 김포공항 폭파사건과 대한항공 858기 폭파사건을 일으켰다.

이 시기 북한의 테러목적은 대통령암살로 남한의 정치, 경제, 사회질서를 파괴하여 그들의 혁명전략을 완성시키려는 것이었다.

---

389) 북한은 1961년 9월 제4차 노동단 대회 결의서에서 대남테러를 통해 한반도를 적화통일한다는 의도를 분명히 했고, 1962년 노동당 제4기 8차 전원회의와 1965년 노동당 창설 20주년에 즈음한 김일성 축사 및 1966년 제14차 전원회의를 통해 테러노선을 분명히 하였다.

<표-17> 북한의 대남 테러 양상과 특징

연대별	해방-한국전	1950년대	1960년대	1970년대	1980년대	1990년대
사건	-현준혁 암살 -여순10·19 사건 -남한 내 요인 암살 기도	-한국전쟁 -항공기 납치 -말레이시아, 인도네시아 반군 지원	-청와대 기습 -울진, 삼척 공비침투 -푸에블로호 납북사건	-국립묘지, 현충문 폭파 -8·15 대통령 저격사건	-아웅산폭파 사건 -858 KAL 폭파사건 -김포공항 폭발	-이한영 피살 -최덕근 소련 영사 피살 -연평해전
특징	남한체제 혼란 적화통일 기도	전쟁실패 원인분석 테러리즘 기반강화	월남전 배경 전면전쟁 유인	국가지도체제 말살 정치혼란	경제발전 저해 86아시안/88 올림픽 방해	지하당전술 반한 인사 암살 무력도발/ 인질
행위자	비밀 공산당원 남파 간첩	북한 공작원 남파 간첩	특수게릴라 군인	특수대원 재일동포	특수대원 민간인	북한 공작원 남파 간첩
목적	북한정권 장악 남한혁명	교통수단 획득 혁명이념 수출	정세혼란 조성 무력적화 통일	정치, 경제, 사회의 질서 파괴	올림픽 무산 정부 전복	북한체제 보호 경제실리 추구
전술	적색테러 정규/비정규전	테러리즘 비행기 납치 비정규전	게릴라전 비정규전 무차별 살상	비정규전 요인 암살 시설 폭파	비정규전 암살, 폭파	요인암살 테러기반 구축
대상	공산정권 수립 저해요인 위해	여객기	대통령 위해 시설파괴	대통령 위해 예술인 납치	대통령 위해 올림픽 무산	반북 요인
환경	남한, 북한	국내, 사회	서울, 산악 해상	서울, 홍콩 일본	공항, 미얀마 아랍	서울, 러시아
결과	한국전쟁 도발	여객기 납북 미 송환	미수 미 정보함 납북	미수 신상옥 부부 납북	공항주변 폭발 민간여객기 폭발	반북요원에 공포감 조성

출처: 국방부 군사편찬연구소, 『군사』 제44호, (2001), p.36.

6) 1990년대의 북한은 공산주의 종주국인 소련의 붕괴와 김일성의 사망, 북한 내의 붕괴조짐을 보이는 시기였다. 이 시기 북한은 체제결속 및 내부단결을 위해 테러행위를 자제하다가 어느 정도 체제가 완료된 시점인 1996년부터 강릉무장공비 침투와 NNL침범, 러시아 영사피살 등의 테러를 자행하였다.

이처럼 북한이 테러를 자행했던 것은 그들이 테러리즘을 대남

전략·전술의 일환으로 사용했던 것이다. 또한 북한이 테러리즘을 선호한 이유 중의 하나는 테러전략이 상대적으로 위험부담이 적고 배후가 쉽게 드러나지 않기 때문이다. 북한의 테러가 다른 국제테러조직이나 단체와 상이한 점은 국가의 기관들이 직접 나서서 테러를 전담하고 집행하였다는 특징을 가지고 있다.[390]

9·11테러 사태를 계기로 북미관계의 전반적 상황이 악화된 것은 사실이다. 최근에는 미국이 북한의 생화학 무기검정 문제까지 들고 나와 북한을 압박하고 있다. 대량살상무기를 추구하는 대부분의 불량국가가 중동국가인 데 반하여 북한만이 아시아 국가이다. 현재 단기 핵 확산의 가능성을 소지한 것으로 간주되는 국가도 북한, 이란, 이라크, 리비아 4개국이다. 소위 불량국가나 국제 테러단체로의 확산 의혹을 불식시키지 못하는 일은 결코 명예롭지 못한 일이다.

제3절 대테러리즘 대책을 위한 정책

1. 대테러 정책상의 문제점

어느 국가를 막론하고 기존 정부와 사회는 테러문제를 다룸에 있어 항상 불리한 상황에 있다. 왜냐하면 테러리스트들이 항상 공격적이고 능동적인 입장에 서서 사건을 자행하고 있기 때문이다. 따라서 테러리즘에 대한 대책조치를 강구하기 위해서는 광범위한

---

390) 국방부 군사편찬연구소, "북한의 테러유형과 역사적 교훈", 『군사』 제44호, (2001), pp.36-37.

일반대책의 수립과 특수임무수행체제를 구축해야 할 것이다.

테러리즘의 대처에는 테러발생을 사전에 예방하는 예방적 방법과 발생한 테러에 대처하여 테러사건을 해결하는 대테러작전 및 테러 후 조치의 3단계로 구분될 수 있다.

본 연구에서는 이 3단계의 테러대책을 분석하고 대테러방책을 제시하고자 한다. 이를 위하여 먼저 테러대책수립을 위한 고려사항, 즉 일반적 문제점과 당면한 문제점이 파악되어야 할 것이다. 이를 논거해 보면 다음과 같다.

첫째, 앞서 고찰한 바와 같이 현대테러리즘의 발생추세로 볼 때 테러표적의 광역화와 취약성이 크게 증대되었다는 점이다. 테러리즘현상이 "비합법적인 방법에 의해서 정치적 행위에 영향을 미치도록 고찰된 상징적 행위라면 실제적 행위의 직접적인 결과보다도 그 상징적인 대중적 충격이 더 중요한 의미를 지닌다."[391] 그래서 테러리스트의 실제적인 목표는 타격표적 그 자체보다 선전의 표적인 대중이다. 또한 광범위한 대중선전활동을 통해 기존정권의 통치권과 그 능력에 강력히 도전하고 있는 조직체가 있음을 알리고 기존정부의 무기력을 시위하려 하며 예측할 수 없는 기습공격을 통하여 일상생활의 안정감을 파괴시키고 사회혼란을 조성한다.

따라서 개방체제를 지닌 자유민주주의 사회와 현대산업구조의 개방성 때문에 테러표적에서 제외될 수 있는 것은 거의 없다. 특히 현대테러리즘의 기술수단이 발전됨에 따라 상대적으로 테러리즘표적의 취약성은 증대된다. 그래서 현대테러리즘상의 문제는 테러에 대한 무한대비가 필요하게 되었다는 점이다.

---

391) Schmid, *Political Terrorism,* 전게서, p.44; John B. Wolf, *Fear of Fear*(New York: Plenum Pr., 1981), 하순봉 역, 『테러, 테러리즘, 테러리스트』(서울: 수레, 1985), p.49.

둘째, 현대의 발전된 기술적 혜택을 테러리스트들이 크게 활용하게 됨으로써 테러활동의 신속성, 다괴성, 잔인성, 상호 관련성 나아가서 국제성이 크게 증대되었다는 점이 새로운 대테러전략상의 문제를 제기한다. 상대적으로 볼 때 대테러기술도 발전되겠지만 테러리스트들의 기술 활용이 훨씬 더 크다고 하겠다.

셋째, 현대테러리즘의 비도덕성과 무차별성 및 잔인성의 증대가 테러표적의 취약점을 증대시키고 대중의 공포심을 크게 증대시키고 있다는 점이다. 이 테러의 무차별성을 두려워하는 국가들은 대테러대책을 발전시키고자 하는 국제협력에 소극적인 자세를 취하게 된다.

넷째, 테러주체의 다양성과 국제성이 대테러대책을 위한 효과적인 테러집단 포획 및 연계성 분쇄 그리고 국제적 협력을 더욱 어렵게 하고 있다. 개별적인 테러집단과 특정국가의 지원연계와는 달리 공산주의 또는 사회주의혁명의 사상적 연계성을 갖는 국가 간의 협력적 테러리즘인 경우 이를 예방하거나 제한하기 위한 국제협력은 더욱 어렵게 된다.

다섯째, 테러행위의 다양화로 인해 전면적이고 복합적인 대응책의 필요성이 증대된다. 폭파와 방화, 시설공격, 인질 구금 및 시설점거, 저격, 암살, 항공기 납치, 인질납치, 파괴 등 다양한 형태가 전개된다. 테러전략의 채택문제는 1) 테러조직의 역량, 2) 무기, 3) 지원장비, 4) 간부의 경험과 지도력, 5) 작전환경, 6) 독특한 테러기술, 7) 정부의 대테러 대책, 8) 은신처, 9) 기민성, 10) 외부의 지원정도 등 제반요소와 상황에 따라 결정된다.[392]

---

392) Bowman H. Mitter and Charles A. Russell, "The Evolution of Revolutionary Warfare", in R. H. Kupperman and D. W. Trent, *Terrorism: Threat, Reality, Response* (Stanford: Hoover Institution Pr., 1979), pp.192-193.

여섯째, 테러사건 전파의 신속성과 대중성이 사건 자체의 피해보다 그 심리적 충격의 확산효과가 더 크다는 점과, 테러기술의 전파, 모방행위를 촉진시킨다는 점이다. TV 등 전파매체의 출현은 세인의 주목을 끌려는 현대 테러리스트들의 좋은 수단이 된다. TV 같은 전자매체는 테러리즘의 사회적 효과를 전 세계로 확산시키는 데도 기여하지만 수제폭탄제조법, 건물침투방법, 도피방법, 위협방법 등 테러전술을 전파하는 데도 기여한다. 나아가서 테러집단 상호 간의 응원효과가 발생하여 이들의 사기를 상승시킬 수도 있다.

또한 대테러작전정보가 사전에 유출될 수도 있어 대테러작전에 역효과를 낼 수도 있다. 이런 의미에서 쿠퍼맨(Kuppreman)이 지적한 바와 같이 테러리즘과 TV 사이에는 언제나 기본적인 공생관계가 성립될 수 있는 것이다.

일곱째, 테러조직과 활동의 비밀성과 기습적 공격 및 기민성이 항상 보안당국을 당황하게 한다는 점이다. 테러조직의 비밀성은 배후조종세력의 조직과 전술행태를 은폐하기 위한 것이며, 기민성과 기습성은 사전정보가 없을 때는 물론 어느 정도 알고 있더라도 효과적인 대응을 어렵게 만드는 요소이다. 테러리스트들이 특히 기습을 중시하는 이유는 1) 경찰과 보안당국이 대응세력을 갖출 수 없는 상황을 조성하고, 2) 보안당국이 허겁지겁하여 급조되고 잘못된 행동을 하게 하며, 3) 보안군을 분산시키고 다른 지역으로 오도시키며, 4) 예기치 아니한 수준으로 테러세력을 집중시키며, 5) 예기치 않은 방향에서 공격하며, 6) 예상치 아니한 시간을 활용하며, 예기치 아니한 전술을 사용하기 위해서이다.[393] 따라서 테러에 대한 정보를 사전에 입수하기가 곤란하며 대책계획이 어렵다는 점이다.

---

393) Wardlaw, *op.cit.*, pp.131-133.

여덟째, 대테러작전으로 인한 즈민통제의 강화와 자유의 제한 및 피해의 증대문제가 야기된다는 즌이다. 대부분의 자유민주주의국가들의 테러리즘 이론가들은 이 테러의 피해 못지않게 대테러작전 때문에 주민의 통제가 강화되고 자유가 제한된다는 점을 강조한다. RAND 연구소의 한 연구보고서는 테러에 의해 피살된 피랍자의 79%가 구출작전 시에 살해되었음을 밝히고 있다.[394] 따라서 대테러작전에서 발생하는 피해도 문제가 된다. 그래서 주민통제와 자유제한을 강화하지 않고 부수적인 피해를 최소한으로 줄이면서 테러에 대처하기란 용이하지 않은 일일 것이다.

2. 테러리즘 대책을 위한 일반적인 정책선택

테러리즘에 대한 대책은 예방과 사건발생 시의 현장관리로 대별될 수 있을 것이며,[395] 정보수집, 뉴스미디어, 군대의 역할과 유용성, 국내적 테러법률과 국제조약, 인질상황의 관리 등이 포함된다. 또한 테러집단에 대한 타격전략 수립 시에는 정책결정기구, 기동타격대, 테러진압, 국제적 협력 등이 포함된다.

현대의 테러리즘은 정치·사회적 안정에 대한 중대한 협력을 제기할 뿐만 아니라 궁극적으로는 민주주의 국가체제의 존재 자체를 위태롭게 한다. 이러한 테러의 예방과 처방의 기본적인 방법은 테러의 원인을 제거하는 일일 것이다. 환원주의자들이 분석하고 있는

---

394) Bruce M. Jenkins, "Strategy for Combatting Terrorism", *RAND* paper, p.6624(Santa Monica, CA: RAND Corp., 1981), pp.3-4.

395) Howard R. Simpson, "Organizing for Counter Terrorism", *Strategic Review*, (Winter 1982), p.28; Noel C. Coch는 수동적 예방책으로서 "anti-terrorism"과 사건발생 이후의 능동적인 현장 대처방책인 "counter-terrorism"으로 구분하고 있다.

것처럼 테러의 원인이 경제적·사회적 불평등에 내재하는 것이라면 이러한 사회악을 제거하여 테러의 위협으로부터 벗어날 수 있을 것이다. 그러나 앞서 고찰한 바와 같이 테러의 원인이 사회악 그 자체에서보다는 오히려 테러집단들의 특정철학에 뿌리박고 있기 때문에 사회악의 제거 자체만으로는 테러리즘의 예방이나 제거에서 성공할 수 없는 것이다.

사회악의 존재는 테러리즘에 정통적인 명분을 제공하는 근거가 되지만 그렇다고 해서 이 사회악의 제거가 테러리즘예방책의 전부는 되지 못한다. 사회적 개선은 테러리즘의 가능성을 줄일 수는 있을지 몰라도 현재 증가하고 있는 무정부주의자와 허무주의 철학, 테러집단의 특수목적과 동기가 현대의 발전된 기술의 활용과 결합되어 있기 때문에 사회적 개선을 통한 예방은 근본적인 대책이 되지 못한다. 따라서 테러리즘과 같은 정치폭력의 객관적 원인의 제거 이외에 적극적인 정책의 선택이 필요하게 된다.

1) 예방적 방법(anti-terrorism)

일반적으로 테러리즘에 대한 태도와 대책에 대한 관점에는 두 가지 극단적인 경향이 나타난다. 그 하나는 유화적이고 타협적인 입장이며, 다른 하나는 강경하고 양보를 생각하지 않는 권위주의적 입장이다. 그래서 테러대응책 수립의 효과적인 지침을 위해 필요한 것은 과거에 사용된 성공적인 전술의 분석에 근거하고 민주주의국가에서 적용 가능한 일련의 원칙을 마련하는 것이다.

테러를 예방하는 방법으로서는 장기적이고도 근본적인 예방책과 직접적이고 적극적인 예방책을 동시에 추진해야 할 것이다. 통상적으로 취해질 수 있는 장기적인 예방책으로는 심프슨(Howard Simpson)이 제시하는 바와 같이, 1) 테러리즘의 원인을 폭넓게 제거하기 위한 노력을 경주하며, 2) 공공 및 민간부문의 중대한 테러표적들에 대한 경비와 경호를 강화하고, 3) 정보 및 방첩노력을 증대시키며, 4) 테러리스트에 대한 강경 불양보 정책(No concession policy)을 시행하며, 5) 국제적 협력을 강화시키는 방법 등이 포함될 수 있을 것이다.396)

여기서 테러표적의 경비와 경호문제, 정보와 방첩문제는 특수임무부대와 기구의 강화로 보완될 수 있고, 테러리스트에 대한 강경정책은 상황에 따라 신축성 있게 적용되어야 할 문제들이다. 그러나 테러리즘의 원인을 근본적으로 제거하는 문제는 장기적인 대책을 필요로 한다.

워드로(Wardlaw)는 구체적인 상황에서의 테러대책수립을 위한 일반적이고 광범위한 정책지침의 원칙을 제시하고 있다.397) 1) 테러의 객관적 원인제거를 위한 장기적 해결책 개발, 2) 보안군의 규모와 역량증강, 3) 테러리스트에 대한 형벌강화, 4) 사회적 통제와 관리를 효율화하는 법률제정: 신분증, 주민등록, 기록의 전산화, 5) 테러리스트의 공격에 대처할 제3의 군대나 특수부대의 편성: 군대활용, 경찰역할강화, 민군협조문제 등 포함, 6) 테러리스트의 불협상정책 천명, 7) 물리적, 절차적 보안조치의 강화, 8) 증거인에 대한 협박을 피하기 위하여 재판이나 특정 법적 절차 없이 억류할 수 있는 조치의 제도화, 9) 테러사건의 보도통제를 위한 법적 제한, 10) 총괄적인 특정 반테러 법률제정, 11) 개인적인 사조직이 테러리스

---

396) Simpson, "Organizing for Counter-Terrorism", 1982, pp.29-30.
397) Wardlaw, *op.cit.*, p.65.

트에게 납치된 몸값을 지불하지 못하게 금지하는 법률제정 및 인질사건발생 시 경찰에 보고할 법적 의무를 규정하는 법률제정, 12) 국제협력 및 조약체결: 나포한 테러리스트의 재판과 추방, 공중납치 지원국가에 대한 착륙금지 또는 제제조치 등, 13) 인질협상대안 개발, 14) 테러리스트들이 전쟁의 관습법을 준수하도록 하는 제의, 15) 선제조치로서 고도의 잠입기술의 개발과 활용: 감시와 탐지기술 등이다.

이상의 원칙들은 대체로 테러사건을 예방하기 위한 일반적인 조치에 속한 것들이라고 볼 수 있다. 그러나 이들 대부분은 사회통제와 시민의 자유와 권리의 제한을 수반하기 때문에 법의 지배와 민주주의적인 절차를 유지하는 한계 내에서 적용되어야 한다는 점이 준수되어야 한다.[398] 왜냐하면 반정부 테러리즘은 전체주의 정권 및 전통적인 전제주의 정치체제 또는 우익군주주의 국가에서는 성공할 기회를 거의 갖지 못하기 때문이다. 이런 체제하에서는 다른 형태의 테러리즘, 이른바 제도화된 관료적 테러, 즉 해커(Hacker)가 제시하고 있는 바와 같이 '아래로부터의 테러'보다는 '위로부터의 테러'가 있을 수 있기 때문이다.

국제 테러리즘에 대한 직접적인 적극적인 예방조치로는 1) 테러리스트조직의 근원지나 집결지를 추적하여 물리적으로 이들을 완전잔멸 근절시키고, 2) 물리적으로 봉쇄되지 않는 테러조직에 대해서는 그들 스스로 행동을 포기토록 유도하며, 3) 용의자를 사전 차단하는 방법 등이 있다.

첫째, 테러조직의 근원적 근절을 위해서는, 1) 테러리스트조직을 색출하여 테러분자들을 제거하거나 구금하고, 2) 자금지원을 봉쇄하

---

398) *Ibid.*, pp.68-69.

고, 3) 테러리스트들의 안식처를 제거하는 방법이 활용될 수 있다.[399]

둘째, 테러리스트들의 행동을 자제하도록 유도하는 방법으로서 그들의 목적달성확률을 최소화하는 방법과 테러관행에 따르는 위험부담을 높이는 방법 두 가지가 있을 수 있다. 먼저 테러성공확률을 최소화시키는 방법으로는 1) 경비와 검색의 강화로 테러리스트들에 대한 예방조치가 강화되고 있음을 알리는 방법, 2) 테러범과의 협상은 절대 거부하겠다는 강경한 입장의 천명, 3) 도피처 제공 및 공중납치의 경우 영공통과의 거부 등과 같은 범법자를 위한 국제협조를 금지시키는 방법 등이 있다. 그리고 테러의 실행에 따르는 위험부담을 고조시키는 방법으로는 1) 테러리스트들에 대한 법적 처벌의 강화, 2) 범행에 대한 보복공격, 3) 국제사회에서의 매장 등을 들 수 있다.

셋째, 테러용의자 사전차단을 위해서는 계속적이고 체계적인 보복자료의 수집과 해석 및 정리작업 등 정보관리업무가 선행되어야 할 것이다. 미국의 CIA는 테러리스트와 그 조직을 추적하여 테러활동에 대한 각종 정보를 집중 관리하기 위해 '국제테러리스트 정보자료 전산체계'(ITERATE; International Terrorism Attributes of Terrorist Events)를 운용하고 있다.[400]

2) 대응적 방법(counter-terrorism)

일단 테러사건이 발생하면 피해의 최소화 조치 및 테러리스트와

---

399) Simpson, "Organizing for Counter-Terrorism", 1982, pp.29-30; 구광모, 『테러와 국제 사회』(서울: 고려원, 1982), pp.203-206 참고.

400) Edward F. Mickolus, "An Event s Data Base for Analysis of Transnational Terrorism", in Richard J. Heuer, Jr., ed., *Quantitative Approaches to Political Intelligence* (Boulder, Colorado: Wesview Pr., 1978), p.127.

의 협상, 설득 또는 무력위협을 통한 인질구출계획을 수립해야 한다. 즉 현장에서 국민의 동요와 불안을 진정시키면서 피랍자가 있으면 이들을 구출하고 테러리스트들을 체포, 소탕, 진압하게 된다. 나아가서 테러사건으로 인해 나타날 수 있는 기존정부의 정치적 손실을 가능한 한 최소화하고 테러진압 과정에서 나타난 지나친 사회통제나 대민가해행위가 우발적이었으며 불가피하였다는 사실을 합리적으로 제시함으로써 종래의 이미지를 재건해야 할 것이다.[401]

전형적으로 테러리스트 사건은 <표-18>과 같이 사전, 발생, 협상, 클라이맥스, 사후단계의 다섯 단계로 구분된다. 1) 먼저 테러리스트들이 테러사건을 계획하게 되는 발생이전단계(preincident)로서 여기에는 정보수집, 장비의 준비, 수색 및 예행연습 등이 포함된다. 2) 발생단계(initiation)는 테러사건이 시작되고 작전이 개시되는 단계이다. 3) 협상단계(negotiation)에서는 테러리스트와 당국 간의 협상이 이루어지는 단계로서 테러리스트와 그들의 목적을 파악함에 신중을 기울여야 한다. 4) 협상단계에서 협상이 달성되지 못하면 단일 폭파 또는 시간이 지연되는 인질사건(live-hostage situation)과 같은 최고단계(climax)로 전환된다. 5) 사후단계(post incident)에서는 테러리스트들이 사건 이후 재편성되고 평가하는 단계이다.

우선 테러발생 직후의 현장관리를 위해서는 1) 피해자의 안전구출 목표, 2) 불타협, 불양보정책, 3) 신축성 있는 대책 등을 상황에 따라 효과적으로 적용해야 할 것이다.[402] 사건발생 후의 대응전략은 일반적으로 3단계로 구분될 수 있다.

401) Gail Bass, Brain M. Jenkins, Konrad Kellen, and David Ronfeldt, *Options for U. S. Policy on Terrorism*(Santa Monica, Calif., RAND Corp., 1981), p.4.
402) *Ibid.*, p.5.

첫째 단계는 위협단계로서 즉각 조치와 계획수립단계이다. 이 단계에서는 테러발생 시 테러리스트들의 정체를 신속히 파악하여 제반대응수단을 강구하는 단계이다. 이 단계에는 시민을 가능한 한 안전 지역으로 격리시키면서 대테러 특정부대를 즉시 출동시켜야 할 것이다.

〈도표-18〉 테러리스트 사건의 단계

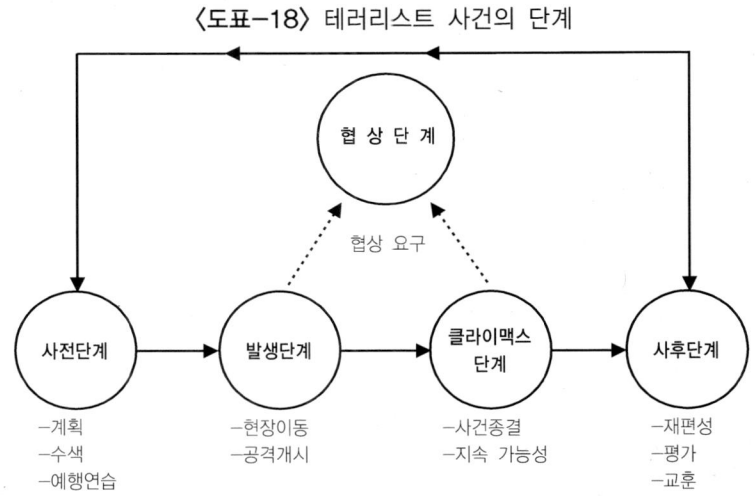

출처: James J., Gallagher, *Low-intensity Conflict: A Guide for Tactics, Techniques, and Procedures*(Mechanicsburg: Stackpole Books, 2002), p.82.

두 번째 단계는 점거단계로서 테러리스트들과 협상을 시도하는 단계이다. 사건 발생 후 초기저항이 완전히 사라지고 일단 주도권이 대테러부대로 넘어오게 되면 테러리스트들의 성향이나 범행동기가 어느 정도 드러나게 된다. 협상 시에는 1) 범인들에게 양보하는 것 이상으로 얻어내야 하며, 2) 범인들을 지루하고 피로케 하며, 3) 범인들의 협상의도와 능력을 지속적으로 파악하여야 한다. 특히 이

단계에서는 범인들과의 협상과정에서 발생하는 스톡홀름 및 리마 증후군 현상에 민감하게 대응해야 한다.[403)

효과적인 협상을 위해서 테러대응조직은 최소한 경제학, 법학, 심리학, 홍보 등 다양한 분야의 전문가들로 구성되어야 하며[404) 협상과정은 행태적 지식과 전략적 협상기술에 능통해야 한다. 협상이 계속되는 동안 정부는 기밀을 유지해야 할 것이며, 이때 언론과 매스미디어의 협조가 요청된다. 이 점은 테러위기관리를 위해 특히 중요하다. 왜냐하면 테러집단들은 대체로 그들의 행위자체를 대중에게 널리 알리려는 데 그 목적을 두고 있으며, 그들의 요구사항을 표면화시켜 대중을 선동해서 당국으로 하여금 테러분자의 요구를 수락할 수밖에 없게 하는 압력수단으로 사용할 의도를 갖고 있기 때문이다.

언론매체가 무분별할 경우에는 효과적인 테러작전이 방해를 받을 수 있다. 즉 언론매체에 의한 구체적인 대테러작전의 진척상황의 보

---

403) 리마 증후군(Lima Syndrome): 납치 및 인질 테러사건에서 테러리스트들이 인질들의 문화를 학습하거나 정신적으로 그들에게 동화됨으로써 자신을 인질과 동일시하여 결과적으로 공격적인 태도가 완화되는 현상을 말한다. 1996년 12월 페루 리마의 일본 대사관 관저 점거 인질사건에서 유래되었으며 페루의 테러조직인 '투팍아마루 혁명운동'(MRTA)요원들이 12월 18일 일왕 생일 축하 리셉션에 참가 중인 각국 대사 등 인질 700여 명을 억류하는 인질테러사건이 발생하여, 사건발생 127일 만인 1997년 4월 22일 페루 특공대의 기습작전으로 테러범 전원이 사살되고 인질을 구출한 사건이다. 당시 테러리스트들은 사건이 장기화되면서 인질들에게 가족과의 안부편지, 미사집회 및 인질 가족들로부터 의약품, 의류 등의 반입을 허용하였으며 테러리스트들은 인질들에게 자신들의 신상이야기를 털어 놓기도 하였다.
  스톡홀름증후군(Stochholm Syndrome): 항공기 납치 등 인질테러 사건에서 인질범과 인질 사이에서 생성되는 감정전이 현상으로서 장기적으로 격리된 장소에서 테러리스트와 인질이 같이 생활하면서 같은 운명체라는 정서적 유대감을 가지고 협력하게 되는 것을 말한다. 1973년 8월 스웨덴의 스톡홀름에서 발생한 은행강도 인질테러에서 유래되었다. 당시 테러범들은 4명의 여자를 인질로 당국과 대치하였으며 사건이 진행되는 과정에서 테러범과 인질 사이에 상호 의존적 감정이 형성되어 인질들이 테러범에 동조하여 테러범을 대변하였을 뿐만 아니라 인질 중의 한 명은 테러범과 성관계까지 갖고 테러범이 체포되어 복역 중은 물론 출소 후에도 관계를 유지하였다.

404) Wolf, 전계역서, p.128.

도는 예정된 작전 자체를 노출시킬 우려가 있으며 책임당사자에 대한 심리적 압박을 가하여 의사결정을 어렵게 만들 수 있는 것이다.[405]

테러주체와의 협상과정에서의 어려움은 테러주체가 초국가적 주체이거나 인질납치자가 외국인인 경우에는 더욱 가중된다. 왜냐하면 외국인들과 외국정부들이 개입하게 됨으로써 다면적이고도 다자간 협상과 설득문제가 야기되기 때문이다. 따라서 외국인이 희생물이 되었을 경우에는 외국정부의 압력을 받게 되어 강경 불양보정책을 일관할 수가 없게 된다. 외극정부는 피랍자를 구축할 목적으로 해당 정부에 양보압력을 가하는 경우가 발생할 수 있는 것이다.

테러주체들은 이와 같은 국제관계의 복잡성과 취약성을 활용하여 제3국에서 또는 제3국인 테러범을 조종하여 목표하는 국가의 인명이나 재산을 공격하고 목표국가로부터 양보를 얻어 낼 수 있도록 범행을 자행하는 경향이 증가되고 있는 실정이다.[406]

세 번째 단계는 종결단계로서 테러리스트들이 인질을 자진해서 석방하거나 범인들이 설득당하거나 다른 이유 또는 무력진압으로 투항함으로써 대테러 작전이 종결되는 단계이다. 테러범과의 물리적 진압과 타협의 정도는 1) 인도주의적 고려, 2) 다른 나라의 국제적 압력, 3) 국내적 여론, 4) 테러집단의 세력과 저항력, 5) 위협의 심각성 등에 의해 결정된다.

테러작전의 최종단계인 인질구출 및 테러진압작전은 테러범들이 인질을 자진해서 석방하지 않거나 범인들이 설득이나 다른 이유로 투항하지 않는 경우에 대테러부대를 투입하여 물리적으로 사태를

---

405) Yonah Alexander, "Terrorism, The Media and the Police", *Journal of International Affairs,* 32/1(1978), pp.105-107.

406) Brain M. Jenkinson, Janera Johnson and David Ronefeldt, *Number Lives*(Santa Monica, Calif.: RAND Corp., 1977).

종결짓는 것이다. 이 물리적 진압작전은 실패의 위험이 높고 피랍자의 생명의 위험이 크기 때문에 성공적인 구출작전을 위해서는 신중한 계획이 필요할 뿐만 아니라 잘 훈련된 대테러전담 특수부대가 있어야 한다. 그러나 아무리 작전이 성공적이라 할지라도 인질과 특공부대와의 일부 희생은 각오해야 하며 여의치 못할 경우에는 크나큰 인명손실과 국내정책의 혼란 및 국가명예의 손상도 입을 수 있음을 명심해야 한다.

테러진압 특공작전의 시기는 테러범에 의한 인질의 살해개시 또는 그럴 가능성이 박두하였다고 판단되는 시기이다.[407] 이 작전이 성공하기 위해서는 테러범들과 이들을 조종하는 배후세력과의 동향에 관한 정확한 정보의 입수는 물론 구출작전계획이 진행되고 있다는 것을 감추기 위한 다양한 위장전술과 역정보의 전파가 필요하다. 공격 시기는 테러범들의 동태와 그들의 방어태세에 의해서 결정된다. 공격이 유리한 시기는 1) 테러범들이 극도로 지쳐 있을 때, 2) 범인들의 주의가 태만할 때, 3) 범인들이 공격을 전혀 예기치 못하고 있을 때 등이다.[408]

테러사건이 종결된 후의 사후처리는 테러구출 및 진압작전의 성공 여부에 의존하겠지만 최대한의 원상회복을 위한 고려를 해야 한다. 다음과 같은 사항이 고려되어야 할 것이다. 1) 대국민 선무공작에 의한 민심안정 및 사회질서회복, 2) 피랍자 보상, 3) 작전의 불가피성에 대한 홍보로 정부이미지의 회복, 4) 작전경험과 홍보의 축적, 5) 살상되거나 체포된 테러범에 대한 적법한 처리 등 사후대책 시행 시에 특히 관심을 기울어야 하는 문제는 정부의 공신력과 권

---

407) Bass, Jenkins, Kellen and Ronfeldt, *op.cit.*, p.8.
408) 구광모, "북한의 테러전략", 전게논문, p.208.

위를 회복·신장시키며 민심을 안정시키고 사회질서를 회복시키는 일일 것이다.

3) 국제협력의 증진

현대테러리즘이 본질적으로 국제적 또는 초국가적 성격을 갖거나 특정국가의 수출적 테러성격을 지니기 때문에 국제적 협력이 중요시된다. 국제협력이 요구되는 분야는 1) 테러활동 및 테러지원활동을 불법화하는 국제조약체결, 2) 테러범의 입국금지 및 범인인도조약, 3) 정보교류, 4) 대테러 전문요원들의 교환 및 입국편의 제공 등이 포함될 수 있다. 이러한 국제협력의 범위는 범세계적인 수준, 직접적인 관계국 간의 수준 등 다원적이 될 수 있을 것이다.

3. 테러리즘 대응을 위한 정책 및 전략: 미국의 경우

미국은 진정으로 모든 것을 갖춘 군이 되기 위해 적대세력의 미국우위를 상쇄시키기 위한 현대전의 준비는 물론 비재래식 전략·전술에 의한 적의 정보전, 화생방무기, 테러리즘과 같은 비대칭 위협에 효과적으로 대처하기 위한 느력을 경주하고 있다.[409]

미 국방부의 테러대처 프로그램은 1) 반테러, 2) 대테러, 3) 테러결과 처리, 4) 정보지원의 네 가지 부문으로 구성되어 있으며, 반테러는 테러활동으로부터 개인과 군, 재산상의 취약점을 감소시키기 위한 방어적 수단을 말한다. 대테러는 테러에 대응하고 테러를 억

---

409) 미 2001**국방연례보고서**, p.33.

제, 저지시키기 위해 취하는 공세적 수단을 말한다. 테러결과처리란 대량파괴무기의 사용을 포함한 테러사건의 효과를 완화시키는 수단이다. 정보지원이란 미국의 병력, 군, 주요 하부구조 등에 대한 테러리스트의 위협을 저지하고 대응하며, 위협으로부터 이들을 보호하기 위해 테러집단 활동에 관한 모든 기본 정보들을 수집, 분석, 평가하는 것을 말한다.[410]

대테러 분야에서 미국은 미국시민의 이익과 재산 보호를 위한 다양한 수단을 보유하고 있다. 국방부는 국제테러를 사전 해결할 수 있도록 최신장비를 갖춘 신속대응군을 포함한 광범위한 능력을 보유하고 있다.

테러처리결과 분야에서는 대량파괴무기의 효과를 최소화하기 위해 1999년 10월 미 합동전력사령부 내에 합동특수임무부대를 창설하였으며 이는 미국 영토 내에서 발생하는 대량파괴에 대한 민간 당국과의 책임을 조정하기 위한 것이다.[411]

정보지원 분야에서는 정보기관들로부터 야전의 정보운영자들에게 테러리스트 위협정보를 적시 적절히 제공하며, 합동작전과 정보융합의 완벽한 목표달성을 위해 노력하고 있다. 국방부 정보조직망은 지역사령관들에게 잠재적 테러공격에 신속히 대응할 수 있도록 장기간 수집된 정보를 제공하고 있다. 국가 정보기관은 기타 요원들과 밀접한 관계를 유지하며 동맹국들과의 정보를 확대하고 있다.

효과적인 대테러 작전을 위해서는 효과적 대테러 대책기구가 필

---

410) 반테러 대책을 위한 국방부의 핵심적인 추진방안은 1) 합참의 통합 취약성 평가팀은 각 군사령관 및 각 군 취약성 평가팀에게 긴밀한 지원, 2) 국방부의 지속적인 훈련방안 향상 노력, 테러 인지훈련, 작전 세미나 개최, 지휘관 사전 지휘훈련, 3) 테러대응 준비태세를 위한 예산의 신속한 제공, 4) 대테러 능력강화를 위한 기술보유 등이다.

411) 상계서, p.34.

요하다. 대테러 대책기구에는 1) 정책결정, 전담기구, 2) 각료급 인사로 구성된 대테러 지휘본부, 3) 현장지휘소, 4) 현장지휘소의 직접지휘를 받는 협상팀과 특공대, 5) 기타 외교, 통신, 정보, 홍보팀 등이 포함된다.[412]

테러사건관리를 위해서는 다음과 같은 정책선택이 제시되고 있다. 1) 선제조치(preemption): 테러공격의 사전예방조치의 성공은 적시 적절한 정보보호 정도에 달려 있다. 2) 지연전술의 활용: 특히 국제적인 정치적, 경제적, 외교적, 군사적, 법적 압력을 가하기 위해서 국제협력의 확보가 필요시에는 지연전술이 유익하다. 3) 제3자의 중재: 테러가 제3국에서 발생한 경우에 특히 유용하다. 4) 협상: 불양보정책을 견지하는 가운데 인질석방을 위한 협상진행. 5) 대응공격 또는 군사작전: 위험을 최소화할 수 있는 방안이 필요하다.[413]

현재 미국은 조직적이고 포괄적인 테러리즘 대응전략을 체계화시켜 놓고 있다. 테러의 위협을 침략의 한 형태로 규정하고 자위의 행동을 정당방위의 일환으로 규정하고 있다. 그래서 미국은 테러리스트국가에 의해 야기되는 위협에 효과적으로 대응하기 위한 핵심적 요소를 무력분쟁의 개념하에서 테러국가가 지원하는 공격에 대응하는 것이라고 천명하고 있다. 왜냐하면 테러리스트를 전투원으로 취급함으로써 그들 지원국가에 대한 자위권을 발동할 명분이 주어지기 때문이다.

미국은 세 가지 수준에서 국가적인 종합적 테러대응책을 제시하고 있다. 첫째, 테러사건전투 기간에 취해지는 조치로서의 대테러

---

412) Simpson, *op.cit.*, p.28.

413) Brain Michael Jenkins, *Combatting Terrorism: Some Policy Implications*(Santa Monica, Calf.: RAND Corp., 1981), pp.2-3.

관리, 둘째, 국민의 재산권 보호, 위협수준의 하향유지, 테러집단과 그 지원국이 자제토록 하는 영향행사 등 장기정책수행, 셋째, 테러 원인의 식별제거 및 완화 그것이다.

위협에 대응할 장기정책으로서는 재산과 인명이 안전대책 강구, 요원훈련, 보호조치, 정보수집 및 교류 등에 있어서 타국과의 협력 강화가 필요하다. 테러원인을 제거하거나 완화시키기 위해서는 국 제협력을 통하여 사회적 불만과 비극을 해결해 나가고 개인의 자 유를 신장해 나가야 한다는 입장을 취하고 있다.

이러한 정책선택개념에 입각하여 미국은 지속적인 대테러정책을 세 가지 수준으로 구분하여 계획하고 있다. <표-19>에서 보는 바 와 같이 3단계 수준의 대테러계획인데 제1단계 수준은 국가정책지 도, 제2단계 수준은 조정 및 통제, 제3단계 수준은 작전이다.[414)

작전단계에서 1) 예방(prevention)은 국제적 협력을 통한 테러지원 국의 저지 및 테러의 불법화활동이며, 2) 억지(deterrence)는 테러리 스트들의 중요 공격목표에 대한 경호안전대책의 강화이며, 3) 대응 (reaction)은 구체적 테러행위에 대응하는 대테러작전의 실시이고, 4) 예견(prediction)은 상기 3개 계획요소에 대한 계속적인 정보 및 방첩지원노력이다.

---

414) James, B. Motly, *U. S. Strategy to Counter Domestic Political Terrorism* (Washington, D. C.: National Defense University Pr., 1983), p.33.

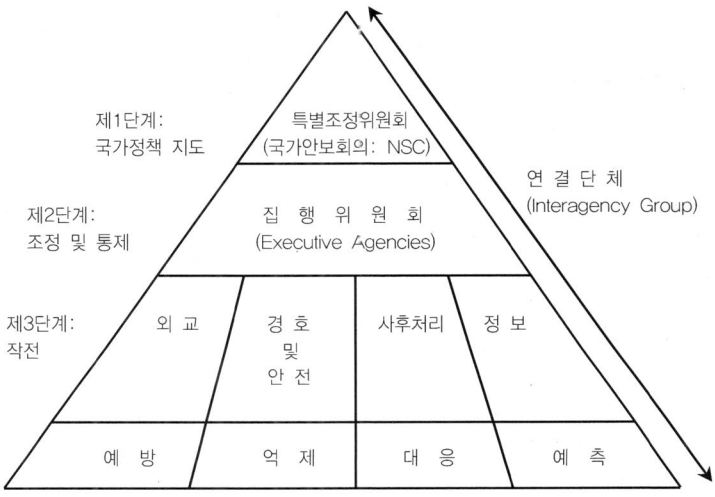

〈도표-19〉 미국의 대테러정책 수행 수준

제1단계:
국가정책 지도

특별조정위원회
(국가안보회의: NSC)

연결단체
(Interagency Group)

제2단계:
조정 및 통제

집 행 위 원 회
(Executive Agencies)

제3단계:
작전

외교 / 경호 및 안전 / 사후처리 / 정보

예방 / 억제 / 대응 / 예측

출처: James J. Gallagher, *Low-intensity Conflict: A Guide for Tactics, Techniques, and Precedures*(Mechanicsburg: Stockpole, 2002), p.82.

이러한 대테러계획의 모든 요소를 조정하기 위하여 대테러 집행위원회(Executive Committee)와 대테러 실행단(Working Group) 등 2개의 연결단체가 구성되어 있고 동 단체들은 대테러기획·조정 및 정책개발을 위한 모든 지침을 제공한다. 미국의 테러대책기구는 대응전담책임을 국내인 경우에는 법무부계하의 연방수사국(FBI)에, 국제사건인 경우에는 국방부의 테러진압처(Office for Combatting Terrorism)에 분담시키는 이원화 체제로 구성되어 있다. 국방부는 특수부대를 지원하고 중앙정보국(CIA)은 국제테러조직에 관한 정보수집, 대테러장비개발과 기술을 지원하는 등 유기적인 협력체제를 구축하고 있다.

이 밖에도 심리학과 범죄학으로 잘 훈련된 특수작전 및 연구팀(SOAR: Special Operation and Research Staff)으로 구축된 테러리즘 연구 및 관리기관이 있다. 또한 도시테러리스트들의 폭파 및 인질

납치 상황에 대처하기 위한 군사무기의 사용과 전술훈련을 받은 요원으로 구성된 특수무기전술팀(SWAT: Special Weapons and Tactics)이 있다. 또한 델타팀(Delta Team)이라 불리는 인질석방을 위한 특수타격부대가 있다. 이 외에도 해병대의 'Marine Unit', 공군의 특수작전팀, 육군의 공격부대(Ranger)와 해군의 'SEAL'팀 등이 있다.[415]

미 국무성(Department of State)은 해외 또는 공해상에서의 테러행위에 대처하는 기관이며 법무성은 미국 내에서의 책임을 맡고 있으며 교통부는 미 영토 내에서 항공기와 관련된 테러행위에 대처하고 있다. 미국은 테러행위에 대해 반테러(anti-terrorism)와 대테러(counter-terrorism)의 두 방법으로 대처하고 있다. 평시 미 육군은 테러행위에 대한 취약성을 최소화시키기 위해 수동적 조치인 반테러리즘 정책을 통해 테러에 대처하고 있으며, 이러한 반테러정책은 군사력보호의 한 형태이다. 따라서 모든 반테러행위는 테러를 방지하고 억제시키며, 이에 대한 대응조치를 위해 취해지는 전반적인 조치인 대테러정책을 상호 보완해 준다. 특수작전부대(SOF)들과 같은 부대는 해외에서의 테러행위를 방지하고 선제공격하기 위한 전문능력을 발휘하기 위해 기관 상호 간의 노력을 지원한다. 대테러정책은 분쟁 및 전시 중에 대처하며 반테러정책은 군사작전 전반에 걸쳐 운영된다.[416]

점증하는 테러리즘의 위협에 대처하기 위해 클린턴 대통령은 98년 5월 대통령결의안 6조에 서명하였으며 이 결의안은 테러 퇴치를 담당하는 기관의 임무를 강화하며 광범위한 반테러리즘 프로그램에서 그들의 역할을 명시하고 있다. 이 결의안에 따르면 21세기

---

415) Robert Kupperman and D. M. Trent, *Terrorism: Threat, Response*(Stanford: Hoover Institution Press, 1979), p.112.

416) *FM 100-5 Operations:* 『미작전요무령』(육군대학, 1993), p.307.

의 테러위협 제거를 위해 다음의 원칙을 제시하고 있다. 1) 테러리스트들의 불용납 정책, 2) 테러지원 국가들에 대한 최대의 압력, 3) 모든 법적 장치를 동원한 테러리스트의 응징, 4) 타 국가들의 테러퇴치능력 향상을 위한 지원 등이다.

미국은 해외에서의 테러방지를 위해 이들의 발본색원을 위한 자금고리의 차단을 위해 가능한 한 모든 사법적 조치를 동원할 것을 천명하였다. 1998년 1월 미국은 테러퇴치를 위한 국제협정에 서명하였으며 이 협정은 테러퇴치 협조를 위한 사법적 공조의 틀을 확장함으로써 국제법의 공백을 메울 것이고 외교적 노력만으로 불충분할 때, 곧 국가안보가 직접적으로 위협을 받을 때는 테러리스트들과 그들을 후원하는 국가의 근거지를 공습할 것을 명확히 하고 있다.[417]

또한 미국은 테러리즘을 외교의 최우선 과제로 설정함으로써 국제적 정보와 사법적 노력을 각국과 공유할 수 있었으며 향후, 모든 국가들을 반국제테러협약에 가입시키기 위해 외교적 노력을 강화하고 있다.

미국은 군사적 우위성으로 인한 잠재적 적들이 향후에는 테러 및 민간인 살상의 방법을 사용할 가능성이 크며 또한 정밀기술들에 대한 접근이 용이해짐으로써 대량살상무기나 정보공습, 기간시설의 파괴 등 종전에 없었던 공격방법 등에 세심한 관심을 쏟고 있다. 1998년에는 대통령 결의안 62조로 대량살상무기에 대한 포괄적 대처방안이 수립되었고, 연방정부와 FBI 및 연방비상사태관리국

---

417) 미국은 자위의 방책으로 이러한 권리를 행사하였으며 예를 들면, 93년 바그다드에서 부시 전 대통령의 암살시도에 대한 대응으로 이란의 정보기지, 98년 8월 나이로비의 미 대사관 폭파로 12명의 미국인과 300여 명의 케냐, 탄자니아 인들이 사망했을 때 모든 정보를 동원하여 테러범들이 오사마 빈 라덴과 연계되어 있음을 밝혀냈다. 당해 8월 20일 미군은 아프가니스탄의 테러리스트의 기간시설물과 테러조직의 강력한 후원자이며 민간인의 살상을 종교적으로 왜곡 미화하는 빈 라덴과 연계된 화학무기의 원료를 생산하는 수단의 한 공장을 공습한 바 있다.

(FEMA)을 통해 비상시 응급대응과 복구를 위해 총력을 기울이고 있다. 국내테러리즘 대처 프로그램을 마련하여 2002년까지 120개 주요 도시들에 비상사태 대처능력을 구비토록 하고 있다. 97년에는 4개 도시의 1,500명의 위기대응 요원을 훈련시켰으며 98년도에는 이를 31개 도시로 확장시켰다. 국내테러의 대응에 있어 국방부는 정기적 훈련을 통한 비상사태 대응군을 양성하고 있다.

98년 5월의 아네폴리스(Annapolis)회의에서는 생물학적 무기로 인한 시민들의 위험방지를 위해 1) 테러리스트들이 유해한 박테리아나 바이러스를 살포할 경우 미국은 즉각적으로 병원균(pathogen)을 통한 대응과 공중보건 대응체계를 향상시킴으로써 대처하고, 2) 사태대응에 필요한 기술과 장비 및 인력을 양성하고, 3) 필요한 의약품과 백신을 구비하며, 4) 생물공학을 통한 차세대의 의약품, 백신을 개발함과 동시에 이들 기술들이 생물학 무기에 유용하지 않도록 조치를 강구하고 있다.[418]

또한 미국은 적이 비대칭적(asymmetric) 수단을 사용할 경우를 대비하여 적국의 테러공습, 대량살상무기의 수단에 호소할 가능성을 상정하고 있으며 이를 위해 상당부분의 예산을 증대시켰으며 생물학 무기인 탄저병에 대한 백신의 투약 등에 대비하고 있다.

2001년 부시 대통령은 21세기 세계전략을 근본적으로 바꾸어 놓을 수 있는 중대한 발표를 하였다.[419] 미국이 지구차원의 안보와 안전을 강화하기 위하여 MD를 구축한다는 계획이다. 그 세부 실천사항으로 21세기의 새로운 안보환경에 맞춰 각종 군사전략을 광

---

418) http: //www. Sejong. Org./National Strategy /05/01. htm(검색일, 2001. 6. 8)

419) Remarks by The President to Student and Faculty at National Defense University, The White House, Office of the Press Secretary, May 1, 2001.

범위하게 제시하고 있다. 즉 미국은 육해공군 조직을 재개편 및 전세계 미군병력을 재조정하고 한 가의 전쟁을 수행하면서 나머지 소규모의 분쟁에 대응한다는 것을 의미하는 '원-플러스(One-Plus) 전략'을 채택하고 우주 군사전략과 종합적 테러대책에 관한 구상을 천명하였다.[420] 전 세계를 총괄하는 지구지휘시스템(Global Command System)을 갖추어 잠재적 혹은 가상적 공격으로부터 미국의 영토와 국민을 효율적으로 보호하기 위한 이 같은 시스템들이 현실화될 경우 미국은 무적의 군사력을 갖춘 유일의 초강대국이 될 것이다.[421]

제4절 한국의 테러방지를 위한 문제와 대안*

1. 전쟁차원의 국제 테러리즘

인간 삶의 종국은 '사랑'과 '미움(증오)'의 문제가 아닌가 생각해

---

420) 우주군사전략이란 군사 등에 관한 미 국방부의 우주전략을 공군우주사령부로 통합하고 체계적으로 증강시키는 계획이며 종합적 테러대책이란 적대국이나 테러리스트들이 미국을 상대로 핵 및 생화학무기 공격을 감행할 가능성이 매우 높기 때문에 이에 대처하기 위한 방안이다. 미국은 냉전종식 이후 핵무기와 생화학무기 등을 사용한 국가 간 전면전의 가능성은 감소했지만 소위 '불량국가' 및 국제테러리스트들에 의한 테러위협은 점증하고 있다고 판단하고 있다.

421) 정항석, "미국의 미사일 방어체제와 한반도", 『국제정치논총』 제41집 3호(서울: 한국국제정치학회, 2001), pp.117-118.

* 본 내용은 저자의 학회 및 연구기관 발표논문 중
"테러방지를 위한 문제와 대안: 한국의 경우" (한국 국제정치학회, 연례학술회의, 2005),
"한국의 테러방지를 위한 제언: 대테러 통합조정기구 설립과 테러법안 입법," 『국제안보환경변화: 안보정책의 대응』 (한성대국제대학원, 국제안보전략문제연구소, 안보전략학술회의, 2007),
"국제 핵테러리즘의 전쟁론적 고찰" 『국제테러리즘과 한국의 안보』 (한국 국제정치학회, 국방안보 학술회의, 2008)을 재구성, 편집하였음.

본다. 세상의 회전이 멈춘 듯한 2001년 9월 11일, 미국의 뉴욕 푸른 하늘로 치솟는 불길 속의 시뻘건 검은 연기 속에서 무너져 내리는 거대한 세계무역센터 빌딩을 응시하며 충격을 받은 채 울고 있는 현장의 모습이 지금도 생생하다.

9·11 테러 발생 직전 피랍 여객기 속에서 죽음의 순간을 인지한 모든 승객들의 일성으로 통한 전화 통화는 대부분이 '당신을 사랑한다'는 것이었다. 한편 극단의 '미움과 증오'로 무장한 자살 테러리스트들은 그들의 목표를 향해 돌진하였으며 오늘도 그들은 그들의 목적을 달성하기 위해 자살 특공대들이 자랑스럽게 줄을 서서 대기하고 있는 상황이다. 대항의 전사를 양성하기 위하여 팔레스타인 어머니들은 열 명의 자녀까지 낳으면서 '증오'의 응어리를 안고 저항의 불길을 재촉하고 있다.

오늘날 지구촌의 우리는 테러의 시대에 살고 있다. 이제 테러현상은 현대생활의 한 부분이 되었다. '테러'는 신문의 헤드라인, 식사시간의 테이블, 각종 회의, 토론 등에서 의식적 무의식적으로 현대를 살아가는 일상의 생활에 깊숙이 파고들고 있다. 9·11테러는 온 지구촌에 끔찍한 충격을 준 음울한 경고였다. 수천 명의 목숨을 앗아간 이 사건은 아프가니스탄과 이라크에 대한 미국의 보복 공격으로 대규모 전쟁을 촉발시켰다. 미국이 대테러 전쟁의 종전을 선언하고도 이라크에서 실질적 전쟁이 여전히 계속되고 있는 상황이다.

냉전의 종식과 더불어 지난 반세기 동안 강대국 관계를 괴롭혀 온 국제전쟁에 의한 폭력현상은 점차 줄어들고 있는 듯하다. 그러나 국제사회는 테러리즘과 '깡패국가'(rogue state)의 위협에 대해 우려하고 있으며 핵무기의 등장 이래 일반화되다시피 한 '공포의 균형'(balance of terror) 의식은 이성적 국가들의 '분별지의 균형'(balance of prudence)을 발휘하도록 유도도고 있다. 따라서 핵무기에 대한 우려가 소강하는 반면 국제 테러리즘과 연계된 '대량살상무기'라는 새로운 걱정거리가 부상하고 있다. 테러리스트와 깡패국가가 대량살상무기를 갖게 된다면 이는 실로 심각한 위협이 될 수 있기 때문이다.

핵 전면전은 억제의 필요성과 합리적인 정책개발, 이른바 군비통제나 위기관리와 같은 국제적 통제나 자제에 의해 예방되고 있고, 재래식 전쟁들은 국가 간의 긴장완화 노력이나 재래식 전력의 상호 균형에 힘입어 그 발생빈도가 줄어들고 있는 듯하다. 그러나 국제적 통제의 영역 바깥에 있는 폭력현상이 새로운 문제점으로 등장하고 있는바, 이것이 곧 국제 테러리즘이다. 이 국제테러 행위는 대중적 공포를 야기한다는 점과 테러 발생 후 대테러조치가 경우에 따라서는 국민의 자유주의적 가치와 생활의 통제와 규제를 가져올 수 있다는 이중적 문제를 야기하고 있다.

테러와 테러리즘은 인류역사와 함께 존속해 왔으며 이 시대의 새로운 현상은 아니다. 그러나 최근에 이르러 현대의 고도로 발달된 과학과 기술은 오늘날 국제사회를 '테러리즘의 잠재적 희생자'로 몰아가고 있으며 범세계적으로 발생되고 있는 지역분쟁, 분란, 내란, 민족해방운동, 테러리즘 등의 제 폭력현상은 인류가 폭력과 테러리즘의 시대에 살고 있음을 인식하게 한다.

오늘날 테러리즘은 국제분쟁의 한 형태로 취급되고 있으며 테러리즘의 성격은 그 대상이 한 개인이나 사회가 아니라 국가적 대상까지를 포함하여 다양한 형태로 나타나고 있다는 데 문제의 심각성을 가지고 있으며, 이러한 현상은 테러리즘이 개인이나 사회의 범주를 넘어 국가 간의 분쟁과 대리전쟁의 형태로 나타나고 있다.

또한 테러의 수단과 동기는 다양하고 대부분의 테러행위가 정치적 목적을 지향하고 있다는 점에서 독특한 국제정치적 성격을 갖는다.

미 9·11테러사태와 대테러 전쟁을 중심으로 그 의미를 유추해 보면 먼저 9·11테러 사건은 국제분쟁을 분석하는 데 있어 새로운 시각을 요구하는 전쟁 '패러다임 변화'(paradigm shift)를 인식하는 계기가 되었다. 이는 국제테러에 의해 전쟁양상이 변화되는 중요한 의미를 갖는 것으로 국제 테러리즘에 대한 전쟁행위로서의 재정의(再定義), 즉 종래의 소극적 치안차원에서의 범죄론적 테러행위가 이제는 국가안보적 차원의 전쟁행위로 자리 잡게 되었다는 점이다. 국제테러의 초국가적 성향, 향후 핵 및 사이버 테러에 대한 잠재적 위협, 저강도 분쟁·대량살상무기를 수단으로 사용하는 전술·전략적 측면, 나아가 대테러 정책에 전 세계적 역량이 결집되어야 한다는 점 등이 이를 뒷받침하는 배경이 되었다.

다음은 '비대칭 전쟁'의 개념이 전면적으로 부상하였다. 9·11 테러 사태를 계기로 비대칭 위협이라는 새로운 전쟁개념의 변수가 등장하였다. 9·11 사태의 규모와 충격의 심대성, 탈냉전기 국제테러의 기본 목적의 변화, 아프가니스탄 전쟁으로의 양상전환 등을 감안할 때 비대칭성의 전쟁위협을 부각시켜 준 전형적 예라 하겠다. 비국가적 조직단체인 알 카에다를 포함해 전 세계적으로 산재해 있는 테러집단, 민간 항공기를 사용한 자살테러에서 비롯된 테러사태의 대테러전쟁으로의 확전, 대테러 전쟁을 통해 인식된 적의 존재 및 전선형성 여부의 불확실성 등은 미래의 전쟁이 비대칭적 차원에서 전개될 것임을 예고하고 있다.

또 9·11 테러 사건은 탈냉전 시기의 국가안보의 중요성과 국제정치 행위자로서의 국가에 대한 중요성을 인식시켰다. 9·11 테러

사태는 국제테러를 전쟁행위로 규정함으로써 세계 각국의 기존 안보전략에 상당한 변화를 초래토록 하였으며, 대테러 전쟁을 통하여 탈냉전시대에도 여전히 국가안보의 중요성을 재인식하도록 하는 계기가 되었다. 이러한 상황인식은 탈냉전 시기에 있어서도 국제정치의 행위자는 주권국가임을 인식, 자성시키는 계기가 되었고 여전히 국가의 안보가 최우선의 과제임을 노정시켰다.

다음으로 전략적 억지의 개념을 적용할 수 없는 테러리즘 고유의 성격에서 기인하는 테러리즘 방지의 어려움을 들 수 있다. 냉전시대 때는 일단 공격을 받으면 대량보복을 할 것이라는 위협으로 안보를 유지했던 이른바 억지(deterrence)의 논리는 보호해야 할 국민이 없는 테러리스트들에겐 무의미한 것이다. 소규모 집단도 강대국을 공격할 수 있음을 9 · 11테러사태를 통하여 경험하였다. 탈냉전시대의 새로운 전쟁양상으로 부상하고 있는 예측 불가능한 국제테러현상의 해결을 위해 향후의 대테러 정책은 군사적 수단을 포함한 정치외교, 정보, 경제 등 보다 포괄적이고 종합적인 전략으로 발전되어야 할 것이다.

전쟁의 모습은 변하고 있다. 이제 국제테러는 테러리즘 고유의 정치적 목적 범주를 벗어나 전쟁적 차원으로 변모해 가고 있으며 향후 국제테러는 핵 및 생화학무기, 사이버 테러를 수단으로 대량살상무기를 활용하는 양태를 보일 것으로 예상된다. 새로운 세기의 전쟁은 정치집단의 교활한 계산에 의한 테러리즘 전쟁이 더욱 기승을 부릴 것이다.

2. 미국의 9·11테러가 한국에 주는 함의

국제 테러리즘이 점차 증대되고 격렬해지는 추세에 따라 테러리즘에 관한 관심도 크게 증가하게 되었다. 따라서 학계에서는 이에 대한 연구 산물들이 1970년대 들어 축적되기 시작하였다. 미국에서 발생한 9·11 동시다발 테러참사를 계기로 정치적 혹은 군사적 차원에서의 테러리즘 연구가 활발해지고 있으나 지금까지 국내에서의 테러리즘에 대한 연구는 극히 미미한 상태에 머물러 있다. 최근 들어 국제 테러리즘과 관련한 많은 자료들이 축적되고는 있으나 아직은 연구들이 왕성하지 못한 실정이다.

기존의 테러리즘 연구의 대부분은 심리·범죄적 차원에서 테러리스트 각 개인들의 성격에 초점을 둔 것으로 경찰·치안 차원의 대테러 정책을 위한 행정적 또는 법적 측면에서 문제를 해결하고자 하는 노력들이 대부분이었다. 따라서 이러한 차원의 연구들은 국제테러의 근원적 원인 규명과 국제 사회에서의 보다 심도 있는 전쟁차원의 본질적 연구보다는 테러발생 후의 사후대책의 정책수준 연구에 머물고 있다.

이와 같이 기존 연구들은 탈냉전 이후 전 세계적으로 발생되고 있는 지역분쟁의 큰 부분을 점하고 있는 전쟁차원의 국제 테러리즘보다는 테러리즘의 법적 규제, 항공기 테러의 방지와 대책, 해상 테러의 법적 규제, 대테러 대책수립 등의 정책적·행정적 차원의 문제점에 중점을 두고 연구되어 왔다. 이들 대부분의 연구들은 테러사건의 예방과 범죄차원에서의 사건처리 및 원인분석, 테러주체인 테러리스트 개인의 심리학적 차원에 관한 분석과 대테러 정책을 발전시키기 위한 전술 개발 등 연구가 대부분이었으며 국제정치학 분야로서 전쟁차원의 국제 테러리즘에 관한 연구는 일천하여 그 수가 그리 많지 않았다. 이는 국가를 대상으로 한 전쟁차원의 국제 테러리즘 연구의 어려움을 노정하는 것이기도 하다.

미 9·11 테러사태에서 보듯이 최근의 국제테러는 첨단 문명사회의 구조적 취약성과 대량살상무기를 활용하고 있는바, 탈냉전기 안보이슈로서 국제 테러리즘에 대한 논의 및 이에 대한 대응은 새로운 시각과 보다 광범위하고 국가적 차원의 전쟁론적 관점에서 접근되어야 할 것이다. 즉 종래의 '범죄' 또는 '심리적 박탈감'의 시각에서 벗어나 '전쟁 행위'의 시각에서 접근하는 패러다임의 시도가 요구된다. 또한 'non-state actcr'에 의한 테러행위가 비대칭 군사적 수단으로 대두되고 있는 현금에 있어 국제정치적 수준의 테러리즘 연구는 더욱 의미 있는 시대적 요구일지도 모를 일이다.

강자의 논리에 대한 비판은 흔히 약자의 탈법에 대한 옹호로 치부되곤 한다. 그러나 약자가 저지르는 탈법도 단죄되어야 하지만, 그 이상으로 강자의 억압도 철저하게 파헤쳐야 한다. 미국의 심장부 뉴욕에서 벌어진 미증유의 사태 앞에서 사람들은 경악과 정신적 공항과 분노를 느꼈으며 휘몰아치는 보복의 전쟁에 이성은 숨을 죽였다. 이성을 되찾으려는 약간의 목소리가 없었던 것은 아니지만 그 소리들은 지독할 정도로 획일화된 여론 앞에서 함몰되는 듯하였다.

9·11테러 이후 이슬람 원리주의(Islamic Fundamentalism)는 폭력과 테러의 이념적 온상이 되어 버렸다. 서구 이슬람세계가 자의적이고 일방적으로 적용하는 이슬람 원리주의라는 용어에는 매우 위험한 서구의 음모가 도사리고 있다. 1920년대 미국의 과격한 복음주의자들에 의한 극단적 세속화 관대운동에 의하여 처음 붙인 이 이름은 1940년대 서구적 정치질서와 세속주의에 반대하는 일체의

이슬람운동에 서방세계가 갖다 붙인 용어이다. 이러한 맥락에서 반서구 노선을 표방하거나 세속정부에 저항하는 모든 이슬람운동은 악의적이고 반문명적이고 비인도적이며 위험하다는 논리의 비약으로 발전되고 있다. 이슬람은 위험하고 모슬렘들은 테러리스트들처럼 호전적이라는 이미지 조작은 문화적 정치적 본질에 접근하는 자세는 아닐 것이다.

테러리즘 연구는 균형적 시각과 가정 위에서만이 국제 테러현상을 아전인수의 편협된 시각에서 벗어나 명쾌한 가치중립적 논의를 이끌어 낼 수 있을 것이다. 나아가 테러리즘 시각을 단순한 범죄로 취급하는 안일함에도 경종을 울릴 수 있으며 소수과격세력의 테러행위를 놓고 이슬람 전체를 테러리즘의 본산으로 매도하고 단정 짓는 서구적·강대국적 그릇된 시각을 바로잡을 수 있을 것이다. 같은 맥락에서 반서방, 반미, 반유대, 반이슬람 등의 표현으로 대변되는 이분법적 각종 편견들도 극복할 수 있을 것이다.

주한미군은 한국을 테러집단의 공격을 받을 수 있는 '주요 목표(prime target)'로 보고 대책을 마련 중이라고 성조지를 통하여 보도한 바 있다. 이 보도는 테러집단은 지금까지 공격을 감행하지 않은 지역이나 국가들을 다음 목표로 선택할 것이라며 그러한 차원에서 한국은 주요한 목표라고 성조지는 전했다.

주한미군 대테러 담당자는 "한국은 안전하고 산업이 번창한 곳이지만 이슬람계의 활동이 점차 늘고 있고 일부에선 주한미군의 주둔을 반대하고 있다."면서 이러한 요소들 때문에 한국은 앞으로 테러공격을 받을 수 있는 '완벽한 장소(perfect place)'가 될 수 있다고 밝혔다. 또 현재까지 주한 미군 기지들을 겨냥한 뚜렷한 위협은 없지만 최근 미 본토의 육군기지에서 미군 병사를 살해하려던 사건이 적발된 후 감시활동을 강화하고 있다.

　최근 뉴저지 주에선 포트딕스 육군 기지를 공격해 대량살상을 하려고 준비하던 이슬람교도 6명이 긔 수사 당국에 체포되었다. 그는 또 "테러집단은 광범위한 지역에서 활동 중이고 그들의 최우선 공격대상은 해외 주둔 미군"이라며 "테러 공격은 감시가 삼엄한 미군 기지가 아니라 미군들이 즐겨 찾는 영외 유명 음식점이나 주점을 대상으로 발생할 것"이라고 예상했다.

　주한 미군은 부대방호와 대테러 임무를 수행하는 과정에서 '06년도에 81건, '07년 5월까지 27건의 '의심스러운 사건들'에 대해 조사를 했다고 전하고 있다.

　9·11테러 사건 이후 테러리즘은 국제사회의 가장 심각한 안보 위협으로 등장하였으며 테러행위가 점차 확산되어 가고 있는 상황에서 적대적 대상에게 재앙적 공격을 가하기 위해 화생방, 핵, 초고성능 폭발물(CBRNE) 등 대량살상무기의 확보와 사용의 의지를 천명하고 있다. 이러한 국제 테러리즘의 위협에 한국은 더 이상 예외지역이 아니다. 2004년의 이슬람 구장단체에 의한 김선일 피살사건, 2007년의 아프가니스탄 테러사건 등이 이를 잘 말해 주고 있다.

3. 대테러 정책의 접근방법과 일반적 문제점

1) 대테러 정책의 접근방법

　2001년 9월 11일 미국 세계무역센터와 펜타곤에 대한 사상 초유의 항공기 자살테러사건 이후 테러는 국제사회에 뉴테러리즘의 등장을 알리는 날이었으며 테러가 21세기 국가안보를 위협하는 최대의 요인이 될 것임을 경고하는 날이었다.

테러에 관한 한 한국은 특수한 상황이다. 전술적, 작전적, 전략적으로 세계 최고수준의 다양한 테러능력을 갖추고 있는 북한과 상시 대치하고 있는 상황이기 때문이다. 북한은 이미 수없이 많은 테러를 자행해 왔으며 이들은 최고위층의 집중적 관심하에 거의 10만이 훨씬 넘는 그 나름의 특수임무를 수행할 수 있도록 고도화된 테러집단을 보유하고 있다.

그럼에도 불구하고 테러에 대한 우리의 현실은 취약성이 너무도 크고 광범위하다. 먼저 국민의식부터가 그렇다. 그동안 수없이 당해 왔으면서도 여전히 테러위협에 대한 관심조차도 없다. 밀집된 인구, 집중된 교통과 통신시설, 수많은 정수장이나 다양한 가스 저장시설 등 생각만 해도 끔찍한 결과를 초래할 수 있는 취약시설들이 곳곳에 산재해 있으며 테러에 대한 대비체제도 잘 정비되어 있다고 보기는 어렵다.

어느 국가를 막론하고 기존 정부와 사회는 테러문제를 다룸에 있어 항상 불리한 상황에 있다. 왜냐하면 테러리스트들이 항상 공격적이고 능동적인 입장에 서서 사건을 자행하고 있기 때문이다. 따라서 테러리즘에 대한 대책과 조치를 강구하기 위해서는 광범위한 일반대책의 수립과 특수임무 수행체제를 구축해야 할 것이다.

대테러 정책과 관련하여 보수주의자들과 자유주의자들이 상호 상이한 시각을 가지고 논쟁해 왔다. 전자는 일반적으로 억압적 대응을 선호하여 온 반면에, 후자는 폭력의 근원적 원인을 치유하기 위하여 사회구조를 개선해야 한다는 정책의 중요성을 강조하여 왔다.

보수주의적 접근책으로는 먼저 테러행위자들을 사전 제거하는 방법으로 테러조직의 근원지나 집결지를 추적해 섬멸 또는 무력화시킴

으로써 테러를 미연에 방지한다는 내용이다. 이와는 달리 자유주의
자들은 테러행위가 기본적으로 정부가 어떠한 개선조치를 취해야 할
열악한 사회적 조건으로부터 기인된다고 보는 시각을 가지고 있다.

〈도표-20〉 대테러 접근법 및 대응책

접근법	정책 성격	정책 목표	대테러 정책방법	
보수주의 접근방법	행위자 제거	테러집단 분쇄 테러국가 전복	테러집단 및 지원국 공격 테러지도자 및 테러리스트 제거 테러국가 적대세력 지원	
	테러행위 억압통제 (억제)	가치성: 가치축소	처벌 / 보복의 강도 강화 확증 처벌 / 보복 테러행위에 대한 국제적 비난	
		수단성: 가능성축소	테러의 성공 가능성 축소 테러대상 보호(경비/검문강화) 대량살상무기 획득 제한	
		기대성: 효과축소	테러효과의 축소 신속한 구난체계 확보 사회질서 유지 대항의지 강화	
자유주의 접근방법	환경변화	잠재 가해자 측면	사회구조 재건 신뢰회복	적극 / 호혜적 외교 정책 갈등해소, 홍보
		잠재 피해자 측면	저항력 증대	정책결정과정상의 민주성 확보 사회정의 실현 정통성 확보

보수주의적 대테러 정책의 두 번째 방법은 테러행위에 대한 억
압적 접근으로 가능한 수단을 동원하여 테러범으로 하여금 테러행
위를 자제케 하는 방법이다. 이는 테러리스트가 자신의 행위가 합
리적 손익관계에서 이익보다 위험이 크다는 사실을 인식하였을 때
자신의 테러행위를 자제할 것이라는 가정하에 억제효과를 노린 것
이다. 브룸(Vroom)의 테러행동의 억압적 통제 분류처럼 여기에서는

가치성, 수단성, 기대의 측면에서 가능성을 축소시켜 테러의 동기유발을 억제하고자 하는 정책이다.

4. 테러목표의 특징과 우선순위

"단 한 번의 행동이 수천 장의 팸플릿보다 더 유효한 선전"이라는 이론을 남긴 19세기 무정부주의자들의 영향을 받은 테러리스트들은 투쟁수단으로서의 국제 테러리즘의 가장 중요한 전략적 목표는 국제테러를 통한 국내외의 여론 환기는 물론 테러위협을 통한 대테러 인력과 자원을 낭비시킴으로써 국민의 대정부 불신유발과 더불어 나아가 당국으로부터의 정치적 양보를 부산물로 추구한다. 테러 행위자들은 그들의 행동과 관련하여 절대로 테러란 용어를 사용하지 않으며 정치적 목적에서 볼 때 게릴라전과 테러리즘은 상호 유사성을 가지나 테러리즘은 적의 군부나 재산보다는 비무장 민간인을 공격함으로써 군사적 승리보다는 상징적 효과를 목적으로 한다.

현대의 테러리스트들은 체 게바라(Che Guevura)처럼 그 전술적 목표로서 가치를 평가하는 것이 아니라 확대된 테러행위의 결과로서 정치적 유연성과 사기에 얼마만큼 치명적이고 부정적인 효과를 줄 수 있을 것인가를 평가한다. 훈련된 테러리스트들은 그들이 목표를 선정할 때 목표의 내재적 가치보다는 자신들이 목표를 장악했을 때 이것이 대중에게 미치는 정치적, 심리적 영향, 상징적 효과 등을 우선순위로 한다.

테러리스트들은 목표 지향적이며 합리적인 행위를 추구한다. 공포의 상황을 조성하기 위하여 의식적이고 계획적인 폭력을 의도하는 것이 테러리즘의 핵심이다. 상징적 가치를 고려한 목표의 선택은 이러한 전술의 합리성을 확인시켜 준다. 정치적 테러리즘은 정치목적을 달성하기 위하여 통상 목표 집단의 행위에 영향력을 행사하는 정부 관리에 폭력의 사용 또는 위협을 행사한다. 여기에서 의사소통의 수단으로 폭력의 위협과 정치적 메시지가 의사소통의 통로가 된다. 이는 테러리즘 피해사망자의 죽음을 통해서 목표 집단들에게 정치적 메시지를 전달하기 위하여 의도된 것이다.

따라서 테러리즘은 수단적 가치보다는 상징적 가치를 취하기 때문에 테러리즘이 정치집단의 전술로 이용되는 것이다. 테러리스트에 의해 희생된 사람들은 테러의 대상이 되긴 했으나 그 희생자가 실제 테러의 주요(prime) 목적은 아니다. 테러리스트들은 테러행위에 의하여 공포심을 느낄 그룹을 지향하고 있으며 많은 전문가들은 게릴라전이 보다 실리적인 목적을 갖는 반면, 테러리즘은 보다 '상징적'(symbolic)인 목표를 강조하고 또한 공격할 것이라고 주장한다. 예를 들면, 워싱턴 대통령의 동상이나 독립기념관, 국회의사당, 백악관 등을 그들의 잠재적 목표로 선정할 수 있으며 선진기술의 컴퓨터센터, 통신시설, 핵발전소 등에 대하여 예상치 않은 시간과 장소에서 파괴활동을 할 것이라고 예측한다. 이들 시설 및 자산은 미국의 정책을 상징하는 의미를 지니고 있기 때문에 전 세계적인 이목이 집중되어 테러리스트 표적에 적격이며 또한 이들의 성공은 테러리스트들로 하여금 자부심을 갖게 한다.

테러리즘은 비정상적인 방법에 의하여 정치적 행위에 영향을 미치도록 상징 조작된 행위로서 그 충격이 실제적 행위보다 더욱 중요한 의미를 갖기 때문에 테러행위의 실제적 목표는 희생자보다 선전되어야 할 집단이나 국가인 것이다. 이러한 이유로 수천의 사람들을 공포의 분위기로 몰아갈 수 있으며 시간과 물질의 절약은 물론 대중에게 널리 '알려짐'(publicity)을 통하여 현 정권의 무능함과 정치권력에 도전하고 있는 조직을 알리려 한다. 적어도 권력은 국민으로부터 나온다는 철학을 아는 테러리스트들은 자신들의 목표를 시민의 희생을 피하면서 정부의 상징적 구조물이나 대표기구로 지향하는 것이다.

트론톤(Thornton)은 테러리즘의 높은 효과는 상징성에서 유래되며 만약 테러리스트가 그들이 추구하는 바가 입증이 된다면 향후, 그들은 가장 상징적 가치가 높은 목표를 공격할 것이라고 주장한다. 또한 그는 상징가치에 대한 직접적 간접적 상징을 대별하면서 테러행위로 뉴욕거리의 자유의 여신상, 파리의 에펠탑이 파괴된다면 많은 미국인과 프랑스인에게 큰 충격이 될 것임을 지적하고 있다. 이러한 측면에서 미국의 9·11테러는 미국 본토의 심장부이자 경제와 안보의 상징인 뉴욕 세계무역센터와 워싱턴의 펜타곤을 공격 대상으로 선정한 사실부터가 미국의 의표를 찌르는 사건이었다. 더욱이 CNN 등 대중언론매체의 현장 생중계는 테러조직이 기대했던 공포심의 유발과 잔인함을 목격함으로써 심리적 효과를 극대화시켰다.

세계무역센터의 참사는 전 세계 여론에 호소했고 정부 책임자들뿐만 아니라 일반시민들의 심금을 울렸다. 뉴욕은 자유의 여신상이 있는 이민자들의 도시, 국제비지니스의 도시, 전 세계 엘리트들의 도시, 영화나 TV에서 흔히 볼 수 있는 매우 친근한 도시였기에 이러한 감정은 특히 강했다. 또한 뉴욕은 단순한 미국의 도시가 아니라 미국이라는 한 국가를 넘어서 세계적인 상징성을 갖는 그러한 도시였기에 그 영향력은 더욱 더하였다.

테러공격을 당하는 대상 목표의 특징은 1) 노출성, 2) 중요성, 3)

상징성, 4) 정당성, 5) 파괴 가능성, 5) 탈취 가능성, 6) 접근성, 7) 용이성 차원에서 분석할 수 있다. 먼저 노출성(exposed)은 상대적으로 눈에 띄는 목표물이 숨겨져 있는 목표물보다 공격당할 가능성이 높다. 9 · 11 테러진상보고위원회의 보고서에 의하면 빈 라덴은 먼저 백악관을 공격할 것을 지시했지만 백악관은 크기가 너무 작아 비행운전이 숙달되지 못한 테러리스트 조종사들이 정확히 조준하여 명중하기에는 어렵다는 아타(Atta)의 의견을 받아들여 뉴욕의 스카이라인을 형성하고 다른 방해물이 없는 세계무역센터(WTC)를 공격하였던 것이다.

둘째, 중요성(vital)은 사회를 유지하는 기능상의 필수불가결한 역할의 중요성 정도를 말한다. 사회기반시설이 되는 교통, 수도, 통신, 에너지 시설 등이 대표적이다. 이들은 테러리스트들에게 매력적 목표물이며 미국의 세계무역센터는 세계에서 대량의 상품이 거래되는 가장 핵심적인 상업의 중심지였다. 9 · 11테러는 미국과 세계 경제까지 마비시킨 엄청난 사건이었으며 항공여행을 두절시킴은 물론 보안문제에 대한 새로운 문제를 예고한 사건이었다.

셋째, 상징성(iconic)은 테러리스트의 입장에서 정치적 명분상의 가장 치명적 해를 가할 수 있는 특징일 것이다. 9 · 11 테러진상위의 조사는 자유의 여신상이 미국을 대표하는 가장 큰 아이콘이었으며 결과적으로 무역센터가 그 표적이 되었지만 최초 테러리스트들이 자유의 여신상을 그들의 타깃으로 고려했음을 밝히고 있다. 또한 펜타곤 역시 미국의 군사력을 상징하는 투영물이었으며 오클라호마 연방빌딩을 폭파한 티모시 멕베이(Timothy McVeigh)도 타도의 대상인 연방정부의 빌딩을 목표로 설정하였던 것이다.

넷째, 정당성(legitimate)은 테러리스트들은 일반적으로 무고한 학생들이 있는 학교와 건물들은 공격 대상으로 선호하지 않는다. 왜냐하면 정치적 명분을 가지고 목표를 고려하는 그들에게 피해발생 후 후회와 책임감을 느낄 수 있기 때문이다. 반면에 차후 협상에서 유리한 고지를 점할 수 있는 적대세력의 공무원과 인적, 물적 자원이 있는 대상을 찾을 것이며 테러행위 이후에도 그들의 명분을 정당화시킬 수 있는 목표를 공격할 것이다.

다섯째, 파괴 가능성(destructible)은 테러리스트의 입장에서는 반드시 파괴 가능한 목표를 선정할 것이며 목표대상물의 명중 확신이 없으면 차선의 목표를 고려할 것이다.

여섯째, 점유성(occupied)은 건물의 파괴만이 테러리스트들의 노리는 목표의 전부가 될 수는 없다. 상황에 따라 가능한 많은 사상자 발생, 정보획득과 인질의 협상이 더욱 중요할 때가 있다. 많은 사람들이 왕래하거나 대중들이 운집하는 공항, 터미널, 역 등은 그들에게 매력적인 목표라 할 수 있다.

일곱째, 접근성(near)은 테러리스트들이 목표물을 선정할 때 가급적 그들로부터 가까운 지역을 선호할 것이며 그렇지 못할 경우 공간적, 시간적으로 접근이 용이한 곳에 위치할 것이다. 티모시 맥베이는 자기와 수백 마일 떨어진 워싱턴 정부청사가 아닌 자신이 살고 있는 오클라호마 연방정부빌딩을 택한 것도 이와 같은 맥락이다. 그러나 9·11테러처럼 아주 먼 곳에 있는 목표물을 선정할 경우 특별한 방법과 훈련의 방법이 요구될 것이다.

여덟째, 용이성(easy)은 보안을 염두에 두지 않고 건설된 건물들은 테러리스트들에겐 접근하기에 용이하다. 때로 강화된 보안시스템의 건물이 테러범에게 더 매력적인 목표가 되기도 하며 성공했을 경우 그들은 그들의 무한한 힘을 과시할 것이며 공포를 더욱 재확산시킬 것이다.

상기 내용을 토대로 국내에서 발생할 테러 목표대상물의 우선순위 선호도를 평가해 보면 다음과 같다. 본 내용은 테러리스트들의 목표선정 특징을 위에 설명한(EVILCONE) 변수를 기준하여 수도권의 특정시설에 대한 테러공격 선호도를 계량화한 것이다.

〈도표-21〉 수도권 지역 테러목표 선호도 순위

목표 특징	국회	청와대	국방부	63빌딩	서울역	명동 성당	중앙 우체국	서울 대학교	에버 랜드
노출성	5	4	4	5	3	4	0	2	1
중요성	3	3	2	0	4	0	1	1	0
상징성	5	5	5	2	0	1	0	0	0
정당성	5	5	5	5	3	1	2	1	0
파괴성	3	4	2	4	4	4	4	1	1
점유성	4	4	3	2	4	1	2	3	3
접근성	1	1	1	1	1	1	1	1	1
용이성	4	2	3	4	5	5	4	4	4
계	30	28	25	23	24	17	14	13	10

1: 낮음-5: 높음

『제2회 대테러 세미나』(경찰청: 2007), pp.38-39.

평가의 기준에 대한 내용을 좀 더 구체적으로 설명하면 1) 노출도는 목표에 대한 테러리스트의 매력도와 공중에서의 식별 능력, 2) 청와대는 한국의 중요 기능을 담당하나 건물이 파괴되더라도 대통령과 의회는 안정된 장소로 이등하여 옮겨 기능을 발휘할 수 있음을 고려하였고, 국방부는 기능이 여러 곳으로 분산되어 있음을 감안하여 점수를 하향 평가하였으며 반면에 국회와 63빌딩은 노출성 차원에서 최고의 점수를 부여, 3) 에버랜드는 많은 방문객과 어린이들이 피해자가 될 것이므로 테러행위의 정당성과 관련하여 가장 낮은 점수를 부여, 4) 대학의 경우 건물이 산재해 있음으로 밀집된 건물보다 파괴 가능성을 낮게 평가, 6) 대중이 운집하는 서울역은 높은 점수를 부과하였으며 청와대는 상대적으로 인원이 적으나 국가의 원수가 거주하는 곳으로 상대적으로 높은 점수를 부과, 7) 테러 발생의 용이성은 차량과 비행기를 이용한 테러를 모두 고려하였으며 청와대, 국방부, 국회의 순으로 보안 정도를 평가하였다.

이상의 평가를 종합해 보면 국내 수도권 지역에서 테러리스트들이 가장 선호할 수 있는 목표물은 국회, 청와대, 국방부, 서울역 순이라고 할 수 있다. 물론 이러한 평가가 모든 테러집단의 선호도를 절대적으로 나타낸다고 장담할 수는 없다. 그러나 테러집단의 속성과 특징에 따라 보편성 있는 가중치를 두어 분석적이고 체계적인 접근을 통하여 테러예방의 과학화가 가능할 것이다.

최근 다양한 테러 형태로 인하여 어느 한 곳도 보안을 소홀히 할 수 없다. 한 나라의 수도가 아닌 지역에 국가의 중요한 역할을 하는 군사시설 댐, 핵발전소, 교량, 통신시설 등도 테러 공격의 대상물이 될 가능성을 결코 배제할 수 없다. 따라서 정부는 이러한 사회기반시설과 장소에 대테러 차원의 예방적 준비가 요구된다.

5. 한국의 대테러정책의 현황과 문제점

1) 미 9·11테러 이전

(1) 테러대책기구의 조직 및 임무
한국의 대테러 정책은 최근까지 북한의 군사적 도발에 중점을 두고 대처해 오다가 1981년 올림픽 개최가 서울로 확정되면서 테러 대비태세의 중요성이 증대되었다. 이러한 원인은 1972년 9월 뮌헨 올림픽에서 '검은 9월단'의 테러조직에 의한 테러발생사건과 북한이 올림픽 유치를 방해하기 위한 공작이 진행되고 있다는 징후가 포착되면서였다. 정부는 1982년 대통령 훈령 제47호를 통해 대테러리즘 활동지침을 마련하였다. 이 훈령에 따라 대테러리즘 정책의 심의·결정 및 정책시행의 지휘감독을 위하여 대통령 직속하에 대테러리즘 대책위원회가 설치되고 대책위원회가 심의·결정한 정책의 시행과 관계부처 간 대테러리즘 기능의 유기적인 협조를 위하여 대테러리즘 실무위원회를 두었다.

대책위원회는 국무총리가 위원장이 되며 외무, 행자, 법무, 국방 및 교통부장관, 국가안전기획부장, 관세청장 그리고 기타 위원장이 임명하는 정무직 공무원으로 구성되었다. 그 임무는 1) 국제 테러리즘 사건에 대한 대통령의 외교·군사적 정책결정 보좌, 2) 대테러리즘 정책을 심의·결정하며 정부 각 부처 간 및 관계기관의 대테러리즘 업무를 조정, 3) 심의·결정된 테러리즘 정책의 시행을 감독, 4) 사건발생 시 대응조치를 지휘 통제하는 것이다.

대테러 실무위원회는 대책위원회의 하부조직으로 위원장은 행자부 장관이 되며 관계부처의 국장급 실무자가 위원이 된다. 임무는 1) 대책위원회에서 결정된 정책의 시행, 2) 정보의 교류 및 관할 문제의 해결 등에 관한 관계부처 간 대테러리즘 업무수행 기능을 조정·협조, 3) 대테러리즘 정책운용에 관한 사항을 대책위원회에 건의하는 것 등이다.

대책위원회와 실무위원회에 의해 주도되는 대테러리즘 정책의 실질적 수행을 위해서 각 부처 내에 대테러리즘 전담기구를 운영하였다. 외무부에는 외무부 훈령 제142호에 따라 국외에서 발생하는 테러리즘 처리를 위하여 차관을 본부장으로 하는 비상대책 본부와 제2차관보를 위원장으로 하는 대테러 대책위원회를 설치하였으며, 내무부는 내무부 훈령 제710호에 따라 국내에서 발생하는 테러에 효과적으로 대처하기 위하여 경찰청장을 위원장으로 하는 대테러 협의회를 설치하였다.

교통부는 교통부 훈령 제725호에 따라 항공 및 해상 테러에 대비한 비상대책본부를 설치하였다. 또한 항공 및 항만에서의 테러리즘 예방과 저지를 위해 안기부의 공항 및 항만 보안과장이 의장이 되는 공항·항만 안보대책 실무협의회를 두고 협상팀, 특공대 및 지원팀으로 구성되는 현장지휘소를 두도록 하였다.

대테러 작전을 위해서 행자부 산하에 경찰특공대가 편성되어 있고 국방부 산하에 대테러 특공대가 편성되어 운영하도록 되어 있다.

(2) 한국 대테러기구 및 조직운영상의 문제점

테러에 대응하기 위한 최상의 기구인 대테러 대책위원회는 연 1회 정기회의를 개최하고 필요시 수시로 회의를 개최하도록 되어 있으나 9·11테러 사건 이전 몇 년 동안 대책회의의 역할은 아주 미미한 정도였으며 관련 부처의 테러대비 활동은 거의 전무하여 관련 회의나 위원회는 유명무실한 상태였다.

또한 대테러 업무의 운영 측면을 보면 각 부처마다 대테러 관련 업무가 분산되어 있다. 국외사건의 경우 외교통상부가, 국내사건의 경우 행정자치부가 계획과 대책을 수립하도록 규정되어 있다.

그러나 테러사건의 발생이 지리적으로 명확하게 국내, 국외로 구분되는 경우도 있지만 항공기 납치와 같은 경우는 예외이다. 이러한 경우 어디까지가 외교통상부의 책임이고 어디까지가 행정자치부의 책임인가에 대한 명확한 구분이 없다. 아울러 촉각을 다투는 업무의 경우 업무 이관상의 효율성에 대한 문제를 야기할 수 있을 것이다.

테러가 발생하면 일사불란한 신속대응이 필요하겠지만 통일된 종합 대응기구가 마련되지 않아 실 상황 발생 시 얼마만큼 효과적으로 대처할 수가 있을지 의문이다. 또한 우리는 북한의 테러리즘에 중점을 두고 대비하여 왔으나 9·11테러와 같은 대형화, 다양화, 동시다발적인 대량살상 테러 등의 뉴테러리즘에 대한 대처는 대단히 미흡하다. 보다 효과적인 대테러 정책을 위해 고려해야 할 사항으로는 다음과 같다.

첫째, 테러대응 조직체계의 정립이 절실히 요구된다. 특히 테러와 관련하여 위기관리 시스템과 테러 후 발생되는 위기를 효과적으로 관리하기 위한 시스템의 부재이다. 각 부처별로 부여된 임무마저도 평시관리 부처가 불분명하였다. 왜냐하면 지금까지의 조직편성이 '위원회' 형식으로 조직되었기 때문에 사태발생 시에만 편성, 운용되고 있는 실정이다.

한국의 경우 KAL 858사건 이후 테러리즘 관련 대형 사건이 없었고 냉전의 종식과 함께 국제테러에 대한 위협을 낮게 평가한 데서 이러한 현상이 나타난 것으로 생각된다. 미국의 9·11테러 진상위원회가 밝힌 테러의 주원인이 총체적 상상력의 부재(lack of imagination)로 규명한 점을 고려한다면 평상시의 방심이 바로 대참사로 연결된다는 점을 교훈으로 덩심해야 할 것이다.

둘째, 테러대응관련법적·제도적 기반이 구축되지 못하였다. 현재 대테러 관련 법령은 대통령 훈령인 '국가대테러 활동지침'이 있으나, 동 훈령으로는 행정기관 외부에 대한 구속력을 발휘할 수 없을 뿐 아니라 테러행위의 예방 및 저지 등의 임무수행이 곤란하다.

일부 시민단체 등에서는 한국의 경우 형법 등 기존의 법률 개정만으로도 테러리즘에 대처할 수 있다고 주장하나 관계 법률을 개정한다 하더라도 대테러 전담조직 설치와 생화학 무기 등을 이용한 신종 테러리즘에 대한 대응체제를 구축할 수 없는 상황이다.

셋째, 뉴테러리즘에 대한 대비태세의 부족이다. 생물·사이버·방사능·대규모 동시다발 테러 등 테러대상이 광범위해지고 수단도 다양해지는 작금의 상황에서 적절한 대비태세를 갖추지 못하고 있는 실정이다. 향후 각종 다양한 테러발생유형을 분석하고 유형별 대응전략과 프로그램의 개발이 시급하다. 이와 더불어 국내외 정보수집체계도 미흡하고 대테러 관련 인력·장비·시설 등이 부족하여 사전탐지 및 발생 시 해결능력이 부족한 실정이다.

2) 미 9·11테러 이후

(1) 국가대테러활동지침의 전면개정

미국의 9·11테러 사건은 전 세계를 변하게 하였다. 새로운 테러리즘 양상에 세계 각국들은 서둘러 자국의 안보를 위해 법과 제도를 고치기 시작하였다. 우리나라 역시 기존의 테러대응 조직으로 새로운 테러리즘에 대응하기는 미흡하다고 판단하여 테러활동지침의 개정과 테러방지법의 입법화를 시도하기에 이르렀다.

정부는 1982년의 '국가대테러활동지침'을 2회의 일부 개정을 거쳐 금년 3월 15일부로 본 대통령훈령을 전면 개정하였다. 테러리즘에 대응하기 위해 대통령 소속하에 테러대책회의를 두고 국무총리는 테러대책회의의 의장이 되어 국가 대테러 정책 임무를 맡도록 하였다. 테러대책회의는 관계기관과 대테러업무의 유기적 협조 및 테러사건에 대한 대응책의 결정 등을 위하여 테러대책회의 밑에 테러대책상임위원회를 설치하고 상임위원장은 대통령이 지명하도록 하였다. 여기 상임위원회에서는 1) 테러사건의 사전예방, 대응대책 및 사후처리 방안의 결정, 2) 국가 대테러업무의 수행실태 평가 및 관계기관의 협의조정, 3) 대테러 관련 법령 및 지침의 제정 및 개정 관련 협의 임무를 부여하였다.

전면 개정된 훈령에 의하면 국가정보원에 테러정보통합센터를 두고 있으며 국가정보원장은 관계기관의 장에게 소속공무원의 파견을 요청할 수 있도록 하였다. 또한 관계기관 간 테러예방활동의 유기적 협조를 위해 지역 테러대책협의회를 두었다. 이 외에도 공항 또는 항만 내에서의 테러예방 및 저지활동을 원활히 수행하기 위해 공항, 항만별로 테러 및 보안대책협의회를 구성하도록 하였다.

또한 필요한 사항을 논의하기 위해 상임위원회를 두고 있다. 대책회의 예하의 대테러 센터는 탐지, 조기경보, 정보수집, 사건수사 등 대테러 활동에 관한 기획·조정업무를 총괄하게 하였다. 그리고 지역 및 공항·항만에 대한 효과적인 활동을 위해 지역 대테러 대책협의회를 두고 있다.

대응조직으로는 분야별 테러사건대책본부를 설치 및 구성하여 테러발생 시 현장지휘본부 설치임무를 수행하도록 하였다.

〈도표-22〉 대테러 기구도

대테러 기구

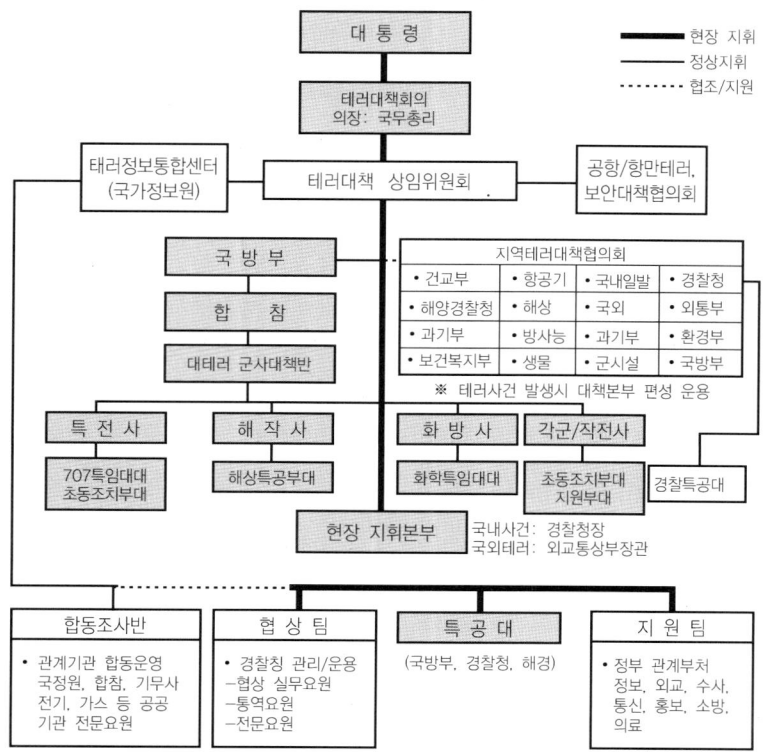

각 분야별 대책본부는 협상팀, 지원팀, 합동조사반을 운영하여 정보수집의 활동 강화, 테러발생 시 구난·구조 체계 확립, 평시준비 및 교육훈련계획 수립, 대국민 홍보강화 등 구체적인 대책을 마련하도록 하였다.

6. 한국 대테러정책의 평가

1) 테러방지법 입법을 위한 정부의 노력

각 국가가 대테러법을 제정하여 테러에 적극적으로 대처해 나가고 있음에도 불구하고 한국은 아직도 대테러 법안을 제정하지 못하고 있다. 한국은 대테러 관련 12개 국제규약에 모두 가입한 상태이나 이를 구현하고 집행할 대테러법이 존재하지 않고 있다. 현재는 1982년에 근거한 '국가대테러활동지침'에 의거하여 대테러 활동을 하고 있으나 이는 테러를 사전에 예방한다는 차원보다는 테러가 발생했을 때 피해를 최소화하는 것에 목적을 둔 소극적 차원의 지침이라고 볼 수 있다.

정부는 2001년 9월 국무회의를 통해 범정부적 대응체계 구축차원에서 테러방지법을 입법하기로 하여 국가정보원의 초안 작성을 거쳐 11월 27일 국무회의를 거쳐 구성된 법안이 국회에 제출되었으나 인권침해의 소지와 주관부처의 권한확대 등이 쟁점이 되었다.

이 시안에서 문제점은 1) 정보를 수집하고 생산하는 기관인 국가정보원에 대테러센터를 설치함으로써 비록 대책회의가 결정한다고 하나 군병력을 동원하여 운용을 하는 것은 테러보다 더 심각한 문제점을 야기할 수 있음으로 정보와 운용을 분리시키고 통제기구로서의 센터는 당연히 국가안전보장회의 내부나 별도조직으로 설치해야 한다는 것과, 2) 점차 심각해지고 있는 대량살상무기에 의한 테러 가능성과 조치에 대한 대비가 미약하고, 3) 향후 북한에 의한 테러는 전쟁행위로까지 해석될 수 있음으로 국방차원의 관여가 더욱 필요하며, 4) 테러 성격상 국제적인 공조조치가 포함되어야 한다는 것 등이다.

그 후 각종 청문회와 문제시된 사안을 중심으로 테러의 개념을 더욱 한정시키고, 인권침해의 오해 소지 조항을 삭제, 국정원의 권한 강화 소지 해소 등의 수정을 거쳐 2003년 11월 14일 정기 국회 정보위는 만장일치로 대테러법안을 의결하고 법사위에 제출하였으나 17대 국회의원 선거와 맞물려 국회의 의결을 얻지 못하였고 2004년 5월, 16대 국회에서 임기가 종료되어 자동 폐기되었다.

당시 수정안에 대한 쟁점으로는 1) 여전히 테러의 정의가 포괄적이어서 자의적인 해석이 가능하다는 지적이다. 즉 이념적, 민족적 목적을 포함시켜 지나치게 광범위한 영역을 포괄하고 있으며, 2) 국정원의 수사권 보유에 대해서 제한을 가하였으나 국정원이 경찰과 군병력을 포함하는 대테러센터를 주도하면서 통합통제권을 보유하는 데 대한 우려와 검찰, 경찰(경비), 군(비상계엄 시)으로 분류되는 기존의 수사질서와 충돌 가능성이 있다는 지적과 또한 테러 업무는 대통령 훈령인 '국가대테러활동지침'에 의거하여 경찰이 전담하고 있는 한국의 현실에 비추어 점차 테러가 대규모, 무차별화되어 가는 추세에서 대테러 업무가 군으로 이전되는 세계적 추이에서 갑자기 정보부서인 국정원이 전담하겠다는 근본적인 문제에 대한 의문도 해소되지 않았다.

2003년 참여정부는 미국의 대이라크 전쟁을 계기로 전 세계적으로 테러위협이 높아 감에 따라 과거 정부보다는 국제테러에 대한 높은 관심을 보이고 있다. 2004년 3월, 정부는 포괄적인 한국의 안보정책을 발표하였다. 냉전체제의 종식으로 인하여 세계질서가 근본적으로 재편되고 있는 과정에서 국가 간의 전통적 위협은 물론 국제테러의 증가와 대량살상무기의 확산 등 새로운 위협이 등장하여 국가와 국민의 안정을 위협하고 있음을 강조하였다.

현재 제기되고 있는 우리나라 테러방지법안에 대한 비판은 테러범에 대한 엄격한 대책 그 자체보다는 그 법률에 반영된 테러 대책 주무부처에의 권한 집중과 그 남용에 대한 불신 내지 의구심에서 비롯되었다. 즉 테러 주무부처에 대한 일반 국민의 불신이 제거되지 않는 이상 그 법의 필요성에도 불구하고 실체법과 절차법에 걸친 강력한 테러방지법의 제정은 쉽지 않다. 따라서 인권침해 우려가 있다고 지적되는 실체법적 처벌조항과 형사소송법적 특례조항은 장래의 입법과정으로 남기고 현 상황에서는 오직 테러예방 활동에 필요한 국가 대테러 대응체계 구축, 테러의 수단으로 악용될 수 있는 각종 안전물질의 안전관리, 국제행사 및 시설장비의 보호, 국제 테러분자에 대한 규제 등 국가 대테러업무에 관해 법적 근거를 부여하는 입법 조치만이라도 실현되어야 할 것이다.

2) 국방부 및 경찰의 노력

현재의 조직체제에서 가장 문제가 되는 것은 군과 경찰이 별도의 테러 전담기구를 가지고 있는 것이다. 왜냐하면 경찰은 기본적으로 테러를 범죄로 보고 법이라는 테두리 안에서 대응책을 강구하려 하며 군은 테러를 저강도 분쟁의 한 차원으로 보고 군의 특수조직을 활용하려 한다. 이러한 현상은 피터(Peter)의 주장처럼 범죄학적 모형과 전쟁모형의 구분을 확실히 구분 지어야 하며 이에 대한 처방도 다르게 해야 한다는 것이다.

정부 차원에서는 테러와 관련하여 대통령령이 존재하나 국방부 차원에서는 이와 관련된 국방부 훈령이 없으며 2004년에 발간된 '대테러 실무편람'만이 존재한다. 합참 차원에서는 '전쟁 이외의 군사활동'(OOTW) 교범에 대테러전이 일부 기술되어 있으며 육군본부에서는 개념서 수준의 '대테러 작전'교범을 최근에 발간한 것으로 파악되었다. 본 교범은 군사차원에서의 방어적 대테러작전을 중심으로 경호작전, 공세적 대테러작전의 개념, 형태별 대테러작전, 작전지원활동 등의 내용을 다루고 있다.

국방부는 국방부 소속의 인원과 자산에 대한 테러에 책임을 져야 함에도 구체적인 훈령이나 지침, 교범 등이 별로 없는 실정이다. 국방부와 군이 대테러에 대해 대비를 상대적으로 소홀히 하는 이유는 1) 한국군은 주로 비정규전 차원에서 테러문제를 대처해 왔다. 한국군은 한국전 이후 육상 및 해안에서의 북한군 침투와 도발에 대해 이를 준비하고 발전시켜 왔다. 따라서 테러문제를 대침투작전의 차원에서 취급했다고 볼 수 있다. 2) 한국군은 대테러문제를 주도적 차원이 아니라 지원의 차원으로 인식하고 있는 듯하다. 대테러는 테러유형별로 각 정부부서가 책임을 지고 군은 필요시 이를 지원해 주는 역할을 수행하는 것으로 인식하고 있다. 따라서 군은 정부가 필요로 할 경우에 이에 대응하는 수준으로 대테러 문제를 인식하고 있다. 3) 한국은 역사적 경험 때문에 테러문제를 덜 중요시하고 있다. 미국은 해외에서 수없는 테러를 당한 역사적 경험 때문에 대테러 작전에 깊은 관심을 가지고 있으나 한국은 이러한 경험이 많지 않았고 또 북한의 무장간첩에 의한 테러는 대침투작전 차원에서 대처해 왔기 때문에 테러문제를 비교적 덜 중시해왔다. 4) 테러문제를 정치적 해결차원의 민감한 문제가 아닌 작전계획의 차원에서 접근하였다.

또한 테러리즘 문제를 교범 또는 작전예규 등으로 발간하여 지휘관과 구성원의 사고와 행동규범으로 삼기보다는 작전계획의 차원에서 대테러 문제를 접근했다고 할 수 있다. 각 군과 경찰에 주로 인질구출 작전을 위한 테러전담 특수부대는 편성되어 있으나 테러를 사전예방, 총괄, 기획, 통합, 지휘통제, 정보 판단 등의 상부구조는 국정원에서 담당하고 있어 전반적으로 취약한 실정이다.

교리적 측면에서 테러는 현재 군사적 분쟁과 비군사적 분쟁의 경계선에 위치하고 있다. 즉 외부로부터의 초국가적 테러는 군사적 분쟁의 최하위 수준에 있어 군이 주로 지원역할을 담당하나, 국내에서 발생하는 테러는 비군사적 분쟁의 최상위 수준으로서 주로 공안기관에서 담당하고 있다. 따라서 통합방위법을 포함한 관련 법률의 개정, 통폐합 및 포괄적인 테러방지법과의 관계정립 등이 우선적으로 검토되어야 할 것이다.

〈도표-23〉 국가 비상사태에 대한 업무 분야

구 분	전면전	국지도발/사회혼란	재난관리
업 무	비상대비업무	민방위/향토예비군	재난관리
법 률	비상대비자원관리법	민방위법/향토예비군법	재난관리법
주무부서	비상기획위원회	행자부/국방부	행자부
비 고	국무총리업무 보좌	직장/지역예비군 직장/지역민방위	국무총리 산하 중앙안전대책위

군의 입장에서는 테러와 비정규전 도발에 대한 연계 및 국제협약과의 관계에 대한 명확한 구분이 요구된다. 표에서 보는 바와 같이 여러 형태의 국가비상사태에 대하여 관련 부처가 분산되어 있으며 전·평시 수행할 수 있는 법적 근거도 각기 상이하다.

장차 테러가 국방차원에서 대처해 나가려는 국제적 추세에 비추어 대테러 대비를 포함하여 총괄적으로 사전예방 및 사후관리를 수행하는 대테러 통합조정 기구의 창설을 검토해야 할 것이다.

지금까지의 정부의 테러 대응체계는 대공과 해외정보 수집활동을 주 임무로 하는 국가정보원이 주관하고 이를 군과 경찰이 지원하는 방식을 취하고 있다. 육군 특전사(707특수임무 대대)는 1982년 인질대응부대로 창설되어 5개 부대 중 2개 부대가 인질구출작전 임무를 수행하고 있으며 미국의 델타포스트로부터 훈련지도도 받았다. 특전사에서 자질이 우수하고 기량이 뛰어난 요원을 선발하여 낙하산 강하, 로프 강하, 격투술, 무기조작, 파괴 공작을 기본으로 사격, 폭파, 침투훈련 등을 실시한다.

해군(UDT/SEAL팀) 특수전여단 해상특수임무대는 지정학적으로 해상을 통한 테러발생 가능성이 높은 점을 감안, 1993년 12월 해군의 특수부대인 UDT 내에 해상대테러 지역대로 불리는 SEAL팀을 창설하였다. 미국 해군의 SEAL팀과 정기적인 연합훈련은 물론 세계유수의 특공대와 교류를 통해 대테러 진압능력을 강화하고 있다. 수중파괴, 육해공 전천후 특수타격, 폭발물 처리 등 복합적 특수임무 수행능력을 훈련하고 있다.

경찰(868특공대)은 1983년 경찰청 내에 인질구출 작전 및 광범위한 요인경호를 수행하기 위해 창설되었다. 이후 2002년 월드컵을 계기로 지방경찰청에도 대테러 특공대를 창설하여 운용 중이다. 성격상 적의 제압보다는 요인이나 인질, 주요 시설물의 안전 확보를 우선하기 때문에 작전술이나 장비 등에서 군에 비해 상대적으로 복잡하고 정밀하다. 무장 및 비무장 근접전투훈련을 주로 실시한다.

테러 사건별 무력대응 작전수행을 위해 국방부와 행자부는 대테러 팀을 상설 운영하도록 되어 있으며 대테러 대응팀의 출동은 테러 대책회의 심의를 따르도록 되어 있다. 그러나 사건의 강도와 규모에 따른 작전부대 운용의 세부지침이 불비한 상태이다. 이는 어떠한 상황에서 경찰특공대를 투입하고 어떤 상황에서 군 특임대를 투입할 것인가에 대한 구체적인 부대운용 개념이 결여되어 신속한 대응이 의문시되는 실정이다.

현재 경찰특공대는 서울지방경찰청장이 최상급 지휘관으로 되어 있지만 실질적으로 서울청, 경찰청, 경호실, 국정원으로부터 다양한 직·간접적 지휘통제로 업무의 이중성 및 비효율성을 야기하고 있다. 따라서 대테러업무가 기관마다 상이하더라도 테러진압 및 수사에 필요한 의사결정구조는 가능한 신속한 대응을 위한 단일화 정책이 필요하다. 이러한 맥락에서 테러사건 발생 시 경찰특공대나 군의 대테러특수부대의 작전 지휘권을 한시적으로 부여할 필요가 있다.

또한 대테러 업무를 담당하고 있는 특전사의 707대대와 해군 특수여단 특수임무대의 임무 한계가 명확하지 않아 상호 중복되고 경쟁하게 되어 대테러 능력이 비효율적으로 운영되는 상황이다. 따라서 장기적인 정책대안은 테러업무 기관 사이의 역할분담이 중요하다. 경찰의 경우 오로지 대테러 업무만을 수행하고 있으나 육군과 해군의 경우 군 본연의 임무를 수행하면서 부가적으로 대테러 업무를 수행하고 있다. 군의 대테러 특임대는 비정규전을 비롯한 대테러 임무 외에도 다른 많은 임무들을 수행하고 있어 효과적인 업무수행에 필요한 집중성에 문제가 있다고 판단된다.

아울러 육군 707대대의 경우 특전사령부 예하부대로서 지원을 제외하고는 대테러 업무를 위한 특별예산이나 장비조달상의 지원도 없는 실정이다. 뿐만 아니라 직할대로 소속되어 독립적 행정기능이 없고 참모진 역시 위관급으로 구성되어 그 기능이 약하다.

따라서 미국과 같이 대테러 전담부대를 독립적으로 운용해야 할 것이다. 미군의 경우 대테러부대는 인원상으로는 대대급에 불가하나

연대급의 참모기능을 가지고 있고 부대활동의 독립성을 유지하고 있는 것은 우리에게 시사하는 바가 크다 하겠다.

테러와 관련하여 군의 역할은 테러발생 후 제2의 테러발생을 최소화하기 위해 사후 예방적 차원에서 필요에 따라 군의 동원이 요구된다. 그러나 이 경우 군의 동원은 화생방 테러와 같은 슈퍼테러의 발생 경우에 적용되어야 할 것이다. 문제는 무차별 막대한 인명피해 및 장단기적 경제손실을 입힐 수 있는 대규모 화생방 무기나 물질을 이용한 슈퍼테러리즘의 경우 현재 경찰 대테러 조직으로 진압하기는 역부족이라 생각되며 신속한 대응력을 보유한 대테러 전담 기구의 역할이 더욱 중요시될 것이다.

다음으로 대테러 협상팀의 문제이다. 협상팀은 사건발생 시 비폭력적인 방법으로 테러사건을 종결시키고 후발사태를 저지함에 존재가치가 있다. 협상팀은 평시에 행정자치부에서 이들을 교육, 확보하도록 되어 있으며 여기에는 대테러 전문가 심리학자 등을 포함하여 구성하도록 되어 있다. 하지만 협상팀이 테러발생 시에만 운용된다는 인식으로 인하여 소극적으로 운영되고 있다. 협상팀의 운용 효율성을 높이기 위해서는 군경과 협상팀이 합동으로 정기적인 모의훈련을 실시하여 항시 대비태세를 갖추도록 해야 할 것이다.

7. 한국 대테러 정책의 발전방향

1) 대응조직 법적 측면

(1) 대테러 통합조정기구의 신설

미국은 테러방지를 위해 막대한 예산을 사용하면서도 9 · 11테러

사건을 사전에 예방하지 못했고 사건 처리과정에서도 각 부처 간의 긴밀한 협조가 이루어지지 않아 많은 문제점을 인식하고 이러한 문제점을 극복하기 위해서 국가안보회의(NSC) 수준의 국토안보회의(Homeland Security Council)를 신설하였다.

이 기구는 대테러 전반에 걸쳐 대통령에게 조언과 보좌를 하고 정부기관 및 유관기관과 업무조정 및 정책개발을 시행한다. 또한 국토안보회의의 결정사항을 실질적으로 수행하고 미국 내 테러방지, 예방 및 복구활동 등을 총괄 조정하는 '국토 안보국'(Office of Homeland Security)을 새로이 창설하였다. 미국은 9·11테러를 계기로 테러발생 시 이를 종합하여 판단, 부처별로 일사불란하게 대응할 수 있는 대테러 통합조정체계를 갖추게 되었다.

앞서 살펴본 바와 같이 1982년의 국가 대테러 활동지침은 느슨한 형태의 협의체기구로 적극적 테러예방을 위해선 문제가 있었다. 우리나라의 경우 대책회의 중심의 회의체를 국무총리 산하에 두고, 실질적 업무는 국정원에서 관장하고 있다. 또한 현재 비상설 협의기구로 되어 있어 테러대책회의 기구가 강력한 리더십과 통제력을 발휘할 수 있을지 의문이다.

따라서 국가 안보차원의 테러 방지를 위해서는 충분한 법적, 제도적 장치의 개발이 필요하고 대테러 업무를 총괄적으로 지휘할 수 있는 전담기구의 신설이 요구된다.

9·11 테러 후 정부는 국무총리를 의장으로 하는 테러대책회의를 두고 5개 분야별 대책본부를 구성 운영해 오다가 금년 들어 대통령훈령을 전면 개정하여 운영하고 있다. 그러나 이 기구 역시 테러방지가 전쟁차원의 지구촌 이슈로 부각하고 있는 작금의 상황에서 법적 제도적 근거가 취약하며 또한 각 부처에 분산되어 있는 대

테러 관련 업무를 체계적으로 통합, 조정할 수 있는 기능을 수행할 수 없다. 아울러 각 부처별로 대테러 업무가 분산되어 있는 상황에서 실제 테러 발생 시 효율적이고 신속한 대응을 기대하는 것은 어려운 실정이다.

대테러 전담기구를 설치함으로써 테러에 대한 신속한 대응을 가능케 하여 국민의 인명피해를 최소화할 수 있으며 다른 재난에도 대비할 수 있고 신속한 구호활동을 전개할 수 있다. 물론 테러발생을 100% 저지할 수 없다고 해도 대테러 전담기구의 존재 자체가 테러발생을 억제할 수 있다는 사실도 중요하다. 철저한 보안은 테러공격을 어렵게 만들고 테러징후의 포착 확률을 높이고, 피해와 혼란을 최소화시키며 국민을 안심시킬 수 있기 때문이다.

따라서 테러업무를 총괄하고 조절할 수 있는 권한이 부여된 종합대응기구의 창설이 요구된다. 이 기구는 어떤 특정 부처에 두는 것보다는 미국처럼 대통령 직속으로 두거나 국무총리 직속의 독립된 형태를 갖추는 것이 바람직할 것이다.

범정부 차원의 근본적인 테러대비 대책을 뒷받침하기 위한 법적·제도적 기반의 구축을 시도하기도 하였으나 지금의 상황은 낙관적이지 못하다. 향후의 보다 효과적인 대테러 대비태세를 발전시키기 위해서는 다음 사항을 고려하여야 할 것이다.

첫째, 테러리즘 예방 및 대응조직 간의 유기적인 연계·협조체계의 구축이 필요하다. 미국이 9·11 사건 후 대테러 업무의 기능이 분산되어 있음을 직시하고 대통령 직속기구로 '국토 안보국'을 신설하고 테러방지에 즉각 대응한 정책을 타산지석으로 삼아야 할 것이다.

둘째, 테러대응 정책의 지속적인 정책개발과 전문가의 육성이 필요하다. 우선 국내에서 발생 가능한 테러유형을 분석하고 유형별 특성에 따른 대응체계와 전략을 개발하고 피해평가와 대응프로그램의 개발이 시급하다.

셋째, 테러발생 후 효율적 대응체계와 능력 제고를 위해 다음과 같은 사항이 보완되어야 한다. 1) 주기적인 예방활동과 훈련실시, 2) 전문가 및 전문 대응 요원양성, 3) 전·평시 테러 신고체계의 일원화, 4) 지방의 비상관리센터의 정비 및 강화 등이다.

(2) 테러방지법의 조속한 제정

앞서 언급한 바와 같이 우리나라는 테러사건과 관련하여 포괄적 규제를 위한 단행 법안이 제정되지 못하고 있다. 대테러 법안이 국회를 통과하지 못한 이유는 미국의 사례에서도 보듯이 인권침해에 대한 논란을 빼놓을 수 없다. 즉 국가안보가 개인의 자유를 우선할 수 있을 것인가에 대한 지속적인 논란이 계속되고 있다.

비록 인권단체에서 주장하는 개인의 인권도 중요하지만 국가가 다수의 국민안전을 위해 공권력을 확대해야 한다는 주장도 무시할 수 없다. 이러한 논란과 관련하여 인권침해의 논란은 접어두고 오직 테러예방활동에 필요한 국가 차원의 대테러 대응체계의 구축과 국제테러리스트에 대한 규제 등 국가 대테러 업무에 대한 법적 근거를 부여해야 한다는 주장과 현재 국내에서 논쟁이 되고 있는 테러방지법안을 둘러싼 시민단체와 정보기관의 대립구조는 상호 불신이 아닌 상호 신뢰를 회복할 수 있는 제도적 방안을 우선적으로 마련해야 한다는 주장은 '한 마리의 빈대를 잡기 위해서 초가삼간을 태울 수 없다'는 평범한 사실이 고려되어야 할 것이다.

정부는 '04년 4월 1일 국정원에 테러정보종합센터를 발족시켜 1)

국내외 테러 관련 정보수집, 분석, 작성, 배포 등 통합관리, 2) 24시간 상황실 운영, 테러위협 징후 탐지, 3) 테러 관련 위기 평가 및 경보발령, 4) 테러대책 상임위원회 등 대책기구 결정사항 이행 점검, 5) 테러예방을 위한 교육 홍보 등을 실시하고 있다.

기 언급한 바와 같이 한국의 대테러리즘 활동의 법적 근거는 대통령훈령 47호가 유일하다. 그러나 이 훈령은 국가 대테러 활동의 집행을 위한 행정조치 사항을 규정한 것이다. 이는 국제테러가 21세기의 새로운 전쟁차원의 문제점으로 부각하고 있는 상황에서 국가 위기관리 차원에서 대응함에는 한계가 있다.

대테러 업무는 입법, 사법, 행정의 3권에 걸친 업무 영역이며 테러대응 조직에 대한 법적 근거가 없고 테러리스트에 대한 수사 및 재판에 대한 구체적 제반 절차나 법적 근거가 없다. 따라서 현행 대테러 활동지침만으로 테러리즘에 효과적으로 대처하기가 곤란하다.

최근의 테러양상이 전쟁수준의 가공할 파괴력을 가지고 국가안보 및 위기관리 차원에서 총력 대응체계를 갖추기 위해 각국은 대테러 관련 법적, 제도적 보완과 전담기구의 기능을 강화하고 있다. 영국은 1974년 11월 21일 184명의 희생자를 낸 버밍햄 선술집 폭파사건 후 '테러방지법'(Prevention of Terrorism Act)을 제정하였다.

미국은 9·11테러 이후 1984년에 제정된 '국제테러규제법안'(Act to Combat International Terrorism)을 강화한 'USA Patriot Act 2001'을 제정하였다. 이 법은 테러혐의가 있는 외국인은 기소 또는 추방절차 개시에 앞서 7일 동안 구류할 수 있도록 허용하고 있으며 테러용의자들이 추적을 피하려고 전화를 바꾸는 경우에 대처할 수 있도록 법원의 영장을 얻어 일괄적인 도청과 인터넷 추적을 허용토록 하였으며 정보기관들이 첩보를 공유하는 체제를 갖추며 돈세탁 혐의가 있는 외국은행들에 대해 조치를 취할 수 있도록 규정하고 있다.

테러로부터 우리의 안전을 지키기 위해서는 테러방지법을 조속히 제정하여 국가적 차원의 대응체제 구축의 토대를 서둘러 마련해야 할 것이다.

2) 환경 및 기술적 측면

(1) 테러경보체제 도입 및 시행

테러경보는 테러발생 확률과 테러의 강도를 국민에게 알리는 것으로 테러위협의 정도를 알림으로써 상황에 미리 방어조치를 취할 수 있으며 다음 단계의 경보에 대비하는 능력을 향상시킬 수 있다. 테러경보는 모든 재난에 대비한다는 차원에서, 테러뿐 아니라 재난이 예상될 때도 필요한 조치이기 때문에 국가차원의 테러경보체제를 발전시킬 필요가 있다.

미국은 전 세계 국가 중에서 가장 발달된 정보수집체계와 정보분석 체계 그리고 이에 따른 일원적이고 효과적인 경보발령체계를 가지고 있다. 미국은 테러위험도에 따른 경보를 Green(저위험단계), Blue(주의단계), Yellow(상승단계), Orange(고위험단계), Red(급박단계) 5단계로 분류하여 행정부 산하 기관의 준수를 의무화하고 있으며, 프랑스와 호주는 4단계, 영국은 6단계, 독일은 5단계의 테러경보체제를 운영하고 있다.

새로이 개정된 국가대테러활동지침에 의하면 국정원의 대테러정보통합센터장은 테러위기의 징후틀 포착한 경우에는 이를 평가하여 상임위원회에 보고하고 테러경보를 발령하도록 되어 있다. 테러경보의 종류와 조치사항은 다음과 같다.

- 관심단계(Blue): 테러 관련 상황의 전파, 관계기관 상호 간 연락체계의 확인, 비상연락망 점검
- 주의단계(Yellow): 테러대상 시설 및 테러에 이용될 수 있는 위험물질에 대한 안전관리 강화, 국가정보시설에 대한 경비 가와, 관계 기관별 자체대비태세 점검
- 경계단계(Orange): 테러취약요소에 대한 경비 예방활동 강화, 테러취약 시설에 대한 출입 통제의 강화, 대테러 담당공무원의 비상근무
- 심각단계(Red): 대테러 관계기관 공무원의 비상근무, 테러유형별 테러사건 대책본부 등 사건 대응 조직의 운영준비, 필요장비 및 인원의 동원태세 유지

정부는 이러한 제도를 제정하였음에도 불구하고 현실적으로 국민의 일상생활 속에 적용시켜 실질적으로 활용하지 못하고 있는 실정이다. 비문으로 묶어 캐비닛 속에 잠자는 규정이 아니라 민방위 훈련 등과 같이 통합하여 유사시 항시 활용될 수 있는 제도로 정착화해 나가야 할 것이다.

(2) 첨단장비 확보

테러리스트들에 의한 대량살상무기의 사용 가능성과 저렴한 제조 비용으로 막대한 파괴력을 발휘하는 생화학 무기의 출현이 가시화되어 가는 현실이다. 과거 생화학 무기는 걸프전 등과 같이 전면적 양상을 띠는 전쟁에서 제한적으로 사용되었으나 1955년의 일본 옴진리교의 동경 지하철 독가스 살포사건과 9·11테러 이후 미국의 탄저균 사례에서 보듯이 국제테러는 전통적 테러와는 전혀 다른 새로운 방식의 대처를 요구하고 있다.

미국은 국내에서의 생물무기에 의한 테러빈도 증가로 1997년부터 생물무기의 탐지능력을 향상시켜 테러리스트 등에 의하여 사용되는 생물무기를 실시간에 탐지하고 확인하는 탐지장비를 개발하는 데

중점을 두고, 1998년에 클린턴 대통령에 의해 생물학무기 위협에 대비할 것을 선언하였다.

차세대 생물 독소 탐지식별기인(BIDS: Biological Integrated Detection System) 등을 생물학 작용탐지, 경보장비로 개발함으로써 보다 발전된 생물무기 탐지기를 국회의사당, 백악관, 중요 공장시설, 지하철역 등 주요 시설에 설치할 것을 검토하고 있다.

이러한 생물무기 탐지기를 설치하더라도 실제로 생물무기에 의한 테러리즘을 막을 수는 없으나 국민들에게 경보함으로써 테러리즘 공격효과를 누그러뜨릴 수 있으며, 생물학 작용제에 대한 백신이 제한된 상황에서 실시간 탐지, 경보함으로써 사람들이 위중하게 되기 전에 치료할 수 있는 것과 같은 효과를 얻게 된다. 고위 인사나 VIP들을 생물무기에 의한 테러리스트로부터 안전하게 이동하기 위하여 생물무기 참지기가 장착된 Sport Utility Vehicle과 같은 트럭에 양압체계를 장치하여 공기 중의 생물무기에 노출을 방지함으로써 탄저균에 의한 테러리즘을 사전에 대비할 수 있다.

또한 미국은 생물학 테러리즘에 조기 대응할 수 있고 평시에 각종 전염병의 확산상태를 파악할 수 있는 생물테러리즘 추적 프로그램을 하버드대 의학정보연구원에서 개발하였다. 그 밖에도 화생방 공격에 대비한 대응팀에서는 NBC Team Cruiser라는 차량을 가지고 미국 전 지역을 순회하고 있다.

영국은 특정 생물무기로부터 필요한 의학적 대처를 위하여 생물무기에 의한 테러 시 적기에 탐지하기 위하여 화학생물방어연구소에서 개발된 Prototype Biological Detection System을 걸프 지역에 시험 배치한 결과 이 시스템은 항원, 항체반응에 의거 식별할 수 있는 능력을 구비하고 있다. 2003년부터는 화생방 탐지체계를 앞당

기기 위한 대응책을 서두르고 있다.

국가안보 차원에서 운용될 장비로는 MCAD(Man Portable Chemical Agent Dector), 경화학작용제탐지기(Light Chemical Agent Detector), 통합생물학보호체계(Integrated Biological Protection System) 등을 운용하고 있다.

이러한 새로운 유형의 신형 테러에 대응하기 위해서 각종 첨단장비를 확보하여야 할 것이다. 9/11테러 후 미국을 공포로 몰아넣은 탄저균과 같은 생물을 이용한 테러를 식별하기 위한 생물무기탐지장치(BIDS)가 국내에는 한 대도 없는 실정이다. 방독면 보급률도 아주 저조하며 최근의 방송 보도처럼 이미 지급된 방독면도 많은 문제점이 있는 것으로 알려지고 있다.

생물학전 대비 장비는 아주 미흡한 상태이며 특히 테러에 이용될 수 있는 각종 세균검사, 채취장비의 부족은 심각한 상태이다. 따라서 새로운 유형의 테러예방과 대응에 필요한 장비의 확대보급이 시급히 요구된다.

(3) 국제협력의 증진을 통한 정보의 공유

테러가 국제화되어 가는 추세에서 테러를 사전에 차단하기 위해서는 무엇보다도 국제적인 정보의 공유가 중요하다. 현실적으로 한국이 미국과 같은 정보체제를 구축하는 것은 불가능하고 다수의 요원을 해외에 파견하여 테러 관련 정보를 수집하는 것도 용이한 일이 아니기 때문에 국제적인 테러정보 공유가 절실하다.

따라서 미국을 비롯한 주요 국가들과 아랍국들에 주재하는 공관에서 테러정보 수집을 위해 더 많은 인력과 자원을 투자해야 함은 물론 테러정보 공유를 위해 양자협정을 추진할 필요가 있다. 또한 테러의 유형이 대규모 형태로 전환되고 있는 현 추세에 효과적으로 대응하기 위하여 확대되어 가고 있는 국제협력에 적극 동참해야 할 것이다.

미국과 유럽의 대테러 공조는 말할 것도 없고 아시아, 아프리카 지역에서도 테러위협에 공동 대응하기 위해 국가의 협력이 강화되어야 할 것이다. 최근 빈번한 테러발생으로 어려움을 겪고 있는 러시아도 주변의 독립국가연합(CIS) 5개국과 합동으로 상설교류 협의체인 대테러 센터를 추진 중이며 중앙아시아 3개국 및 중국이 참여하는 대테러 센터를 추진하고 있다.

현대의 국제 테러리즘이 본질적으로 국제적 또는 초국가적 성격을 갖거나 특정국가의 수출적 테러의 성격을 지니기 때문에 국제적인 협력이 중요시된다. 국제협력이 요구되는 분야는 1) 테러활동 및 테러활동 지원을 불법화하는 국제조약체결, 2) 테러범의 입국금지 및 범인인도조약, 3) 정보교류, 4) 대테러 전문요원의 교환 및 입국편의 제공 등이 포함될 수 있다. 국제협력의 범위는 범세계적, 지역적 수준, 직접적인 관계국 간의 수준 등 다원적이 될 수 있을 것이다.

이와 같은 맥락에서 한국은 아세안지역포럼(ARF)에 '아시아 대테러센터'의 설립을 강력히 제의하고 현재 진행 중인 북핵문제 해결을 위한 6자회담 참여국들에게 '동아시아 대테러센터' 설립을 제안하여 적극적으로 대테러 정보를 수집하고 테러 근절을 위한 공동의 노력에 동참해야 한다.

한국은 9·11과 같은 상황발생에 대비하여 국제 대테러 연대를 강화하여야 할 것이다. 국제 테러를 퇴치하기 위한 인터폴과의 긴밀한 협조체제 강화는 물론 다국 간 국제수사와 정보교환을 긴밀히 할 수 있는 국제 정보교류 협력체제를 구축해야 한다. 9·11 직후 독일이 미국에 협력하여 독자적으로 테러 관련 용의자들을 적시에 검거 및 수사하였던 것처럼 유사시 우리도 이처럼 긴밀한 협력을 할 수 있도록 평소 각국들과 공동 대응할 수 있는 정보 교류 협력체제를 강화해야 한다. 유사시엔 공식, 비공식을 막론하고 긴밀히 협조해야 하기 때문에 비공식 통로의 유용성을 고려하여 공식적인 정부기관의 협력체제뿐만 아니라 NGO를 포함한 민간교류 협력체제의 능력도 강화토록 배려해야 할 것이다.

2001년 9·11 테러 당시 19명의 테러리스트들에게 102분간 영공을 내어준 세계 최고의 강대군인 미국은 그 결과로 2,970여 명의 무고한 생명과 약 2,000억 달러에 이르는 재산상의 피해를 감수해야 했다. 미국의 '9·11테러 진상위원회'가 밝힌 테러의 원인은 1) 항공기 자체를 무기화하리라고 예상치 못한 '상상력의 결핍' 2) 각급 기관 간 정보 공유 미흡 및 정보 통합관리 능력부족, 3) 고위층에서부터 일선 근무자에 이르는 총체적인 대테러 마인드의 부족 등을 고려할 때 정보의 공유는 너무도 중요하다.

향후의 한국이 직면할 위기의 하나로 테러리즘과 초국가적 범죄에 의한 국가체제 파탄과 기반시설의 붕괴로 인한 와해 발생 가능성을 배제할 수 없다. 특히 최근의 국제테러 양상은 전쟁수준의 가공할 파괴력을 가지면서 각국은 국가안보 및 위기관리 차원에서 총력대응 체제를 갖추기 위해 대테러 관련 법규를 제정 보완하고 전담기구의 기능을 대폭 강화하고 있다.

우리의 대테러 부대가 양호한 수준이라 할지라도 우리가 직면하고 있는 위협의 규모와 성격에 비교하면 이 작고 부분적인 능력만으로는 너무도 미흡하다. 미 9·11테러에서 보았듯이 향후의 테러는 단순한 사회범죄나 폭력 행위라기보다는 전쟁적 성격에 가깝다. 테러와의 싸움은 흔히 '잔디 연병장에 뛰는 벼룩잡기'에 비유된다. 국가의 통합적 노력과 적극적인 참여 없이는 대테러작전조차도 쉽게 성공할 수 없다.

테러의 예방이나 피해의 최소화 그리고 신속한 사후처리 등 모든 단계에서 정부차원에서 국가와 관련된 모든 역량을 입체적, 통합적, 집중적으로 활용하고 온 국민이 스스로의 불편을 인내하고 희생하면서 적극적으로 참여하는 범국민적 노력이 병행하지 않으면 대테러정책의 수행과 성공은 기대할 수 없다. 체계적 법제도와 실효성 있는 대테러리즘 활동을 위해서 다음과 같은 대책이 요구된다.

첫째, 테러방지법의 조속한 제정이다. 전술한 바와 같이 테러방지법은 이미 대세로 자리 잡고 있는 듯하다. 테러방지법 제정은 9·11 직후 채택된 유엔 안전보장이사회의 요구이기도 하다. 법치주의에 입각한 대테러행정, 즉 터러의 법적 규제에 대한 합법성, 투명성, 예측 가능성을 제고하는 한편, 국제적인 반테러 입법 추세에 적극 부응하는 차원에서 볼 때 우리나라도 조속한 시일 내에 종합적 테러방지법 제정을 추진해야 할 것이다.

정부는 이제 폐기되었던 '테러 방지법'을 재검토하고 내실 있고 완벽한 체제를 갖추기를 기대해 본다. 이러한 상황하에서 보류된 후 2003년 자동 폐기된 테러방지법 제정을 다시 추진하여 테러와의 전쟁을 위한 법적 제도적 토대를 마련해야 할 것이다.

둘째, 대테러리즘 통합 조정기구의 설치이다. 현재의 대테러 업무가 각 부처별로 구분되어 있을 뿐, 통합적 대응 기구가 마련되지 못하고 있는 실정이다. 외국의 사례에서도 보았듯이 현재 각 부처별로 분산되어 있는 테러 업무를 총괄할 수 있는 조정기구가 필요하며 이러한 조정기구는 각 단위 조직들 간의 협력관계의 불일치 문제를 최소화할 수 있는 조직기구로 만들어져야 할 것이다.

셋째, 테러경보 체계의 효율적 운영과 뉴테러리즘에 대비한 첨단 장비의 확보이다. 이미 제정된 대테러 경보시스템은 우리의 일상생활에 적용되어 테러경보의 홍보가 국민에게 불안을 조성하는 것이 아니라 테러리즘으로부터 개인과 국가를 보호하려는 정확한 실체임을 알리고 이에 대한 사전 대비책을 강구하자는 취지를 충분히 홍보해야 할 것이다. 차제에 테러와 관련된 정책의 규모를 적절히 확충하고 조직의 편성과 장비도 현대화하여 운용체제도 증강시킬 필요가 있다.

넷째, 국제협력체제 강화 및 정보역량의 강화이다. 테러리즘으로부터 자유로운 나라는 아무 국가도 없다. 140개국의 국가가 직·간접적으로 테러에 시달리는 현 상황에서 우리는 강력하고 획기적인 국제적 차원의 대책을 마련하여야 할 것이다. 최근의 아프가니스탄 테러사건을 통해 경험한 바와 같이 우리는 정보교류는 물론 외교채널의 다변화와 문화교류 등을 재점검해야 할 것이다.

이제 대규모 무차별 대량살상을 구사하는 국제테러는 탈냉전시대의 새로운 전쟁으로 급부상하고 있으며 모든 국가들은 테러단체에 대한 예산, 인원, 기술, 정보 등의 지원을 금지시키고 테러단체에 대한 국제적 수준의 정보공유를 향상시키며, 테러발생 시의 책임규명과 보복대응을 위한 국제적 기준을 마련하고, 일련의 테러방지 국제협력 체제를 구축해야 할 것이다.

제8장

결 론

21세기는 군사적으로는 비록 국가기반(state-based)의 전면전쟁 가능성은 희박하게 되었다 할지라도 정체성에 근거한(identity-based) 분쟁과 전쟁의 가능성은 높아지고 있다. 더욱이 군사기술의 발전에 의한 21세기 전쟁양상이 5차원적인 사이버전쟁(cyber warfer)으로 전개될 가능성을 가지고 있다. 즉 전장의 자동화와 소규모 전사집단에 의한 초테러리즘(super terrorism)이 국가 전체의 운명을 좌우하게 될 우려에 처해 있다.

본 연구는 정치목적 차원의 국지 테러리즘의 개념을 정의하고 그 원인과 유형 및 목적을 파악하였다. 또한 원인, 목적적 인식하에서 테러리즘의 발생 원인을 분석하고 대테러리즘의 일반적 대책방향을 대테러 정책개발에 어떻게 적용할 것인가 하는 관점에서 논의하였다.

국제적으로 합의된 테러리즘의 정의는 아직 없으며, UN은 테러리즘의 국제적 정의에 실패하였다. 본 연구에서는 테러리즘을 정치적 목적을 강제적으로 달성하려는 폭력의 조직적 행사로 정의하였다. 따라서 테러리즘이란 "공포조성을 위한 목적적 활동"(purposeful fear-generating activity)이며, 폭력의 직접적 사용 또는 위협을 통한 "새로운 형태의 전쟁"(a new mode of war)이며 저강도 비정규전(low-intensity unconventional conflict)으로서 국제 테러리스트 주체의 조직성과 활동의 계획성 및 이데올로기성이 테러리즘의 성격결정에 중요한 요인으로 작용한다는 점을 식별하였다.

테러리즘의 일반적 목적은 정치목적의 성격에 따라 결정되지만 정치목적이 다원적이기 때문에 테러리즘의 목적도 다원적이다. 그러나 어떠한 특정목적을 추구하든지 간에 달성하고자 하는 효과는 공포를 조성하고자 하는 전략적 시도이며, 전술적 목적은 개개의 상황에 의존한다. 대표적 목적을 범주적으로 분류하면 준혁명적,

혁명적, 억압적 목적으로 대별될 수 있으며 이 목적에 따라 유형도 결정될 수 있다.

현대 테러리즘의 일반적 발생 특징으로는 신식민주의, 인종적 불평등, 경제·사회적 불평등과 좌절감, 사회·경제적 비탄과 불만에서 오는 심리적 소외현상과 상대적 박탈감 및 기대상승효과로 인한 욕구불만 등의 직접적인 요인과 촉진적 요소인 공중성, 수단의 활용 용이성, 테러 가능성의 증대, 대중의 반응, 표적의 취약성, 기술 활용의 편의성 등이 중요한 요소로 인식된다. 다시 말하면 현대 테러리즘은 고유한 원인에 의해서보다는 테러리즘이 성공할 수 있는 환경적 요소에 의해 촉발되고 있는 것이 일반적 실정이다. 그래서 현대 테러리즘은 표적의 수평적 확산과 취약성의 증대, 기술이용의 확대, 무차별 도덕성의 증대로 특징지어질 수 있다. 현대 테러리즘이 이처럼 폭력적이고 규모가 크며 잔인한 이유는 개인적 폭력이 아니라 조직적 행동양식이며 정치적 목적을 달성하기 위한 수단으로 채택될 뿐 아니라 조직화되어 있는 기존 국가권력에 대항하는 방안으로 활용되고 있기 때문이다.

이러한 관점에서 볼 때 현대의 국제 테러리즘은 기존의 정치권력에 저항하려는 정치적 목적을 지닌 행동주의가 소멸되지 않는 한 기술의 발달과 함께 파괴와 살상의 규모는 더욱 커지고 잔인성은 증대될 것이다. 아울러 테러리즘이 기존의 정치적 현상을 붕괴시키고자 하는 수단이라면 국가지원 테러리즘은 더욱 증대될 가능성을 배제할 수 없을 것이다.

미 9·11테러 참사는 전통적 전쟁의 개념과 성격을 재검토하고 전쟁의 도발형태와 대응방식에 대한 새로운 의미를 부여하는 계기가 되었을 뿐 아니라 국제 테러리즘이 전쟁행위를 구성한다는 세계적 합의를 도출시키는 계기가 되었다. 나아가 테러사태와 대테러전쟁을 통해 나타난 비대칭 전쟁의 개념은 전쟁양상의 측면에서 새로운 전쟁 패러다임의 변화를 예고하는 것이었다. 여기에는 국가가 아닌 독자적 역량을 갖춘 초국가적 국제 테러조직의 등장, 핵 및 사이버 테러에 대한 공포, 대량살상무기를 수단으로 사용하는 테러리스트들의 전술·전략, 대테러 정책에는 전 세계적 역량이 집중되어야 한다는 점 등이 이를 뒷받침하고 있다.

본 연구를 통하여 도출된 9·11테러 사태와 대테러전쟁이 갖는 전쟁차원의 국제정치적 의미를 정리하면 다음과 같다.

첫째, 역대 테러행위 중 인명피해가 가장 큰 무차별적 공격행위였을 뿐만 아니라 정치, 경제, 군사에 대한 인간생활 방식에 대한 총체적 공격으로 전쟁수준의 인명과 재산피해를 냈다는 점이다. 따라서 전쟁의 패러다임을 변화시켜 전통적 안보관과 전략개념의 변화를 야기하는 동인으로 작용하였다. 향후 국제테러의 위협은 세계질서를 뒤흔드는 새로운 차원의 전쟁양상으로 자리 잡을 수 있다는 점을 시사하고 있다.

둘째, 현대 테러리즘의 대상·도표의 복잡성과 다양화 및 공격양상의 비대칭성을 들 수 있다. 9·11테러를 계기로 '비대칭 전쟁'이라는 국제안보상의 새로운 전쟁개념의 변수가 등장하였다. 즉 냉전 초기의 핵 및 미사일 등에 의한 우려보다는 테러리즘을 통한 비대칭위협이 국가 안보정책의 전면으로 부상하였다. 대테러 전쟁을 통해 경험한 전장에서의 적의 존재 및 전선형성 여부의 불확실성, 첨단의 무기를 가지고도 턱수염을 기른 위장과 아프간의 전통적 목도리로 변장하여 현지의 군인들과 가파른 벼랑에서 말을 타고 전투를 해야 하는 고전과 현대가 합된 전장 환경 등은 이를 잘 대변해 주고 있다. 미래의 전쟁이 비대칭의 혼합전의 양상으로 변해 갈 것임을 예고하고 있다.

셋째, 전략적 억지의 개념을 적용할 수 없는 테러리즘 고유의 성격에서 기인하는 국제 테러리즘 방지의 어려움이다. 냉전시대 때 일단의 공격을 받으면 대량보복을 할 것이라는 이른바 억지(抑止: deterrence)의 논리는 보호해야 할 국민이 없는 테러리스트들에겐 무의미한 것이다. 앞으로 예측 불가능한 테러행위가 언제, 어떻게 발생할지 알 수 없는 현실이 되었으며 더욱이 대량살상무기의 확산이 테러집단의 군사적 능력을 강화하는 데 일조하고 있어 위협은 더욱 확산되고 있다. 테러리즘을 포함한 비대칭 위협은 군사적 수단만으로는 해결이 어려우며 국제적 연대가 필수적이라는 점에서 향후의 국가안보전략은 군사적 수단을 포함한 정치외교·경제·정보 등 보다 포괄적 접근 전략으로 변화되지 않을 수 없게 되었다.

넷째, 테러리즘 효과의 전 세계적 영향력 파급이다. 9·11테러는 그 여파로 인하여 아프가니스탄과의 대테러 전쟁을 촉발시켰으며 향후 상황에 따라서는 전쟁확산의 위험성이 잠재하고 있다. 따라서 국제테러는 세계 도처에서 전쟁의 도화선이 될 수 있다. 테러피해의 심대성, 탈냉전기 테러리즘의 재앙적 성격으로의 목적 변화, 전쟁으로의 에스컬레이션화 등을 경험한 세계 각국은 전쟁차원의 테러행위에 대해 안보적 대응에 고심하지 않을 수 없게 되었으며 테러 대비를 위한 국가차원의 법적 정비 및 조직을 보완하는 등 준비를 서두르고 있다.

다섯째, 국제정치의 가장 중요한 행위자로서의 국가 및 안보에 대한 중요성의 재인식이다. 탈냉전 후 국제적 제도와 비국가 행위자를 국제정치의 분석의 단위로 중시해 온 경향이 있어 왔으나, 9·11테러사건을 계기로 주권국가가 국제체제에서 가장 중요한 행위자라는 인식을 갖게 되었고 이러한 상황인식은 대테러 전쟁을 통하여 더욱 설득력 있게 주장되었다. 국제정치의 중요 행위자는 개인·비국가중심의 이념, 종교, 종족 중심의 행위가 아니라 탈냉전의 시기에도 여전히 주권국가임을 경험하게 되었다. 향후의 국제질서는 당분간 안보(security)가 다시 중요시되는 세계질서로 조정될 것이다. 이는 반테러 전쟁을 위한 세계적 연대를 형성한 단합된 세계 각국의 모습을 봄으로써도 알 수 있다.

테러리즘을 하나의 '정치적 행위'인 동시에 하나의 '전쟁양상'으로 규정한다면 대테러리즘도 정치적으로 대처해야 할 것이며, 전쟁수행의 차원에서 해결해야 할 것이다. 정치적으로 대처한다는 의미는 테러리즘에 대응하기 이전에 테러리즘이 발생하지 않도록 하는 근본적이고 장기적인 예방책과 조극적인 테러리스트 말살, 봉쇄정책을 병행해야 함을 뜻한다. 근본적인 장기예방책은 테러행위의 억제에 중점을 두고 환경적 여건이 조성되지 않도록 하는 방안, 즉 사회·경제적인 문제의 해결, 정치적 안정과 참여의 확대 및 자유민주주의 발전이 선행되어야 할 것이다.

향후 국제사회에서 영향력을 행사할 수 있는 테러리즘 현상은 그 범위와 능력 면에서 점점 더 확대될 것이다. 더욱 힘을 갖추고 폭력적이 되는 테러리스트들은 국제사회의 생활과 제도에 위협을 가할 것이다. 그들이 사용하는 무기에는 재래무기, 정보전, 핵 및 화생방무기도 포함될 것이며, 향후 국지사회의 테러리즘은 독립적 또는 국가적 지원을 받아 더욱 격렬한 폭력이 구사될 것이며 선전과 정치적 활용 면에서 더욱 정교해질 것이다.

또한 21세기에 개인적 해커는 물론 테러조직에 의한 새로운 유형의 사이버전의 양상은 더욱 증가할 것이고 그 수법 또한 더욱 교묘해질 것이다. 이에 따라 국가 사이의 사이버 공간에서의 테러리즘 및 핵 테러 위협도 증가할 것이다. 날로 심각해지는 국제 테러리즘과 네트전 및 사이버전에 대비하여야 하는 국가정보기관의 역할은 더욱 중요시될 것이다.

이제 대규모 무차별 대량살상을 구사하는 국제테러는 탈냉전시대의 새로운 전쟁으로 급부상하고 있으며 모든 국가들은 테러단체에 대한 예산, 인원, 기술, 정보 등의 지원을 금지시키고 테러단체에 대한 국제적 수준의 정보공유를 향상시키며, 테러발생 시의 책임규명과 보복대응을 위한 국제적 기준을 마련하고, 일련의 테러방지 국제협력 체제를 구축해야 할 것이다.

참고문헌

1. 단행본

구광모, 『테러와 국제사회』(고려원, 1982)

구로이 분타로, 김효진(역), 『세계테러와 조직범죄』(일송미디어, 2001)

권문술・민만식, 『전환기의 라틴아메리카』(탐구당, 1985)

국가안전보장회의, 『평화번영과 국가안보』(청와대, 2004)

국방대학교(역), 『테러와 미국의 외교정책』(국방대학교, 2001); Terrori
  sm and U. S. Foreign Policy(Paul R. Pillar, Washington, D. C.:
  Bookings Institution Press, 2001).

_____, 『비문명 전쟁』(국방대학교, 2000); Uncivil War: Interna-
  tional Security and the New Internal Conflict(Donald M. Snow:
  Boulder; Lynne Rienner Publishers, 1996).

_____, 『전쟁의 역사적 변화』(국방대학교, 1994); the Transfor-
  mation of War(Martin Van Creveld; The Free Press, New York,
  1991).

_____, 『저강도 분쟁론』(국방대학교, 1992); Low-Intensity
  Conflict(Loren B. Thompson, Lexington Books, 1989).

국방대학교, 『부시행정부의 군사정책과 한국의 과제』(국방대학교, 2001. 11)

국방연구원, 『21세기 군사혁신과 한국의 국방비전』(국방연구원, 1998)

구춘권, 『메가테러리즘과 미국의 세계질서전쟁』(책세상, 2005)

김계동 외(역), 『테러리즘-개념과 쟁점』(명인문화사, 2008)

김동신(역), 『미국의 대전략』(나남출판사, 2005)

김태우・박선섭(역), 『핵테러리즘』(한국해양전략연구소, 2007)

김한택, 『테러리즘과 국제법』(지인북스, 2007)

김두현·김정현,『현대 테러리즘의 이해』(두남, 2009)

김태준,『테러리즘-이론과 실제』(도서출판 봉명, 2006)

김명진·남만권·문광건,『한반도 분쟁관리기구 운영방안』(한국국방연
　　　구원, 2000)

김순규,『현대국제정치학』(박영사, 1997)

김철범(역),『세계정치론』(법문사, 1989)

노암 촘스키, 장영준(역),『불량국가』(두레, 2001)

＿＿＿＿＿＿, 유달승(역),『숙명의 트라이앵글』(이후, 2001)

＿＿＿＿＿＿, 박행웅·이종삼(역),『촘스키, 9·11』(김영사, 2001)

당대비평·평화네트워크 공동기획,『전쟁과 평화』(삼인, 2001)

박준영,『국제정치학』(박영사, 1994)

사이먼 리브, 황의방·한영탁(역),『새로운 전쟁: 빈라덴 조직과 미래의
　　　테러』(중심, 2001)

새뮤얼 헌팅톤, 이희재(역),『문명의 충돌』(김영사, 2001)

서남열,『세계지역문제의 이해』(해문사, 1999)

에드워드 사이드, 성일권(편역),『도전받는 오리엔탈리즘』(김영사, 2001)

여영무,『테러리즘과 저항권』(나남, 1989)

요나 알렉산더제·마이클 스웨트남, 김병국·김희재(역),『빈 라덴과 알
　　　카이다』(동아시아, 2001)

요제프 보단스키, 최인자·이윤섭(역),『오사마 빈 라덴』(명상, 2001)

윤형호,『전략론』(한원, 1994)

이경희(역),『평화학』(문우사, 1987)

이창용,『뉴테러리즘과 국가위기 관리』(대영문화사, 2007)

이태윤,『21세기 국제테러리즘』(모시는 사람들, 2004)

이리에 아키라, 이종국·조진구(역),『20세기의 전쟁과 평화』(을유문화
　　　사, 1999)

이은득,『국제문제의 전략적 분석』(국방대학교, 2000)

이삼성,『20세기의 문명과 야만』(한길사, 1998)

이상우·하영선(편),『현대국제정치학』(나남, 1992)

이황우·한상암(역),『대테러 정책론』(진명문화사, 1996)

임희섭(역),『우리시대의 테러리즘』(중앙신서, 1981)

윌리엄 페리·에시튼 카터, 박건영·이성봉·권영진(역), 『예방적 방위
　　전략』(프레스21, 2000)
장성민(편역), 『9·11테러 이후 부시행정부의 한반도정책』(김영사,
　　2002)
조갑제(역), 『폭풍의 한복판에서』(조갑제 닷컴, 2009)
조영갑, 『현대전쟁과 테러』(선학사, 2009)
존 쿠리, 소병일(역), 『추악한 전쟁』(이지북, 2001)
최진태, 『테러, 테러리스트 & 테러리즘』(대영문화사, 1997)
최효찬, 『테러리즘과 미디어』(커뮤니케이션북스, 1998)
하순봉(역), 『테러, 테러리즘, 테러리스트』(수레, 1986)
홍양표, 『전쟁원인론』(형설출판사, 1984)

Bass, Gail V., Brain M. Jenkins, Konrad Kallen, David Ronfeldt, and Joyce
　　E. Peterson, *Options for U. S. Policy and Terrorism*,
　　RAND Report R-2764-RC, Santa Monica, CA: RAND Corp.,
　　1981).

Bunker, Robert J., Jan, *Five Dementional Cyber Warfighting: Can
　　the Army After Next be defeated Through Complex
　　Concepts and Technologies?*(Carlisle Barrack, PA: U. S. Army
　　War College, 1998)

Dobson, Christopher, and Ronald Payne *The Terrorists: Their Weapons,
　　Leaders and Tactics*, (New York: Facts on File, 1982).

Duvall, Raymond D., and Michael Stohl, eds., *The Politics of
　　Terrorism*, (New York: Marcel Decker, 1983).

Evans, Ernest, *Calling a Truce to Terror: The American Response
　　to International Terrorism*, (London: Greenwood Press, 1979).

Gallagher, James J., *Low-intensity Conflict: A Guide for Tactics,
　　Techniques, and Procedures*, (Mechanicsburg: Stackpole Books,
　　1992).

Jenkins, Brian Michael, *High Technology on Low- Level Violence*,
　　RAND Report P-5339, (Santa Monica, CA: RAND Corp., 1975).

_____, *Combatting Terrorism: Some Policy Implication*, (Santa Monica, CA: RAND Corp., 1981).

Kupperman, Robert, *Facing Tomorrow' s Terrorist Incident Today*, (Washington, D. C.: Department of Justice, Law Enforcement Assistance Administeration, 1977).

_____, and D. M. Trent, *Terrorism: Threat, Reality, Response*, (Stanford: Hoover Institution Press, 1979) Lacqueur, Walter, *Terrorism*, (Boston: Little Brown, 1977).

_____, ed., *The Terrorism Reader: A Historical Anthology*, (New York: New American Library, 1978)

Lovelace, Jr., Douglas C. and Metz, Steven, *Nonlethality and American Land Power: Strategic Contest and Operational Concepts*, (Carlisle Barrack, PA: U. S. Army War College, Strategic Studies Institute, 1998).

Motely, James Berry, *U. S. Strategy to Counter Domestic Political Terrorism*, (Washington, D. C.: National Defense University Press, 1983).

O'Neil, Bard E., et al., eds., *Insurgence in the Modern World*, (Boulder, Colorado: Westview Press, 1980).

United Nations Security Council, *Secrtary General Condemns Terrorist Attacks on the United States,* in 'Strongest Possible Terms' (SG/SM/7949SC7142, 2001)

U. S. National War College, *Terrorism*, (Washington, D. C.: U. S. National War College, 1986)

Scales, Robert H., *Future Warfare: Anthology*, (Carlisle Barracks, PA: Army War College, 1999)

Schmid, Alex P., *Political Terrorism: A Research Guide to Concepts, Theories, Data Basis and Literature*, (Armsterdam, Holland: North Hill Pub. Co., New Bruinswick: Transaction Books, 1983)

Schreiber, Jan, *The Ultimate Weapons: Terrorist and World Order*, (New York: Morrow, 1978).

Schultz, Jr., Richard H., and Stephan Sloan, eds., *Responding to the Terrorist Threat: Security and Crisis Management*, (New York: Pergamon P R., 1980).

Sterling, Claire, *The Terror Network*, (New York: Holt, Rinebait and Winston, 1981).

Walter, Evans, E., *Terror and Resistance: A Study of Political Violence with Case Studies, of Some Primitive African Communities*, (New York: Oxford Univ. Pr., 1969).

Wardlaw, Grant, *Political Terrorism: Theory, Tactics, and Counter Measure*, (Cambridge and New York: University Pr., 1982).

Wilkinson, Paul, *Political Terrorism*, (London: Anchor Pr., 1976).

_____, *Terrorism and the Liberal State*, 2nd Rev. ed., (New York: New York University Pr., 1986).

Wolf, John B., *Fear of Fear: A Survey of Terrorist Operations and Open Societies*, (New York: Plenium Pr., 1981).

Zacarias, Agostinho, ed., *International Peacekeep[ng*(London, New York: I.B. Tauris Pub., 1996).

2. 간행물 / 논문

강경태, "9 · 11미국테러에 대한 미국민의 반응과 부시대통령의 지지도", 『국제정치연구』 제4집 2호, (동아시아국제정치학회, 2001).

국방정보본부, 『미 국방연례보고서: FY 2001 Annual Report』(국방정보본부, 2000. 6)

군사편찬연구소, "북한의 테러 유형과 역사적 교훈", 『군사』 제44호, (국방부군사편찬연구소, 2001).

경찰청, 『대테러연구』 제23집, (경찰청: 2001).

조정환 외, "2001년 9월 11일 이후의 세계", 『당대비평』(삼인, 2001년 겨울호)

김열수, "국제사회의 대 · 반테러: 제도화, 한계, 대안", (한국국제정치학회 연례학술회의 발표논문, 외교안보연구원, 2001. 12).

_____, "한국의 대테러 활동 정립 방안", 『05 합동교리 발전세미나 논문집』(합동참모본부, 2005)

김응수, "테러리즘의 초국가적 확산과 대응전략에 관한 연구",(경남대학교 정치학 박사학위 논문, 2008)

류재갑, "테러리즘과 국제관계 그리고 미래문명", 『테러리즘과 문명공존』(한국국방연구원, 2002)

_____, "한민족의 역사적 과제: 평화통일과 평화안보의 실현", 『한국정치학회보』 제35집 3호, (한국정치학회, 2001)

_____, "현대 국제사회와 테러리즘", 『테러리즘과 국제평화의 전망』(경희대학교: 국제평화연구소, 1988)

배진수, "동아시아의 잠재적 분쟁지역 및 분쟁양상", 『국방학술논총』 11집, (국방연구원, 1997).

송대성, "미국의 반테러 전쟁평가와 향후 전망", 『정세와 정책』 2002-2, (세종연구소, 2002. 2).

송재형, "대량살상무기 테러리즘의 확산가능성과 대응의 한계",(한남대학교 대학원 정치학 박사학위 논문, 2007)

세종연구소, 『탈냉전·세계화시대의 국가전략』(세종연구소, 2001)

아시아 사회과학연구원, 『테러리즘에 대한 법적 조명과 그 대응방안』(아시아 사회과학연구원, 2001. 11)

유재익, "미국의 걸프전 수행 정책과 전략에 관한 연구", (고려대학교 정치학 박사학위 논문, 1996).

유지호, "21세기 테러전쟁과 국제정치의 방향", (대한언론인회, 2001. 11).

육군대학, 『저강도 분쟁시 군사작전』(육군대학: 1992)

육군사관학교, 『화생방무기의 국제적 위협실태 및 대처방안』(육군사관학교, 제11회 국제 심포지움 논문집, 2001. 10)

윤영호, "북한의 대남한 국가지원 테러리즘과 대응정책 방향", 『합동군사연구』 제9호, (국방참모대학, 1999).

이대우, "한국의 국가안보와 대테러 대책", 『테러와 한국의 국가안보』(세종연구소, 2004)

이동휘, "9·11테러사태 이후 국제환경의 변화와 한반도", 정책연구과

제 2001-12(외교안보연구원, 2001. 12).

이상현, "미국의 반테러 전쟁과 군사안보전략", (한국국제정치학회 연례 학술회의 발표논문, 외교안보연구원, 2001. 12).

이선호, "혁명전략의 제이론 분석", 『국방연구』 제30권 2호, (국방대학 원, 1987).

이웅혁, "테러의 범죄학적 예방전략: 탐색적 접근을 중심으로", 『제2회 대테러 세미나』(경찰청, 2007)

이원삼 외, "테러, 전쟁 그리고 그후", 『창작과 비평』(창작과 비평사, 2001, 겨울호)

이정민, "복합전을 준비하는 미국", 『신아세아』 제8권 4호, (창작과 비 평사, 2001, 겨울호)

이태윤, "국제 테러리즘의 이론과 실제에 관한 연구", (국방대학원 석사 학위 논문, 1986).

_____, "국제 테러리즘의 이론과 실제", 『군사발전』 제8권 8호, (육군 교육사령부, 1989).

_____, "국제 테러리즘과 도시 게릴러에 관한 비교 연구", 『호국』 제 16권 2호, (국방부, 1989. 2).

_____, "국제 테러리즘의 분석: 이념적 배경과 발생원인", *Western Corridor*, (Combined Field Army, 1989. 3).

_____, "북한의 테러전략", 『군사비젼』 제2권 2호, (작은기획, 1989. 9).

_____, "핵테러 가능성 소고", 『평화』 제1권 8호, (군사문제연구소, 1989. 11).

_____, "국제 핵테러의 가능성에 관한 고찰(상)", 『국방』 제16권 12호, (국방부, 1989. 12)

_____, "국제 핵테러의 가능성에 관한 고찰(하)", 『국방』 제17권 1호, (국방부, 1990. 1)

_____, "테러리즘과 매스미디어", 『국방』 제17권 8호, (국방부, 1990. 8).

_____, "국제 테러리즘에 관한 연구: 핵을 포함하여", (연세대학교 행 정대학원 석사학위논문, 1990).

_____, "저강도 분쟁의 고찰", 『군사발전』 제64호, (육군교육사령부, 1992).

_____, "국제 테러리즘의 전쟁론적 고찰: 미 9·11테러의 원인분석과 대테러전쟁", 『대학원논총』 제17집 1권, 총권 22권, (경남대학교 대학원, 2002).

_____, "탈냉전기 국제테러리즘에 관한 연구", (경남대, 정치학 박사학위 논문, 2002)

_____, "테러방지를 위한 문제와 대안: 한국의 경우", (한국국제정치학회, 연례학술회의, 2005)

_____, "한국의 테러방지를 위한 제언: 대테러 통합조정기구 설립과 테러법안 입법", 『국제안보환경변화: 안보정책의대응』(한성대국제대학원, 국제안보전략문제연구소, 안보전략학술회의, 2007)

_____, "국제 핵테러리즘의 전쟁론적 고찰", 『국제테러리즘과 한국의 안보』(한국 국제정치학회, 국방안보 학술회의, 2008)

_____, "국제 테러리즘에 관한 연구: 핵테러의 발생가능성과 대책", 『미국학 논집』 제41집 2호(한국 아메리카학회, 2009).

_____, "국제 핵테러의 발생가능성에 관한 연구: 현황, 전망, 대안", 『한국테러학회보』 제2권 2호(한국테러학회, 2009).

장준익, "북한 테러부대의 실체와 능력", 『한발연 정책포럼』(한국발전연구원, 2001. 11)

정옥임, "21세기 미국의 대동북아 전략과 주변국의 대응", 『군비통제세미나』(국방부, 제11회 군비통제세미나, 2001. 11)

정은숙, "'불량국가'와 대량살상무기 확산", 세종정책연구 2001-15, (세종연구소, 2001)

정형근, "국제테러의 법적규제에 관한 연구", (서울대학교 법학 박사학위논문, 1991).

채재병, "국제테러리즘과 군사적 대응", 『국제정치논총』 44집 2호, 2004 한국국제정치학회, 2001.

최완식, "최근 국제항공 테러리즘의 동향과 대책", 『국제정치논총』 제28권 1호, (한국국제정치학회, 1988).

최운도, "9·11테러사건의 원인분석과 미국의 세계전략 변화 전망", (한국국제정치학회 연례학술회의 발표논문, 외교안보연구원, 2001. 12).

최윤수, "국가지원 테러리즘에 관한 연구", (동국대학교 법학 박사학위

논문, 1991).

최재훈, "중동 테러리즘과 급진 이슬람 원리주의의 역학관계 연구", 한
국외국어대학교 대학원 정치학 박사학위 논문, 2006.

한국세계지역학회, 『미 테러사건과 내외 안보환경 변화 전망』(한국세계
지역학회, 2001. 11)

한상진, "현대사회 테러리즘의 사회학적 해석", 『학술세미나 논문집』(경
찰대학, 1988)

Adams, Thoma K., "Radical Destabilizing Effects of New Technologies",
    Parmeters, U. S. A rmy War College, 28-3(Autumn 1998).

Alexander, Yonah, "Terrorism, The Media and the Police", *Journal of
    International of Affairs*, 32/1(Spring-Summer 1978).

Bleikker, Roland, "Globalizatin, Identity and Prospects for Peace", paper
    presented for the International Conference on World Order and
    Peace in the New Millenium, held by KAIS, Seoul, May 26-27,
    2000.

Dillon, Dana and Pasicolon, Paolo, "Southeast Asia and the War against
    Terrorism", *The Heritage Foundation Backgrounder*, No.
    1496(2001. 10. 23).

Echevarria, Antulio J., "Tomorrow's Army: The Challenge of Nonlinear
    Change", *Parameter*, 28-3(Autumn 1998).

Gavin Cameron, "Nuclear Terrorism: Weapons for Sale or Theft?" *Foreign
    Policy Agenda* Vol. 10 Michael O`Hanlon, et al., Protecting
    the American Homeland: A Preliminary Analysis(Washington, D.
    C.: Brookings Institution Press, 2002).

Holmers, Kim R., "The Terrorist Attack on America: Implication for U.
    S. Policy", *The Heritage Foundation Executive Memorandum*,
    No. 755(2001. 9. 14).

Hutchinson, M., C., "The Concept of Revolutionary Terrorism", *The
    Journal of Conflict Resolution*, (1973).

Jenkinson, Brain M., "International Terrorism: A New Mode of Conflict", in D. Carlton and C. Schaerf, ed., *International Terrorism and World Security*, (London: Croom, 1975).

_____, "International Terrorism: A Balance Sheet", *Surivial*, (July 1975).

John, Peter St., "Analysis and Response of Decade of Terrorism", *Inter national Perspectives*, (September/Octber 1981).

Johnson, Charlmers, "Perspectives on Terrorism", in Walter Laqueur, eds., *The Terrorism Reader: A Historical Anthology*, (New York: American Library, 1978).

Koch, Noel C., "Terrorism: The Undeclared War", in U. S. Army War College, *Reading on Terrorism*, (Carlisle Barraks, PA: USAWC, 1986).

Ochmaneck, David, "Future Warfare and its Ramifications for U. S. and Korean Military Planners", paper presented for the 3rd International Conference on Korean Air Power, organized by the Center for International Studies, Yonsei University and RAND, sponsoerd by ROK Airforces, Seoul August 31-September 1. 2000.

Perl, Raphael F, "Terrorism, the Future, and U. S. Foreign Policy", CRS Issue Brief for Congress, (Congressional Research Service: The Library of Congress, 2001).

Redlick, A. S., "The Transnational Flow of Information as a Cause of Terrorism", Yonah Alexander, D. Carton, and P. Wilkinson, eds., *Terrorism: Theory and Practice*, (Boulder, Colorado: Westview Pr., 1979).

Shultz, R., "Conceptualizing Political Terrorism: A Typology", *Journal of International Affairs*, (Spring/Summer 1978).

Simpson, Howard R., "Organizing for Counter Terrorism", *Strategic Review*, (Winter 1982).

_____, "War of Present", U. S. War National College, *Terrorism*, (Washington, D. C.: NDU, 1986).

Terry, James P., "An Appraisal of Lawful Military Response to

State-sponsored Terrorism", *Naval War College Review*, (May/June 1986).

Thornton, T. P., "Terror as a Weapon of Political Agitation", in H. Eckstein, ed., *Internal War*, (London: Collier Macmillan, 1984).

Walter, Evans V., "Violence and the Process of Terror", *American Sociology Review*, (Spring 1964).

Wright, Jeffrey W., "Terrorism: A Mode of Warfare", *Military Review*, (October 1984).

이태윤 李太潤

▌약 력

　육군 3사관학교 13기 졸업
　경북대학교 영어영문학과 졸업(영문학 학사)
　국방대학원 석사과정 졸업(국제관계학 석사)
　연세대학교 행정대학원 졸업(안보전략학 석사)
　경남대학교 정치외교학과 졸업(정치학 박사)
　한국정치학회 이사 역임
　한국국제정치학회 이사
　한국테러학회 이사
　한국아메리카학회 회원
　경남대학교 극동문제연구소 객원연구위원
　서울신문 명예논설위원 및 자문위원
　현, 한미연합사 근무(서기관)
　　한성대학교 국제대학원 겸임교수
　　국방대학교 겸임교수

▌주요 논문 및 저서

이태윤, 『21세기 국제테러리즘』(도서출판 모시는 사람들, 2004)
"국제테러리즘의 이론과 실제에 관한 연구"(국방대학원 석사학위 논문, 1986)
"국제테러리즘과 도시 게릴라에 관한 비교연구"『호국』제16권 2호(국방부, 1989. 2.)
"테러리즘과 매스미디어"『국방』제17권 8호(국방부, 1990. 8.)
"저강도 분쟁에 관한 일고찰"『군사발전』제64호(육군 교육사령부, 1992)
"국제테러리즘에 관한 연구: 핵을 포함하여"(연세대학교 행정대학원 석사학위 논문, 1990)
"북한의 테러전략"『군사비젼』제2권 2호(작은기획, 1989. 9.)
"국제 핵 테러 가능성 소고"『평화』제1권 8호(군사문제연구소, 1989)
"국제테러리즘의 전쟁론적 고찰: 미 9・11테러의 원인분석과 대테러전쟁"『대학원논총』
　제17집 1권, 총권 22권(경남대학교 대학원, 2002)
"탈냉전기 국제테러리즘에 관한 연구"(경남대학교 정치학 박사학위 논문, 2002)
"테러방지를 위한 문제와 대안: 한국의 경우"(한국국제정치학회 연례학술회의, 2005)
"한국의 테러방지를 위한 제언: 대테러 통합조정기구 설립과 테러법안 입법"『국제안보환경
　변화: 안보정책의 대응』(한성대학교 국제대학원 국제안보전략문제연구소 안보전략학술회의, 2007)
"국제 핵테러리즘의 전쟁론적 고찰"『국제테러리즘과 한국의 안보』(한국국제정치학회 국방
　안보 학술회의, 2008)
"국제테러리즘에 관한 연구: 핵테러의 발생가능성과 대책"『미국학논집』제41집 2호(한국
　아메리카학회, 2009)
"국제 핵테러의 발생가능성에 관한 연구: 현황, 전망, 대안"『한국테러학회보』제2권 2호
　(한국테러학회, 2009)

현대
테러리즘과
국제정치

초판인쇄 | 2010년 1월 4일
초판발행 | 2010년 1월 4일

지 은 이 | 이태윤
펴 낸 이 | 채종준
펴 낸 곳 | 한국학술정보㈜
주   소 | 경기도 파주시 교하읍 문발리 파주출판문화정보산업단지 513-5
전   화 | 031) 908-3181(대표)
팩   스 | 031) 908-3189
홈페이지 | http://www.kstudy.com
E-mail | 출판사업부 publish@kstudy.com
등   록 | 제일산-115호(2000. 6. 19)

ISBN   978-89-268-0611-1 93340 (Paper Book)
        978-89-268-0612-8 98340 (e-Book)

내일을여는지식 은 시대와 시대의 지식을 이어 갑니다.